Arthur Rosenberg
Entstehung
der Weimarer Republik

EVROPA

Arthur Rosenbergs «Entstehung der Weimarer Republik», die in der vorliegenden Taschenbuchausgabe zusammen mit dem Band «Geschichte der Weimarer Republik» erscheint, gilt seit Erscheinen als Standardwerk. Hier ist der seltene Glücksumstand eingetreten, daß ein Fachhistoriker von Rang eine Epoche beschreibt, in der er selbst politisch tätig gewesen ist.
Arthur Rosenberg hatte für dieses Buch den unschätzbaren Vorteil, Quellen verwenden zu können, die anderen Autoren nicht mehr zur Verfügung stehen. Seine Tätigkeit im Untersuchungsausschuß des Deutschen Reichstags für die Ursachen des deutschen Zusammenbruchs gab ihm die Gelegenheit, die Hauptakteure jener Epoche persönlich zu befragen und in Material Einsicht zu nehmen, das heute nicht mehr zugänglich ist. Seine Darstellung des ersten Versuchs, die Demokratie in Deutschland heimisch zu machen, der so unheilvoll scheiterte, ist ein Stück klassischer Geschichtsschreibung, die durch nichts, was später geschrieben wurde, überflüssig wird.

Arthur Rosenberg (1889–1943) war Althistoriker und hatte mit einer Arbeit *Der Staat der alten Italiker* (1913) promoviert. Von 1924 bis 1928 war er Reichstagsabgeordneter, zunächst der KPD, seit Ende 1927 der Sozialdemokraten. Er widmete sich dann jedoch wieder ganz seiner Lehrtätigkeit, bis er 1933 Deutschland verlassen mußte und nach England ging. Weitere wichtige Veröffentlichungen: *Demokratie und Klassenkampf im Altertum* (1921); *Geschichte des Bolschewismus von Marx bis zur Gegenwart* (1932); *Demokratie und Sozialismus. Zur politischen Geschichte der letzten 150 Jahre* (1938).

Arthur Rosenberg
Entstehung der Weimarer Republik

Herausgegeben und eingeleitet
von Kurt Kersten

Europäische Verlagsanstalt

CIP-Titelaufnahme der Deutschen Bibliothek

Rosenberg, Arthur:
Entstehung der Weimarer Republik /
Arthur Rosenberg. [Hrsg. u. eingel. von Kurt Kersten.] –
Hamburg Europäische Verlagsanstalt 1991
ISBN: 3-434-46002-0
NE: GT

eva-Taschenbuch Band 2

Umschlagentwurf: MetaDesign (Uli Mayer) Berlin
Signet: Dorothee Wallner nach Caspar Neher «Europa» (1945)
Gesamtherstellung: Clausen & Bosse, Leck
Printed in Germany
ISBN: 3-434-46002-0

Einleitung des Herausgebers

Arthur Rosenberg, Historiker und Politiker, wurde am 19. Dezember 1889 in Berlin geboren und hat auch die längste Zeit seines leider kurzen Lebens in Berlin gewirkt. An der Friedrich-Wilhelm-Universität studierte er Alte Geschichte und Archäologie, wurde ein Schüler des großen deutschen Althistorikers Eduard Meyer, schrieb im Jahre 1913 seine Doktordissertation über das Thema »Der Staat der alten Italiker, Untersuchungen über die ursprüngliche Verfassung der Latiner, Osker und Etrusker«, habilitierte sich an derselben Universität und veröffentlichte im Jahre 1921 ein Buch mit dem Titel »Einleitung und Quellenkunde zur römischen Geschichte«.

Bis zum Jahre 1933 hat Rosenberg an der Friedrich-Wilhelm-Universität Vorlesungen über Alte Geschichte gehalten. Es spricht für die Republik von Weimar, daß der Althistoriker Arthur Rosenberg einige Jahre lang politisch tätig sein konnte, als Vertreter der KP vier Jahre lang Mitglied des Reichstags war und sich aktiv im Untersuchungsausschuß des Reichstags für die Ursachen des deutschen Zusammenbruchs im ersten Weltkrieg betätigte. Nach seiner Trennung von der KP widmete sich Rosenberg ganz seiner Lehrtätigkeit, bis er im Jahre 1933 gezwungen wurde, Deutschland zu verlassen.

Mit seinem Buch über die »Entstehung der Deutschen Republik 1871–1918«, das im Jahre 1928 erschien, war sein Name weit über die Fachkreise bekannt geworden. Sein Buch »Geschichte des Bolschewismus« war eines der ersten kritischen Werke über das Wesen und Wirken der Partei Lenins und Stalins.

In England fand Rosenberg ein Asyl und konnte an der Universität in Liverpool wieder Vorlesungen über Alte Geschichte halten, gleichzeitig fuhr er fort, sich mit Zeitproblemen zu beschäftigen, und veröffentlichte in rascher Folge mehrere Werke, die in Deutschland unbekannt geblieben sind. So erschien im Jahre 1934 in Karlsbad eine Schrift mit dem Titel »Der Faschismus als Massenbewegung, sein Aufstieg und seine Zersetzung«, im nächsten Jahre erschien die Fortsetzung der »Entstehung der Deutschen Republik« mit dem Titel »Geschichte der Deutschen Republik«, die vom Büchermarkt völlig verschwunden ist und die wir dem deutschen Leser als nächsten Band vorlegen werden. Im Jahre 1938 veröffentlichte Rosenberg sein letztes Buch unter dem Titel

»Demokratie und Sozialismus. Zur politischen Geschichte der letzten 150 Jahre«.

Rosenbergs Bücher wurden damals nicht nur in deutscher Sprache in Karlsbad und Amsterdam herausgegeben, sondern auch in viele andere Sprachen übersetzt. Besonders in England und in den USA gewannen sie eine große Leserschaft und machten den Namen des aus Deutschland vertriebenen Gelehrten und Schriftstellers schnell bekannt. Als Rosenberg im Jahre 1938 nach den USA kam, erhielt er bald einen Lehrauftrag für Geschichte am Brooklyn College, doch am 7. Februar 1943 mußte er im Alter von nur 54 Jahren sein arbeitsreiches Leben beenden.

Rosenberg hat für dieses Buch wichtiges und wertvolles Material verwenden können, das entweder inzwischen ganz verschollen oder aber bisher von keinem Historiker wieder verwandt worden ist. Besonders für jene Kapitel, in denen die Geschichte des deutschen Zusammenbruchs im Jahre 1918 und der Vorgänge in den Wintermonaten 1918/19 geschildert wird, stand Rosenberg Material zur Verfügung, das den meisten heute unbekannt ist.

Seit fast zweiundzwanzig Jahren ist in der historischen Literatur die Entwicklung der deutschen Arbeiterbewegung zum Niemandsland geworden, das nur noch selten betreten wird und sogar für viele fast tabu ist. Gerade auf diesem Gebiet aber gibt Rosenberg heute dem vorurteilslosen Leser, der nicht den Schlagworten des Tages erliegen will und sich von den Beeinflussungsversuchen der nationalsozialistischen Zeit freizumachen sucht, Anregungen und Aufschlüsse; er versucht, ihn die Vorgänge von einer Seite her sehen zu lassen, die lange Jahre verschlossen bleiben mußte. Die Darstellung Rosenbergs dürfte auch manche zum Dogma gewordene Auffassungen zur Diskussion stellen und den unvoreingenommenen, nicht unterrichteten Leser mit dem Wesen und Wollen politischer Gestalten bekannt machen, die für viele reine Klischeefiguren geworden sind. Diese Feststellung betrifft besonders Rosa Luxemburg und auch in einem gewissen Sinne Karl Liebknecht.

Seit dem Erscheinen von Rosenbergs Buch sind besonders in den letzten Jahren eine Fülle von Schriften, die die gleiche Zeit behandeln, nicht nur in Deutschland, sondern vor allem auch im Ausland erschienen. Der Herausgeber hat in den Literaturangaben besonders auf im Ausland erschienene Schriften hingewiesen, weil sie keineswegs sämtlich bisher ins Deutsche übertragen wurden. Unser Wissen über viele Vorgänge und Personen ist bereichert worden, zahlreiche Personen, die besonders in der Zeit der Republik von Weimar tätig waren, haben ihre Erinnerungen veröffentlicht, versuchten, ihr Handeln zu rechtfertigen, und haben auch lebhafte Diskussionen hervorgerufen, die zum Teil außerhalb Deutschlands in politischen Emigrationskreisen stattgefunden haben. So steht heute dem Historiker ein weit umfangreicheres Material zur Verfügung als einst Rosenberg, außerdem aber ist man bekanntlich meist klüger, wenn man, wie Bismarck gesagt hat, vom Rathaus kommt. Dennoch darf man behaupten, daß die Grundauffassungen Rosenbergs heute noch große Aufmerksamkeit verdienen, selbst wenn man nicht mit ihnen in allem einverstanden sein sollte. Die Eigenart seiner Betrachtungsweise und die Lebendigkeit seiner Darstellung sind ungewöhnlich.

In der Auffassung und Behandlung der Vorgänge wie der führenden Persönlichkeiten, besonders in den Jahren 1919 bis 1930, weicht Rosenberg weitgehend und auch grundsätzlich von Auffassungen und Bewertungen anderer Historiker ab, die in den letzten Jahren gleichfalls Bücher über diese Periode veröffentlicht haben. In der Auffassung mancher Vorgänge nähert sich Rosenberg den Darstellungen, die Professor Ludwig Bergsträßer in der neuesten Auflage seiner »Geschichte der politischen Parteien in Deutschland« und Professor Georg W. F. Hallgarten in seinen Werken »Imperialismus vor 1914« und »Hitler, Reichswehr und Industrie. Zur Geschichte der Jahre 1918 bis 1933« gegeben haben. In seiner Behandlung der Bismarckzeit unterscheidet sich Rosenberg gleichfalls von den herrschenden und überlieferten wie auch erneut geäußerten Auffassungen der meisten deutschen Historiker und widerspricht auch grundsätzlich den Revisionisten, die heute eine Korrektur der kritischen Auffassungen der Bismarckzeit vorzunehmen suchen. Rosenberg widersetzte sich den Versuchen, Wesen und Wirken Bismarcks mit einer Legende zu umgeben. Er sieht als entscheidendes Jahr in der deutschen Entwicklung des 19. Jahrhunderts nicht 1862, sondern 1849 an, in dem die Versuche einer demokratischen Erneuerung Deutschlands endgültig zum Scheitern verurteilt wurden. In einem gewissen Sinne kann man von Rosenberg als einem Erben der demokratischen und liberalen Geschichtsschreiber der Mitte des vorigen Jahrhunderts sprechen, wie sie besonders von dem fast vergessenen und verkannten Gervinus repräsentiert wurden. Gleichzeitig aber hat Rosenberg auch erneuernd gewirkt, nachdem er durch die Schule Franz Mehrings, des überzeugten Vertreters des historischen Materialismus, gegangen war. Man darf aber nicht vergessen, daß Rosenberg nie ein Doktrinär und Konformist gewesen ist, sondern sich stets ein freies, unabhängiges und vor allem undogmatisches Urteil bewahrte und auch zuweilen eigenwillig, wenn nicht gar eigensinnig und herausfordernd seine Meinungen zum Ausdruck brachte. Er war auch keineswegs von Widersprüchen frei, wie etwa aus seiner Auffassung des Generals Ludendorff hervorgeht, den er für einen genialen Strategen, aber für einen törichten Politiker hielt.

Rosenberg hat sein ganzes Leben dem Studium der Alten Geschichte gewidmet und war Schüler Eduard Meyers, der ihm eine Vorstellung von der Entwicklung historischen Geschehens in großen und langen Zeitläufen übermittelt hatte. Der Althistoriker Rosenberg versuchte, von Vorgängen und handelnden Personen weiten Abstand zu nehmen und bestimmte Linien im Verlaufe einer zeitlichen Entwicklung zu verfolgen, um die Kontinuität feststellen zu können, die sich im Verlaufe von 50 bis 60 Jahren in der Geschichte der politischen deutschen Parteien in ihrem Verhältnis zu den herrschenden Gruppen bemerkbar gemacht hat. Der Althistoriker hatte sich wiederholt mit Verfassungsfragen im alten Italien beschäftigt, und so lag es nahe, daß er auch in der deutschen Entwicklung auf das Verhältnis der Parteien und Regierenden zu Verfassungsfragen besonderen Wert legte. Er ließ auch nie die Zusammenhänge zwischen den deutschen Vorgängen und der gesamteuropäischen Entwicklung aus den Augen und versuchte, Deutschland nicht isoliert, sondern als einen Teil Europas zu sehen, auch wenn er nicht immer ein gewisses Vorurteil, besonders gegenüber den Westmächten in den ersten Nachkriegsjahren, zu unterdrücken vermochte. Dabei wird man zuweilen, ebenso wie bei der Beurteilung deutscher Persönlichkeiten, beobachten, daß Urteile über manche Personen entweder zu hart oder aber auch zu günstig ausgefallen sind. Ein politisch reifer Leser, der die Bewertung anderer gelten läßt und im Meinungsaustausch die notwendige Voraussetzung für wahre Erkenntnis sieht, wird solche Urteile als Anregungen gebührend würdigen und auch zum Anlaß nehmen, seine eigene Meinung zu überprüfen.

Man muß sich auch stets bewußt sein, daß Rosenberg selbst eine Zeitlang im politischen Tageskampf gestanden hat, nie ohne Auseinandersetzungen leben konnte, eine ungewöhnlich einfallsreiche, auch schillernde, unruhige Persönlichkeit gewesen ist, die stets vom polemischen Geist beseelt war und sich in Widersprüchen gefiel. Gerade diese Eigenschaften aber machten die Bücher Rosenbergs besonders anziehend, farbig und in ihrer Art ungewöhnlich, so daß sie Anlaß zu fruchtbaren Aussprachen über jene Zeit werden können und müßten, die der Machtergreifung Hitlers vorausging.

Eine jüngere Generation, der die Geschichte der Arbeiterbewegung in Deutschland und besonders auch das Wesen der Republik von Weimar entweder fremd geblieben ist oder aber nur in entstellter Form dargeboten wurde, wird aus diesem Buch viel erfahren und wohl Nutzanwendungen ziehen können. Rosenberg selbst hat sich nach seinem Rückzug aus dem öffentlichen politischen Leben als Nonkonformist ein unabhängiges Urteil bewahren können und entging auch der Gefahr, ins andere Extrem zu verfallen. Sein historisches Denken, seine wissenschaftliche Schulung und seine Aufrichtigkeit bewahrten ihn vor der Gefahr, sich verblenden zu lassen, er ist weder ein Renegat noch ein Teufelsbeschwörer geworden, denn vor solchen Anfällen retteten ihn sein strenger, scharfer analytischer Verstand, seine Kenntnis der Geschichte und das Verlangen, Ereignisse im großen Rahmen geschichtlicher Entwicklung zu sehen, wie er es von seinem Lehrer und Meister Eduard Meyer gelernt hatte. Er war kein Pamphletist, sondern ein Geschichtsschreiber, der sich zwar selber nie verleugnete, aber stets um die Ermittlung historischer Wahrheit bemüht war, ohne je zu vergessen, daß der Mensch irren kann.

Angaben über die seit dem Erscheinen dieses Werkes veröffentlichten Arbeiten findet der Leser in den folgenden zwei Werken: Ludwig Bergsträßer »Geschichte der politischen Parteien in Deutschland« und Peter Rassow »Deutsche Geschichte im Überblick, ein Handbuch«. Bergsträßer zitiert auch die jüngst erschienene Literatur, die sich besonders mit der SPD und der KPD beschäftigt. Hier sind nicht nur die Lebensbeschreibungen führender Sozialdemokraten, sondern auch die Werke von Paul Fröhlich und Ruth Fischer zu nennen; Ruth Fischer bringt auch zahlreiche wichtige Hinweise auf Publikationen. Ferner wird man Literaturangaben im Buche A. Joseph Berlaus »The German Social Democratic Party 1914-1921« finden, Wirken und Persönlichkeit Eduard Bernsteins ist von Peter Gay in seinem inzwischen deutsch erschienenen Buche »The Dilemma of Democratic Socialism« behandelt worden. Über die Beziehungen zur Sowjetunion unterrichten besonders für die Jahre 1918 bis 1924 die Werke von Isaac Deutscher, dessen Stalin-Biographie auch deutsch vorliegt, und besonders Edward Hallet Carr in folgenden Werken: »German-Soviet Relations between the Two World Wars 1919–1939«; »The Bolshevik Revolution 1917–1923«, 3 Bände; »The Interregnum 1923–1924«.

Mit der gleichen Periode, die Rosenberg dargestellt hat, beschäftigen sich die Werke von Erich Eyck: »Bismarck, Leben und Werk«, 3 Bände; »Das persönliche Regiment Wilhelms II. Politische Geschichte des deutschen Kaiserreichs von 1890–1914«; »Geschichte der Weimarer Republik, vom Zusammenbruch des Kaiserreichs bis zur Wahl Hindenburgs 1918–1925«.

Über die Wirksamkeit des deutschen Generalstabs sind besonders nach dem Ende des zweiten Weltkrieges zahlreiche Bücher im Inland und auch im Ausland veröffentlicht worden, von denen nur das bereits erwähnte Buch von Hallgarten, ferner das Werk von Richard Görlitz »Der deutsche Generalstab« und das umfassende Buch von John W. Wheeler-Bennett »The Nemesis of Power« genannt seien. Das auch deutsch erschienene Werk von Wheeler-Bennett hat in Deutschland heftige Kritik hervorgerufen, ohne daß bisher von deutscher Seite eine von der Tradition abweichende Darstellung erschienen ist. Im Jahre 1936 veröffentlichte Wheeler-Bennett bereits ein Buch über den russisch-deutschen Friedensvertrag von 1918 »Brest-Litowsk, the forgotten Peace«, in diesen Zusammenhang gehört auch das im Jahre 1939 erschienene Buch von Bernhard Menne »Krupp or the Lords of Essen«.

Da die deutsche Hitlerbiographie nach dem Kriege noch nicht geschrieben wie auch die Gestalt Hindenburgs noch nicht behandelt wurde, muß man auf die im Ausland erschienenen Bücher von Konrad Heiden, Emil Ludwig und Rudolf Olden verweisen.

Die Haltung des Generals Groener und vor allem seine Beziehungen zu Friedrich Ebert im Winter 1918–19 sind gerade in der letzten Zeit Gegenstand lebhafter Erörterungen und Auseinandersetzungen geworden, ohne daß aber eine Korrektur der Auffassungen Rosenbergs vorgenommen werden müßte. Der Darstellung John W. Wheeler-Bennetts in »The Nemesis of Power« hat Professor Gerhart Ritter in einem Aufsatz widersprochen, der in der »Frankfurter Allgemeinen Zeitung« vom 20. April 1955 erschienen ist. Über Groener selbst erschien jüngst eine Lebensbeschreibung seiner Tochter Dorothea Groener-Geyer.

Über die Beziehungen des Kaiserreichs und der Republik von Weimar zum Vatikan findet man wertvolle Aufschlüsse in Friedrich Wilhelm Foersters Selbstbiographie »Erlebte Weltgeschichte 1869–1953«; dies Buch gibt gleichzeitig Aufschlüsse über die von Rosenberg behandelte Periode. Ferner ist zu nennen: Konstantin Prinz von Bayern, »Der Papst, ein Lebensbild«.

Über die monarchistische Bewegung in der Republik von Weimar berichtet Walter H. Kaufmann mit reichen Quellenangaben in »Monarchism in the Weimarer Republic« im Jahre 1953 in New York.

Herrn Professor Dr. Ludwig Bergsträßer und Frau Lotte Rosenberg-Snierzcynski bin ich für Hilfeleistung beim Zustandekommen dieser Ausgabe zu großem Danke verbunden.

Dr. Kurt Kersten

I. Kapitel

Die gesellschaftlichen Kräfte unter Bismarck

Das Reich Bismarcks, 1871 in Versailles gegründet, ist 1919 im gleichen Versailles zerstört worden. Die in Weimar geschaffene Republik, die darauf folgte, knüpft zwar in vielen bedeutsamen Einzelheiten an das alte System an. Aber sie ist doch etwas im Wesen Neues: die entscheidende Neuerung liegt nicht in der Absetzung des Hohenzollernhauses und der anderen Dynastien. Das Reich Bismarcks wäre mit einem gewählten Reichspräsidenten durchaus denkbar. Das Neue liegt auch nicht darin, daß in der Republik Sozialdemokraten Minister werden können, denn sie wurden es bereits in der letzten Periode des Kaisertums. Ebensowenig machen die Grenzen des Versailler Friedens die entscheidende Veränderung aus: Bismarck hätte sein Reich auch ohne Elsaß-Lothringen gründen und Deutschlands Beziehungen zu den Polen und zu Österreich anders gestalten können. Sondern die entscheidende Neuerung liegt in der Zertrümmerung der alten preußischen Armee durch die militärische Niederlage im Westen, durch die Revolution und durch die Versailler Friedensbedingungen.

Bismarcks Reich und das preußische Heer gehören untrennbar zusammen. Bismarck hat es immer als seine wichtigste Leistung betrachtet, daß er den König von Preußen und die preußische Armee für die nationale Einheitsidee Deutschlands gewann. Er sah den Fehler von 1848 darin, daß das Bürgertum aus eigener Kraft, ohne Rücksicht auf die deutschen Dynastien und vor allem ohne Rücksicht auf das historisch gewordene Preußen, die Reichsgründung vollziehen wollte. Bismarck ging anders vor: Er hat die militärische Aristokratie Preußens mit dem deutschen Bürgertum vereinigt, an die Spitze des Ganzen das Hohenzollernhaus gesetzt und so das Reich seiner Prägung gegründet[1]. Die Geschichte des neudeutschen Kaisertums besteht aus der wechselseitigen Anziehung und Abstoßung dieser beiden von Bismarck zusammengefügten Kräfte. Das Ende war da, als der preußische Militäradel 1918 zusammenbrach und das Bürgertum die Herrschaft antrat.

War der Gedanke Bismarcks, das historische Preußen in den Dienst der deutschen Einheitsidee zu stellen, an sich falsch? War 1871 die

Situation so, daß das Deutsche Reich lebensfähig nur als ein rein bürgerlicher Staat auf liberal-parlamentarischer Grundlage hätte gegründet werden können und nicht anders? Standen »Junkertum« und Bürgertum zueinander wie Feuer und Wasser, zwischen denen ein Kompromiß unmöglich war? Ist Bismarck einem romantischen und dynastischen Phantom nachgejagt und hat er ihm seine bessere Überzeugung zum Opfer gebracht? Diese Fragen bejahen wäre sehr einfach, aber auch sehr falsch. Die Revolution von 1848/49 hatte bewiesen, daß das deutsche Bürgertum nicht imstande war, aus eigenen Kräften zu siegen. Die agrarischen und militärischen, die dynastischen und bürokratischen, und selbst die kirchlichen Gewalten der alten Ordnung waren doch in Deutschland viel stärker, als es im Jubel der Märztage erschien. Und hinter dem Bürgertum tauchte als neue politische Klasse das städtische Proletariat auf. Es war bereit, zusammen mit dem Bürgertum gegen die herrschenden feudalen Gewalten zu kämpfen. Aber es hatte daneben seine eigenen Ziele, die nicht die Ziele der bürgerlichen Liberalen waren. Die Explosivkräfte, die in der Arbeiterbewegung steckten, sind damals von außenstehenden Beobachtern vielfach klarer erkannt worden als von den Arbeitern selbst.

Unter diesen Umständen lag für einen sozial-konservativen Realpolitiker wie Bismarck der Gedanke nah, das Bürgertum durch ein vernünftiges Kompromiß mit den alten Gewalten zu versöhnen, durch das gemeinsame Wirken beider Kräfte die nationale Einigung zu schaffen, und so zugleich dem »roten« Umsturz ein festes Bollwerk entgegenzusetzen. Wer so 1871 in Bismarcks Position kalkulierte, schätzte die vorhandenen Kräfte Deutschlands gar nicht so falsch ein. Die deutsche Arbeiterklasse hat selbst unter den für sie beispiellos günstigen Voraussetzungen vom November 1918 die Staatsmacht nicht übernehmen können. Ebensowenig hätte sie es früher in anderen Situationen tun können. Und im deutschen Bürgertum war von einem die Kronen und Adelsprivilegien wegfegenden Jakobinergeist bis zum Vorabend der Revolution 1918 nicht viel zu merken. Bismarcks Idee brauchte also weder am Widerstand der Arbeiter noch des Bürgertums zu scheitern. Trotzdem war das Bismarcksche Reich von Anfang an todkrank. Der Glanz der militärischen Siege und der wirtschaftliche Aufschwung konnten nur notdürftig über die politische Dauerkrise hinwegtäuschen, die vom Kulturkampf bis zur Regierung Max von Baden reichte, eine Krise, die niemals gelöst wurde, die immer neue Formen und Gestalten annahm und die am Ende das ganze Werk Bismarcks vernichtete.

Wo liegt die Ursache dieser Dauerkrise des deutschen Hohenzollernkaisertums? Es ist Bismarck nicht gelungen, die verschiedenen Kräfte, die im deutschen Volke vorhanden waren, organisch miteinander zu verbinden. Er hat nicht einmal einen ernsten Versuch dazu gemacht. Sondern die auseinanderstrebenden Klassen und Gewalten Deutschlands sollten durch die Übergewalt des Kaisertums zusammengehalten werden. Bis 1890 waren Bismarcks Gewalt und die Kaisergewalt identisch. Die persönliche Diktatur lebt und stirbt mit dem Diktator selbst. Als 1890 der alte Diktator abtreten mußte, als er seinen Donnerkeil in den schwächlichen und hilflosen Händen Wilhelms II. sah, da war die Katastrophe besiegelt. Ihr Eintreten war nur noch die Frage der Zeit und der Umstände. Von Friedrichsruh aus hat Bismarck das Verhängnis für sein Werk kommen sehen; ohne die Möglichkeit, etwas daran zu ändern. Man sagt vielfach, daß die Epigonen Bismarcks die Schöpfung des Meisters verdorben hätten. Das ist so weit richtig, als die Bismarcksche Verfassung ohne einen Bismarck nicht bestehen konnte. Aber so gesehen liegt darin auch die schärfste Kritik an Bismarck selbst.

Das deutsche Kaisertum war nicht darum lebensunfähig, weil es auf dem Kompromiß zwischen dem deutschen Bürgertum und dem preußischen Militäradel beruhte, sondern weil es das Kompromiß in der Form des bonapartistischen Selbstherrschertums verwirklichte. Dabei sollte der König von Preußen berufsmäßig und erblich der Bonaparte sein, wenn er es nicht vorzog, seine Gewalt dem Reichskanzler zu übertragen. Daß Bismarck die politische Existenz des deutschen Volkes auf seine Person, ja auf sein persönliches Verhältnis zu Wilhelm I. zuschnitt, bleibt ein historischer Fehler von ungeheuerem Ausmaß. Aber es gibt Umstände genug in der so eigenartigen deutschen Situation von 1871, die Bismarcks Fehler zwar nicht aus der Welt schaffen, die ihn jedoch begreiflich machen können.

Zur Zeit der Reichsgründung verfügte das liberale Bürgertum in Deutschland über fast alles, was an Intelligenz, an industrieller und kaufmännischer Leistungsfähigkeit vorhanden war. Die Massen der Handwerker und des übrigen Mittelstandes, der größte Teil der Industriearbeiter, selbst ein erheblicher Teil des Bauerntums und eine Minderheit des Adels, teilten die nationalen und liberalen Ideen des Bürgertums und folgten seinen politischen Parolen: Ohne Zweifel eine gewaltige Kraft und Autorität[2]. Auf der anderen Seite stand das preußische Heer, der König, sein Offizierskorps, die preußische Beamtenhierarchie, der Großgrundbesitz der Gebiete östlich der Elbe, bis auf die Gruppe der liberalen Aristokraten, und der vom Grundherrn abhängige Teil der Landbevölkerung. Wie sollte ein Kompromiß zwischen diesen beiden Kräften aussehen?

In Preußen hatte der König und mit ihm die militärische Aristokratie alle Gewalt. Die militärische Disziplin hatte in dem Menschenalter vor 1871 die schwersten Belastungsproben überstanden. Weder die Revolution von 1848 noch die Konfliktszeit der sechziger Jahre hatte das Gefüge des preußischen Heeres ernstlich erschüttert. Der König ernannte die preußischen Minister nach freiem Ermessen. Der Beamten- und Polizeiapparat war fest in der Hand der Regierung. Wenn ein oppositioneller Landtag den Staatshaushalt nicht bewilligte, regierte der König ohne gesetzlich zustande gekommenen Etat weiter. Das hatte die Konfliktszeit ebenfalls bewiesen. Ein Volksaufstand gegen das intakte preußische Heer war aussichtslos. Auch der oppositionell gestimmte Rekrut fügte sich der Disziplin, und das eiserne System des preußischen Offiziers- und Unteroffizierskorps zeigte keine Lücke. Wenn auch hier und da im Lande ein liberaler Richter saß, stand doch die Staatsmaschine vom Oberpräsidenten bis herunter zum letzten Gendarmen unbedingt der Regierung zur Verfügung.

Das altkonservative Preußentum hatte also sämtliche politischen Trümpfe in der Hand. Ein Kompromiß war nur so denkbar, daß die militärische Aristokratie freiwillig einen erheblichen Teil ihrer Rechte an das Bürgertum abtrat. Das konnte auf doppelte Art geschehen: Entweder erhielt das Bürgertum einen Anteil an der realen Staatsmacht in Preußen selbst, oder man beteiligte das Bürgertum an der Macht im Reich und übertrug zugleich auf das Reich so weite Kompetenzen, daß damit das alte Preußentum ein Gegengewicht fand. Keinen der beiden Wege ist Bismarck bei der Reichsgründung gegangen; er ließ in Preußen das tatsächliche Kräfteverhältnis so, wie es war. Das heißt, der König und die militärische Aristokratie behielten alles in der Hand, und ferner schuf Bismarck eine Verfassungskonstruktion, bei der Preußen das Reich regierte und nicht umgekehrt.

Es wäre ganz falsch, die Handlungsweise Bismarcks aus borniertem Kastenhochmut zu erklären. Bismarck hat den preußischen »Junker« keineswegs besonders geliebt, und er hat die Bedeutung des Bürgertums niemals verkannt. Aber er sagte sich, daß das Deutsche Reich bei seiner besonders schwierigen außenpolitischen Situation ohne starke Militärgewalt nicht leben könne. Eine leistungsfähige deutsche Armee, die nötigenfalls im Osten und im Westen die Abwehr führen konnte, sei aber nur durch Preußen zu bilden. Eine Zertrümmerung des preußischen Militärsystems sei zugleich die Wehrlosmachung Deutschlands, und wenn Deutschland seine staatliche Existenz nicht verteidigen könne, sei damit auch der innenpolitische Streit gegenstandslos. So war Bismarck ein überzeugter Anhänger des alten preußischen Militärsystems. Er vertrat die militärische Herrschaft des preußischen Königs über Deutschland und die unbedingte Kommandogewalt des Königs über die Armee, frei von jedem parlamentarischen Einfluß.

Wenn aber das alte Preußentum die Waffen Deutschlands führte, war es sehr schwer, ihm politische Zugeständnisse an die anderen waffenlosen Volksschichten abzuzwingen. Auch wenn Bismarck gewollt hätte, wäre es ihm kaum gelungen, den König Wilhelm I. zum Verzicht auf wesentliche Teile seiner Rechte zu nötigen. Es war ein Verhängnis für die ganze folgende deutsche Entwicklung, daß die Konfliktszeit in Preußen mit einem so restlosen Siege der königlichen Gewalt geendigt hatte. Das alte Preußentum hatte den Ansturm des bürgerlichen Liberalismus auf der ganzen Linie abgeschlagen. Der König von Preußen und sein Heer hatten 1864 gesiegt, ebenso 1866 und 1870/71; nur so war das Deutsche Reich möglich geworden. Und nach solchen Erfolgen sollte der König auf seine Rechte zugunsten des Parlamentarismus verzichten? So ließ Bismarck das alte Preußen, wie es war, und gab ihm überdies die Führung in Deutschland.

Das Geheimnis der Bismarckschen Reichsverfassung liegt darin, daß eigentlich keine Reichsregierung gebildet wurde. An Stelle der Reichsregierung stand der Bundesrat, die Gemeinschaft der einzelstaatlichen Regierungen, mit dem Reichskanzler als ihrem geschäftsführenden Vertrauensmann. Daß das buntscheckige Gesandtenkollegium des Bundesrats in Wirklichkeit gar nicht regieren konnte, das muß Bismarck von Anfang an gewußt haben. So war der Bundesrat das konstitutionelle Feigenblatt für die preußische Regierung über das Reich, und der Reichskanzler in Personalunion mit dem preußischen Ministerpräsidenten machte die deutsche Politik. Wenn in einer Spezialfrage zum Beispiel Bayern Sonderwünsche hatte, mußte die Frage auf diplomatischem Wege zur Erledigung gebracht werden, aber niemals ist die Reichspolitik durch das Zusammenwirken von Bayern und Baden mit Hamburg, Waldeck usw. bestimmt worden. Das Hauptstück der Reichsverfassung Bismarcks, die Reichsregierung durch den Bundesrat, war also von Anfang an eine offenkundige Fiktion.

Der Reichstag konnte zwar über alle politischen Fragen öffentlich reden. Aber die Armee und die Außenpolitik waren von vornherein seinem Einfluß entzogen. Das Geldbewilligungsrecht des Parlaments für das Heer durfte unter keinen Umständen die kaiserliche Kommandogewalt beeinträchtigen, und die Außenpolitik machte der Kaiser, beziehungsweise der Reichskanzler, ohne sich um die Reichstagsreden zu kümmern. Die innerpolitische Wirksamkeit des Reichstags wurde zunächst durch die Sonderrechte der Einzelstaaten lahmgelegt, und vor allem durch die vollständige Einflußlosigkeit des Reichsparlaments auf die Exekutive. Der Reichstag konnte höchstens den Etat ablehnen. Aber der böse Präzedenzfall der preußischen Konfliktszeit bewies, daß dann die Regierung ihre Zahlungen ohne gesetzliche Deckung weiter leistete. So war die einzige Waffe des Parlaments von vornherein stumpf.

Weder durch Ausnutzung des preußischen Landtags noch mit Hilfe des Reichstags war das Bürgertum in der Lage, einen maßgebenden Einfluß auf die deutsche Politik auszuüben. Aber Bismarck wußte trotzdem ganz genau, daß das Deutsche Reich ohne und gegen das Bürgertum weder zu gründen noch zu behaupten war. Verfassungsmäßige Rechte auf Kosten der Krone sollte das Bürgertum nicht erhalten. Aber der Regent, formal der Kaiser, in Wirklichkeit der Reichskanzler, sollte dafür sorgen, daß die berechtigten Ansprüche des liberalen Bürgertums erfüllt wurden: Die nationale Ausgestaltung des Deutschen Reichs sollte die Ideen der bürgerlichen Patrioten verwirklichen, die wirtschaftlichen Wünsche von Handel und Industrie sollten erfüllt werden. Die Ansprüche der Liberalen auf eine moderne, geistig hochstehende, allem »Muckertum« abgeneigte Regierungsform sollten, soweit es irgend ging, befriedigt werden. Bismarck wollte sogar noch weiter gehen: Er war bereit, Vertrauensmännern des liberalen Bürgertums einzelne Ministerposten in Preußen und wichtige Verwaltungsstellen im Reich anzuvertrauen und mit den liberalen Parlamentsfraktionen sachlich zusammenzuarbeiten. Aber all dies sollte auf dem freien Willen des Kaisers, bzw. seines entscheidenden Ratgebers beruhen. Wenn es nötig war, wollte Bismarck sich und seinen Nachfolgern jederzeit die Möglichkeit vorbehalten, die Liberalen so zu schlagen wie in der Konfliktszeit.

Vom Bürgertum verlangte Bismarck, daß es mit derartigen Zugeständnissen sich zufrieden gab und die Besonderheiten der außenpolitischen und militärpolitischen Lage Deutschlands begriff. Die starke militärische Kaisergewalt war doch die beste Stütze für das besitzende Bürgertum gegen die Gefahr einer proletarischen sozialen Revolution. Die Pariser Kommune hatte auf Bismarck den stärksten Eindruck gemacht. Er war der Meinung, daß eine bürgerlich-parlamentarische oder gar republikanische Verfassung nicht die nötige Widerstandskraft gegen den Ansturm der besitzlosen Massen aufbringen könnte. Schon deshalb sollte das Bürgertum die Einsicht haben und sich um die bestehende konservative Staatsordnung scharen, auch wenn ihm dieses oder jenes im Deutschen Reich nicht gefiel.

Auf der anderen Seite hielt Bismarck es für ebenso notwendig, daß die altpreußische Aristokratie sich in die neue Zeit hineinfügte. Die »Junker« mußten begreifen, daß das Deutsche Reich sich nicht nach den Methoden eines Gutshofs östlich der Elbe regieren lasse. Sie mußten sich mit der Existenz liberaler Minister und mit der Entwicklung städtischen Reichtums abfinden. Sie mußten einsehen, welche Macht die ungeschwächte preußische Königsgewalt auch für sie mit bedeutete. Sie mußten unter allen Umständen den Kaiser und den Reichskanzler unterstützen, auch wenn sie im Augenblick den Sinn der einen oder anderen Regierungsmaßnahme nicht verstanden. Bismarck hielt es für den gesündesten politischen Zustand, wenn eine große altpreußische konservative Partei im Lande mit einer großen liberalen Partei zusammenwirkte. Es mußte der Regierung überlassen bleiben, wie sie in jedem Einzelfall das Gleichgewicht der Kräfte herstellte. Die Regierung sollte nötigenfalls einmal nach rechts und einmal nach links schlagen, aber danach immer wieder die Versöhnung und Zusammenarbeit der beiden Grundkräfte des Reichs erzielen.

Wie man sieht, beruhte das Funktionieren dieses Systems ausschließlich auf der Persönlichkeit des obersten Regierungschefs. Es mußte ein Kanzler wie Bismarck oder ein König wie Friedrich der Große da sein, um die Diagonale der Kräfte zu ziehen. Fehlte die Führerpersönlichkeit, so fiel alles auseinander. Auch in England beruhte die 1689 stabilisierte Staatsordnung auf dem Kompromiß zwischen grundbesitzender Aristokratie und städtischem Bürgertum. Aber in England war ein organisches Zusammenwirken und Zusammenwachsen beider Klassen erzielt. Beide teilten sich in die Selbstverwaltung des Staats. Auf dem Lande regierte der grundbesitzende Gentleman als Friedensrichter usw., und in der Stadt regierten der Mayor und die Aldermen. Beide Klassen trafen sich dann im Unterhause als Vertreter der städtischen und ländlichen Wahlkreise. Sie respektierten gegenseitig ihre Privilegien, weil sie wußten, daß die Rechte der einen die Rechte der anderen voraussetzten. Sie bildeten gemeinsam die Regierung und wachten gemeinsam über die Aufrechterhaltung der Verfassung. In Deutschland fehlte schon die Grundlage des englischen Systems, nämlich eine ernsthafte Selbstverwaltung, deren Stelle die allmächtige Bürokratie einnahm. Die Allgewalt des Unterhauses erzog zum Zusammenwirken der Stände und Klassen auf diesem Boden, während die Ohnmacht des Reichstags ein positives parlamentarisches Kompromiß zur gemeinsamen Regierung des Reichs ausschloß. Im Bismarckschen Reichstag konnte eine Koalition nur dann positiv etwas leisten, wenn sie unbedingt mit der Regierung zusammenging. Eine oppositionelle Koalition von Parteien und Klassen konnte höchstens den Reichskanzler durch Nadelstiche ärgern.

Unter dem Eindruck der Siege von 1870/71 fand sich das liberale Bürgertum mit der Reichsverfassung Bismarcks ab, und es war bereit, den Kanzler parlamentarisch und moralisch zu stützen. Aber die Krise kam nur zu bald, und sie verschärfte sich dadurch, daß ja die beiden Kräfte, auf deren Zusammenwirken Bismarck das Deutsche Reich gründen wollte, nicht allein dastanden: Neben dem altpreußischen Konservatismus gab es noch den altdeutschen Konservatismus links der Elbe, und neben dem liberalen Bürgertum stand in wachsender Zahl und in wachsendem Klassenbewußtsein das industrielle Proletariat. Wer das Deutsche Reich im Gleichgewicht halten wollte, mußte nicht nur mit zwei, sondern mit vier Faktoren jonglieren, die alle in diesem Rahmen zueinander nicht paßten.

Der altdeutsche Konservatismus hatte bis 1866 seinen Hauptsitz in Wien. Die regierenden Bischöfe des alten Deutschen Reichs hatten im habsburgischen Kaiserhaus ihr natürliches Oberhaupt erblickt, und ebenso die reichsunmittelbare Ritterschaft, die nur dem Kaiser und nicht einem Landesfürsten unterstand. Die Auflösung der alten Reichsverfassung durch Napoleon I. hatte diese beiden reichsunmittelbaren Stände beseitigt. Aber nach wie vor erblickte die katholische Kirche Deutschlands sowohl wie die große Aristokratie am Rhein und in Süddeutschland in Österreich ihre Vormacht und den natürlichen Schützer ihrer Interessen. Das alte Kaiserreich war 1815 in der Form des Deutschen Bundes nur sehr unvollkommen wiederhergestellt worden. Aber im Sinn der alten Reichstradition hielten die mittleren und kleinen Bundesfürsten Preußen für den gegebenen Feind und Österreich für den gegebenen Freund. Denn von einer Steigerung der preußischen Macht erwartete man eine zentralistische Neuordnung Deutschlands, während die Fortexistenz der österreichischen Vorherrschaft auch das Weiterbestehen des deutschen Föderalismus garantierte.

Der deutsche Föderalismus fand seine Anhänger nicht nur bei den Dynastien, Geistlichen und Aristokraten, sondern ebenso bei weiten Schichten der agrarischen und kleinbürgerlichen Bevölkerung, die nicht wollten, daß ihre Steuern nach Berlin gingen und daß ihre gewohnten Regierungs- und Lebensbedingungen durch das preußische Oberkommando gestört wurden. Im Kriege 1866 stand der altdeutsche Konservatismus von Hannover bis München in geschlossener Front mit der Waffe in der Hand gegen Preußen. Die preußische Armee siegte, Österreich wurde aus Deutschland hinausgewiesen, Hannover, Kurhessen und Nassau wurden von Bismarck annektiert. Das liberale Bürgertum bekannte sich überall zu Preußen und zur Reichseinigung. 1870 zwang die liberale und nationale Bewegung die süddeutschen Staaten zur Beteiligung am Kriege gegen Frankreich.

Bismarck suchte bei der Reichsgründung den altdeutschen Konservatismus dadurch unschädlich zu machen, daß er die Dynastien fest an die neue Ordnung der Dinge knüpfte. Um das Haus Wittelsbach zu gewinnen, bewilligte Bismarck die Sonderstellung der bayerischen Armee. Der föderalistische Charakter des Bundesrats ließ den kleinen Dynastien so viel Rechte, wie es unter der Neuordnung der Dinge überhaupt möglich war. Bismarck hatte hier einen vollen Erfolg: Er hatte nach 1871 bei den außerpreußischen Dynastien niemals ernstliche

Schwierigkeiten. Bismarck hätte zum Beispiel den Kulturkampf nie führen können, wenn er nicht den König von Bayern und damit die Münchener Regierung auch in dieser kritischen Situation fest auf seiner Seite gehabt hätte[3].

So leicht wie die west- und süddeutschen Dynastien waren aber die altkonservativ gestimmten Volksschichten für das neue »evangelische Kaisertum« nicht zu gewinnen. Die katholische Geistlichkeit, der Hochadel, breite Massen von Bauern und Handwerkern in Süd- und Westdeutschland schlossen sich zu einer mächtigen Abwehrfront zusammen: Das Zentrum trat als die katholische Partei Deutschlands auf. Trotzdem war der Kulturkampf im Grunde keine konfessionelle Angelegenheit. Die protestantischen Landwirte Hannovers, soweit sie die Sonderexistenz des alten Welfenkönigreichs zurückgewinnen wollten, standen an der Seite des Zentrums. Auf der anderen Seite war das katholische Bürgertum in den Städten des Rheins und des Südens bismarckisch gesinnt. Aber der katholische nationalliberale Wähler in München oder in Köln trat deshalb noch lange nicht aus seiner Kirche aus. Die Eigenart des Zentrums verkörperte sich in der Kulturkampfzeit in Windthorst, dem Katholiken und früheren Minister des Königs von Hannover.

Neben den Welfen gewann das Zentrum noch zwei Mitkämpfer, die der Regierung Bismarcks besonders unangenehm waren. Die Verteidigung des Katholizismus gegen die protestantisch orientierte Staatsgewalt brachte ein Bündnis zwischen Zentrum und Polen. Ferner hatte die katholische Kirche Deutschlands schon seit einem Menschenalter begonnen, die in ihren Bereich gehörigen Industriearbeiter zusammenzufassen. In Deutschland ist eine selbständige Arbeiterbewegung parallel von zwei Seiten her geschaffen worden. Neben der marxistischen Bewegung steht die katholische. Es ist zweifelhaft, ob in den siebziger Jahren den herrschenden Klassen Deutschlands die sozialdemokratische Arbeiterbewegung in Berlin und Sachsen viel unangenehmer war als die katholische Arbeiterbewegung in Oberschlesien[4] und am Rhein. In Oberschlesien prägte sich der Klassengegensatz besonders scharf aus, wo der polnisch-katholische Bergmann dem deutsch-protestantischen Werksdirektor gegenüberstand.

Das Zentrum war in seinem sozialen Charakter schon in der Kulturkampfzeit überaus buntscheckig. Aber alle Schichten, die es vereinte, waren damals ihrem Wesen nach antibürgerlich: Der Priester und der Aristokrat, der Bauer und der Arbeiter hatten insgesamt kein Interesse, die bürgerliche kapitalistische Entwicklung in den Städten zu fördern, und sie alle waren gegen den preußischen, militärischen und autokratischen Zentralismus. So war das Zentrum der gegebene Antibismarckblock. Alle Grundgedanken des Bismarckschen Reichs wurden vom Zentrum verneint. Es sollte ein Verhängnis für das bismarckische Kaiserreich werden, daß der deutsche Altkonservatismus sich nach 1866 nicht als wunderliche Laune auf einige rheinische Adelsschlösser, auf Nonnenklöster und kleine Höfe beschränkte, sondern daß wuchtige breite Volksschichten in den christlichen Bauernvereinen und den christlichen Gewerkschaften sich der katholischen föderalistischen Bewegung anschlossen. Das Bismarcksche Reich erhielt so, neben dem nie ausgeglichenen Konflikt zwischen Preußentum und Bürgertum, eine weitere schwere Belastung.

Bismarcks Kulturkampf war die Fortsetzung des Krieges von 1866 mit neuen Mitteln. Bismarck gab sich darüber keiner Täuschung hin. Einige Jahre fürchtete er, daß Deutschland einen Revanchekrieg mit dem klerikalen Frankreich und mit den Habsburgern zu führen haben würde. Dabei würde die geistliche Leitung des Angriffs gegen Deutschland beim päpstlichen Stuhl in Rom liegen, und das Zentrum, die Polen und die Welfen in Deutschland würden als Verbündete des Wiener und Pariser Revanchestrebens auftreten[5]. Bismarcks Verdacht, daß die Führer des Zentrums damals irgendwelche landesverräterische Pläne hegten, war völlig unbegründet. Aber es ist klar, daß ein unglücklicher Ausgang eines Krieges gegen Österreich und Frankreich eine föderalistische Neugestaltung Deutschlands und die Rückgängigmachung der Ergebnisse von 1866 und 1870/71 gebracht hätte.

Der Kulturkampf brachte eine so weitgehende Annäherung zwischen Bismarck und den Liberalen wie niemals zuvor oder danach. Das liberale Bürgertum stürzte sich mit Begeisterung in den Kampf. Zunächst weil der Antiklerikalismus seiner Ideologie völlig entsprach. Dann aber vor allem, weil der Kulturkampf die Gelegenheit zu bieten schien, das parlamentarische System und die Herrschaft der Liberalen doch zu verwirklichen[6]. Für das Bürgertum schien jetzt die Situation gekommen, um das nachzuholen, was man 1871 bei der Reichsgründung und der Festlegung der Reichsverfassung versäumt hatte.

Ein Teil des preußischen Adels wurde über die Entwicklung bestürzt. Man hatte in diesen Kreisen den Kurs Bismarcks seit 1866 nicht ganz begriffen. Bismarck schien alles zu tun, um das Städtertum auf Kosten des Landes hochzubringen: Der Milliardensegen der französischen Kriegsentschädigung sei von »Juden« und anderen Börsianern verschlungen worden. Das Gründer- und Schiebertum mache sich breit, während der solide Landwirt und Handwerker in seinem Einkommen zurückging. Sollte so das Deutsche Reich aussehen, das von Preußens Heer auf den Schlachtfeldern von Metz und Sedan geschaffen worden war? Nun zerstörte Bismarck auch noch die geistliche und sittliche

Autorität der Kirche. Er behaupte zwar, daß der Kampf nur gegen den Katholizismus ging. Aber die Kulturkampfgesetze mit ihrer Verweltlichung der Schule und mit der Zivilehe träfen die evangelische Weltanschauung genau so schwer. Die Ära Falk bringe die Herrschaft des liberalen Unglaubens über Preußen. Bismarck sei jetzt durch seinen falschen Kurs gezwungen, sich demselben parlamentarischen System in die Arme zu werfen, das er in der Konfliktszeit niedergezwungen hatte. Unter diesen Umständen müßten alle ehrlichen altpreußisch gesinnten Männer in Opposition gegen Bismarck treten. Der Kulturkampf müsse beendet werden. Die evangelischen und katholischen Christen Deutschlands müßten sich statt dessen zusammenschließen, um gemeinsam gegen Liberalismus, Unglauben und Schiebertum Front zu machen. Der begabteste Vorkämpfer der konservativen Opposition gegen Bismarck, der Hofprediger Stöcker, ging noch einen Schritt weiter: Wenn in den Großstädten das Industrieproletariat vom Kapitalismus und vom »Judentum« bedrückt wurde, war es da nicht die Pflicht des preußischen Königtums wie der evangelischen Kirche, diesen Armen zu Hilfe zu kommen, ihre berechtigten Forderungen zu erfüllen und sie so der sozialdemokratischen staatsfeindlichen Agitation zu entziehen?

Während Bismarck, verbündet mit den Liberalen, im heftigsten Kampf mit dem Zentrum lag, wurde er im Rücken von dem Kern des altpreußischen Adels und der evangelischen Pastorenschaft angegriffen. Die konservative Opposition gegen Bismarck war der Ausdruck bornierter Engherzigkeit. Der preußische Adel wollte nicht einsehen, was er dem Werke Bismarcks verdankte und daß seine beispiellose Machtstellung innerhalb der deutschen Nation, wenn überhaupt, so doch nur durch die Methoden Bismarcks zu behaupten war. Der Angriff der Konservativen war der gefährlichste, der für Bismarck denkbar war[7]. Denn bei andauernder systematischer Feindschaft des konservativen Elements wurde der Ast abgesägt, auf dem Bismarck saß. Noch hielt Wilhelm I. fest zu Bismarck; trotz aller Angriffe der »Kreuzzeitung«. Aber würde der König von Preußen in der Lage sein, auf die Dauer gegen all das zu regieren, was in Preußen an monarchistischen und militärischen Kräften vorhanden war? Sollte der Kampf Bismarcks und des Königs von Preußen gegen Zentrum und Konservative eine Dauereinrichtung werden, so folgten daraus der Parlamentarismus und die Machtübernahme durch das liberale Bürgertum, also die nachträgliche Revanche für die in der Konfliktszeit unterlegene Partei. Trotz der äußerlichen Friedensschlüsse, die später kamen, hat Bismarck das Vertrauen der konsequenten preußischen Konservativen niemals zurückgewonnen. Die Fraktion, von der Bismarck im Jahre 1890 gestürzt wurde, waren die Konservativen und Christlich-Sozialen der

Richtung Stöcker. Hier gewinnt man einen Ausblick auf die innere Unhaltbarkeit des Bismarckschen Reichs. Wenn der preußische Militäradel nicht einmal einem Bismarck so viel vertraute, daß er auch nur die bescheidensten Konzessionen an die bürgerlichen Liberalen guthieß, was sollte dann aus dem Deutschen Reich werden? Dann blieb der preußische Adel ein Fremdkörper im politischen Leben Deutschlands, dessen Vorherrschaft beim ersten ernsthaften Anstoß zusammenbrechen mußte.

Die Liberalen erkannten selbstverständlich die Zwangslage, in die Bismarck durch den Kulturkampf geraten war, und suchten sie auszunutzen. Sie verlangten Zugeständnisse, die in der Summe auf ein liberales parlamentarisches Ministerium in Preußen und im Reich herausgekommen wären[8]. Bismarck mußte sich entscheiden. Er entschied sich, wie nicht anders zu erwarten war, gegen das parlamentarische System und gegen eine Regierung des Bürgertums. Bismarck war aber weit entfernt von der engherzigen Selbstzufriedenheit seiner Epigonen, die alles in Ordnung fanden, solange in Berlin und Potsdam die preußische Garde stand und das Volk auf der Straße dem Schutzmann gehorchte. Bismarck wußte, daß das Reich ohne die freudige freiwillige Mitarbeit und Zustimmung entscheidender Volksschichten nicht bestehen konnte.

Bismarck hatte sich bisher mit den politischen Fraktionen als der Vertretung der einzelnen Volksklassen auseinandergesetzt. Er hatte mit ihnen sämtlich, mit dem Zentrum so gut wie mit den Konservativen und Liberalen, schwer zu kämpfen gehabt, und er hatte nirgends eine konsequente verläßliche Unterstützung gefunden. Wenn er die Politiker ausschaltete und sich statt an die »Kreuzzeitungs«-Redakteure direkt an die Landwirte, statt an die liberalen Rechtsanwälte und Professoren direkt an die Fabrikanten und Handwerker wandte, waren vielleicht bessere Resultate zu erzielen[1]. Mußte nicht ferner eine systematische Regierungspolitik im Sinne der Landwirtschaft auch die katholischen Bauern des Zentrums in eine neue Situation bringen?

Die Formel, mit der Bismarck die Wendung zu den wirtschaftlichen Interessenten vollzog, war die Zollpolitik. Der jung aufstrebenden deutschen Industrie bot Bismarck den Zollschutz, damit sie sich gegen die Allmacht der englischen Konkurrenz durchsetzen könne. Der deutschen Landwirtschaft bot er die Zölle als Schutz gegen die Überschwemmung des deutschen Marktes mit den Agrarprodukten des europäischen Ostens. In dem jungkapitalistischen Deutschland von 1879 stand tatsächlich die Zollfrage ganz anders als in dem Deutschland von 1928, und Bismarck konnte damals sehr gewichtige Argumente für seine Zollpolitik beibringen. Die liberalen Politiker waren gegen die Zölle, zunächst aus einem mechanischen Festhalten an englischen Vorbildern, ferner weil bei ihnen damals der kaufmännische Einfluß stärker war als der industrielle. Bei den Konservativen und beim Zentrum dagegen war der agrarische Einfluß so mächtig, daß er die oppositionellen Stimmungen überwand: Mit den Stimmen dieser beiden Tendenzen gegen die Liberalen brachte Bismarck seine Zollgesetze im Reichstag durch.

Bismarcks Politik nach 1879 führte zu einer außerordentlichen Stärkung der preußischen Konservativen. Sie verwandelten sich aus einer höfisch-aristokratischen Gruppe in eine breite agrarische Interessenpartei. Allmählich verschwindet der liberale Einfluß auf die Bauernschaft. Erst jetzt werden die ostelbischen Landkreise zu festen Hochburgen der Konservativen [9]. Im Zusammenhang damit verändert der preußische Landtag seinen Charakter. Die erdrückende liberale Mehrheit der Konfliktszeit war nur dadurch möglich geworden, daß die Landwirte vielfach der Führung durch die städtische Intelligenz folgten [2]. Das hörte auf: Der Bauer wählte seine agrarischen Interessenvertreter, das heißt in den evangelischen Kreisen Preußens konservativ. Die Wahlkreiseinteilung des preußischen Landtags bevorzugte das Land vor der Stadt. Das war politisch gleichgültig, solange Land und Stadt im allgemeinen dieselbe politische Richtung vertraten. Es wurde von größter Bedeutung, sobald die Geister sich nach Stadt und Land schieden. Von jetzt ab beherrschte die agrar-konservative Partei den preußischen Landtag [10], und die in Preußen herrschende Schicht hatte nun alle drei Faktoren der Gesetzgebung in der Hand: Königtum, Herrenhaus, Landtag. So wird der preußische Staat in allen seinen Teilen das konservative Bollwerk gegen die Ansprüche des Bürgertums und der Arbeiterschaft.

Auch außerhalb Altpreußens entwickelte der konservative Gedanke in seiner agrarischen Formulierung eine erstaunliche Werbekraft. Die evangelischen Bauernmassen in Hannover und Hessen-Nassau, aber auch in ganz Süddeutschland, trennten sich in steigendem Maße von ihren alten politischen Bindungen. Bis 1918 saßen im deutschen Reichstag, gewählt nach dem allgemeinen, gleichen und geheimen Wahlrecht, in den Parteien des preußischen Feudaladels auch Bauernabgeordnete aus Bayern, Württemberg, Baden und sogar aus Elsaß-Lothringen [11].

Bismarcks Zollpolitik führte ferner zu einer tiefgehenden Umwandlung des Zentrums. Dazu trug freilich auch der Friedensschluß zwischen dem Deutschen Reich und der Katholischen Kirche bei. Die Gefahr eines katholischen Blocks, der einen Revanchekrieg gegen das Deutsche Reich unternehmen könnte, war beseitigt: Denn in Frankreich war die klerikal-monarchistische Partei von den Republikanern zurückgedrängt worden, und mit Österreich schloß Bismarck gerade in jenen Jahren das Bündnis, das seitdem die Grundlage seiner Außenpolitik bildete.

So war der Kampf zwischen Bismarck und dem Zentrum von seiner außenpolitischen Belastung befreit. Als Nebenzweck des Bundes mit Österreich strebte Bismarck direkt die Versöhnung der katholischen altkonservativen, sogenannten »großdeutschen« Tendenz innerhalb des Deutschen Reichs an. Das Bündnis Deutschlands und Österreichs sollte den alten Deutschen Bund in der Beziehung ersetzen, wo er etwas Wertvolles geboten hatte.

In der Tat hatte Bismarck erreicht, daß das Zentrum sich mit der Existenz des Deutschen Reiches, so wie es war, abfand und sich damit begnügte, im Rahmen der Reichsverfassung die föderalistischen Einrichtungen zu schützen und die katholische Kirche zu verteidigen. Aus der Offensive des Zentrums war eine loyale Defensive geworden. Soweit endete der Kulturkampf mit einem Siege Bismarcks, der nun die Kampfgesetze gegen den Katholizismus abbaute. Darüber hinaus wurde die agrarische Mehrheit des Zentrums zur Helferin der Wirtschaftspolitik der Regierung.

Unter den neuen Verhältnissen wurde das Zentrum zu einem politischen Faktor, der Bismarck in mancher Hinsicht gar nicht unangenehm war. Das Zentrum und die Katholische Kirche trugen dazu bei, breite Schichten städtischer, besonders proletarischer Bevölkerung politisch zu binden, die sonst in den Reihen der Sozialdemokraten oder Linksliberalen gestanden hätten [12]. Der katholische Hochadel, der seinen Frieden mit dem neuen Deutschen Reich geschlossen hatte, spielte in den Zentrumsfraktionen eine bedeutende Rolle und hatte die natürliche Neigung, mit den preußischen Konservativen zusammenzuarbeiten. Wer politische Fragen nur nach der taktischen Bequemlichkeit des Augenblicks ansah, konnte zu der Losung kommen, durch ein festes parlamentarisches Bündnis zwischen den Konservativen und dem Zentrum die Grundlage des Deutschen Reiches zu sichern. Seit die Konservativen sich in die große evangelische Agrarpartei verwandelt hatten, die auch von städtischen, loyalen, antikapitalistischen und antisemitischen Schichten Zuzug erhielt, war eine ziemlich sichere Reichstagsmehrheit aus Konservativen und Zentrum vorhanden.

Dabei waren die Ansprüche, die das Zentrum stellte, überaus bescheiden: Das Zentrum verlangte weder die Parlamentarisierung noch einen Umbau des altpreußischen Staatssystems. Das Zentrum war zufrieden, wenn manchmal ein aktiver Katholik in Preußen Landrat oder Richter werden konnte. Die Hauptforderungen des Zentrums, keine Umänderung der Verfassung im Sinne einer stärkeren Zentralisierung, kein Kampf gegen die Katholische Kirche und eine gemäßigte Sozialpolitik im Interesse der christlichen Arbeiter, enthielten nichts, was der Regierung und den preußischen Konservativen unangenehm war. Die

Konservativen waren daher immer geneigt, das Bündnis mit dem Zentrum jedem Zusammengehen mit den Liberalen vorzuziehen.

Bismarck dagegen hat mit unbedingter Hartnäckigkeit sich geweigert, das Deutsche Reich auf die Koalition mit dem Zentrum aufzubauen[13]. Bismarck sagte sich, daß zwar die west- und süddeutschen Katholiken genauso gute Deutsche waren wie die Protestanten. Aber während der Landwirt in Pommern und Ostpreußen mit allen seinen Interessen und Neigungen an das Hohenzollern-Kaisertum gebunden war, galt dasselbe vom oberbayerischen Bauern und vom christlichen Bergarbeiter des Ruhrgebiets nicht. Der Zentrumswähler war zwar seit dem Frieden zwischen Staat und Kirche ein völlig loyaler Untertan. Aber er konnte sich in einer schweren Krise deutscher Politik auch mit einer anderen Gestalt des Reiches abfinden, als es die von 1871 war. Deshalb war Bismarck zwar bereit, mit der Katholischen Kirche Frieden zu halten und mit dem Zentrum im Parlament zusammenzuarbeiten. Aber die Existenz des Deutschen Reiches und das Funktionieren seiner Einrichtungen durfte niemals vom Zentrum abhängig sein. Der Kaiser mußte in der Lage sein, auch in schwersten Krisen ohne und gegen das Zentrum zu regieren.

Auf der anderen Seite bedeutete das Regieren mit dem Block der Konservativen und des Zentrums die Ausschaltung des Bürgertums. Ohne die aktive Mitarbeit des gebildeten und besitzenden Bürgertums hielt Bismarck aber das Deutsche Reich für nicht haltbar. Wenn das Bürgertum oppositionell beiseite stand, war der König von Preußen, sobald es ernst wurde, zusammen mit dem Militäradel isoliert. Denn das Bündnis mit dem Zentrum zerbrach nach Bismarcks Überzeugung bei der ersten schweren Belastungsprobe. Die Reichsregierung mußte imstande sein, nötigenfalls übertriebene Ansprüche der Liberalen zurückzuweisen und ohne sie das Notwendige zu tun. Aber eine dauernde Abstoßung des bürgerlichen Liberalismus war für Bismarck undenkbar[1].

Bismarcks Ziel war vielmehr, an Stelle der alten liberalen Parteien, in denen die Idee der parlamentarischen Regierung zu Hause war, eine neue bismarcktreue liberale Partei zu schaffen. Sie sollte die Interessen der Industrie vertreten, die Zoll- und Kolonialpolitik fördern und in allen Verfassungsfragen konservativ sein. Diese Umbildung gelang zu einem wesentlichen Teil: In den achtziger Jahren erfolgte die Neugründung der Nationalliberalen, die mit der Nationalliberalen Partei von 1871 kaum mehr als den Namen gemeinsam hatten.

Es blieb freilich ein oppositioneller Rest im Bürgertum: Die Kaufmannschaft, die an der Zollpolitik nicht interessiert war, und solche Männer, die prinzipiell den militärisch-aristokratischen Charakter des

Deutschen Reiches ablehnten und die Tradition der Konfliktszeit hochhielten. Diese »Fortschrittspartei«, unter Führung Eugen Richters, war im Lager des liberalen Bürgertums ungefähr dasselbe wie die Stöckergruppe innerhalb der konservativen Gesellschaftskreise. Es waren dies die beiden Tendenzen, die der Bismarckschen Koalition entgegenarbeiteten. Die Stöckerleute wollten die Konservativen von dem Block mit den Liberalen wegführen, und Eugen Richter wollte das Bürgertum von der Unterwerfung unter die »Junker« befreien. In Stöcker wie in Eugen Richter erblickte Bismarck recht eigentlich die Tendenzen, die sein Werk von innen heraus störten. Der Haß, mit dem Bismarck die Kreuzzeitung-Konservativen verfolgte, war ungefähr ebenso erbittert wie seine Feindschaft gegen die Fortschrittler um Eugen Richter.

Es ist begreiflich, daß beide Gruppen der Gegner Bismarcks und seines konservativ-liberalen Kartells auf den dritten Faktor der deutschen Politik, auf das Zentrum, spekulierten. Bei den Konservativen war es die Idee des konservativ-klerikalen Blocks, die als Ersatz für das System Bismarcks vorgeschlagen wurde. Aber auch die liberale Opposition gewöhnte sich daran, im Reichstag mit dem Zentrum zusammen zu stimmen. In den achtziger Jahren konzentrierte sich im Reichstag die Opposition gegen Bismarck um die Namen Windthorst und Richter. Sollte es da nicht möglich sein, auch positiv eine Zusammenarbeit zwischen dem liberalen Bürgertum und der katholischen Partei herzustellen? Das Zentrum hatte doch im Kulturkampf den Druck des herrschenden Systems nur zu schwer gespürt. Konnte es sich nicht auch zum Parlamentarismus bekehren? War nicht auch in Deutschland ein Seitenstück zu dem Ministerium Gladstone[14] möglich, das sich auf ein Bündnis der englischen Liberalen mit den katholischen Iren stützte?

Ein deutsches Ministerium Gladstone hätte auch in bestimmten, Bismarck feindlichen Hofkreisen eine Stütze gefunden. Denn die Gegner Bismarcks am Hof hatten teils liberale und teils klerikale Sympathien. Die Idee des deutschen Ministeriums Gladstone ist geschichtlich überaus interessant, denn hier finden wir die ersten Anfänge der Kombination, die dann später zur Mehrheit der Friedensresolution von 1917 und zur Weimarer Koalition von 1919 führte. Aber in den achtziger Jahren waren die Aussichten, aus der Oppositionsfront Windthorst-Richter-Sozialdemokratie ein neues deutsches Regierungssystem zu schaffen, ganz gering. Zwar war von 1881 bis 1886 eine Reichstagsmehrheit für die Opposition vorhanden. Bei einem Thronwechsel war auch vielleicht ein Ministerium denkbar, das mit dieser Reichstagsmehrheit (ohne die Sozialdemokratie) zusammengearbeitet hätte. Aber um daraus ein lebensfähiges neues System zu entwickeln, hätte man erst die Machtstellung des militärischen Adels in Preußen zerschlagen müssen, und das traute sich damals niemand zu.

Deshalb war das Zentrum damals von einer solchen Kombination nicht begeistert, und es zog noch ein friedliches Zusammengehen mit den Konservativen einer solchen revolutionären Aktion vor. Im Bürgertum war ebenfalls seit mehreren Jahrzehnten der politische Machtwille ständig gesunken. Was das deutsche Bürgertum mit aller Geisteskraft und aller Opferwilligkeit von 1848 bis 1866 vergeblich erstrebt hatte, das hatten der König von Preußen und Bismarck mit einigen gewaltigen Schlägen zustande gebracht. Nun sah man seit 1871, wie Bismarck, ohne sich von den Parteipolitikern viel stören zu lassen, das Deutsche Reich ausbaute, wie die Weltgeltung Deutschlands von Jahr zu Jahr ohne neuen Krieg zunahm, wie die Wirtschaftskurve nach oben ging und wie die innerdeutschen Verhältnisse scheinbar ganz stabil wurden. So gewöhnte sich die große Mehrheit des Bürgertums, vor allem die intellektuellen und die akademischen Kreise, daran, dem eigenen politischen Urteil zu mißtrauen. Statt dessen verließ man sich darauf, daß die Regierung in Berlin schon alles richtig machen würde.

Gewiß war es richtig, daß Bismarck und Wilhelm I. als politische Persönlichkeiten mehr bedeuteten und mehr leisteten als Lasker und Eugen Richter. Aber daraus machte man das Dogma von der preußischen Unfehlbarkeit und von Preußens historischer Mission. Ungefähr seit 1880 war politisch dem deutschen Bürgertum das Rückgrat gebrochen. Aber die historische Wahrheit zwingt festzustellen, daß diese Wandlung nicht durch Gewalt und Furcht entstanden ist. Unter welchem polizeilichen Druck stand das deutsche Bürgertum von 1815 bis 1848, und doch blieb es oppositionell und selbstbewußt! Nach 1871 war der physische Druck der Regierung auf das Bürgertum minimal. Was bedeuteten die paar Majestäts- und Bismarck-Beleidigungsprozesse gegenüber den Demagogenverfolgungen des Vormärz! Aber jetzt sah man sich einer ungeheueren politischen Leistung gegenüber, die trotz mancher Schönheitsfehler die nationalen Forderungen des deutschen Bürgertums erfüllte. Vor dieser Leistung brach der Oppositionswille des Bürgertums zusammen. Diese Stimmung war es, die den bismarckschen Nationalliberalen, weit über die Kreise der industriellen Interessen hinaus, Autorität verschaffte. Darum war die Opposition der Fortschrittler so lahm. Darum war das deutsche Ministerium Gladstone unter Bismarck nur ein Gespenst ohne Realität.

Aber diese Einstellung des deutschen Bürgertums zur kaiserlichen Regierung war für das Reich durchaus kein idealer Zustand. Die geistige Kapitulation des Bürgertums, die gegenüber Bismarck und Wilhelm I. vielleicht noch zu rechtfertigen war, wurde absurd gegenüber

Wilhelm II. und Bülow. In einer ernsten Krise mußte eine solche Gesinnung dazu führen, daß alles hypnotisiert nach oben starrte, und wenn die Regierung versagte, tat das Bürgertum aus eigener Initiative auch nichts. Nach 1890 war Bismarck entsetzt über die allgemeine Unterwürfigkeit und den Mangel an ernster Opposition gegen Wilhelm II., abgesehen von der Sozialdemokratie, die prinzipiell dem Reiche Bismarcks feindlich gegenüberstand. Aber Bismarck hätte sich sagen müssen, daß dieser beklagenswerte Zustand die Folge seiner eigenen Erziehung des deutschen Bürgertums war.

Indessen in der Tagespolitik ging alles so, wie Bismarck es wollte. Bei den Reichstagswahlen von 1887 errang das Bismarcksche Kartell der Konservativen und Nationalliberalen einen großen Erfolg. Bismarck hatte jetzt im preußischen Landtag wie im deutschen Reichstag eine ihm ergebene Mehrheit. Im Lande hatte er neben der großen agrarkonservativen Bewegung die bürgerlichen, regierungstreuen Nationalliberalen. Der Kampf gegen das Zentrum hatte seine Schärfe verloren, und die Gruppe Eugen Richters war in dieser Situation nicht gefährlich. Aber es blieben zwei andere Gefahren für das System Bismarcks: Die extremen Konservativen der Richtung Stöcker hatten sich zwar parteimäßig nicht selbständig gemacht. Sie hatten es nicht verhindern können, daß die offizielle konservative Partei die Kartellpolitik mitmachte. Aber sie blieben unversöhnt, und sie wurden 1888 beim Regierungsantritt Wilhelms II. am Hof eine Großmacht. Zweitens entwickelte die sozialdemokratische Arbeiterbewegung trotz aller Unterdrückungsmaßregeln eine solche Kraft, daß sie das ganze System Bismarcks gefährdete. Der Kampf gegen die Stöckergruppe und gegen die Sozialdemokraten hat in gegenseitiger Wechselwirkung zum Sturze Bismarcks geführt.

Die selbständige Klassenbewegung des deutschen Proletariats verbreitete sich in den siebziger und achtziger Jahren entsprechend der Aufwärtsentwicklung der deutschen Industrie. Die Sozialdemokratie kämpfte damals zunächst gegen die elende wirtschaftliche Situation der Arbeiter und entwickelte daneben das Programm politischer Machtübernahme, die Umwandlung Deutschlands in eine sozialistische Arbeiterrepublik. Bei dem geringen Prozentsatz der Sozialdemokraten innerhalb der deutschen Bevölkerung lag freilich damals das Endziel in weiter Ferne. Die Sozialdemokratie war bis 1887 im Reichstag kaum viel stärker als die polnische Nationalpartei. Putschistische Gewalttätigkeiten vermied die Sozialdemokratie vollkommen. Sie trieb ihre Propaganda im Rahmen der Gesetze. Mit den beiden Attentaten auf Wilhelm I. im Jahre 1878 hatte die Sozialdemokratie nichts zu tun. Die Vorbilder für jene Attentate lieferten die Aktionen der aktiven

Anarchisten und der russischen Sozialrevolutionäre. Trotzdem benutzte Bismarck die durch die Attentate erzeugte Stimmung, um die sozialistische Bewegung unter ein Ausnahmegesetz zu stellen.

Eine oppositionelle Klassenbewegung der Arbeiter konnte Bismarck in seinem Reich nicht gebrauchen. Bismarck hatte kein Verständnis für die sozialen Forderungen der Arbeiterschaft. Nicht einmal die Bestrebungen zur Sicherung der Sonntagsruhe und zur Einschränkung der Kinderarbeit in der Industrie fanden seine Billigung[15]. Wenn auch die Anfänge der deutschen sozialpolitischen Gesetzgebung in seine Herrschaftsperiode fallen, blieb er über den Wert und die Bedeutung solcher Maßregeln skeptisch. Noch viel weniger war Bismarck irgendwelchen Bestrebungen zugeneigt, den Arbeitern politisch ein Betätigungsfeld im Deutschen Reich einzuräumen. Die Struktur des Bismarckschen Reichs ließ einfach nichts anderes zu als die politische Unterdrückung der Arbeiterklasse. Im bismarckschen System war ja nicht einmal die Frage der politischen Mitarbeit des Bürgertums geklärt! Wenn man aber nicht einmal dem besitzenden Bürgertum die Mitregierung gestatten konnte, was sollte man da mit den politischen Forderungen der Arbeiter anfangen?

Ferner bedeutete eine Politik, die in weitem Umfang den Arbeiterforderungen entgegenkam, einen Kampf gegen die Industrie, und Bismarck war unbedingt abgeneigt, einen solchen Kampf zu führen. Die Industriellen sollten ja Bismarcks Kerntruppe innerhalb des Bürgertums sein. Ihr Einfluß trug die Nationalliberale Partei. Die Industrie abstoßen, bedeutete für Bismarck das Bürgertum abstoßen. Darin sah er die Ersetzung seines bewährten Systems der Kräfte durch christlich-soziale stöckerische Experimente. Die Verstimmung der Arbeiterschaft war für Bismarck gegenüber der Verbitterung des besitzenden Bürgertums durchaus das kleinere Übel: Ohne das Bürgertum konnte man das Deutsche Reich nicht aufrechterhalten. Dagegen hielt Bismarck es absolut für möglich, die politische Arbeiterbewegung mit Gewalt niederzuwerfen.

Bismarck hielt nur eine solche Staatsordnung für vernünftig und dauerhaft, in der die besitzenden Schichten, um die Monarchie geschart, die Macht besaßen. Dagegen müsse die Herrschaft der armen und besitzlosen Massen zum Chaos und zur Auflösung führen. Eine solche »reine Demokratie« habe als notwendige Folge die militärische Gewaltherrschaft eines einzelnen. Aufgabe einer vernünftigen Staatskunst sei es, der Gesellschaft Europas diesen Kreislauf zu ersparen[16]. Die staatspolitische Anschauung Bismarcks zeigt eine überraschende Ähnlichkeit mit den Theorien des Fürsten Metternich. Nur war Metternich viel mehr wissenschaftlicher Systematiker als Bismarck und deshalb in seinen

Methoden viel starrer. Bismarck fürchtete, daß die Ereignisse der Pariser Kommune von 1871 sich in Deutschland wiederholen könnten. Er hatte 1871 mit der bürgerlichen republikanischen Regierung Frankreichs eine Einheitsfront gegen die Kommune gebildet und die Machthaber Frankreichs zur gewaltsamen Niederwerfung der Pariser Arbeiter mit allen Mitteln angetrieben und gefördert. Bismarck hielt genauso wie Metternich eine internationale Solidarität der europäischen Regierungen gegen die »rote Gefahr« für angebracht, wenn er sich auch durch diese Stimmung niemals zu Abenteuern verleiten ließ.

Die beiden Attentate auf Wilhelm I. waren für Bismarck der Beweis, daß auch in Deutschland eine Kommune-Situation heranreifen könne. Er schlug deshalb gegen die Partei los, die sich mit der Pariser Kommune solidarisch erklärt hatte, gegen die Sozialdemokratie. Das Sozialistengesetz Bismarcks hat über Hunderte von Arbeitern und ihre Familien schwerstes Unglück gebracht. Die Vereine und die Presse der deutschen Sozialdemokraten wurden zerstört. Trotzdem erfüllte das Gesetz seinen Zweck nicht: Es annullierte nicht die Mandate der sozialdemokratischen Reichstagsabgeordneten, und es verhinderte nicht die Wahlagitation der Sozialdemokratie. So blieb die sozialdemokratische Partei, auch ohne formelle sozialistische Vereine und Zeitungen, durch den persönlichen Zusammenhalt der Arbeiter in den Betrieben bestehen, und alle drei Jahre bei den Reichstagswahlen trat die Partei wieder an die Öffentlichkeit. So hart das Sozialistengesetz auch viele einzelne traf, war es im ganzen gesehen viel mehr Schikane als Unterdrückung.

Auch in der Verfolgungszeit von 1878 bis 1890 hat die Sozialdemokratie sich von Gewalttätigkeiten streng ferngehalten. Da außerdem ihr Wachstum in mäßigen Grenzen blieb, hielt Bismarck so lange eine Verschärfung des Kampfes gegen die Sozialdemokraten nicht für erforderlich. Erst die Reichstagswahlen von 1890 schufen eine neue Situation: Die sozialistische Stimmenzahl stieg mit einem Ruck von dreiviertel Millionen auf anderthalb Millionen. Damit war das System Bismarcks in seiner Grundlage erschüttert. Zu der Millionenbewegung des Zentrums, die Bismarck nach wie vor als seinem System feindlich betrachtete, kam nun noch das Millionenheer der Sozialdemokraten. Wenn man dazu die Oppositionsgruppen der Polen, Welfen, Elsässer und Dänen rechnete, so hatten sich mitten im Frieden, bei der ausgezeichneten außenpolitischen und wirtschaftlichen Lage des Reichs, vierzig Prozent der Bevölkerung gegen das Reich Bismarcks erklärt. Was sollte dann erst bei einer ernsten Krise werden? Damit war die Reichsschöpfung von 1871 in Frage gestellt, und es begann ein Kampf auf Leben und Tod[17].

Von Bismarcks Standpunkt aus war eine solche Beurteilung der Lage von 1890 durchaus logisch und konsequent: Das Kaiserreich von 1871 mußte entweder die politische Arbeiterbewegung zertreten, oder es mußte untergehen. Ein Drittes war nicht möglich. Denn bei jedem Versuch eines Kompromisses kam zunächst das Bürgertum ans Ruder, und damit war die Verfassung von 1871 aus den Angeln gehoben. Mit den christlich-sozialen Methoden Stöckers war selbstverständlich die Arbeiterfrage in Deutschland auch nicht zu lösen. Darin hatte Bismarck ganz recht: Das klassenbewußte sozialistische Proletariat ließ sich mit Bibelsprüchen und ein paar Sozialgesetzen nicht zu treuen Anhängern des preußischen Staatssystems umwandeln. Und die Zentrumsarbeiter standen im Grunde dem herrschenden System Preußen-Deutschlands genauso fremd gegenüber wie die Sozialdemokraten. Wer die Situation von 1890 in allen ihren Konsequenzen durchdenkt, hat damit die historische Notwendigkeit der Revolution von 1918 schon begriffen.

Was Bismarck im einzelnen gegen die Sozialdemokraten getan hätte, wenn er nach 1890 im Amt geblieben wäre, läßt sich heute nicht mehr ausmalen. Er hätte vielleicht das Sozialistengesetz verschärft, um die sozialdemokratischen Wahlstimmen und Mandate zu annullieren[18]. Zu einer gewaltsamen Erhebung der Arbeiterschaft wäre es auch nach einem solchen Gewaltstreich der Regierung schwerlich gekommen. Für ein paar Jahre hätte Bismarck sich durchsetzen können. Er hätte die Sozialdemokratie von der öffentlichen politischen Tätigkeit verdrängt und dem Zentrum durch den Wegfall der sozialdemokratischen Fraktion die ausschlaggebende Stellung im Reichstag genommen. Auf die Dauer wäre aber damit in Deutschland die Atmosphäre des russischen Zarismus geschaffen und die Revolution nur beschleunigt worden.

Bei der Unfertigkeit der innerpolitischen Zustände Deutschlands und bei den schweren Gefahren, die das Reich von innen bedrohten, war für Bismarck eine unbedingte Friedenspolitik nach 1871 geradezu ein Dogma. Irgendwelche Eroberungswünsche auf dem europäischen Festland hatte Bismarck nach 1871 nicht. Die Annexion weiterer fremdsprachiger Gebiete hielt er für ein Übel. Die Vereinigung Deutschösterreichs mit Deutschland hätte die katholische Minderheit im Reiche derartig gestärkt, daß dadurch das Gleichgewicht, das Bismarck wollte, erschüttert worden wäre. Kolonialen überseeischen Erwerbungen war Bismarck nicht abgeneigt. Koloniale Erwerbungen im weiten Umfang sind ihm ohne Krieg mit einer europäischen Großmacht gelungen. Deutschland fand auf diesem Wege den Widerstand Englands. Bismarck war aber der Ansicht, daß man England zurückdrängen und zu Konzessionen auf überseeischem Gebiet nötigen könne, wenn es sich einer Einheitsfront des europäischen Festlandes gegenübersieht.

Für solche Auseinandersetzungen mit England brauchte Bismarck die Hilfe Frankreichs, ja sogar eines starken Frankreichs[19]. Bismarck hielt eine weitere Schwächung Frankreichs über das Maß von 1871 hinaus für eine Schädigung deutscher Interessen. Freilich mußte die Ausspielung Frankreichs gegen England mit Vorsicht erfolgen. Bismarck glaubte nicht, daß Frankreich sich in absehbarer Zeit mit dem Verlust Elsaß-Lothringens abfinden würde. Falls Deutschland mit einer anderen Großmacht in Krieg gerate, sei ohne weiteres damit zu rechnen, daß Frankreich den Krieg gegen Deutschland mitmache. Bismarck ließ deshalb die koloniale Auseinandersetzung mit England nie so weit gehen, daß daraus die Gefahr eines Bruchs entstand. Auch wenn Frankreich die diplomatische Aktion Deutschlands gegen England erst mitmachte, war beim Eintreten der Krise damit zu rechnen, daß Frankreich plötzlich auf die andere Seite schwenkte.

So vorsichtig war Bismarck, selbst wenn er in kolonialen und überseeischen Fragen gemeinsam mit Frankreich und Rußland gegen England operierte! Eine koloniale Aktion Deutschlands gegen den Willen Englands und Frankreichs durchzufechten, hätte Bismarck für wahnsinnig gehalten. Ohne sich über die Stimmung des französischen Bürgertums Illusionen hinzugeben, tat Bismarck alles, um die deutsch-französischen Beziehungen zu verbessern. Er unterstützte in keiner Weise die Pläne eines monarchischen Staatsstreichs in Frankreich. Denn er hielt die bürgerliche Republik in Paris immer noch für friedfertiger als eine klerikale Monarchie oder eine bonapartistische Diktatur. Bismarck förderte alle außenpolitischen Wünsche der französischen Regierung, soweit es nur irgend möglich war, und ganz besonders auf kolonialem Gebiet. Je mehr sich Frankreich in Marokko[20] und in China engagierte, um so mehr wurde es von Elsaß-Lothringen und von der Revanche abgelenkt.

Neben Frankreich waren mögliche Gegner Deutschlands zu Lande Rußland und Österreich-Ungarn. Die Hauptaufgabe deutscher Politik bestand nach Bismarck darin, zu verhindern, daß Deutschland isoliert in einen Krieg mit mehreren Großmächten geriet. Das Deutsche Reich war militärisch einem einzelnen Gegner durchaus gewachsen. Aber ein Krieg mit zwei oder gar noch mehr Großmächten mußte eine verzweifelte Lage heraufbeschwören. Die natürliche außenpolitische Anlehnung war ursprünglich für Bismarck die Verständigung mit Rußland. Das war die Fortsetzung der Tradition Preußens vor 1871. Nur dank der russischen Freundschaft hatte Preußen die Kriege mit Österreich und Frankreich überhaupt führen können. Zwischen dem Deutschen Reich und Rußland gab es keine ernsten politischen Differenzen. Dazu kam die Gemeinsamkeit der monarchisch-konservativen Interessen und des

Gegensatzes gegen die katholisch-polnische Tendenz. Im Bunde mit Rußland konnte Deutschland einer Revanchekombination Frankreich-Österreich ruhig entgegensehen. Wenn aber Österreich es vorzog, unter die Ereignisse von 1866 den Schlußstrich zu setzen und sich dem konservativen Block Deutschland-Rußland anzuschließen, dann war ein solches Drei-Kaiser-Bündnis die beste Friedensgarantie, die Bismarck sich wünschen konnte.

Indessen zwangen die Erfahrungen von 1875/79 Bismarck dazu, sein Vertrauen zur russischen Stütze stark zu mindern. Die russische Politik, geleitet vom Fürsten Gortschakow, erkannte die Zwangslage, in der das Deutsche Reich sich befand. Fürst Gortschakow verlangte von Bismarck die unbedingte Unterstützung der russischen Eroberungspolitik im Orient bis zum Risiko eines Krieges mit Österreich und England. Weigerte sich aber Deutschland, ein solches Abenteuer mitzumachen, so drohte Rußland ziemlich offen, im Bunde mit Frankreich, ja sogar vielleicht mit Österreich und England, über Deutschland herzufallen. Denn Rußland konnte damals seine traditionellen Orientpläne auf doppelte Art verwirklichen: Entweder durch direkten Krieg gegen seine orientalischen Rivalen, wobei Deutschland ihm den Rücken deckte, oder aber als Führer einer siegreichen europäischen Koalition gegen Deutschland. Im letzteren Fall konnte Rußland als Schiedsrichter Europas für sich die Grenzen auf dem Balkan nach Belieben ziehen. Die ersten Anfänge der Ententekombination liegen in diesen siebziger Jahren, als auf der einen Seite Gortschakow Verbindung mit Frankreich suchte und auf der anderen Seite Gladstone bereit war, die Orientfrage gemeinsam mit Rußland zu lösen.

Um die gefährliche Abhängigkeit von Rußland zu überwinden, machte Bismarck seit 1879 das Bündnis mit Österreich zur Grundlage seiner Politik. Aber Bismarck hütete sich, deshalb den Draht mit Rußland zu zerreißen. Nach kurzer Zeit der Verstimmung zwischen Berlin und Petersburg ergänzte er das Bündnis mit Österreich durch den Rückversicherungsvertrag mit Rußland. Es ist Bismarck gelungen, solange er im Amt war, den Vertrag mit Rußland aufrechtzuerhalten. Das System der zwei Verträge hatte einen einfachen Sinn: Deutschland duldete keinen Angriff Rußlands gegen Österreich, aber es blieb bei einem Angriff Österreichs auf Rußland neutral. Als Gegenleistung verpflichtete sich Rußland, seinerseits Deutschland nicht anzugreifen [21].

Bismarck bewahrte sich trotz mancher Zwischenfälle und Störungen die Freundschaft Rußlands dadurch, daß er niemals ein ernsthaftes sachliches Interesse Rußlands schädigte. Die Ansprüche Rußlands auf Vorherrschaft über Bulgarien und über die Dardanellen fanden stets bei Bismarck Unterstützung. Daß die russischen Staatsmänner in der Zeit des Fürsten Alexander Battenberg ihre Autorität über Bulgarien selbst zerstörten und daß sie in der Dardanellenfrage keine Fortschritte machten, war ihre eigene Schuld. Sie konnten deswegen gegen Bismarck keine Vorwürfe richten. Niemals hat Bismarck das deutsch-österreichische Bündnis so ausgelegt, daß Österreich damit auf dem Balkan freie Hand bekam. Serbische und bulgarische Abenteuer konnte Österreich nur auf eigenes Risiko unternehmen, ohne jede Hoffnung, dabei deutsche militärische Hilfe zu erhalten [22]. Niemals hat Bismarck eine aktive deutsche Politik in der Türkei auch nur in Erwägung gezogen.

Dem Wunsche Italiens, sich an Deutschland und Österreich anzulehnen, kam Bismarck entgegen. Italien suchte Rückendeckung für seine Mittelmeerpolitik gegen Frankreich. Hier wachte Bismarck darüber, daß Deutschland durch den Dreibund in keinen überflüssigen Gegensatz zu den Mittelmeerinteressen Frankreichs kam. Die Leichtigkeit und Geschicklichkeit, mit der Bismarck sein außenpolitisches System beherrschte, kann aber über die Kompliziertheit des Ganzen nicht hinwegtäuschen. Das Lavieren zwischen Österreich und Rußland und dann wieder zwischen Frankreich und England erforderte eine Erfahrung und Gewandtheit, wie sie Bismarcks Nachfolgern nicht mehr eigen waren. Trotz aller Einzelkonflikte hat Bismarck nach 1871 ein außerordentliches Vertrauen zu der Uneigennützigkeit und Friedfertigkeit der deutschen Außenpolitik zu erwecken gewußt. Er genoß dieses Vertrauen nicht nur in Wien und Rom, sondern in hohem Maße am Zarenhof, in London und sogar in Paris. Nur die friedliche und sichere Außenpolitik hat es Bismarck ermöglicht, die innerpolitischen Konflikte in Deutschland von 1871 bis 1890 in seinem Sinne zu lösen und den deutschen Verhältnissen einen Schein von Stabilität zu verleihen.

II. Kapitel

Verschärfung der inneren Konflikte unter Wilhelm II.

Am 9. März 1888 starb Kaiser Wilhelm I. Er war ohne Zweifel ein bedeutender Mann. Er verstand das bismarcksche System vollkommen und hatte die Einsicht, trotz seines starken dynastischen Selbstbewußtseins den Reichskanzler regieren zu lassen. Bis zu seinem neunzigsten Lebensjahr verfolgte er die politischen Vorgänge und bildete sich stets ein selbständiges Urteil. Den ernstesten Konflikt mit Bismarck hatte er 1879, als der Kanzler sich von Rußland abwenden und das Bündnis mit Österreich zur Grundlage seiner Außenpolitik machen wollte. Daß Wilhelm I. um keinen Preis die Verbindung mit Rußland zerreißen wollte, macht seinem politischen Urteil alle Ehre. Die militärischen und altpreußischen Traditionen hatten auf ihn starken Einfluß. Aber er machte doch alle Zugeständnisse an bürgerliche und moderne Verhältnisse, die Bismarck für erforderlich hielt. In Einzeldingen zeigte der alte Herr manche Wunderlichkeit, aber in wesentlichen Fragen ließ er sich durch höfische und familiäre Einflüsterungen niemals beeinflussen.

Durch die Verfassung von 1871 war der deutsche Kaiser der mächtigste Mann der Welt geworden. Seine Macht nach innen und außen war so groß, daß sie Schrecken und Mißtrauen erwecken mußte. Der deutsche Kaiser diente seiner Sache am besten, wenn er möglichst seine ungeheuere Macht nicht merken ließ. In diesem Sinne wirkte die einfache und schlichte Art Wilhelms I. Man empfand ihn nicht als militärischen Gewaltherrscher, sondern als den ersten Beamten des Reichs, und das Ausland vertraute seiner friedlichen Gesinnung. Wilhelm I. hat im Sinne der Politik Bismarcks nicht nur drei Kriege geführt, sondern auch im Innern oft rücksichtslos durchgegriffen. Gerade weil er keine Puppe war, sondern ein Mann mit selbständigem Urteil, trägt er vor der Geschichte die volle Verantwortung für die Härten der Konfliktszeit, des Kulturkampfes und des Sozialistengesetzes. Aber er handelte schweigend und hat niemals seine Gegner durch renommistische Reden bedroht oder verletzt. Unter Wilhelm II. war es umgekehrt. Er legte durch pomphafte und prahlerische Reden die ganze Kaisermacht bloß. Darauf folgten aber keine Handlungen. So machte er sich lächerlich und zerstörte das Prestige, das mit der stärksten Machtstellung der Welt verbunden war. Die kurze Regierung Kaiser Friedrichs brachte keine wesentliche Veränderung. Wenn Friedrich auch als Kronprinz persönlich dem liberalen Bürgertum näherstand als sein Vater, so war er doch ein überzeugter Anhänger des bismarckschen Systems, und er hätte bei längerer Regierung schwerlich etwas daran geändert.

Am 15. Juni 1888 trat Wilhelm II. seine Regierung an. Staatsrechtlich dauerte seine Regierung von 1888 bis 1918. In Wirklichkeit muß man am Anfang und am Ende je zwei Jahre abziehen. Von 1888 bis 1890 regierte im Namen Wilhelms II. der Fürst Bismarck und von 1916 bis 1918 der General Ludendorff. Die eigentliche Zeit der Selbstherrschaft Wilhelms II. reicht also nur von 1890 bis 1916. Wilhelm II. fühlte sich von Anfang an berufen, selbst die Linie der Reichspolitik zu bestimmen. Da er sich von Bismarck nicht beeinflussen lassen wollte, mußte der Reichskanzler entweder zum Werkzeug des kaiserlichen Willens herabsinken oder aber den Kampf gegen den Kaiser aufnehmen. Bismarck entschied sich für das letztere und ist schnell unterlegen.

Warum war Bismarck nicht imstande, seine Stellung, die er dreißig Jahre lang mit beispiellosem Erfolg behauptet hatte, gegen einen jungen Mann zu verteidigen, der außer dem königlichen Namen nichts aufzuweisen hatte? Warum schickte nicht Bismarck den widerspenstigen Herrscher fort, genau so, wie es ein Jahrtausend zuvor der Reichskanzler Pippin mit dem Merowingerkönig gemacht hatte? Des Rätsels Lösung ergibt sich aus den Verhältnissen der preußischen Armee. Das preußische Offizierskorps hatte zwar dem Fürsten Bismarck unendlich viel zu danken. Aber es fühlte sich nicht dem Kanzler, sondern nur dem König zum Gehorsam verpflichtet. Bismarck hatte sich nie bemüht, auf den militärischen Apparat direkten Einfluß zu gewinnen. Die preußische Armee war ein Staat im Staate und wurde vom König unter Vermittlung des Militärkabinetts und des Generalstabs, ohne Berücksichtigung der zivilen Regierung, geführt. Die Ressorteifersucht der Generäle wachte eifrig darüber, daß bei ihnen kein Zivilist, auch nicht Bismarck, Einfluß erhielt [1]. Solange Wilhelm I. lebte, war dieser Zustand für Bismarck keine Gefahr. Denn mit Hilfe des königlichen Befehls stand die Armee stets seiner Politik zur Verfügung. Sobald aber ein Herrscher da war, der gegen Bismarck auftrat, hatte er die Armee gegen den Reichskanzler unbedingt hinter sich. Hätte Bismarck die kommandierenden Generäle auf seiner Seite gehabt, so wäre das Kräfteverhältnis anders gewesen. Da hätte er den Kaiser absetzen können. Aber so hatte Wilhelm II. alle reale Macht in seiner Hand.

Diese Entwicklung der Dinge war zwar für Bismarck persönlich sehr unangenehm, aber man kann nicht sagen, daß sie dem Geiste der Reichsverfassung widersprach. Ob der Kaiser den Reichskanzler beherrschte oder umgekehrt, war schließlich gleichgültig. Unerläßlich war nur, daß einer von beiden die starke Regierungsgewalt verkörperte. Wilhelms II. Wille, sein eigener Kanzler zu sein, hätte schon allein über kurz oder lang den Konflikt mit Bismarck gebracht. Aber dazu kamen grundsätzliche Meinungsverschiedenheiten in der Führung der Innen- und Außenpolitik [2].

Es war der Stöcker-Gruppe gelungen, schon in den Jahren vor seiner Thronbesteigung an den Prinzen Wilhelm heranzukommen und ihm ihre Ideen beizubringen. Wilhelm II. war durch das unaufhaltsame Wachsen der Sozialdemokratie ebenfalls erschreckt. Aber er lehnte die Gewaltpläne Bismarcks gegen die Sozialdemokraten ab und wünschte statt dessen eine gesteigerte Sozialpolitik und eine Reichsregierung im Sinne Stöckers. Zu den Führern im Stöcker-Kreise gehörte damals der Generalstabschef Graf Waldersee, der den Krieg mit Frankreich und Rußland für unvermeidlich hielt. Im Sinne Waldersees verwarf Wilhelm II. die Bestrebungen Bismarcks, mit Rußland im Vertragsverhältnis zu bleiben. Statt dessen wollte er, wenigstens in den Anfängen seiner Regierung, im engen Bündnis mit Österreich, vielleicht auch mit England, den Verteidigungskrieg gegen Rußland und Frankreich vorbereiten. Bismarck lehnte innen- und außenpolitisch die Linie Wilhelms II. ab und wurde entlassen.

Wilhelm II. hat sich seit 1890 intensiv mit den Fragen der deutschen Außenpolitik beschäftigt und in allem Wesentlichen ihren Kurs bestimmt. Ebenso hat er wenigstens in den großen Linien die Innenpolitik Deutschlands festgelegt. An Fleiß zur Erledigung der Regierungsgeschäfte fehlte es Wilhelm II. nicht. Aber seine Sachkenntnis war gering, und die nervösen Schwankungen und Störungen, denen er unterworfen war, machten jeden stetigen Kurs unmöglich. Wilhelm II. vertrug zwar in Einzelfragen den Widerspruch seiner Minister, aber er duldete niemand, der konsequent ein bestimmtes System in der Innen- und Außenpolitik verfolgte. Seine eigene Launenhaftigkeit wurde noch durch die vielfachen höfischen Einflüsse gesteigert, denen er ausgesetzt war. So hat Deutschland eigentlich von 1890 bis 1916 überhaupt keine Regierung gehabt, sondern es wurden zufällig und prinzipienlos die laufenden Geschäfte erledigt.

Auch unter Wilhelm II. ist in manchen Ressorts solide Arbeit geleistet worden, was in einzelnen Gesetzeswerken zutage trat. Aber es war niemand da, der die Gesamtsituation Deutschlands erfaßte und auf ein bestimmtes Ziel hinarbeitete. So schuf das System Wilhelms II. ein politisches Chaos. Nur der Zufall, daß Deutschland bis 1914 ein ernsthafter Krieg erspart blieb, hat den Zusammenbruch so lange hinausgeschoben.

Daß die Regierung Wilhelms II. ein solches Unheil über Deutschland brachte, ist aber weniger die persönliche Schuld des Kaisers als die Folge der Verfassung von 1871. In konstitutionellen Monarchien hat die Persönlichkeit des Regenten keine entscheidende Bedeutung. Aber auch absolute Monarchien haben schwere Krisen unter der Regierung von durchaus unzulänglichen Persönlichkeiten überstanden. Man denke an Österreich und Rußland in der napoleonischen Zeit. Kaiser Franz von Österreich und Alexander I. von Rußland waren wirklich keine Männer, die ihrem Staat eine besondere Stütze bieten konnten. Österreichs Situation war 1809 nach der Schlacht bei Wagram ungefähr ebenso hoffnungslos wie die Preußen-Deutschlands im Herbst 1918. Ebenso ernst war die Lage Rußlands 1812, als Napoleon in Moskau stand. Trotzdem bestand damals weder in Österreich noch in Rußland eine Revolutionsstimmung. Auch absolute Monarchien können sehr stabil sein, wenn sie der traditionelle Ausdruck der wirtschaftlich und gesellschaftlich herrschenden Schicht sind.

Der Absolutismus war im alten Österreich, wie im alten Rußland, die Herrschaftsform der dort regierenden Aristokratie. Der Kaiser war zwar formal allmächtig. In Wirklichkeit mußte er die traditionell festgelegte Innen- und Außenpolitik seines Reiches weiterführen. War er nicht imstande, das selbst zu tun, so fanden sich Ratgeber, die ihm als Minister im Sinne der Tradition beistanden. Sabotierte er aber und lähmte er die Staatsgeschäfte durch seine Launen, so wurde er von der Aristokratie abgesetzt, wie Peter III. und Paul von Rußland. Jedoch dachte dort niemand an eine Verfassungsänderung. Sondern an Stelle des alten trat ein neuer »absoluter« Monarch, der, durch das Schicksal seines Vorgängers belehrt, die traditionelle Politik fortsetzte. So war es möglich, daß auch absolute Monarchien jahrhundertelang eine konsequente Politik verfolgten, ohne durch die Person unzulänglicher Herrscher behindert zu werden.

Das Bismarcksche Deutschland war weder ein konstitutioneller Staat noch eine absolute Monarchie mit fester Tradition. Die Kräfte, auf denen das Reich beruhte, hatten keine organische Verbindung. Bismarcks Prinzipien waren nicht im entferntesten den herrschenden Schichten in Fleisch und Blut übergegangen. Der Ausgleich zwischen dem preußischen Militäradel und den übrigen im Reiche wirksamen Kräften lag ausschließlich in der Hand des Regenten. In diesem Sinn war das Reich Bismarcks eine bonapartistische Schöpfung, und sein Wohl und Wehe hing in weitem Umfang von der Person des Herrschers ab, mochte dies nun der regierende Kaiser oder ein regierender Reichskanzler sein. Bismarck hat nach seinem Sturz die Fehler Wilhelms II. rücksichtslos kritisiert. Aber er trägt dennoch für sie die Mitverantwortung. Denn die Verfassung, die das Schicksal Deutschlands in die Hand Wilhelms II. legte, war Bismarcks Werk.

Unter Wilhelm II. verstärkte der preußische Großgrundbesitz seine Verbindung mit den evangelischen Bauernmassen des Reichs: Der »Bund der Landwirte« wurde zu einer politischen Großmacht. Versuche, ein kleinbäuerliches Konkurrenzunternehmen gegen den »Bund der Landwirte« ins Leben zu rufen, hatten keinen nennenswerten Erfolg. Das evangelische Dorf blieb bis zum Weltkrieg unter konservativer Herrschaft, wenn auch ein Teil der Landarbeiter bei der geheimen Reichstagswahl einen »roten« Stimmzettel abgab. Seitdem Bismarcks schwere Hand von ihnen genommen war, konnte niemand mehr die preußischen Konservativen zu Zugeständnissen an Bürger und Arbeiter zwingen. Unbedingt verteidigten sie ihre Privilegien in Armee und Verwaltung. Die Zoll- und Steuerpolitik mußte nach ihren Wünschen gestaltet werden. Als besonders kostbarer konservativer Besitz galt jetzt das preußische Dreiklassenwahlrecht, an dem nicht gerüttelt werden durfte. Wilhelm II. hatte weder die Kraft noch den Willen, irgendwo den preußisch-aristokratischen Einfluß zurückzudrängen. Die preußischen Konservativen waren durchaus nicht mit allen Handlungen des Kaisers einverstanden. Urteilsfähige Konservative hatten ihre Sorgen über manche Züge des persönlichen Regiments und besonders über die kaiserliche Außenpolitik. Aber die Konservativen dachten an keine Verfassungsreform, um die Macht des Kaisers einzuschränken. Sie waren der Ansicht, daß jede Veränderung der Verfassungsverhältnisse ihre Position schwächen würde, und so ließen sie alles beim alten.

Das liberale Bürgertum nahm an wirtschaftlicher Macht unter Wilhelm II. ständig zu. Aber sein parlamentarischer Einfluß ging zurück. Im preußischen Landtag herrschten die Agrarier. Bei den Reichstagswahlen fielen die großstädtischen und industriellen Bezirke in steigendem Maße den Sozialdemokraten zu. Die liberalen Parteien behaupteten mit Mühe und Not eine Anzahl Mandate, vor allem aus kleinstädtischen Bezirken. Eine Parlamentarisierung Deutschlands hätte in erster Linie den Übergang der Macht von den Agrarkonservativen zu den bürgerlichen Liberalen bringen müssen. Aber die Schwäche der Liberalen im Reichstag, wo sie meistens kaum ein Viertel der Sitze hatten, machte den Gedanken der parlamentarischen Regierung damals noch aussichtsloser, als er schon an sich war.

Der Einfluß des Bürgertums auf die Reichspolitik vollzog sich infolgedessen gar nicht durch das Parlament, sondern durch persönliche Bearbeitung des Kaisers. Wilhelm II. war persönlich zu den Führern von Industrie und Handel sehr entgegenkommend. Er zog sie an seinen Hof und gab ihnen Adel und Titel. Wenn eine große Firma in geschickter Weise ihre Auslandsinteressen beim Kaiser vertrat, konnte sie alles erreichen. Wilhelm II. war jederzeit bereit, die Autorität des Reichs für das Geschäft einer jeden großen Firma einzusetzen. Das bekannteste Beispiel ist die Beeinflussung der Reichspolitik durch das Bagdadbahn-Geschäft der Deutschen Bank. Wilhelm II. war hier wie auf allen Gebieten völlig planlos. Das Verhängnis für das Reich, das aus solchen Einzelunternehmungen und entsprechenden politischen Aktionen hervorgehen konnte, bedachte er nicht.

Der persönliche Einfluß, den Männer wie Ballin beim Kaiser hatten, konnte aber die Tatsache nicht aus der Welt schaffen, daß das Bürgertum als Klasse in der deutschen Politik keine Macht hatte. Deutschland wurde unter Wilhelm II. konservativ-agrarisch regiert, und das Bürgertum stand daneben. Die nationalliberalen Industriellen bewahrten freilich die aus der Bismarck-Zeit ererbte Loyalität. Um 1890 hatte es so ausgesehen, als beabsichtige der Kaiser einen entschlossenen sozialpolitischen Kurs auch gegen die Industrie. Aber als Wilhelm II. sah, daß er mit seinen Reden und mit kleinen Geschenken die Sozialdemokraten nicht gewinnen konnte, schlug seine Stimmung rasch um. Es wurde unter Wilhelm II. nicht mehr Sozialpolitik getrieben, als die Industrie ertrug. So blieben die Nationalliberalen eine feste Stütze der Regierung im Reichstag. Sie traten für die Flotten- und Kolonialpolitik ein und bildeten zusammen mit Konservativen und Zentrum die Mehrheit für die Schutzzölle. Die Fabrikanten sahen in der starken Regierungsgewalt einen willkommenen Schutz gegen die Arbeiter. Die »freisinnige« Kaufmannschaft hatte keine so scharfe Kampfstellung gegen die Arbeiter, und sie lehnte nach wie vor die Schutzzölle ab. Trotzdem war der Oppositionswille der »Freisinnigen« im Reichstag gering, und wenn die Regierung sich darum bemühte, konnte sie auch die freisinnigen Stimmen haben, zumal nach dem Tode Eugen Richters.

Trotzdem wäre es verfehlt, die Stimmung des deutschen Bürgertums in der wilhelminischen Zeit nur nach der Haltung der liberalen Parlamentarier zu beurteilen. Zwar war das Bürgertum im ganzen durchaus verfassungstreu, und niemand strebte eine gewaltsame Umwälzung an. Es wirkte sich immer noch aus, wie in der Bismarck-Zeit der politische Machtwille des Bürgertums gebrochen worden war. Aber die Mißstimmung über das herrschende System trat doch bei den verschiedensten Gelegenheiten zutage.

In den Jahren 1890 bis 95 häuften sich die Huldigungen für Bismarck, und zwar vor allem aus den Kreisen des Bürgertums und der akademisch gebildeten Schichten. Der preußische Adel hielt sich gegenüber Bismarck viel mehr zurück. Die Bismarck-Begeisterung war vielfach nur der Ausbruch der Reichstreue und nationalen Stimmung. Aber dabei war doch ein starker Unterton bürgerlicher Opposition gegen Wilhelm II. Bismarck selbst suchte die Opposition mit allen Mitteln zu schüren und benutzte dazu ihm nahestehende Zeitungen und Journalisten. Wäre das Parlament damals der wirkliche Ausdruck der Stimmung des Bürgertums gewesen, so wäre eine starke bismarcksche Oppositionspartei im Reichstag eingezogen. Aber davon war keine Spur. Zwar haben die Nationalliberalen eines hannoverschen Kreises den alten Fürsten Bismarck in den Reichstag gewählt. Er nahm das Mandat an, übte es aber nicht aus. Ebenso erhielt Bismarcks Sohn, Fürst Herbert Bismarck, ein Reichstagsmandat[3]. Eine organisierte Bismarck-Partei entstand nicht.

Der glänzendste Vertreter der bismarckschen Gedanken wurde Maximilian Harden, der Herausgeber der »Zukunft«. Er verband die rücksichtslose Kritik an Wilhelm II., seinem Hof und seinen Ratgebern mit dem weltpolitischen Machtwillen des Großbürgertums. So war Harden, ganz im Sinne Bismarcks, zugleich der Todfeind des Kaisers und der Sozialdemokraten. Harden hat sich aus naheliegenden Gründen nicht formell zu einer deutschen Republik bekannt. Aber die ständige ungeheuer erfolgreiche Diskreditierung des Kaisers und seines Freundeskreises mußte allmählich republikanische Stimmungen erzeugen. Man kann sich fragen, wer der Vorläufer der heutigen deutschen Republik in der wilhelminischen Zeit gewesen ist. Den Anspruch darauf hätte in erster Linie Maximilian Harden, in viel geringerem Maße Erzberger, und gar nicht Karl Liebknecht.

Ein wichtiger Träger der bürgerlichen Opposition unter Wilhelm II. war ferner die großstädtische Kaufmannschaft, vor allem in Berlin. Die Mißstimmung über die »Junker«herrschaft in Staat und Heer traf sich mit dem Ärger und Spott über die kulturelle Rückständigkeit des herrschenden Systems. Wilhelms II. lächerlicher Krieg gegen die moderne Kunst, gegen das naturalistische Drama und gegen die Sezession, trieb das Berliner Bürgertum um so entschiedener zu Hauptmann und Liebermann. Dem modernen Bürgertum war die Berliner „Siegesallee" genauso unerträglich wie der die Stadt kommandierende Polizeipräsident. Die am Hofe Wilhelms II. herrschende protestantische Orthodoxie machte einige Versuche, um im Bunde mit dem Zentrum den Einfluß der Kirche in der Schule zu stärken und die sogenannte »unzüchtige« Literatur und Kunst zu treffen. Der moderne Flügel des Bürgertums leistete solchen Vorstößen entrüsteten Widerstand und ging dabei, wie im Kampfe gegen die »Lex Heinze«, mit den Sozialdemokraten zusammen.

Der großstädtische bürgerliche Oppositionsgeist fand seinen besonderen Ausdruck in Organen wie dem »Berliner Tageblatt« und dem »Simplizissimus«. Diese Kreise strebten eine Reform des Deutschen Reiches etwa im Sinne englischer Verfassungszustände an. Das Bündnis zwischen dem linken Bürgertum und der Sozialdemokratie beschränkte sich nicht auf das kulturelle Gebiet, wo die junge Schriftstellergeneration im Geiste der »Weber« die soziale Frage behandelte, sondern man glaubte auch politisch zur Niederkämpfung des halbabsolutistischen, aristokratischen Systems ein großes Stück Weges mit der Sozialdemokratie zusammengehen zu können.

Die großstädtische, stark kulturell gefärbte, bürgerliche Opposition kam ebenfalls im Parlament kaum zum Ausdruck. Denn die freisinnigen Reichstagsabgeordneten vertraten meistens mittel- und kleinstädtische Kreise und Stimmungen [4]. Die freisinnigen Abgeordneten der wilhelminischen Zeit kamen in der Regel aus Niederschlesien, Württemberg, Oldenburg, Danzig, Nordhausen usw., während Berlin, Hamburg, Frankfurt am Main, München fast nur durch Sozialdemokraten vertreten wurden. Trotzdem übte die große linksliberale Presse einen Druck auf die Freisinnige Partei aus, der mindestens Wahlbündnisse zwischen Sozialdemokraten und Linksliberalen erleichterte. Die Freunde einer solchen Linkskoalition sahen ihr Vorbild in Baden, wo die Landtagswahlen ein Zusammengehen der Liberalen aller Richtungen mit den Sozialdemokraten brachten, wodurch Zentrum und Konservative in die Minderheit gedrängt wurden.

Für sich allein genommen, war die Kraft der linksliberalen Opposition gering, zumal da die Industrie mit der Regierung ging. Die politische Bedeutung der Linksliberalen lag nur in der Möglichkeit des Zusammenwirkens mit der Sozialdemokratie. Wenn das Millionenheer der Sozialdemokraten in einer kritischen Situation auch noch die »öffentliche Meinung« des Bürgertums zur Seite hatte, war die Regierung zwar noch nicht besiegt, aber sie brauchte, um sich halten zu können, das Zentrum.

Je stärker unter Wilhelm II. die Sozialdemokratie wuchs, um so mehr steigerte sich die Wichtigkeit des Zentrums als des Züngleins an der Waage. Das galt nicht nur für das Stimmenverhältnis im Reichstag, wo bis 1907 eine stabile Regierungsmehrheit ohne das Zentrum nicht möglich war, sondern noch viel mehr von den Kräfteverhältnissen draußen im Lande. Wenn die Millionenmassen des Zentrums und der Sozialdemokratie, gestützt von den Sympathien des oppositionellen Bürgertums, gemeinsam in den Kampf gegen die Regierung traten, entstand eine revolutionäre Situation. Die Bismarckschen Bedenken, die Existenz des Deutschen Reichs auf das Zentrum aufzubauen, bestanden für Wilhelm II. nicht. So wurde das Zentrum ungefähr von 1895 bis 1906 die

Hauptstütze der kaiserlichen Regierung[5]. Die Zentrumsführer standen in diesen Jahren in enger Fühlung mit dem Reichskanzler. Hohenlohe und Bülow besprachen mit der Zentrumsführung die wichtigsten Gesetzesvorlagen. Man erzählte den Abgeordneten auch einiges von der Außenpolitik.

Trotzdem wäre es ganz falsch, in diesem Verhältnis der führenden Reichstagsfraktion zur Regierung einen Schritt zur Parlamentarisierung Deutschlands zu sehen. Erstens durfte der Reichstag niemals an die Kommandogewalt des Kaisers rühren. Zweitens blieb die Außenpolitik Deutschlands, trotz der gelegentlichen Information der Abgeordneten, völlig in der Hand des Kaisers und des Reichskanzlers. Es ist bezeichnend, daß der Reichstag 1914 von den gesamten diplomatischen Verhandlungen zwischen dem Mord in Sarajewo und den Kriegserklärungen keinerlei Kenntnis erhielt[6]. Selbst die führenden Abgeordneten wußten nicht mehr als das, was in den Zeitungen stand. Unter solchen Verhältnissen war selbst von einer teilweisen Parlamentarisierung Deutschlands keine Rede.

Der Einfluß des Zentrums im Reichstag war viel größer als das Gewicht der Zentrumswähler im Lande. Das Zentrum hatte damals die katholische Minderheit der Landwirtschaft und die christlich organisierte Minderheit der Industriearbeiter hinter sich. Das Bürgertum war nur spärlich im Zentrum vertreten. Die politische Forderung der Parlamentarisierung Deutschlands bedeutete in Wirklichkeit nicht so sehr die Verschiebung der Macht vom Kaiser zum Reichstag, sondern von der preußischen Aristokratie zum deutschen Bürgertum. Wenn aber das Zentrum in den Jahren von 1895 bis 1906 und nachher von 1909 bis 1914 zusammen mit den Konservativen im Reichstag die Regierungsmehrheit bildete, wurde durch diese im Wesen antibürgerliche Kombination die Parlamentarisierung nur gehindert.

Die führende Gruppe des Zentrums unter Wilhelm II. hat eine Parlamentarisierung Deutschlands gar nicht gewollt. Der Friedensschluß zwischen dem Deutschen Reich und der Katholischen Kirche, der unter Bismarck zustande gekommen war, trug jetzt seine Früchte. Der Kreis hoher katholischer Staatsbeamter, der unter Wilhelm II. das Zentrum führte, war gegenüber den bestehenden Zuständen durchaus konservativ gestimmt. Dieselbe Staatsauffassung hatte zum Teil die hohe katholische Geistlichkeit. In Männern wie den Abgeordneten Spahn und von Hertling und Kardinal Kopp traf sich die nationalkonservative Grundüberzeugung mit der Auffassung, daß das bestehende Deutsche Reich die bestmögliche Situation für den deutschen Katholizismus biete. Wie weit war man da von der Stimmung der Zentrumsführung in der Kulturkampfzeit entfernt!

Die konservative Zentrumsgruppe konnte sich unter Wilhelm II. in normalen Zeiten auf die agrarischen Interessen der Zentrumsanhänger stützen. Aber schon der katholische Bauer Süddeutschlands war auch jetzt, bei aller vaterländischen Gesinnung, durchaus nicht an die Existenz des Hohenzollern-Kaisertums gebunden. Dasselbe galt noch stärker von den christlichen Arbeitern. Unter der Regierung Wilhelms II. war die Sozialdemokratie auch in den katholischen Gegenden in siegreichem Vordringen. Vor Kriegsausbruch war in Städten wie München, Köln, Düsseldorf, Mainz bereits die große Mehrheit der Arbeiter sozialdemokratisch. Stärkeren Widerstand gegen die Sozialdemokratie leisteten der christliche Bergarbeiterverband im Ruhrgebiet sowie die christlichen Arbeiterorganisationen im Bezirk von Mönchengladbach. Seitdem das Zentrum die Mitverantwortung für den agrarkonservativen Kurs der Reichspolitik zu tragen hatte, wurde seine Position unter den Arbeitern immer mehr erschüttert. Die oberschlesischen Bergarbeiter liefen in denselben Jahren meistens zur radikal-polnischen Partei über.

Der scharfe Konkurrenzkampf mit den Sozialdemokraten und den freien Gewerkschaften nötigte die christlichen Organisationen, das Trennende gegenüber den Sozialdemokraten stark zu betonen. Aber der gemeinsame Gegensatz zum Unternehmertum und zur preußischen Staatsgewalt führte den sozialdemokratischen und den christlichen Arbeiter wieder zusammen. Charakteristisch ist es, daß der Kampf gegen das preußische Dreiklassenwahlrecht, den die Sozialdemokratie führte, bei den christlichen Arbeitern volle Zustimmung fand[7]. Das Zentrum als Partei war durch das preußische Wahlsystem nicht geschädigt. Mit Hilfe seiner Wähler aus dem ländlichen und städtischen Mittelstand konnte das Zentrum prozentual im preußischen Landtag ebenso stark auftreten wie im Reichstag. Aber die Entrechtung des Arbeiterwählers in der dritten Abteilung empfand der christliche Arbeiter ebenso stark wie der Sozialdemokrat.

Der Oppositionsgeist der christlichen Arbeiter fand seinen Ausdruck in einem linken Flügel der Zentrumspartei, dessen jüngere Führer die Taktik der altkonservativen Parteispitze nicht billigten. Der aktivste und einflußreichste Mann im linken Zentrum wurde Matthias Erzberger. Er hat zwar in entscheidenden Fragen falsch geurteilt und wunderliche Schwankungen in seiner politischen Haltung durchgemacht. Aber Erzberger hatte dabei eine beispiellose Gabe, die Aktualität einer Situation zu empfinden und dann aus der Situation herauszuholen, was nur irgendwie möglich war. Es hätte Erzbergers Art nicht entsprochen, einen konsequenten Kampf auf lange Sicht gegen das preußische System zu führen. Im Gegenteil, er hat manchmal mit dem alten System und gerade mit seinen militärischen leitenden Persönlichkeiten harmonisch zusammengearbeitet. Aber kritische Situationen rissen ihn so fort, daß er dann zu den furchtbarsten Angriffen gegen die herrschende Ordnung befähigt war. Seine ungewöhnliche Aktivität sichert ihm den führenden Platz unter den Männern der deutschen bürgerlichen Revolution. Von dem linken Zentrumsflügel gilt dasselbe wie von der linksbürgerlichen Opposition: An sich bedeutungslos, wurde er ein lebensgefährlicher Feind des alten Systems, sobald er mit der Sozialdemokratie zusammenging.

Die Sozialdemokratie ist unter Wilhelm II. von eineinhalb zu viereinviertel Millionen Wählerstimmen gestiegen[8]. Zur Zeit des Kriegsausbruchs folgte ein Drittel des deutschen Volkes den Parolen des sozialdemokratischen Parteivorstandes. Seit der Aufhebung des Sozialistengesetzes hat Wilhelm II. es nicht mehr gewagt, die Sozialdemokratie gewaltsam zu unterdrücken. Zwar haben die Gerichte immer wieder sozialdemokratische Führer und Arbeiter wegen Majestätsbeleidigung, Landfriedensbruchs usw. ins Gefängnis geschickt. Aber im ganzen vollzog sich der Ausbau der sozialdemokratischen Organisation ohne Störung durch die Staatsgewalt. Die sozialdemokratischen Vereine und Zeitungen, dazu das mächtige System der freien Gewerkschaften, umspannten ganz Deutschland. So war der sozialdemokratische Parteivorstand die heimliche Gegenregierung und August Bebel auf der Höhe seines Einflusses eine Art von Gegenkaiser. Auf der anderen Seite hielt sich aber die Sozialdemokratie im Rahmen der Gesetze. Seitdem sie durch Aufhebung des Ausnahmegesetzes die politische Bewegungsfreiheit erlangt hatte, wollte sie erst recht nur durch legale Propaganda ihre Anhängerschaft vermehren.

Das war durchaus kein Verzicht auf Revolution und Machtübernahme. Wenn das deutsche Kaisertum und die preußische Regierung sich nicht mehr stark genug fühlten, um ihren Todfeind niederzuwerfen, wäre es eine Dummheit gewesen, wenn die Sozialdemokraten vorzeitig den Entscheidungskampf heraufbeschworen und damit ein neues deutsches Seitenstück zur Kommune-Niederlage geschaffen hätten. Friedrich Engels, der einzige Staatsmann von Format, den die Sozialdemokratie in den neunziger Jahren besaß, hat die Situation in vollkommener Klarheit erfaßt[9]. Ein Straßenkampf der Arbeiter gegen die intakte preußische Armee wäre bei der modernen Waffentechnik hoffnungslos. Aber wenn die Sozialdemokratie in dem Tempo der Wahlen von 1887, 1890, 1893 weiter wuchs, drang sie in gleichem Umfang in die Armee ein. Auch bei friedlicher Weiterentwicklung der Partei mußte der Moment kommen, in dem es so viele sozialdemokratische Soldaten gab, daß die Truppe nicht mehr gegen die Arbeiter eingesetzt werden konnte. Kam es aber zum Krieg, dann würde Deutschland in derselben

Lage sein wie Frankreich 1793. Dann würden auf den Trümmern des alten Systems die Arbeiter die Macht übernehmen, und dann würde das Arbeiter-Deutschland genauso siegreich den Zarismus und seine Verbündeten zurückwerfen, wie damals Frankreich das verbündete monarchische Europa schlug.

Friedrich Engels kommt an politischem Realismus und rücksichtslosem Machtwillen Bismarck gleich. Aber so wenig wie Wilhelm II. und seine Ratgeber im Geiste Bismarcks regierten, ebensowenig waren die Gedanken von Engels Gemeingut der sozialdemokratischen Arbeiterschaft Deutschlands. Die Arbeiter kamen zur Sozialdemokratie in erster Linie, um ihre gedrückte wirtschaftliche Lage zu bessern. In der Tat gelang es unter Wilhelm II. dem zähen Kampf der Gewerkschaften, die Lebenshaltung des deutschen Proletariats zu heben. Was die Regierung an sozialpolitischen Zugeständnissen machte, wurde auch nur durch den Druck der Sozialdemokratie abgerungen. Die Arbeiter verstanden ferner den Zusammenhang zwischen der Macht der Unternehmer und der militärisch-politischen Staatsgewalt. Sie kämpften gegen den preußischen »Militarismus« und gegen das preußische Dreiklassenwahlrecht. Aber ein ernster politischer Machtwille war doch in den Massen der sozialdemokratischen Arbeiterschaft nicht vorhanden. Das Proletariat ist eben geistig von dem Bürgertum seines Landes viel abhängiger, als man es manchmal zugeben möchte: Der russische revolutionäre Sozialismus des 20. Jahrhunderts hätte sich ohne die hundertjährige revolutionäre Tradition der bürgerlichen russischen Intelligenz nie entfalten können. Wenn die englische Arbeiterschaft heute imstande ist, über alle politischen Fragen so klar und präzis zu urteilen, so dankt sie das dem politischen Vorbild des englischen Bürgertums seit Jahrhunderten.

Eine ähnliche Tradition des deutschen Bürgertums fehlte. Die Ansätze dazu, die in den Jahren 1848 bis 1871 sich entwickelt hatten, gingen in der Bismarckzeit wieder zugrunde. Es ist kein Zufall, daß die bahnbrechenden Geister der deutschen Sozialdemokratie, Marx und Engels, Lassalle und Wilhelm Liebknecht, ohne die Bewegung von 1848 gar nicht denkbar wären. Im deutschen Kaiserreich lernte der Arbeiter in der Volksschule, im Heer und in der Fabrik zwar Schreiben und Lesen, Technik, Disziplin und Organisation. Aber er gewann nirgends ein politisches Weltbild. Er hatte keine Vorstellung davon, wie sich die politische, wirtschaftliche und gesellschaftliche Revolution vollziehen würde, die er ersehnte, und auf welchem Wege man aus der traurigen Gegenwart in die bessere Zukunft kommen könne. Die Bildungsarbeit der Sozialdemokratischen Partei, so Achtbares sie im einzelnen leistete, konnte diese Lücke nicht ausfüllen.

So erfüllte die sozialdemokratischen Massen ein etwas gehobener Zunftgeist: Anhänglichkeit an die Organisation mit starker Opferwilligkeit für sie, der Wille, die eigene wirtschaftliche Lage zu heben, unbedingte Abneigung gegen das herrschende preußische System. Diese Grundstimmung der Massen beherrschte auch die Funktionäre und den Parteivorstand. Man kritisierte das Bestehende und wartete ab; hatte aber keinen politischen Plan für die nächste Zukunft, abgesehen von der Vorbereitung der gerade fälligen Reichstagswahl.

Die offizielle passive Politik des Parteivorstandes wurde von zwei Seiten angegriffen, von den Linksradikalen und von den Revisionisten. Die linksradikale Gruppe um Rosa Luxemburg[10] und Franz Mehring erkannte, daß Europa ungeheuren Krisen entgegenging. Sie sah den Weltkrieg kommen und im Zusammenhang mit ihm die Revolutionen. Sie hielt die russische Revolution von 1905 für die Einleitung einer neuen krisenhaften Periode der Geschichte. In dieser Lage könne sich die deutsche Arbeiterschaft nicht auf die Wahlkampagnen beschränken, sondern sie müsse sich auf revolutionäre Kämpfe vorbereiten. Sie müsse sich an die Waffe des Generalstreiks gewöhnen, mit der das russische Proletariat gegen den Zarismus gekämpft habe.

Eine andere Schule von Theoretikern, die Revisionisten um Eduard Bernstein, lehnte gleichfalls das passive Abwarten ab: Es sei eine abenteuerliche Idee, auf den baldigen Zusammenbruch des Kapitalismus zu spekulieren. Die Arbeiterschaft habe auch im Rahmen der kapitalistischen Gesellschaft bedeutende positive Aufgaben. Sie müsse noch stärker und planmäßiger als bisher für wirtschaftliche und politische Reformen kämpfen. Die Sozialdemokratie würde um so mehr erreichen, wenn sie Verbündete innerhalb des Bürgertums gewinnen könne. Im Bunde mit dem linksstehenden oppositionellen Bürgertum könne man die Mehrheit in den deutschen Parlamenten erreichen und das herrschende preußische Militärsystem erschüttern. Die Erkämpfung der bürgerlichen parlamentarischen Demokratie in Deutschland wäre bereits ein großer Erfolg der Arbeiter.

Wenn man heute rückblickend die Kämpfe innerhalb der Sozialdemokratie vor dem Krieg überprüft, so muß man zugeben, daß sowohl die Radikalen wie die Revisionisten in wichtigen Punkten die Entwicklung richtig beurteilt haben. Dagegen schneidet das offizielle Zentrum des Parteivorstandes am schlechtesten ab. Es hat nichts erkannt und nichts vorhergesehen. Es ließ sich vom Kriegsausbruch überraschen und auch während des Krieges von den Ereignissen treiben. Theoretisch wäre ein Block zwischen Radikalen und Revisionisten gegen den Parteivorstand möglich gewesen. Auch Rosa Luxemburg hat niemals die Bedeutung von Reformen für die Arbeiter verkannt, und ein Bündnis mit

Teilen des Bürgertums, um zunächst den herrschenden militärischen Feudalismus zu schlagen, entsprach vollkommen der orthodoxen marxistischen Lehre. Die Radikalen hätten also vieles von den praktischen Losungen der Revisionisten übernehmen können.

Aber eine unüberbrückbare Kluft tat sich zwischen beiden Gruppen in der Perspektive auf: Die Revisionisten lehnten die Katastrophenlehre der Radikalen ab. Sie wollten an das unmittelbare Bevorstehen eines Entscheidungskampfes zwischen Kapital und Arbeit nicht glauben. Auf der anderen Seite waren die Radikalen so stark von dem Nahen großer Entscheidungen überzeugt, daß sie die Tageserfolge und taktischen Manöver der Revisionisten als Lächerlichkeit ansahen. So kam es, daß auf den sozialdemokratischen Parteitagen die Kämpfe zwischen Radikalen und Revisionisten ausgefochten wurden, während der Parteivorstand die bequeme Rolle des Schiedsrichters hatte. Die zunftmäßig eingestellte Masse der Mitglieder, und ebenso der Gewerkschaftsapparat, stand hinter dem Parteivorstand.

Die beiden aktiven Gruppen waren unter den geistig selbständigen und theoretisch interessierten Kreisen der Partei stark vertreten. Unter den Radikalen wie den Revisionisten war die Zahl der Intellektuellen erheblich. In den breiten Arbeitermassen war der Anhang der Radikalen ganz gering, die Revisionisten erlangten durch besondere Verhältnisse in den süddeutschen Staaten Einfluß. In Bayern, Württemberg, Baden und Hessen war ein Militäradel preußischer Art, der zugleich die Verwaltung beherrschte, nicht vorhanden. Es standen sich hier ein bäuerlicher Konservatismus und ein bürgerlicher Liberalismus, außer den Arbeitern, gegenüber. Die herrschende Bürokratie war viel mehr mit dem Bürgertum verwachsen als mit dem meist klerikalen Bauerntum. Das galt sogar für die regierenden Dynastien. Besonders das badische großherzogliche Haus hatte altliberale Traditionen, und ebensowenig bestand ein Gegensatz zwischen Bürgertum und Hof in München, Stuttgart und Darmstadt.

Ein bürgerlich gestimmtes Regierungssystem kann sich, wie alle Erfahrungen beweisen, viel leichter mit der Arbeiterschaft verständigen als ein militärisch-aristokratisches. So tief der Gegensatz zwischen Arbeitgeber und Arbeitnehmer auch empfunden wird, so wirkt er nie so provokatorisch wie die Kluft zwischen adligem Herrentum und der Volksmasse. Es kommt dabei gar nicht auf den Charakter des einzelnen an: Der einzelne Gutsbesitzer und Offizier kann an Wohlwollen für die arme Bevölkerung einen Fabrikanten leicht übertreffen. Trotzdem ist eine feudale Herrschaft für den Europäer des 20. Jahrhunderts einfach unerträglich, während das Verhältnis zwischen Kapital und Arbeit noch vielfach als naturgemäß empfunden wird.

Aus dieser allgemeinen Situation erklärt sich das mehr gemäßigte Auftreten der süddeutschen Sozialdemokraten. Die Zustimmung zu den Etats der Einzelländer wurde erteilt, und das viel erörterte sozialdemokratische »Hofgängertum« zu den süddeutschen Landesherren begann. Am wichtigsten wurde die Entwicklung in Baden[11]. Hier wurde die traditionelle liberale Landtagsmehrheit durch das Zentrum bedroht. Da verbündeten sich die Liberalen mit den Sozialdemokraten, um das Zentrum in der Minderheit zu halten. Die großherzogliche Regierung arbeitete mit den Liberalen und Sozialdemokraten ohne wesentliche Hemmung zusammen. Die Sozialdemokraten erlangten einzelne Reformen im Rahmen der Landesgesetzgebung. Sie mußten dann selbstverständlich für den Etat stimmen, an dem sie mitgearbeitet hatten, und sie konnten auch den Großherzog nicht boykottieren. So wurde Baden eine Hochburg des sozialdemokratischen Revisionismus, und der badische »Großblock« der Linken, in dem Nationalliberale, Freisinnige und Sozialdemokraten zusammenwirkten, wurde ein Vorbild für die Opposition gegen Wilhelm II. im ganzen Reich.

Das badische Experiment war die bewußte Durchbrechung des Bismarckschen Systems in einem wichtigen Bundesstaat. Bismarck hatte einen beispiellos sicheren Instinkt für alle Feinde seiner Schöpfung. So erkannte er die Gefahr, die für sein System in dem badischen Liberalismus lag[12], obwohl zu Bismarcks Zeit noch kein Mensch an den badischen »Großblock« dachte. Die badische Entwicklung unter Wilhelm II. war zwar durchaus kein Schritt zum Sozialismus in Deutschland, aber es war ein Schlag gegen die herrschende preußische Aristokratie. Der sozialdemokratische Parteivorstand freilich mißbilligte die badische Taktik unter dem Beifall der Parteitagsmehrheiten, einschließlich der Radikalen, die beim Kampfe gegen die badischen »Disziplinbrecher« in erster Reihe standen.

Für das Kaisertum und das herrschende System in Deutschland war es ohne große Bedeutung, ob die Sozialdemokratie etwas aktiver oder passiver war. Die bloße Existenz der sozialdemokratischen Millionenorganisation war die Gefahr. Zwar in Friedenszeiten war die preußische Staatsgewalt immer noch den Sozialdemokraten bei weitem überlegen. Das zeigte sich wieder bei den Straßendemonstrationen, die von der Partei, unter dem Eindruck der russischen Revolution, zur Erzwingung der preußischen Wahlreform organisiert wurden. Die preußische Polizei hielt die Demonstranten überall in Schach. Das Militär brauchte nirgends einzugreifen, und das preußische Wahlrecht blieb das alte. Aber was sollte eines Tages werden, wenn die stolzen preußischen Garderegimenter irgendwo zwischen Metz und Verdun zerschossen wurden und wenn man dann die Arbeitermassen als Landwehrleute und Ersatzreservisten zu den Fahnen rufen mußte? In der ersten ernsten Krise, bei der die kaiserliche Regierung versagte, mußte die Macht der Gegenregierung, dem sozialdemokratischen Parteivorstand, zufallen. Und dann würden sich das linke Zentrum und die liberale Opposition von selbst den Sozialdemokraten anschließen. Bismarck hat nach 1890 immer wieder diese Entwicklung prophezeit[13].

Die Regierung hätte zwei Möglichkeiten gehabt, um die Lage zu meistern. Entweder eine brutale Unterdrückung der Sozialdemokraten im Stile Bismarcks. Aber dazu hatte nach 1890 niemand den Mut. Oder eine Politik des Kompromisses, die zunächst dem Bürgertum den Anteil an der Macht erweiterte, und dann von der neuen Grundlage aus eine Verständigung mit den Arbeitern suchte. Wilhelm II. und seine Reichskanzler Caprivi, Hohenlohe und Bülow schlugen keinen der beiden Wege ein, sondern ließen einfach die Dinge laufen. Da stellte der historische Zufall in den Jahren 1906 bis 1908 noch einmal die Schicksalsfrage an das alte System Deutschlands.

Es kam im Jahre 1906 im Reichstag wegen einiger Personalfragen der Kolonialverwaltung zu einem Konflikt zwischen dem Fürsten Bülow und dem Zentrum. Damals stand an der Spitze der Kolonialverwaltung der frühere Berliner Bankdirektor Dernburg. Die Berufung eines liberalen Finanzmannes auf eine hohe Reichsstelle war als Zugeständnis an das Bürgertum empfunden worden. Darum genoß Dernburg bei seinem Streit mit dem Zentrum die Sympathien der Nationalliberalen und der Fortschrittler im Reichstag und aller bürgerlichen liberalen Kreise im Lande. Bei der ganzen Angelegenheit hatte das Zentrum nicht die Absicht, einen prinzipiellen Kampf mit der Regierung zu beginnen. An der Kritik der Kolonialverwaltung war auch Erzberger beteiligt. Aber den Hauptstoß führte der Abgeordnete Roeren, der durchaus der konservativen Führergruppe des Zentrums zuzurechnen war.

Als das Zentrum mit seinen Personalwünschen nicht durchdrang, lehnte es einen Teil der Geldforderung der Regierung für die Schutztruppe in Südwestafrika ab. Da die Sozialdemokraten sich dem Zentrum anschlossen, fand die Forderung der Regierung im Reichstag keine Mehrheit. In Südwestafrika fanden damals Kämpfe mit aufständischen Eingeborenen statt. Die Regierung erklärte, daß die Truppenstärke, die das Zentrum für Südwestafrika bewilligen wollte, zur Unterdrückung des Aufstandes nicht ausreiche. Wie kam es zu der Zuspitzung des Konflikts zwischen Bülow und dem sonst so befreundeten Zentrum?

Mit ganz unbedeutenden Zugeständnissen hätte Bülow das Zentrum befriedigen können. Aber der hohen Reichsbürokratie war selbst die geringe Bindung an das Parlament, wie sie durch die Stellung des Zentrums im Reichstag sich ergab, nicht erwünscht. So benutzte Bülow die Gelegenheit, um in einer »nationalen« Frage den Kampf mit Zentrum und Sozialdemokraten aufzunehmen. Der Reichstag wurde aufgelöst. Die konservativen Gruppen, die Nationalliberalen und die Fortschrittler vereinigten sich als »Block«, um bei den Wahlen eine Mehrheit ohne das Zentrum zustande zu bringen. Bei den Wahlen 1907 behauptete sich das Zentrum. Die Sozialdemokraten dagegen verloren die Hälfte ihrer Mandate. Die Sozialdemokraten hielten zwar ihre Stimmenzahl von 1903, aber die Gegner zogen aus den politisch Indifferenten solche Verstärkungen, daß die Sozialdemokraten zirka vierzig Mandate einbüßten. Im neuen Reichstag hatten Konservative und Liberale zusammen eine sichere Mehrheit.

Wilhelm II. und Bülow waren durch eine Verkettung günstiger Umstände zur Kartellpolitik Bismarcks von 1887 zurückgekehrt. Bülows Front war sogar noch stärker. Bismarck hatte im liberalen Lager nur die Nationalliberalen auf seiner Seite, während Bülow in seinem Block auch auf die Fortschrittler rechnen konnte. Das gesamte liberale Bürgertum hatte sich der Regierung angeschlossen, nur weil man die Berufung Dernburgs und den Bruch mit dem Zentrum für den Beginn einer neuen Periode deutscher Politik hielt. Es kam jetzt alles darauf an, diese Hoffnung des Bürgertums nicht zu enttäuschen. Aber Bülow, der kein Staatsmann, sondern nur ein geschickter Taktiker war, dachte an keine ernsthafte Umgestaltung der deutschen Verfassung. Da gab das Schicksal dem Fürsten Bülow und seinen Blockparteien noch eine beispiellose Gelegenheit, Deutschland zu reformieren.

Das Jahr 1908 brachte die »Daily-Telegraph«-Affäre[14]. Wilhelm II. hatte in das genannte englische Blatt ein Interview lanciert, worin er seine Freundschaft für England beteuerte. Der Artikel enthielt, neben vielen anderen Betrachtungen, die folgenden Behauptungen des Kaisers: Die deutsche Flotte werde gar nicht gegen England, sondern gegen Japan gebaut. Als während des Burenkrieges Rußland und Frankreich an Deutschland die geheime Anregung richteten, gemeinsam gegen England vorzugehen, habe Wilhelm II. diesen Vorschlag abgelehnt und die ganze Angelegenheit in einem Brief der Königin Victoria von England mitgeteilt. Ja, als die englische Armee in Südafrika in gefährlicher Lage war, habe er, zusammen mit dem deutschen Generalstab, einen Kriegsplan ausgearbeitet, wie die Buren am besten zu schlagen seien. Der Kriegsplan wäre ebenfalls nach London gegangen und entspreche ungefähr den Operationen, mit denen später Lord Roberts die Buren besiegte. So habe er, Wilhelm II., gehandelt, und dennoch gelte er als Feind Englands.

Bevor Wilhelm II. den Artikel an den »Daily Telegraph« abgehen ließ, schickte er den Text dem Fürsten Bülow mit dem Auftrag, den Artikel durchzusehen und nötigenfalls Änderungen vorzunehmen. Bülow hat, wie er später versicherte, im Drang der Geschäfte den Artikel nicht selbst gelesen, sondern dem Auswärtigen Amt zur Prüfung übersandt. Das Auswärtige Amt schlug einige kleine Änderungen vor, war aber sonst mit der Veröffentlichung einverstanden. In diesem Sinne berichtete Bülow an den Kaiser, und der Artikel erschien mit den Änderungen des Auswärtigen Amtes am 28. Oktober in London.

Es war ein starkes Stück, daß das Auswärtige Amt einer derartig blamablen Veröffentlichung keinen Widerstand entgegensetzte. Das Auswärtige Amt hat nicht einmal die phantastische Geschichte von dem angeblichen Kriegsplan des Kaisers korrigiert, obwohl es nach seinen eigenen Akten dazu imstande gewesen wäre. In Wirklichkeit besaß das Auswärtige Amt eine Abschrift der Aufzeichnung, die Wilhelm II. am 4. Februar 1900 dem Prinzen von Wales, dem späteren König Eduard VII., übersandt hatte. Das waren »22 Aphorismen über den Krieg in Transvaal« aus der Feder Wilhelms II., gänzlich harmlose allgemeine Betrachtungen über die Kriegslage, aus denen der englische Generalstab nicht den mindesten Nutzen ziehen konnte. Es ist auch keine Mitarbeit des deutschen Generalstabs an den »Aphorismen« Wilhelms II. zu erweisen. Wilhelm II. hat also 1908, um seine England-Freundschaft zu beweisen, einen groben Gedächtnisfehler begangen. Der Respekt vor einem kaiserlichen Konzept war damals im Auswärtigen Amt so groß, daß die Beamten ernsthafte Änderungen nicht wagten. Oder waren sie politisch so ahnungslos, daß sie die Tragweite der Veröffentlichung nicht ermessen konnten? Daß Fürst Bülow den Artikel ungelesen weitergab, war eine Leichtfertigkeit; denn er mußte die Eigenart seines Herrn kennen. Die ganze »Daily-Telegraph«-Affäre ist ein klassisches Beispiel für die Art, wie Deutschland unter Wilhelm II. regiert wurde.

Als das Interview veröffentlicht wurde, entstand im deutschen Volke, von den Konservativen bis zu den Sozialdemokraten, eine beispiellose Entrüstung über den Kaiser. Der Mann, der autokratisch die Außenpolitik Deutschlands machte, hatte ohne jeden Grund Japan provoziert. Er hatte allen Mächten die Neigung genommen, an Deutschland irgendeine vertrauliche Mitteilung zu richten, und er rühmte sich endlich, einem kleinen, mit Deutschland befreundeten Volk durch seinen famosen »Kriegsplan« in den Rücken gefallen zu sein. Es zog die schwerste Krise über die deutsche Monarchie herauf, die vor 1918 eingetreten ist. Die Reichstagsdebatte am 10. und 11. November brachte eine Einheitsfront gegen den Kaiser. Fürst Bülow wagte es nicht, den Kaiser zu verteidigen, sondern schloß sich dem Wunsche nach größerer Zurückhaltung des Herrschers an.

Am 17. November hatte Bülow eine Audienz beim Kaiser. Wilhelm II. war über den Kanzler tief erbittert und menschlich mit Recht. Denn er hatte den Unglücksartikel dem Reichskanzler zur Prüfung übersandt und erst veröffentlichen lassen, als Bülow zugestimmt hatte. Damit hatte Bülow die verfassungsmäßige Verantwortung für das »Daily-Telegraph«-Interview. Ob Bülow den Text selbst gelesen hatte oder nicht, war gleichgültig. Trotzdem wagte Wilhelm II. angesichts der Volksstimmung nicht, Bülow zu entlassen. Sondern das Resultat der Unterredung zwischen Kaiser und Kanzler vom 17. November war eine Erklärung im »Reichsanzeiger«, worin Wilhelm II. versicherte, er wolle die »Stetigkeit der Politik des Reiches unter Wahrung der verfassungsmäßigen Verantwortlichkeiten sichern«. Das klang wie ein Verzicht auf das persönliche Regiment.

Jetzt oder nie war die Möglichkeit einer Reform der Bismarckschen Verfassung. Die Außenpolitik des Reichs mußte in die Hand eines dem Reichstag verantwortlichen Reichsaußenministers gelegt und darüber hinaus ein kollegiales, dem Parlament verantwortliches Reichsministerium geschaffen werden. Wenn Bülow und sein Block geschlossen vorgingen, war alles zu erreichen: Der Kaiser war so im Gedränge wie nie einer seiner Vorgänger seit 1848. Aber ohne die Konservativen war damals eine Aktion zur Parlamentarisierung und zur Einschränkung der kaiserlichen Macht nicht möglich. Die Konservativen hätten sich aufraffen müssen, freiwillig einen Teil ihrer Machtpositionen an das Bürgertum abzugeben. Es hätte ein konservativ-liberales Reichsministerium und eine konservativ-liberale preußische Regierung entstehen müssen. Wäre so der Bülow-Block aus einer parlamentarischen, taktischen Kombination zu einer organischen Zusammenfassung der Hauptkräfte des Reichs geworden, so war noch in elfter Stunde der Grundfehler der Bismarckschen Verfassung zu korrigieren.

Englische Konservative haben in ähnlichen Situationen so gehandelt. Die preußischen Konservativen zeigten damals dieselbe Engherzigkeit, mit der sie gegen Bismarck gekämpft hatten. Von ihren historischen Privilegien wollten sie nichts, absolut nichts aufgeben. Der Fortbestand des Bülow-Blocks erfüllte sie mit wachsendem Unbehagen. Schon war die preußische Wahlrechtsfrage wieder aufgetaucht. Jede noch so maßvolle Änderung des preußischen Wahlrechts mußte auf Kosten der Agrarkonservativen gehen. Und wer bürgte dafür, daß die Liberalen nicht immer begehrlicher wurden, wenn sie sich als unentbehrlichen Bestandteil der Regierungsmehrheit empfanden? Die natürliche Stütze der Konservativen im Kampfe gegen die »Demokratie« und für das alte Preußen war aber trotz allem die ungeschwächte Königsmacht. So haben die Konservativen die Kritik Wilhelms II. in der »Daily-

Telegraph«-Angelegenheit mit der Versicherung verbunden, daß sie eine Parlamentarisierung Deutschlands nach wie vor ablehnen [15].

So verpuffte die gewaltige Volksbewegung gegen den Kaiser ergebnislos. Denn eine Umgestaltung des Bismarckschen Deutschlands auf dem Wege der Reform und Evolution war nur mit den Konservativen möglich. Lehnten die Konservativen jede Verfassungsänderung ab, so blieb nur der Weg der Revolution. 1908 waren die psychologischen und objektiven Voraussetzungen für die Revolution noch nicht da. Aber die Unvermeidlichkeit der deutschen Revolution ist in dem schicksalsschweren Jahre 1908 festgestellt worden, wenn auch damals die Mitlebenden das noch nicht klar sahen.

Die Konservativen sehnten sich aus der gefährlichen Block-Kombination wieder zu dem erprobten Bündnis mit dem Zentrum zurück. Im Zentrum hatte während der ganzen Krise die konservativ gestimmte Führergruppe die Macht behalten. Man war zwar im Wahlkampf 1907 taktisch an die Seite der Sozialdemokraten gedrängt worden. Bei Stichwahlen unterstützten sich die Oppositionsparteien gegen den Regierungsblock. Aber daraus war kein politisches Bündnis zwischen Zentrum und Sozialdemokraten geworden. Die Zentrumsführung wollte sich den Rückweg zur Regierung nicht versperren. Mit Befriedigung sah das Zentrum, wie sich Bülow sowohl mit dem Kaiser wie mit den Konservativen entzweite.

Ein unbedeutender Anlaß führte 1909 zur Sprengung des Bülow-Blocks. Die Konservativen erklärten sich gegen die Regierungsvorlage einer Erbschaftssteuer. Das Zentrum schloß sich ihnen an. Bülow blieb in der Minderheit, und der Block war zerrissen. Entscheidend für die Haltung von Konservativen und Zentrum war nicht so sehr die Abneigung der Agrarier gegen eine finanzielle Mehrbelastung, sondern maßgebend waren die allgemein politischen Erwägungen, den Bülow-Block zu zerstören. Als seine Reichstagsmehrheit gesprengt war, nahm Bülow den Abschied.

Wilhelm II. sah in dieser Entwicklung einen persönlichen Triumph [16]. Daß die Reichstagsmehrheit Bülow gestürzt hatte, war für den Kaiser der Beweis, daß das Parlament seine Stellungnahme in der »Daily-Telegraph«-Affäre bereue. Das Volk sei zwar vorübergehend durch Bülow getäuscht und seinem Kaiser entfremdet worden. Aber nun kehre es zum Kaiser zurück. Die Wirkung, die der Volkssturm von 1908 auf Wilhelm II. ausgeübt hatte, war damit ausgelöscht. Der Kaiser kehrte ohne Hemmung zu seinem alten persönlichen System zurück. Bülows Nachfolger wurde ein typischer Bürokrat, Bethmann-Hollweg, von dem nicht zu befürchten war, daß er jemals selbständige Gedanken haben oder die Autorität des Kaisers gefährden würde. Daß ein

Bethmann-Hollweg im Juli 1914 deutscher Reichskanzler sein konnte, ist die schwerste Anklage, die sich gegen das alte System richten läßt.

Fürst Bülow erhielt durch seinen Abgang ein Ansehen, das ihm nicht zukam. Er galt nun weiten Kreisen als Vertreter einer modernen deutschen Staatsauffassung, der dem autokratischen Willen Wilhelms II. im Bunde mit dem reaktionären Agrariertum erlegen war. In Wirklichkeit war Bülow in den Kampf mit dem Zentrum aus taktischen Opportunitätsgründen, ohne jeden weiteren politischen Plan, hineingeraten. Ebenso hat Bülow die »Daily-Telegraph«-Angelegenheit selbst mitverschuldet, und nur weil er sich die Kraft nicht zutraute, im November 1908 dem Volkssturm entgegenzutreten, hat er auf den Kaiser gedrückt. Aber die Autorität, mit der Bülow sein Amt verließ, führte noch 1917 dazu, daß eine einflußreiche Strömung ihn als Reichskanzler zur Rettung Deutschlands wünschte.

Die Zerstörung des Bülow-Blocks hat im liberalen Bürgertum eine tiefe Verbitterung erregt. Man sah keine Möglichkeit mehr, die unhaltbaren politischen Verhältnisse Deutschlands zu reformieren. Im Besitze dieser Erkenntnis stieg das Bürgertum zwar nicht auf die Barrikade – das taten ja damals die Sozialdemokraten auch nicht –, aber es wuchs die Neigung der Liberalen, sich mit den Sozialdemokraten gegen das herrschende halbabsolutistische System und gegen die preußischen »Junker« zu verbünden.

Bei den Reichstagswahlen von 1912 schlossen die Sozialdemokraten und die Fortschrittler ein formelles Wahlbündnis. Die Nationalliberalen gingen wieder mit den Fortschrittlern zusammen. Die Sozialdemokraten errangen viereinviertel Millionen Stimmen und 110 Mandate. Was die Liberalen an die Sozialdemokraten verloren, glichen sie größtenteils durch Gewinne auf Kosten der Konservativen und des Zentrums wieder aus. Die veränderte Lage zeigte sich bei der Präsidentenwahl im neuen Reichstag. Das war damals keine bloße parlamentarische Formalität. Denn das Reichstagspräsidium mußte mit dem Kaiser persönlich verkehren. Bei dem Verhältnis, das damals zwischen Wilhelm II. und den Sozialdemokraten bestand, war die Wahl eines Sozialdemokraten in das Reichstagspräsidium eine persönliche Beleidigung des Kaisers.

Dennoch wurde bei der Wahl des 1. Präsidenten der Zentrumsführer Spahn nur mit knapper Mehrheit gewählt. Sein Gegenkandidat Bebel erhielt nicht nur alle fortschrittlichen, sondern auch 20 nationalliberale Stimmen. Und bei der Wahl zum 1. Vizepräsidenten kam der Sozialdemokrat Scheidemann, wieder mit Hilfe eines Teils der Nationalliberalen, durch[17]. Scheidemann mußte zwar ein paar Wochen später sein Amt niederlegen, weil er sich weigerte, zu Hofe zu gehen. Hätten ihn die Nationalliberalen noch weiter gestützt, so wäre das ein offenes Bekenntnis zur Republik gewesen. So weit war die Entwicklung noch nicht. Aber welche Wandlung hatte sich seit 1890 vollzogen! Wie mußte das deutsche Bürgertum gestimmt sein, wenn sich loyale, patriotische, von der Industrie gewählte Nationalliberale nicht anders helfen konnten, als daß sie für Bebel und Scheidemann eintraten! Aber Wilhelm II., Bethmann-Hollweg und der herrschende preußische Adel wollten von dem, was in Deutschland vor sich ging, nichts sehen und hören. Da kam im Winter 1913/14 eine neue Krise: Eine an sich unbedeutende Angelegenheit wuchs sich zu einem erbitterten Konflikt zwischen der herrschenden Gruppe und dem ganzen übrigen deutschen Volke aus.

In der kleinen elsässischen Garnisonstadt Zabern war es zu Reibungen zwischen der Bevölkerung und einigen jungen Offizieren gekommen. Es folgten Straßenkundgebungen gegen das Militär. Der Oberst des in Zabern liegenden Regiments, von Reuter, war der Meinung, daß die Zivilbehörde seine Untergebenen nicht schütze. Deshalb ließ er einige Dutzend Demonstranten durch Soldaten festnehmen und eine Nacht im Kasernenkeller festhalten. Das war ohne Zweifel ein schwerer Übergriff des Obersten, weil das Militär auf keinen Fall befugt war, Zivilpersonen in Haft zu halten. Der Oberst konnte indessen zu seiner Entschuldigung anführen, daß er in einem Notstand und in gutem Glauben gehandelt habe.

Unter anderen politischen Verhältnissen wären die Zaberner Vorfälle nur als bedauerliches Lokalereignis betrachtet worden. Aber in der politischen Hochspannung von 1913 erregten die Meldungen aus Zabern das deutsche Volk aufs tiefste. Die Massen fühlten sich schutz- und rechtlos gegenüber der Willkür der militärischen Aristokratie. Die Zaberner Gegend ist zufällig der einzige Bezirk Elsaß-Lothringens mit protestantischer Mehrheit. Dort hatte sich die reichstreue Gesinnung in Elsaß-Lothringen zuerst durchgesetzt. Lange Jahre war der Zaberner Wahlkreis, allein im Elsaß, durch einen konservativen Abgeordneten vertreten. Trotzdem hatte die Zaberner Bevölkerung sich eine solche Behandlung gefallen lassen müssen.

Im Reichstag wurde das Militär vom Kriegsminister von Falkenhayn schroff und scharf, vom Reichskanzler von Bethmann-Hollweg in seiner üblichen hilflosen Art verteidigt. Das Haus geriet in eine Erregung gegen das Offizierskorps, die in der ganzen Geschichte des deutschen Reichstags noch nicht dagewesen war. Der Verurteilung der Zaberner Vorfälle durch Sozialdemokraten und Liberale schloß sich das Zentrum an. Die wirksamste Rede gegen das herrschende Militärsystem hielt damals der badische Zentrumsabgeordnete Fehrenbach. Die Konservativen waren völlig isoliert. Mit 293 gegen 54 Stimmen bei 4 Enthaltungen stellte der Reichstag am 4. Dezember 1913 fest, daß er die Haltung der Regierung in der Zabern-Affäre mißbillige.

Die wichtigste politische Lehre aus der Zabern-Angelegenheit war, daß auch die vorsichtige Zentrumsführung mitgerissen wurde, wenn eine große oppositionelle Massenbewegung einsetzte. In wirklich ernsten Situationen hatten die preußischen Konservativen und das herrschende preußische System am Zentrum keine Stütze. Wilhelm II. und Bethmann-Hollweg faßten, ebenso wie das Offizierskorps, den Zabern-Streit als Prestigefrage des herrschenden Systems auf. Das Militär behielt auf der ganzen Linie recht. Oberst von Reuter wurde am 10. Januar 1914 vom Kriegsgericht Straßburg freigesprochen. Die große Mehrheit des Volkes und des Parlaments mußte sich damit abfinden. Ein halbes Jahr später brach der Weltkrieg aus.

Der Krieg überraschte das deutsche Volk in einer innenpolitisch unhaltbaren und untragbaren Situation. Von 1908 bis 1914 hatte sich der Gegensatz zwischen der regierenden Aristokratie und den Massen des Volkes immer mehr zugespitzt. Ereignisse wie die »Daily-Telegraph«-Affäre, die Wahlen von 1912 und der Zabern-Streit bedeuteten zwar noch keine Revolution, aber es waren die typischen Vorgänge einer vorrevolutionären Epoche. Wäre 1914 der Krieg nicht ausgebrochen, so hätten sich die Konflikte zwischen der kaiserlichen Regierung und der großen Mehrheit des deutschen Volkes immer mehr gesteigert, bis zu einer direkt revolutionären Lage. So hat der Kriegsausbruch zunächst die innerpolitische Kluft überbrückt, aber nicht beseitigt. Je länger der Krieg dauerte und je schwieriger er wurde, um so stärker durchbrachen die vorhandenen Gegensätze die Hülle des »Burgfriedens«, bis dann Krieg und Revolution eins wurden.

Bismarck war der Ansicht, daß das Hohenzollern-Kaisertum trotz aller Schwierigkeiten seine innerpolitischen Gegner niederhalten könne, wenn nur der Frieden erhalten blieb. Wilhelm II. war ebenfalls bemüht, den Frieden zu bewahren. Hatte er um 1890 den russisch-französischen Krieg als unvermeidlich angesehen, so neigte er später immer mehr zur Überzeugung, daß es gelingen werde, den Frieden zu erhalten. Aber um den Frieden zu verteidigen, dazu genügt nicht die friedliche Gesinnung, sondern dazu ist vor allem eine entsprechende geschickte Politik erforderlich. Wilhelm II., seine Reichskanzler von Caprivi bis Bethmann-Hollweg und seine nähere Umgebung haben niemals den Krieg gewollt. Aber sie haben durch ungeheure Fehler Deutschland in die Situation hineinmanövriert, die zum Juli 1914 führte.

Innen- und Außenpolitik eines Staates sind voneinander nie zu trennen. Denn beide sind gleichmäßig der Ausdruck der im Staate herrschenden gesellschaftlichen Kräfte. Das innerpolitische Kräfteverhältnis Deutschlands legte die entscheidende Macht in die Hand des Kaisers, auch wenn er zur Diplomatie so wenig befähigt war wie Wilhelm II. Das Planlose und Sprunghafte seines Wesens erregte überall Mißtrauen. Die ausländischen Mächte zweifelten daran, daß es überhaupt möglich sei, mit Deutschland unter Wilhelm II. stabile Politik zu treiben. So wurde das Vertrauen zur deutschen Politik im Ausland, das Wilhelm I. und Bismarck geschaffen hatten, zerstört. Die Neigung Wilhelms II. zu pathetischen und drohenden Worten verstärkte das Mißtrauen, obwohl auf die starken Reden keinerlei Taten folgten.

Wilhelm II. hat sich redlich bemüht, die Beziehungen Deutschlands zu Rußland und zu England zu bessern, und auch gegen Frankreich hatte er keine feindlichen Absichten. Gelegentliche kaiserliche Kraftausdrücke in den berühmten Randbemerkungen zu den Akten darf man nicht zu ernst nehmen. Trotzdem hat Wilhelm II. für Deutschland keine stabile politische Situation schaffen können. Auf Grund der bestehenden Reichsverfassung war aber die Führung der Außenpolitik, außer durch eine Revolution, dem Kaiser nicht zu entreißen!

Die preußische Aristokratie hatte an sich gar keinen Grund zu einer imperialistischen, kriegerischen Politik. Denn der ostpreußische Gutsbesitzer trieb keinen Handel mit China und besaß keine Bergwerke in Marokko. Der tiefste Grund der außenpolitischen Schwierigkeiten Deutschlands war vielmehr die wirtschaftliche Expansionskraft des deutschen Bürgertums und die dadurch erzeugten Verstimmungen der Konkurrenten, vor allem in England. Aber hätte Deutschland eine rein bürgerliche Regierung gehabt, so wie England oder Amerika, so hätte das Bürgertum selbst planmäßig seine Expansion organisiert. Das Bürgertum hätte selbst die Verantwortung für seine politischen Interessen tragen müssen. Es hätte sich überlegt, was erreichbar war und was nicht. Es hätte seine Kräfte nicht zersplittert und sich nicht an allen Enden der Welt zugleich Feinde erweckt.

So aber beeinflußte das Bürgertum unter Wilhelm II. die Außenpolitik nicht planmäßig in politischer Form, sondern die einzelnen im Ausland interessierten Firmen bearbeiteten um die Wette den Kaiser und die Reichsstellen. Der Kaiser und der Reichskanzler hielten es für ihre Pflicht, den Forderungen der Wirtschaft entgegenzukommen. So entstand das Chaos der wilhelminischen Außenpolitik aus zwei Quellen: erstens aus der planlosen und verwirrten Arbeitsweise des Kaisers und zweitens aus dem ebenso planlosen Durcheinander der einzelnen Firmeninteressen.

Wilhelm II. begann seine selbständige Außenpolitik mit der Nichterneuerung des Rückversicherungsvertrages mit Rußland. Die Folge war der Zweibund Rußland-Frankreich, an dessen Vermeidung Bismarck zwanzig Jahre lang erfolgreich gearbeitet hatte. Auch wenn Rußland und Frankreich keinen militärischen Angriff auf Deutschland unternahmen, war seitdem die Lage Deutschlands außerordentlich verschlechtert. Denn die deutsche Politik geriet so in die Abhängigkeit von dem guten Willen Österreichs und Englands. In der Zeit von 1890 bis zum russisch-japanischen Krieg und bis zur ersten russischen Revolution war der Zweibund noch ebensosehr gegen England wie gegen Deutschland gerichtet. Der historische Wettstreit zwischen Rußland und England um die Herrschaft in Asien schien der Entscheidung entgegenzureifen. Zur selben Zeit kämpfte England mit Frankreich um den afrikanischen Kolonialbesitz, ein Gegensatz, der im Faschoda-Streit seinen Höhepunkt fand.

Damals um die Jahrhundertwende war die englische Politik zu einem Bündnis mit Deutschland bereit. Man empfand zwar in England die wachsende Konkurrenz des deutschen Kaufmannes unangenehm. Aber die Gefahr, daß der Zar eines Tages China und Indien erobern und damit der britischen Weltgeltung den Todesstoß versetzen würde, war größer. So entstand Chamberlains Projekt des Bundes Deutschland-England-Japan gegen Rußland-Frankreich. Die Stellung Deutschlands in einem solchen Bunde mit England wäre keine sehr erfreuliche gewesen. Deutschland hätte gezwungen werden können, in einem Weltkrieg an der Seite Englands wesentlich für englische Interessen zu kämpfen, ohne vor plötzlichen Wendungen der englischen Politik sicher zu sein, wie sie sich jederzeit durch einen Ministerwechsel in London maskieren ließen. Immerhin hat auch Bismarck in der letzten Zeit seiner amtlichen Tätigkeit ein Zusammengehen des Dreibundes mit England gegen die russisch-französische Gefahr erwogen. Die Situation Deutschlands im Bunde mit England wäre nicht ideal gewesen, aber doch unendlich besser als die Lage von 1914.

Wilhelm II. und seine Ratgeber lehnten das Bündnis mit England ab. Für eine solche Haltung ließen sich gute Gründe anführen. Aber wenn die deutsche Politik entschlossen war, den wirtschaftlichen und maritimen Wettkampf mit England aufzunehmen, so war nur eine Folgerung möglich: nämlich die Verständigung mit Rußland und Frankreich zur Schaffung eines kontinentalen Blocks gegen die englische Seemacht. Der Bau der deutschen Flotte konnte doch nur den Sinn haben, daß die deutsche Marine, im Bunde mit der französischen, England gewachsen sein sollte. Eine deutsche Flotte zu schaffen, die zugleich gegen England, Frankreich und Rußland kämpfen konnte, war völlig unmöglich. Ein Zusammengehen Deutschlands und Frankreichs wäre trotz Elsaß-Lothringens möglich gewesen, wenn Wilhelm II. im Sinne der Tradition Bismarcks alle kolonialen Pläne Frankreichs unterstützt hätte. So aber fand Frankreich bei seinem wichtigsten Kolonialprojekt, in Marokko, den schärfsten deutschen Widerstand. Um ein paar deutsche Privatinteressen zu fördern, sind die entscheidenden Kombinationen der deutschen Außenpolitik zerstört worden.

Ebenso sinnlos war das Auftreten Wilhelms II. gegen Rußland. Der Kaiser sparte zwar keine persönliche Liebenswürdigkeit gegen den Zaren. Aber wo Rußland außenpolitisch einen Erfolg anstrebte, fand es den deutschen Konkurrenten vor. In der Zeit, als Rußland alle seine Kräfte auf Nordchina konzentrierte, besetzte Deutschland Kiautschou und marschierte die Waldersee-Expedition nach Peking. Als sich Rußland dem Nahen Osten zuwandte, traf es die deutsche Konkurrenz in Persien, und die asiatische Türkei stand im Zeichen der deutschen Bagdad-Bahn. Und als Rußland wieder eine aktive Balkanpolitik einleitete, unterstützte Deutschland mit allen Kräften Österreich, ja darüber hinaus trat Deutschland mit seinen Militärmissionen als selbständiger Faktor in der Türkei auf. Bismarck hatte die Verstimmungen und Konflikte mit Rußland immer dadurch ausgleichen können, daß er niemals ein reales russisches Interesse schädigte. Wilhelm II. störte überall die russische Politik oder trat ihr offen entgegen.

Dabei lag Wilhelm II., Bülow und dem Geheimrat Holstein, der im Auswärtigen Amt die Fäden in der Hand hatte, nichts ferner, als mit Rußland oder Frankreich einen Krieg zu provozieren. Die drei Männer, die in so verhängnisvoller Weise die deutsche Außenpolitik bestimmten, wollten nur Deutschlands sogenannten »Platz an der Sonne« verteidigen. Moralisch hatte Deutschland ohne Zweifel dieselbe Berechtigung, sich in China, Marokko usw. zu betätigen wie die anderen Mächte, aber eine solche Konkurrenzpolitik Deutschlands gegen Frankreich und Rußland hatte doch nur dann einen Sinn, wenn Deutschland auf die englische Rückendeckung rechnen konnte. Andernfalls war es ein leichtfertiges Spiel, das mit der Verständigung Englands, Frankreichs und Rußlands gegen Deutschland enden mußte.

Dabei waren die realen Erfolge der Politik Wilhelm II. gering, weil der Kaiser immer dann nachgab, wenn er seine Ziele nur durch einen Krieg hätte verwirklichen können. Kiautschou blieb die einzige deutsche Erwerbung in China. Aus Marokko ist Deutschland – gegen eine sehr zweifelhafte Entschädigung in Zentralafrika – herausgegangen. In Persien wich Deutschland vor England und Rußland zurück. Trotz der deutschen Militärmission hat Wilhelm II. die Türkei weder im Tripolis- noch im Balkankrieg geschützt. Zum Bagdadbahnunternehmen ließ Deutschland fremde kapitalistische Beteiligungen zu. Aber die nachträglichen deutschen Zugeständnisse konnten den Schaden nicht wieder gutmachen, den die Aktionen Wilhelms II. in Frankreich und Rußland angerichtet hatten.

Die Niederlage Rußlands gegen Japan beseitigte die Gefahr, daß England in Asien von Rußland ausgeschaltet wurde. Auf der anderen Seite trat durch den Marokkokonflikt an Stelle des kolonialen Gegensatzes England-Frankreich der Gegensatz Deutschland-Frankreich. So bot sich für die englische Politik die Situation, um den deutschen Konkurrenten unschädlich zu machen. König Eduard VII. schuf die Entente. Englands Taktik war seitdem vollkommen klar. Es hatte zwar nicht die Absicht, von sich aus Deutschland anzugreifen. Aber England war fest entschlossen, sobald Rußland und Frankreich in einen Krieg mit Deutschland geraten würden, sich am Kriege gegen Deutschland zu beteiligen. In diesem Entschluß der englischen Politik liegt die eigentliche Wurzel des Weltkrieges. Denn wären nicht Rußland und Frankreich der Hilfe Englands unbedingt sicher gewesen, so hätte Rußland nie einen Angriff gegen Deutschland und Österreich gewagt. England war zwar an den Zweibund durch kein formelles Bündnis gebunden, aber es bestanden Erklärungen der englischen Regierung, die für den Ernstfall völlig ausreichten.

Diese Situation mußte in den letzten Jahren vor Beginn des Weltkrieges der deutschen Politik völlig klar sein. Der deutsche Botschafter Fürst Lichnowsky hat in seinen Berichten aus London darüber keinen Zweifel gelassen. In Berlin verkannte man aber den Ernst der Lage. Man glaubte, daß es möglich sei, durch Entgegenkommen in Einzelfragen die englische Regierung von ihrem Kriegswillen abzubringen. Am meisten war der Reichskanzler von Bethmann-Hollweg in solchen Illusionen über England befangen. Die englische Regierung war durchaus bereit, mit Deutschland vorteilhafte Abkommen über Spezialfragen, afrikanische Kolonien, Bagdadbahn usw. abzuschließen. England hätte auch ein Marineabkommen mit Deutschland geschlossen, damit beide Staaten den Neubau ihrer Kriegsflotten einschränkten. Aber all das konnte in der entscheidenden Frage die Ansicht Englands nicht ändern.

Die englischen Staatsmänner wollten es auf keinen Fall zulassen, daß Deutschland in einem Kontinentalkrieg über Frankreich und Rußland Sieger blieb. Denn dann wäre Deutschland der Herr des europäischen Festlandes geworden und so mächtig, daß England in eine überaus gefährdete Lage gekommen wäre. Eine solche Entwicklung wollten die englischen Staatsmänner der beiden großen Parteien verhindern, und darum waren sie fest entschlossen, beim Ausbruch eines Kontinentalkrieges mit Frankreich und Rußland zusammenzugehen[18]. Man sieht, daß es bei diesen Erwägungen Englands gar nicht auf die Stärke der deutschen Flotte ankam. Die Gefahr für England bestand darin, daß

Deutschland eines Tages die Küsten von Petersburg bis Brest beherrschen könnte, aber nicht darin, daß Deutschland ein paar Panzerschiffe mehr hatte. Vom englischen Standpunkt aus war das logisch gedacht, und von »Heuchelei« und »Treulosigkeit« ist dabei keine Spur. Es ist nicht Englands Schuld, daß Wilhelm II. und Bethmann-Hollweg die englische Politik nicht verstanden. Aber ebenso irrtümlich ist die Ansicht, daß der Weltkrieg nicht gekommen wäre, wenn Deutschland seinen Flottenbau eingeschränkt hätte. Freilich hat die Weigerung der deutschen Regierung, das Flottenabkommen mit England zu schließen, stimmungsmäßig stark auf die englische Bevölkerung gewirkt, und so wurde dem Londoner Auswärtigen Amt seine antideutsche Taktik erleichtert. Was folgte für eine einsichtige deutsche Politik aus dieser Grundauffassung Englands? Wenn Deutschland den Frieden erhalten wollte, mußte es jede Verletzung oder Schädigung Frankreichs und Rußlands vermeiden. Seitdem die unglückselige Marokkoangelegenheit aus der Welt geschafft war, gab es wenigstens keinen akuten Konfliktsstoff zwischen Deutschland und Frankreich. Aber zur selben Zeit ließ Deutschland sich in der Balkanpolitik in einen schweren Konflikt mit Rußland hineinmanövrieren. Die Bildung der Entente Frankreich-Rußland-England hatte die deutsche Politik in eine hoffnungslose Abhängigkeit von Österreich-Ungarn gedrängt. Bülow und Holstein hatten sich die Theorie zurechtgemacht, daß Deutschland untergehen müsse, wenn sein einziger ernsthafter Verbündeter Österreich-Ungarn einen Krieg verliere. Dieser Theorie schloß sich Wilhelm II. mit einigen Schwankungen und Bethmann-Hollweg aus vollem Herzen an. Man berief sich dabei auf Bismarck, aber man verstand ihn vollkommen falsch.

Zunächst hätte Bismarck sich nie in eine Lage hineinmanövrieren lassen, in der Deutschland von der Gnade der Wiener Staatsmänner abhängig war. Ferner hatte Bismarck das Bündnis mit Österreich niemals so ausgelegt, daß die deutsche Armee für jedes Balkanabenteuer Österreich zur Verfügung stehen müsse. Auch Bismarck hielt die Existenz Österreich-Ungarns für eine Notwendigkeit für das Deutsche Reich. Aber daraus folgte noch lange nicht, daß Deutschland unbedingt sich an einem russisch-österreichischen Krieg beteiligen mußte. Bismarck hat immer wieder auf das entschiedenste betont, daß Deutschland neutral bleiben würde, wenn Österreich einen solchen Krieg provozierte. In der Tat war Deutschland immer noch mächtig genug, um dann beim Friedenskongreß die Existenz Österreichs zu verteidigen. Wilhelm II. und seine Ratgeber legten dagegen den Dreibundvertrag so aus, daß die Wiener Politiker einfach die deutsche Armee unter ihre Aktiva einkalkulieren konnten.

Das zeigte sich verhängnisvoll in der bosnischen Annexionskrise. Der sehr kluge und energische Leiter der österreichischen Außenpolitik, Aehrenthal, nahm die jungtürkische Revolution zum Anlaß, um die Annexion der beiden türkischen Provinzen Bosnien und Herzegowina auszusprechen, die Österreich seit dem Berliner Kongreß besetzt hielt. Aehrenthal war formal gegenüber Rußland im Recht. Denn Rußland hatte schon in der Zeit des Berliner Kongresses in geheimen Abmachungen die beiden Provinzen Österreich überlassen und auf einen Einspruch gegen eine Annexion von Bosnien-Herzegowina verzichtet. Inzwischen war aber Serbien aus der Vormundschaft Österreichs in die Klientel Rußlands übergegangen. Das serbische Volk verlangte die nationale Einigung mit seinen Stammesbrüdern in Bosnien, und Rußland unterstützte im Rahmen seiner Balkanpolitik die serbischen Ansprüche. So erwuchs aus der Annexion Bosniens ein schwerer Konflikt zwischen Österreich und Rußland.

Aehrenthal spielte kühl und geschickt. Er wußte, daß er auf Deutschland unbedingt rechnen konnte und daß Rußland damals militärisch nicht kriegsfähig war. Wien machte keine Zugeständnisse, und Deutschland ließ sich verleiten, in Petersburg eine Erklärung abzugeben, worin es sich restlos den Standpunkt Österreichs zu eigen machte und die Verantwortung für ein Scheitern der Verhandlungen Rußland zuschob[19]. Man hat sich darüber gestritten, ob die in höflichster Form gehaltene Mitteilung Deutschlands in Petersburg ein »Ultimatum« gewesen sei oder nicht. Das ist ganz gleichgültig. Wesentlich war, daß Rußland nunmehr bestimmt wußte, es würde – im Falle eines Krieges wegen Bosniens – Deutschland an der Seite Österreichs zum Feinde haben. Schon damals hätte Rußland bei einem Kriege unbedingt auf die Hilfe Frankreichs und Englands rechnen können. Aber die russische Regierung fühlte sich militärisch noch rückständig und gab nach. Deutschland und Österreich hatten diplomatisch gesiegt. Die Entente war vor den Mittelmächten zurückgewichen. Aber um welchen Preis!

Die Haltung Wilhelms II. und seiner Minister in der bosnischen Krise war ein unverzeihlicher Fehler. Von jetzt ab war die russische Regierung überzeugt, daß sie in den Balkanfragen Deutschland immer auf seiten Österreichs finden würde. Rußland war entschlossen, ein zweites Mal nicht nachzugeben, seine Rüstung zu verstärken und bei dem nächsten Balkankonflikt in den Krieg zu gehen. Bethmann-Hollweg aber wiegte sich in der weiteren Illusion, daß Rußland immer nachgeben werde, wenn Deutschland energisch auftrete, und daß so der Friede zu erhalten sei. Das Verhängnis war nicht mehr aufzuhalten.

Es kam der Tag von Sarajewo, die Ermordung des österreichischen Thronfolgers Franz Ferdinand durch serbische Verschwörer. Wilhelm II. und Bethmann-Hollweg waren überzeugt, daß jetzt wieder die Existenz Österreichs auf dem Spiele stehe. Könne Österreich sich in Serbien keine Genugtuung verschaffen, so würden sich die slawischen Provinzen von der Habsburger Monarchie loslösen. Das Interesse Deutschlands erfordere die Rettung Österreich-Ungarns als einer bündnisfähigen Großmacht. So gab Deutschland der Wiener Regierung bei ihrem Vorgehen gegen Serbien volle Rückendeckung. Wilhelm II. und Bethmann-Hollweg rechneten schlimmstenfalls mit einem lokalen Krieg zwischen Österreich-Ungarn und Serbien. Man glaubte nicht, daß Rußland sich der berechtigten Aktion Österreichs entgegenwerfen werde. Noch weniger glaubte man, daß England bei einem solchen Anlaß an der Seite Rußlands Krieg führen könnte. So ist die deutsche Regierung unfähig, ahnungslos und hilflos in den Weltkrieg hineingestolpert.

Es kann gar keine Rede davon sein, daß Wilhelm II. oder Bethmann-Hollweg bewußt auf den Weltkrieg hingearbeitet haben. Hätte Wilhelm II. einen Krieg gewollt, um die Herrschaft in Europa zu gewinnen, so hätte er während des russisch-japanischen Krieges oder während der ersten russischen Revolution Frankreich angegriffen. Damals war Rußland militärisch ohnmächtig, und Deutschland hätte wahrscheinlich über das isolierte Frankreich gesiegt. Die friedfertige Haltung der deutschen Regierung um 1905 genügt eigentlich, um die Kriegsschuldfrage eindeutig zu beantworten.

Wilhelm II. war, von allen anderen Argumenten abgesehen, viel zu nervös und innerlich zu unsicher, um sich die grauenhafte Last eines von ihm militärisch und politisch zu leitenden Weltkrieges zu wünschen. Ebensowenig war der stets von Sorgen und Verantwortungen gequälte Bethmann-Hollweg der Mann, einen Krieg heraufzubeschwören. Der im Juli 1914 amtierende Staatssekretär des Auswärtigen von Jagow hatte vom ersten Tage des Krieges an den Wunsch, ihn so schnell wie möglich wieder zu beenden [20]. Auch eine kriegslustige Militärpartei ist 1914 am Hofe Wilhelms II. nicht nachzuweisen. Der Generalstabschef von Moltke war körperlich schwer krank und fühlte sich der Armeeführung nicht gewachsen. Wie sollte er zum Kriege getrieben haben? Der Kriegsminister von Falkenhayn war ein Militär, der in den Grenzen seines Ressorts blieb, ohne den Ehrgeiz, sich in politische Fragen einzumengen. Der Staatssekretär der Marine, von Tirpitz, war in den entscheidenden Juliwochen 1914 von Berlin abwesend und hat die Art der Kriegseröffnung scharf mißbilligt. Endlich waren die beim Kaiser einflußreichen Chefs des Militär-, Zivil- und Marinekabinetts von Lyncker, von Valentini und von Müller sämtlich als »Flaumacher« verrufen [21]. Sie sind deshalb im Laufe des Krieges von der Obersten Heeresleitung, von den Anhängern des unbeschränkten U-Boot-Krieges und vom Kronprinzen heftig bekämpft worden.

Die Männer, die 1914 Deutschland regierten, sind von der moralischen Kriegsschuld freizusprechen, aber um so schärfer muß die politische Unfähigkeit Wilhelms II. und Bethmann-Hollwegs betont werden. Es war ein unerhörter Fehler und im Widerspruch zu allen Traditionen Bismarcks, daß Deutschland den Österreichern bei der Aktion gegen Serbien den Rücken deckte. Als Serbien das Ultimatum Österreichs ablehnte, erklärte Österreich-Ungarn an Serbien den Krieg. Darauf mobilisierte Rußland, trotz der Warnung Deutschlands, seine Armee. Politisch hätte Deutschland alles Interesse gehabt, die Verantwortung für den Angriff Rußland zu überlassen. Statt dessen wurde die Frage in Berlin rein militärtechnisch behandelt.

Der deutsche Generalstab sah dem Zweifronten-Krieg mit schweren Sorgen entgegen. Das französische Heer war an Zahl und an technischen Hilfsmitteln dem deutschen ungefähr gewachsen. Das russische Heer war an Zahl dem deutschen bei weitem überlegen und durch die Tätigkeit des Kriegsministers Suchomlinow mit allem Nötigen versehen. Dagegen war die Armee Österreich-Ungarns an Zahl der ausgebildeten Mannschaften und an moderner Artillerie so schwach, daß sie nur einen Bruchteil des russischen Heeres binden konnte. Von Italien war keine Hilfe zu erwarten. So mußte Deutschland mit einem Zweifronten-Krieg gegen große Übermacht rechnen.

Der deutsche Generalstab glaubte den Krieg nur mit Hilfe des Planes gewinnen zu können, den der frühere Generalstabschef Graf Schlieffen ausgearbeitet hatte. Der Plan sah vor, daß die gesamte Macht Deutschlands bis auf einige Divisionen im Westen eingesetzt wurde, um in wenigen Wochen Frankreich niederzurennen. Danach sollte die deutsche Hauptarmee gegen Rußland antreten. Der Schlieffensche Plan zeigt am besten, wie außerordentlich ernst der Generalstab die Lage Deutschlands beurteilte. Denn der Plan setzte zu seinem Gelingen voraus, daß Deutschland den gleichstarken und gleichwertigen französischen Gegner innerhalb weniger Wochen vernichtete. Ob und wie das möglich sein sollte, konnte mit gutem Gewissen niemand sagen. Ein Generalstab, dem eine solche verzweifelte Aufgabe zur Lösung zufällt, treibt nicht zum Kriege.

Um den Schlieffenschen Plan, der nach Ansicht des Generalstabs allein eine Rettungsaussicht bot, anzuwenden, war aber sofortiger Kriegsbeginn im Westen und im Osten nötig, sobald die russische Mobilmachung die Unvermeidlichkeit des Krieges gezeigt hatte. Rein militärtechnisch war das unbedingt richtig. Aber die politische Leitung hätte trotzdem die Verantwortung auf sich nehmen müssen, den Gegner angreifen zu lassen. Bethmann-Hollweg und Wilhelm II. hatten den Mut zu dieser politischen Verantwortung nicht, und so erklärten sie an

Rußland und Frankreich den Krieg. Ohne Zweifel wäre auch ohne die deutsche Kriegserklärung der Krieg durch den russischen Angriff auf Österreich eingeleitet worden. Aber die politische Situation Deutschlands wurde durch die Kriegserklärung von Anfang an verdorben. Als Deutschland dann noch in Ausführung des Schlieffenschen Plans die Neutralität Belgiens verletzte, hatte die englische Regierung den bequemsten Vorwand zur Beteiligung am Kriege an der Seite Rußlands und Frankreichs. So war das deutsche Kaisertum in den Krieg geraten, an dessen unglücklichem Ende nach Bismarcks Urteil die sozialistische Republik stand[22].

III. Kapitel

Weltkrieg und Burgfrieden

Am 4. August 1914 bewilligte der Reichstag einstimmig, auch mit den Stimmen sämtlicher Sozialdemokraten, die Kriegskredite. Dann ging das Parlament auseinander und überließ der Regierung Wilhelms II. und Bethmann-Hollwegs, ohne auch nur den Versuch einer Kontrolle zu machen, die Kriegführung. Gleichzeitig verzichteten die Parteien, wenigstens in der Öffentlichkeit, auf jeden Kampf gegeneinander und auf jede Opposition gegen die Regierung. Den Zeitgenossen war vielfach das Bekenntnis der Sozialdemokraten zur Landesverteidigung überraschend, während man den sogenannten Burgfrieden als selbstverständlich hinnahm. Wer heute vom historischen Standpunkt aus den 4. August überdenkt, kommt zu einem umgekehrten Resultat: Der Entschluß der Sozialdemokraten, an der Verteidigung Deutschlands mitzuwirken, entsprach der marxistischen, sozialistischen Tradition. Dagegen war der Burgfrieden durchaus nicht so selbstverständlich, wie er damals dem deutschen Volke vorkam.

Die sozialdemokratische Reichstagsfraktion umfaßte 110 Abgeordnete, die Fraktion entschied sich gegen 14 Stimmen für die Bewilligung der Kriegskredite. Die 14 Vertreter der Minderheit haben sämtlich in der öffentlichen Reichstagssitzung die Fraktionsdisziplin gehalten und für die Kredite gestimmt. Auch Karl Liebknecht hat am 4. August der kaiserlichen Regierung fünf Milliarden zur Führung des Krieges bewilligt. Hätte die Minderheit die Bewilligung der Kredite am 4. August als Verbrechen am Sozialismus betrachtet, so hätte sie die Fraktionsdisziplin gebrochen, ganz besonders ein so eigenwilliger und tapferer Charakter wie Karl Liebknecht. Sozialdemokratische Abgeordnete haben erst später im Reichstag die Kriegskredite verweigert, als sie die Überzeugung hatten, daß die deutsche Regierung keinen Verteidigungskrieg zur Sicherung der Existenz des Volkes, sondern einen Eroberungskrieg führe.

Die Haltung der sozialdemokratischen Abgeordneten am 4. August war in erster Linie durch die Stimmung der sozialistischen Arbeitermassen beeinflußt, die nicht dulden wollten, daß die Truppen des Zaren über Deutschland herfielen. Aber darüber hinaus befand sich die sozialdemokratische Fraktion bei dem Bekenntnis zur Landesverteidigung durchaus im Einklang mit der marxistischen Lehre[1]. Marx und Engels waren zwar der Ansicht, daß die sozialistische Gesellschaft in einer späteren Zukunft den Krieg beseitigen werde. Aber in der Periode des Kapitalismus hielten sie den Krieg für ein Mittel der Politik, mit dem der Staatsmann – auch der Staatsmann des Proletariats – einfach rechnen muß. Ebenso gibt der Marxismus jeder Nation das Recht auf unabhängige Existenz und damit das Recht der Selbstverteidigung. Darüber hinaus beurteilt der Marxismus jeden Krieg nach den Interessen des internationalen Proletariats, und so sollen die sozialistischen Arbeiter aller Länder zu jedem Krieg eine einheitliche Auffassung vertreten.

Ein klassisches Beispiel für die marxistische Stellung zum Kriege bietet die Haltung von Marx und Engels zum Kriege 1870/71. Beim Kriegsausbruch waren die beiden Häupter des internationalen Sozialismus der Meinung, daß die Niederlage des reaktionären Bonapartismus und die Einigung Deutschlands auch den proletarischen Interessen diene. Nach Sedan änderte sich die Lage: Marx und Engels empfahlen den französischen Arbeitern, mit allen Kräften die neue Republik zu verteidigen, und den deutschen Arbeitern, sich für einen maßvollen Frieden einzusetzen, vor allem gegen eine Annexion Elsaß-Lothringens zu protestieren. Denn die Annexion geschehe gegen den Willen der Elsässer und Lothringer, und sie treibe zwangsläufig Frankreich in die Arme des Zarismus.

In den neunziger Jahren des vorigen Jahrhunderts sah Engels den Krieg Frankreichs und Rußlands gegen Deutschland kommen, und er hatte über ihn folgendes Urteil: Deutschland sei nicht nur das Land der Hohenzollern, sondern auch der Sitz der stärksten und am besten organisierten sozialistischen Arbeiterschaft der Welt. Deshalb sei ein Angriff auf Deutschland zugleich ein Angriff auf die Existenz der sozialistischen deutschen Arbeiterklasse. Darum erfordere das Interesse der sozialistischen Internationale den Abwehrsieg Deutschlands. Freilich habe die deutsche Arbeiterschaft die Pflicht, dafür zu sorgen, daß der Krieg zur Revolutionierung Rußlands führe und daß Frankreich durch ein siegreiches Deutschland nicht vergewaltigt werde. Der Krieg würde auch innerpolitisch die Macht der deutschen Arbeiter außerordentlich steigern und bei gutem Ausgang den Sieg des Sozialismus in Deutschland vorbereiten. Friedrich Engels wünschte also für den europäischen Krieg, daß die Arbeiterschaft der großen Länder, jede an ihrem Platz, für die gemeinsame Aufgabe wirke: die deutschen Arbeiter für den deutschen Sieg, aber mit ihren eigenen Kriegszielen, nicht mit den Kriegszielen des deutschen Großkapitals, die russischen Arbeiter für die russische

Revolution, und die französischen Arbeiter für einen möglichst schnellen Frieden mit Deutschland ohne gegenseitige Vergewaltigung.

Von den Gedanken der Altmeister des Sozialismus war in der deutschen Arbeiterschaft so viel lebendig, daß in einem Kriege Deutschlands mit dem russischen Zaren und seinen Verbündeten die deutschen Arbeiter das Recht und die Pflicht der Landesverteidigung hätten. Diese Tradition von Marx und Engels wirkte in der Abstimmung der sozialdemokratischen Reichstagsfraktion am 4. August entscheidend nach. Aber der Burgfrieden mit der kaiserlichen Regierung folgte aus der Lehre von Marx und Engels nicht. Selbst die bürgerlichen Parteien Deutschlands hätten sich mit guten Gründen gegen den Burgfrieden wehren können.

Wenn ein großes Volk im Kriege um seine Existenz kämpft, muß es alle Kräfte entfesseln, die in seinem Innern schlummern. Mit allen Mitteln muß der Geist und Wille gerade der ärmeren Volksmassen geweckt werden. Das ist aber nicht möglich unter der Losung »Ruhe ist die erste Bürgerpflicht«, sondern nur unter höchster freier Selbsttätigkeit der Massen. Das berühmteste Beispiel eines solchen Volkskrieges ist die Verteidigung des revolutionären Frankreichs 1793/94 gegen das monarchistische Europa. Ebensowenig hätten die Bolschewiki 1917/20 ohne die ungeheuere Willenssteigerung der russischen Arbeiter und Bauern siegen können. Auch auf die englische Revolution von 1688 folgte der lange, schwere Krieg mit Ludwig XIV., in dem England nur siegen konnte, weil das Unterhaus alle Kräfte in der Nation lebendig machte. Die Geschichte lehrt, daß ein Volkskrieg nicht unter aristokratischem Kommando mit Zensur und Belagerungszustand zu führen ist, sondern nur durch die selbständige Aktivität der Massen.

Ferner: Ist es erforderlich, daß in einem großen Kriege die Parteigegensätze schweigen und daß jede Kritik an der zufällig vorhandenen Regierung verstummt? Auch diese Frage ist nach der geschichtlichen Erfahrung zu verneinen. Das englische Unterhaus dachte von 1689 bis 1697 gar nicht daran, mit den konservativen »Jakobiten« Burgfrieden zu schließen, sondern es schickte sie auf den Galgen. Die Bergpartei hat 1792 bis 1794 mitten im Kriege die feudale wie die Bourgeois-Aristokratie Frankreichs niedergeworfen. Die Landesverteidigung hat wahrlich darunter nicht gelitten. Aus der rücksichtslosen Verschärfung des Klassenkampfes schöpften die Bolschewiki die Kraft, die Entente abzuwehren. Mustafa Kemal hat während des Befreiungskrieges der modernen Türkei die Alttürken mit Feuer und Schwert ausgerottet. Um die Engländer und Franzosen aus dem Lande werfen zu können, mußte Kemal zunächst den Sultan in Konstantinopel stürzen.

In einem großen Volkskrieg wird stets die entschlossenste Partei oder

Klasse, die Richtung, die am tiefsten in den Massen verwurzelt ist, die Macht an sich reißen und aus der Überwindung der innerpolitischen Gegner die Kraft zum Siege über den äußeren Feind schöpfen. Die Entwicklung in England und Frankreich während des Weltkrieges lehrt das gleiche. In beiden Ländern war die bürgerliche Demokratie fest gegründet, Arbeiter und Bauern stellten sich unter die Führung des Bürgertums, das so die Gesamtkraft der Nation mobilisierte. In beiden Ländern hat man während des Krieges rücksichtslos die politische und militärische Führung kritisiert. Ungeeignete Minister und Feldmarschälle wurden durch die öffentliche Kritik beseitigt. In England wie in Frankreich war die Arbeiterschaft politisch zu schwach, um die Macht zu übernehmen. Aber als die Schwierigkeiten sich im Laufe des Krieges häuften, kam in England Lloyd George zur Macht und in Frankreich Clemenceau. Beide verkörperten den äußersten linken Flügel des Bürgertums mit der stärksten Verbindung zu den ärmeren Volksmassen. Lloyd George hatte vor dem Kriege die Macht des aristokratischen Oberhauses gebrochen und im Bunde mit den englischen Arbeitern das berühmte Budget aufgestellt, das die Reichen aufs schärfste besteuerte. Clemenceau blickte auf vierzig Kampfjahre in den Reihen der radikalen Bewegung von Gambetta bis zur Dreyfus-Affäre zurück. So gewannen die beiden Männer die Autorität, mit der sie ihre Völker im Kriege führten. Die deutschen Lloyd George und Clemenceau waren Michaelis und Hertling. Bei beispielloser Aufopferung und Ausdauer mußte doch das deutsche Volk im Weltkriege für die Mängel seiner geschichtlichen Entwicklung büßen.

Am 4. August hätten die Parteien im Reichstag sich sagen können, daß die Koalition Englands, Frankreichs, Rußlands und Japans gegen Deutschland den völligen Bankrott der Außenpolitik Wilhelms II. und Bethmann-Hollwegs darstellte. Mit der Kriegserklärung hört die Politik nicht auf, sondern das Schicksal Deutschlands hing mindestens ebenso wie von den Waffen von der politischen Geschicklichkeit seiner Regierung ab. Wenn es im Augenblick nicht zweckmäßig war, Bethmann-Hollweg oder gar den Kaiser abzusetzen, hätte man nicht mindestens die öffentliche Kritik an der Regierung sichern müssen? Hätte man nicht die Pressefreiheit und die Meinungsfreiheit der politischen Parteien verteidigen müssen? Hätte nicht zumindest der Reichstag über den 4. August hinaus zusammenbleiben müssen, um bei den Krisen des Krieges, die jeden Augenblick eintreten konnten, auf dem Posten zu sein? Mußten die Parteien sich nicht darüber Gedanken machen, was Deutschland in diesem Kriege bezweckte? Denn mit allgemeinen Schlagworten wie »Verteidigung« und »Sicherung« läßt sich keine Politik machen. Aber die Parteien, von den Konservativen bis zu den Sozialdemokraten, haben solche Fragen am 4. August nicht gestellt. Sie bewilligten die Kredite und ließen sich bis auf weiteres nach Hause schicken. Die Regierung behielt unangefochten die diktatorische Gewalt, alle militärischen, politischen und wirtschaftlichen Fragen zu entscheiden. Mit Hilfe von Zensur und Belagerungszustand konnte die Regierung jede politische Meinungsäußerung im Volke unterdrücken. Das war der deutsche Burgfrieden von 1914. Wie wurde er möglich?

Es entsprach den Gedankengängen der militärischen Aristokratie Preußens, daß im Kriege der König unbedingt freie Hand haben mußte. So deckte sich der Burgfrieden zunächst mit der konservativen Anschauung. Die konservativ gestimmte Führung des Zentrums hatte ebenfalls keine Neigung, die verfassungsmäßigen Rechte des Kaisers anzutasten. Eher war Widerstand von dem liberalen Bürgertum und von den Sozialdemokraten zu erwarten. Aber beiden Gruppen fehlte der politische Machtwille, der nötig gewesen wäre, um beim Kriegsausbruch dem Reichstag neue Rechte zu erobern. In derselben Richtung wirkte die beispiellose Autorität des deutschen Generalstabs. Das Ansehen des Kaisers war seit der »Daily-Telegraph«-Affäre stark gesunken, und dem Reichskanzler Bethmann-Hollweg sowie der deutschen Diplomatie traute niemand große Fähigkeiten zu. Aber der Berliner Generalstab galt als der schweigende Hüter der Tradition von 1870. Der Generalstab hatte sich auch unter Wilhelm II. von allen Tagesstreitigkeiten und Tagesdiskussionen ferngehalten. So wirkte er als geheimnisvolle militärische Autorität ohnegleichen. Am 4. August stand man mitten in der Mobilmachung, die mit einer unheimlichen Präzision im ganzen Lande vor sich ging. Keine Partei wollte es damals wagen, dem Generalstab in die Räder zu fallen. Der Reichstag bewilligte das nötige Geld und demonstrierte die Einigkeit des Volkes. So war es auch 1870 gewesen. Dann schwiegen die Politiker, und Moltke hatte das Wort.

Es ist historische Pflicht, auf den fehlenden politischen Willen im Reichstag von 1914 hinzuweisen. Aber ebenso muß man zugeben, daß die Abgeordneten damals unter dem Druck einer gewaltigen historischen Tradition standen, von der sie sich nicht befreien konnten. Friedrich Engels freilich hatte der deutschen Sozialdemokratie eine stärkere Selbständigkeit zugetraut. Nach seinem Rat hätte die Partei beim Kriegsausbruch verlangen müssen, daß der Krieg mit revolutionären Mitteln geführt werde. Dazu rechnete Engels in erster Linie die allgemeine Volksbewaffnung: nicht nur die Einberufung aller ausgebildeten Männer, sondern auch die sofortige Einziehung, Bewaffnung und notdürftige Ausbildung aller übrigen Leute im wehrpflichtigen Alter. So hätte jeder Arbeiter sofort sein Gewehr in der Hand gehabt, und die Gewalt der herrschenden Aristokratie wäre von selbst auch ohne Volksaufstand verschwunden. Gestützt auf die bewaffneten Massen hätte die Sozialdemokratie nach Meinung von Engels die Kontrolle über die Innen- und Außenpolitik der Regierung erzwingen können. Eine Probe darauf, ob das Rezept von Engels durchführbar war, wurde nicht gemacht; denn der sozialdemokratische Parteivorstand von 1914 machte keinen Versuch, der kaiserlichen Regierung seinen Willen aufzuzwingen und die Kriegführung in die Hand zu nehmen. Das liberale Bürgertum blieb ebenso passiv. Selbstverständlich hätte sich der absolute Burgfrieden im Sinne des 4. August nur bei einer ganz kurzen Dauer des Krieges aufrechterhalten lassen. Als der deutsche Generalstab dem Volke den erhofften schnellen Sieg nicht brachte, mußten die politischen Kämpfe der Parteien und Klassen von neuem entbrennen.

Das deutsche Heer von 1914 vereinigte in sich alle Eigenschaften, aus denen sich die Leistungen des deutschen Volkes auf dem Gebiet der Industrie, Technik und Organisation erklären. Die Schattenseite des Heeres war die Überspannung der militärischen Disziplin, wie sie sich aus der Herrschaft der preußischen Aristokratie ergab. Das höhere Offizierskorps umfaßte eine bedeutende Zahl von Männern, die vollkommen die umfangreiche und verwickelte militärische Wissenschaft der Gegenwart beherrschten und allen Anforderungen der Truppenführung gewachsen waren. Die entscheidende Frage war, ob auch überall die richtigen Männer auf dem richtigen Posten standen und ob die Erfahrung und Leistungsfähigkeit, die in der Armee steckten, auch wirklich ausgenutzt wurden. Die Besetzung der höchsten militärischen Kommandostellen ist niemals eine rein militärische Fachangelegenheit, sondern sie hängt von den politischen Machtverhältnissen des Staates ab. Es ist niemals möglich, auf Grund der Friedensleistungen mit unbedingter Sicherheit zu beurteilen, wie ein General sich im Kriege bewähren wird. Hier sind Irrtümer auch bei der besten und sorgfältigsten Auslese unvermeidlich. Es kommt nur darauf an, wie schnell solche Irrtümer im Kriege erkannt und korrigiert werden.

Jede Armee hat in sich eine gewisse militärische öffentliche Meinung, die über die bekannteren Generäle urteilt. In den bürgerlichen Demokratien pflegen die verantwortlichen Staatsmänner sehr sorgfältig auf die Stimme dieser öffentlichen Meinung des Heeres zu hören und demgemäß das Armeeoberkommando zusammenzusetzen. Diese Form der Führerauslese hat sich im modernen Frankreich und England ausgezeichnet bewährt. Zur Zeit des Kriegsausbruches hatte die französische Armee den denkbar besten Führer in General Joffre. Das an die Kolonialkriege gewöhnte englische Offizierskorps hat sich erst langsam den Verhältnissen des großen europäischen Krieges angepaßt. Aber es ist nicht zu leugnen, daß zu jeder Zeit des Weltkrieges die englische Oberste

Heeresleitung das Beste an Kräften vereinigte, was im britischen Offizierskorps vorhanden war.

Nach der Bismarckschen Verfassung dagegen lag die Ernennung des Generalstabschefs ausschließlich in der Hand des Kaisers. Wenn ein Regent die feine Menschenkenntnis und das erprobte militärische Urteil Wilhelms I. hatte, kamen tatsächlich die besten Männer in die Führung. Der preußische Generalstab verdankte seine Leistungen von 1866/71 nicht einer mystischen militärischen Begabung des Preußentums, sondern der Tatsache, daß Wilhelm I. den alten General Moltke herausfand und ihm die Armeeführung übertrug. Unter Wilhelm II. war die Besetzung der militärischen Kommandostellen eine Sache des Zufalls. Bestimmend war die eigene Meinung des Kaisers, die ohne tiefere Personen- und Sachkenntnis sich oft nach Äußerlichkeiten bildete, ferner waren es die Vorschläge des Militärkabinetts, die von allen möglichen persönlichen und höfischen Einflüssen getragen waren. So kam es, daß zu Kriegsbeginn der jüngere General von Moltke als Chef des Generalstabs das deutsche Heer zu führen hatte.

General von Moltke war ein hochgebildeter Mann mit einem für einen hohen Offizier ungewöhnlichen, weichen und empfindsamen Charakter. Er litt im Kriege unendlich unter dem Blutvergießen, das die von ihm befohlenen Schlachten verursachten. Aber sein körperlicher und Nervenzustand war 1914 so schlecht, daß Moltke schon längst hätte pensioniert werden müssen. Bei jeder anderen Verfassungsform hätte die politische Leitung den Zustand des Generalstabschefs bemerkt und ihn in schonender Weise rechtzeitig entfernt. Man kann sich nicht denken, daß in Staaten wie Frankreich, England, Amerika und Sowjetrußland ein Mann wie Moltke die Armee in den Krieg hätte führen dürfen. Wilhelm II. beachtete das alles nicht und ließ Moltke den Oberbefehl. So hat die Bismarcksche Verfassung dahin geführt, daß die deutsche Politik im August 1914 von Bethmann-Hollweg und das deutsche Heer vom jüngeren Moltke geleitet wurde.

Für die Operationen legte General von Moltke den Schlieffenschen Plan zugrunde[2]. Nur eine schwache deutsche Armee wurde in Ostpreußen aufgestellt, um die Österreicher bei der Abwehr der Russen zu unterstützen. Die Hauptmasse des deutschen Heeres marschierte im Westen auf, um durch Belgien hindurch in einer gewaltigen Umfassung von Norden her die feindlichen Streitkräfte zu erdrücken. Planmäßig mußte ungefähr in sechs Wochen der entscheidende Sieg im Westen erfochten sein, damit nachher das deutsche Heer den Russen entgegentreten konnte. Zahlenmäßig waren die Kräfte an der Westfront ungefähr gleich, da die Franzosen im ersten Abschnitt des Krieges nur von 100 000 Engländern und von ein paar belgischen Divisionen unterstützt wurden. Soweit richtete sich Moltke nach den Vorschriften Schlieffens. Aber er verdarb den Plan Schlieffens von vornherein dadurch, daß er ungefähr ein Drittel des deutschen Heeres in Elsaß-Lothringen stehen ließ, wo die Truppen für die Entscheidung nichts nützen konnten. Demgemäß war der Umfassungsflügel in Belgien viel zu schwach. Im Geiste von Schlieffen hätte in Elsaß-Lothringen nur eine Mindestzahl deutscher Truppen bleiben müssen. Wären die Franzosen hier eingebrochen, ja sogar über den Rhein gelangt, um so schlimmer für sie: Die französische Rheinarmee hätte nur gefehlt, während die Entscheidungsschlacht irgendwo zwischen Lille und Paris geliefert wurde. Sie hätte umkehren müssen und wäre der siegreichen deutschen Hauptarmee in die Arme gelaufen.

Es scheint, daß Moltke sich bei der Veränderung des Schlieffenschen Planes von politischen Erwägungen leiten ließ. Er wollte dem deutschen Lande um jeden Preis eine größere feindliche Invasion ersparen. Das Prestige von Kaiser und Armee sollte nicht darunter leiden, daß der Feind ins Land kam. So erklärt sich offenbar die militärisch verfehlte Truppenanhäufung in Elsaß-Lothringen sowie die Panikstimmung im Großen Hauptquartier, als später die Nachricht vom Russeneinfall in Ostpreußen eintraf. Diese innere Schwäche hat die französische Oberste Heeresleitung nicht gehabt. General Joffre hat sich in seinen Plänen durch die deutsche Invasion nie beirren lassen.

Als der Aufmarsch im Westen vollendet war, kam es in Lothringen und vor Verdun zu verlustreichen Schlachten, bei denen die deutschen Armeen etwas Raum gewannen, ohne Wesentliches zu erreichen. Dagegen zeigte im Norden trotz aller Verstümmelungen der Schlieffensche Plan seine sieghafte Kraft. Die deutschen Truppen umfaßten, über Lüttich und Brüssel vorbrechend, den Nordflügel der Ententeheere. So brachte die große Schlacht bei Charleroi einen deutschen Sieg. Die Franzosen und Engländer zogen sich schleunigst nach Süden zurück, um aus der Umklammerung herauszukommen. Die Reste des belgischen Heeres gingen in die Festung Antwerpen. Wären die deutschen Armeen in Belgien so stark gewesen, wie der ursprüngliche Plan Schlieffens es erforderte, so hätte die Umfassung schon Ende August den entscheidenden Sieg bringen können. So mußte man sich mit der Verfolgung des auf Paris weichenden Feindes begnügen.

General Joffre überblickte die Situation mit vollkommener Klarheit. Die Gefahr für die Ententeheere lag in der ständigen Umfassung ihres linken Flügels durch die Deutschen. Diese Gefahr mußte erst einmal ausgeschaltet und damit der Schlieffensche Plan vereitelt werden. Joffre nahm ohne Rücksicht auf alle Stimmungsmomente seine Truppen bis weit südlich von Paris zurück. Der deutsche rechte Umfassungsflügel war zahlenmäßig zu schwach, um rechts und links an Paris vorbeizugehen. So mußten die Deutschen östlich an Paris vorbeimarschieren. Unterdessen hatte Joffre mehrere entbehrliche Armeekorps aus der elsaß-lothringischen Front mit der Eisenbahn nach Paris geworfen. Denn Joffre wußte im Gegensatz zu Moltke, wo die Entscheidung fiel und wo nicht. Die äußerste rechte Flanke der deutschen Umfassungstruppen war bisher die I. Armee (Befehlshaber General von Kluck, Generalstabschef General von Kuhl) gewesen. Die äußerste linke Flanke der Entente waren bisher die Engländer. Also marschierte Anfang September die Armee Kluck östlich an Paris vorbei nach Süden, um die Engländer weiter zu verfolgen. Da tauchte eine neue französische Armee, aus Paris hervorbrechend, im Rücken von Kluck auf. In diesem Moment war der Plan Schlieffens gescheitert. Die deutsche Armee umfaßte nicht mehr, sondern wurde selbst umfaßt. Auch jetzt konnten die Deutschen im Westen noch Siege erfechten, aber sie konnten sich damit höchstens aus der Umklammerung befreien und den Gegner frontal zurückwerfen. Es war jetzt keine Feldzugsentscheidung durch Vernichtung der feindlichen Macht mehr möglich.

Inzwischen saß die deutsche Oberste Heeresleitung in Luxemburg und verlor von Tag zu Tag mehr die Fühlung mit den Frontarmeen. Weit davon entfernt zu führen, wußte General von Moltke kaum, was an der Front vorging. In jenen ersten Kampfwochen haben die Heeresberichte aus dem Großen Hauptquartier, gezeichnet vom Generalquartiermeister von Stein, das deutsche Volk begeistert. Aber mit den wirklichen Vorgängen hatten sie nicht viel gemein. Ein Wille zur Täuschung lag nicht im entferntesten vor. Aber die Oberste Heeresleitung konnte nicht mehr berichten, als was sie selbst wußte. Als in den letzten Augusttagen von den Armeen überall Siegesmeldungen kamen, war die Stimmung des Generals von Moltke überaus optimistisch. So erklären sich die berühmten Heeresberichte aus jenen Tagen.

Zur selben Zeit mußte der in Ostpreußen kommandierende General von Prittwitz melden, daß zwei ihm an Zahl weit überlegene russische Heere in Preußen eingebrochen waren. Mit solchen Vorfällen mußte die Oberste Heeresleitung bei der ganzen Anlage des Kriegsplans rechnen. Besondere Fehler waren dem General von Prittwitz nicht nachzuweisen. Trotzdem wurde er sofort abgesetzt. An seine Stelle trat General von Hindenburg mit General Ludendorff als Generalstabschef. Darüber hinaus hielt Moltke es für notwendig, die Truppen in Preußen durch zwei Armeekorps aus dem Westen zu verstärken. Er nahm sie aber nicht dort fort, wo sie entbehrlich waren, aus der Lothringer Front, sondern vom rechten Umfassungsflügel des deutschen Heeres. In der Marneschlacht hat das Fehlen der beiden Korps an der entscheidenden

Stelle das Resultat wesentlich bestimmt. Um ein weiteres zu tun, befahl Moltke neben der Hauptoffensive der deutschen Heere bei Paris noch eine Nebenoffensive der Lothringer Truppen in Richtung Nancy, die unter schwersten Opfern scheiterte.

Inzwischen ergriff General Joffre unter Umzingelung des deutschen Westflügels von Paris her, auf der ganzen Front bis Verdun selbst die Offensive. Die Marneschlacht begann. Die deutsche Armee Kluck war schwer gefährdet. Denn sie hatte vor sich die Engländer und im Rücken die neue französische Armee, die aus Paris hervorgekommen war. Kluck und Kuhl faßten einen kühnen Entschluß: Sie rechneten mit der übergroßen Vorsicht der damals sich noch unsicher fühlenden englischen Führung. Sie ließen die Engländer einfach stehen, machten kehrt und schlugen in mehrtägigen Kämpfen die aus Paris herausgekommenen Franzosen zurück. Dadurch war eine breite Lücke zwischen der Armee Kluck und den übrigen deutschen Heeren entstanden, die in frontalen Kämpfen von der Marne bis Verdun die französische Offensive auffingen.

Inzwischen saß der kranke General von Moltke in Luxemburg ahnungs- und hilflos, und Wilhelm II. verließ sich auf seinen Generalstabschef. Moltke ahnte, daß ein Verhängnis über das deutsche Westheer heraufzog. Er fühlte aber nicht die Kraft, selbst an die Front zu gehen und den Oberbefehl wieder in die Hand zu nehmen. So schickte er einen jüngeren Generalstabsoffizier, den Oberstleutnant Hentsch an die Front mit unbeschränkten Vollmachten. Hentsch besichtigte die Lage bei der Armee Kluck. Er erkannte die gefährliche Lücke, in die sich feindliche Truppen hineinschieben konnten, und befahl den Abbruch der Schlacht. Das deutsche Heer ging hinter die Aisne zurück. Die Westoffensive war gescheitert. Der Rückzugsbefehl des Oberstleutnants Hentsch war durchaus nicht notwendig. Denn alle an der Schlacht beteiligten deutschen Armeen hatten gute taktische Erfolge, und eine an Ort und Stelle befindliche geschickte oberste Führung hätte auch die Gefahr beseitigen können, die von der Lücke in der Front und von den Engländern drohte.

Ein deutscher Sieg an der Marne hätte einen weiteren französischen Rückzug nach Süden gebracht. Aber das deutsche Heer wäre nach wie vor aus Paris im Rücken bedroht gewesen, und die französische Armee hätte weitergekämpft. Was Deutschland im Westen brauchte, war kein gewöhnlicher taktischer Sieg und kein Raumgewinn, sondern ein ungeheueres Sedan, eine Ausschaltung des feindlichen Heeres, um die Truppen für den Osten freizubekommen. Die Hoffnung darauf war mit dem Scheitern des Schlieffenschen Plans begraben. Durch die Fehler der Führung behielt das deutsche Heer an der Marne nicht einmal den so wohlverdienten taktischen Sieg. In der Marneschlacht war das deutsche Heer seinen Gegnern mindestens gewachsen, aber die Entscheidung kam durch die geistige Überlegenheit der französischen Obersten Heeresleitung. Als General von Moltke die Größe der Niederlage übersah, brach er völlig zusammen und mußte vom Oberkommando enthoben werden.

Die Bismarcksche Verfassung fand darin ihre Rechtfertigung, daß das deutsche Volk, um sich in der Welt behaupten zu können, den König von Preußen und sein Heer brauchte. Die moralische Existenzberechtigung des alten Systems ging in den Luxemburger Tagen des Septembers 1914 endgültig verloren. Der König von Preußen hatte nicht nur durch die Fehler seiner Außenpolitik dazu beigetragen, daß das deutsche Volk in einen hoffnungslosen Krieg geriet. Er hatte auch dem deutschen Heere, das so opferwillig ins Feld zog, die denkbar unfähigste Führung gegeben. Einen »Dolchstoß« gab es im September 1914 wahrlich nicht. Die deutschen Granaten, die an der Marne verschossen wurden, hatte der gesamte Reichstag bewilligt, einschließlich der späteren Unabhängigen, einschließlich Liebknechts. Niemals hatte ein Volk seinen Regenten so gutwillig den Blankowechsel vollsten Vertrauens ausgestellt wie das deutsche Volk seinem Kaiser am 4. August. Die Folge davon war das Hauptquartier in Luxemburg und die Niederlage an der Marne. Als die Oberste Heeresleitung in Luxemburg zusammenbrach, verstummten für einige Zeit auch die Heeresberichte. Während des Krieges hat das deutsche Volk niemals die Wahrheit über die Marneschlacht erfahren. Selbst die führenden Reichstagsabgeordneten konnten sich erst spät, unvollständig und auf Umwegen, über die Septemberereignisse an der Westfront orientieren.

General von Moltke mußte durch einen neuen Generalstabschef ersetzt werden. Reichstag, Presse und Volk hatten keinen Einfluß darauf, wem das Schicksal des deutschen Heeres und damit des deutschen Volkes jetzt anvertraut wurde. Wilhelm II. wählte nach seinem freien Ermessen den bisherigen Kriegsminister von Falkenhayn. General von Falkenhayn war wenigstens physisch seiner Aufgabe gewachsen. Er hätte sich auch als Führer einer einzelnen Armee bewährt, wie er 1916 nach seinem Rücktritt vom Posten des Generalstabschefs in Rumänien gezeigt hat. Aber er war zur Führung des Gesamtheeres ebensowenig befähigt wie Moltke. Dabei hatte das deutsche Heer 1914 eine Reihe von erstklassigen Generälen. Es standen zur Verfügung, um nur einige Namen zu nennen: Ludendorff, Loßberg, Seeckt, Hoffmann und Groener. Aber sie kamen nicht an die Spitze, weil Wilhelm II. sie nicht ernannte. Zwei Jahre lang ist das deutsche Heer unzulänglich geführt worden, und als dann endlich im Sommer 1916 ein hervorragender General, Ludendorff, das wirkliche Oberkommando übernahm, war die Gelegenheit, eine militärische Entscheidung zu erringen, schon verpaßt. In der Freude, endlich einen wirklichen Führer zu haben, gab das deutsche Volk dem General Ludendorff dann auch die oberste politische Gewalt, und so wurde das Letzte verdorben, was noch zu retten gewesen wäre.

Im Winter 1914/15 und im Frühjahr 1915 schwebte Deutschland ununterbrochen in der Gefahr einer vollständigen militärischen Niederlage. Die Hauptmasse der deutschen Streitkräfte war an die Westfront gebunden, ohne dort eine Entscheidung erreicht zu haben. Zur gleichen Zeit setzte das russische Millionenheer seine Offensive fort, um mit seiner Übermacht die österreichischen und die deutschen Osttruppen niederzurennen. Gelang dies den Russen, so war der Krieg für die Entente gewonnen. Die deutsche Kriegführung im Osten unter der Leitung Hindenburgs und Ludendorffs errang eine Reihe bedeutender Erfolge. Die Pläne des Generals Ludendorff, die zur Schlacht bei Tannenberg, zur Schlacht an den Masurischen Seen, zum Vorstoß auf Warschau im Oktober 1914, zu den Schlachten bei Lodz im November und Dezember 1914 und zur »Winterschlacht in Masuren« führten, waren militärische Meisterstücke. Je weniger es gelang, an den anderen Fronten Entscheidendes zu erreichen, um so stärker wuchs das Vertrauen in der Armee und im Volke zur Führung im Osten. Auf dem Schlachtfeld von Tannenberg wurden die Grundlagen zu der Diktatur geschaffen, die dann General Ludendorff von 1916 bis 1918 ausgeübt hat. Ebenso hat der hervorragende österreichische Generalstabschef von Conrad aus den österreichischen Armeen alles Menschenmögliche herausgeholt.

Trotzdem war keine Erleichterung geschaffen, weil die Kraft der russischen Offensive durch die örtlichen Niederlagen nicht zu brechen war. Noch im April 1915 bestand ernsthaft die Möglichkeit, daß die Russen über die Karpaten gegen Wien und Budapest vordrangen, Österreich niederwarfen und dann auch Deutschland den Todesstoß versetzten. Der ganze Ostkrieg seit Oktober 1914 war völlig planwidrig: Die Pläne des deutschen Generalstabs beruhten darauf, daß sechs bis acht Wochen nach Kriegsbeginn die deutsche Hauptarmee in Frankreich frei werden und gegen Rußland antreten würde. Davon war gar keine Rede mehr. Das deutsche Heer führte bis April 1915 einen Zweifrontenkrieg gegen große Übermacht, wobei eigentlich täglich eine Katastrophe möglich war. In der Heimat wußte man aber von der wirklichen Kriegslage so wenig, daß in denselben Monaten das deutsche Volk den Streit begann, wie viel oder wie wenig man beim Frieden annektieren solle.

Erst der Mai 1915 brachte eine Entlastung. Die deutsche Oberste Heeresleitung riskierte es, im Westen eine Anzahl Armeekorps fortzuziehen, um gegen die Russen eine Entscheidung zu suchen. In der Schützengrabenfront von Flandern bis zum Elsaß hielt das verkleinerte deutsche Westheer das ganze Jahr 1915 hindurch den Angriffen der Franzosen und Engländer stand und bot so die Grundlage für die Operationen im Osten. General von Conrad hatte den Plan, die russische Front im Gebiet von Krakau zu durchbrechen, so in den Rücken der großen russischen Karpatenarmee zu kommen und sie zum Rückzug zu zwingen. Falkenhayn nahm den Plan Conrads an und stellte zu seiner Durchführung mehrere deutsche Armeekorps zur Verfügung. Die Schlacht bei Gorlice im Mai 1915 hatte den Zusammenbruch der russischen Karpatenfront zur Folge und leitete die lange Reihe von Kämpfen ein, bei denen im Sommer 1915 die Russen aus Polen und Galizien vertrieben wurden. Die Kraft der russischen Offensive war für dieses Jahr gebrochen. Die Russen hatten ungeheure Verluste erlitten. Aber das russische Heer blieb kampffähig. Eine Entscheidung hatte die deutsche Armee im Osten nicht erkämpft.

General Ludendorff erkannte die Mängel der Falkenhaynschen Führung. Er schlug eine Operation vor, die eine Art von Übertragung des Schlieffenschen Plans nach dem Osten bedeutete, nämlich eine großzügige Umfassung des russischen Heeres von Norden her, über Kurland und Wilna, um so eine Vernichtungsschlacht zu liefern. Falkenhayn verweigerte dem Plan Ludendorffs seine Zustimmung. So blieben die ganzen Anstrengungen des deutschen Heeres im Jahre 1915 umsonst. Deutschland hatte Schlachten gewonnen und Land erobert, war aber der Entscheidung um keinen Schritt näher gerückt. Im Jahre 1916 war ein neues russisches Millionenheer zur Offensive bereit. Die Franzosen waren nicht besiegt. Inzwischen ging England zur allgemeinen Wehrpflicht über und stellte ebenfalls ein Millionenheer an der Westfront auf. So war die militärische Lage für Deutschland im Jahre 1916 noch schlechter als 1915. Deutschland sollte im wesentlichen aus eigener Kraft gegen drei feindliche Millionenheere kämpfen.

Niemals hatte der Berliner Generalstab vor 1914 eine solche verzweifelte Lage in seinen Plänen für möglich gehalten. Eigentlich war jeder Monat, in dem die deutschen Fronten weiter standen, militärisch ein Wunder. Aber in der Heimat ging der Streit um die Annexionen weiter. 1915 hatte sich Italien der Entente angeschlossen und band damit einen großen Teil des österreichischen Heeres. Die Mittelmächte waren durch Bulgarien und die Türkei verstärkt, die dafür eine Anzahl englischer und französischer Truppenteile auf sich zogen. Eine deutsch-österreichisch-bulgarische Expedition besetzte Serbien, und nach dem Fall von Antwerpen war fast ganz Belgien in deutscher Hand. An den Grundfragen des Krieges änderte all dies nichts. Für das Frühjahr 1916 plante Falkenhayn überhaupt keine kriegsentscheidende Operation, obwohl bei der verzweifelten militärischen Lage Deutschlands mindestens der Versuch dazu, sei es im Osten oder in Italien, hätte gemacht werden müssen. Denn die Zeit arbeitete für die Entente und gegen Deutschland. Statt dessen begann Falkenhayn den Angriff auf Verdun, ohne operativen Plan, in der Einbildung, er könne damit das französische Heer zermürben. In Wirklichkeit haben die grauenhaften Kämpfe vor Verdun das deutsche Heer zumindest ebenso zerrüttet wie das französische.

Zur See stand von Anfang an die Überlegenheit der Entente ganz fest. Denn die Schlachtflotte der Entente war dreimal so stark wie die deutsche, und die Seeherrschaft hängt von den Großkampfschiffen ab und nicht von den U-Booten. Die englische Panzerflotte brauchte gar keine Schlacht zu liefern, durch ihre bloße Existenz sicherte sie der Entente die Herrschaft über die Meere und blockierte Deutschland mit den furchtbarsten Folgen für die deutsche Volkswirtschaft. Die Versuche, durch den U-Boot-Krieg die feindliche Schiffahrt zu schädigen, führten sofort zu ernsten Konflikten zwischen Deutschland und den Neutralen, besonders den Vereinigten Staaten. So war die Frage des U-Boot-Krieges von Anfang an viel mehr ein politisches als ein militärisches Problem.

Je länger der Krieg dauerte, um so deutlicher zeigten sich im Innern Deutschlands wieder die politischen und die Klassengegensätze. Das politische Hauptresultat des 4. August war ein äußerlicher Friedensschluß zwischen dem Hohenzollern-Kaisertum und der in Deutschland regierenden militärischen Aristokratie auf der einen Seite und der sozialdemokratischen Arbeiterschaft auf der anderen Seite gewesen. Was der Friedensschluß praktisch bedeuten würde, darüber waren sich beide Teile noch völlig im unklaren. Einen festen Plan, wie man organisch die Arbeiter und selbstverständlich auch das Bürgertum in den Rahmen der Bismarckschen Verfassung einfügen sollte, hatte damals niemand. Bethmann-Hollweg versprach, im besonderen Hinblick auf die Sozialdemokratie, eine »Neuorientierung« Deutschlands nach dem Kriege. Aber darunter konnte sich jeder denken, was er wollte.

So viel war der regierenden preußischen Schicht klar, daß die Arbeiterschaft nach dem Kriege, vielleicht schon im Kriege, verstärkte politische Forderungen stellen würde[3]. Wenn die Millionen proletarischer Kriegsteilnehmer aus den Schützengräben zurückkehrten, dann ließen sie sich nicht mehr mit den alten Polizeimethoden einschüchtern. Das war sicher, ganz gleich wie der Krieg ausging. Noch im Jahre 1914 tauchte die preußische Wahlrechtsfrage wieder auf. Aber der konservative preußische Grundbesitz war auch jetzt nicht bereit, etwas von seinen Privilegien zu opfern. In der preußischen Wahlrechtsfrage wurden allerlei Akten geschrieben, Projekte entworfen und Sitzungen abgehalten[4]. Die alte Mehrheit des preußischen Landtags hatte kein Interesse daran, sich selbst zum eigenen Schaden zu »reformieren«, und die regierende Bürokratie hatte erst recht keine Eile. So kam die Wahlreform erst im Jahre 1917 stärker in Fluß. Auf jeden Fall fühlte sich der preußische Adel durch eine neue Zeit, deren Entwicklungsmöglichkeiten er nicht übersah, bedroht, und er sann auf Abwehr. Dabei traf er sich mit den Bestrebungen der Industrie.

Auch die Industriellen rechneten unter der Neuorientierung zumindest mit einer Stärkung der Gewerkschaften und mit einer Erschwerung ihrer eigenen Position in den Wirtschaftskämpfen der Zukunft. Wenn das alte Preußen ins Wanken geriet, so war die starke Staatsgewalt gefährdet, die bisher dem Unternehmer Beistand gegen die Arbeiter geleistet hatte. So bekämpfte die preußische nationalliberale Landtagsfraktion, in der die Einflüsse der rheinisch-westfälischen Industrie überwogen, die Übertragung des Reichstagswahlrechts auf Preußen. In den Jahren vor Kriegsausbruch hatten sich die industriellen Kreise immer mehr von der agrar-konservativen Politik getrennt. Beim Sturze Bülows, bei den Reichstagswahlen 1912 und in der Zabern-Angelegenheit standen die Nationalliberalen gegen die Konservativen. Seit Kriegsbeginn setzte eine rückläufige Bewegung ein. Zwar erkannten einzelne nationalliberale Führer, wie Stresemann und von Richthofen, daß die neue Zeit eine Entwicklung Deutschlands zur Parlamentarisierung und damit die politische Stärkung des Bürgertums bringen müsse. Das hätte eine Fortsetzung der nationalliberalen Politik von 1912 bedeutet, eine Festigung des liberalen Bürgerblocks der Nationalliberalen und der Fortschrittler.

In der Tat waren von 1906 bis 1914 die beiden liberalen Strömungen, die industrielle und die kaufmännische, fast ständig zusammengegangen. Hätte sich im Kriege diese bürgerlich-liberale Einheitsfront gestärkt, so hätte dies die bedeutendsten Folgen haben können. Das Bürgertum hätte seine Rechte auf Kosten der konservativen Aristokratie erweitert und dabei ein Zusammenwirken mit den Sozialdemokraten möglich gemacht. In Wirklichkeit ging die Entwicklung umgekehrt: Die Haltung der Nationalliberalen im Kriege wurde nicht von den Männern bestimmt, die den Weg vorwärts zur Parlamentarisierung suchten, sondern von solchen Industriellen, die im Bunde mit der militärischen Aristokratie ein Bollwerk gegen die Arbeiterforderungen aufrichten wollten. So sah das Bismarcksche Reich in seinem Untergang noch einmal das Wiederaufleben der alten Kartellidee Bismarcks. Die Vaterlandspartei von 1917 war weiter nichts als das Kartell von 1887, angepaßt den Verhältnissen des Weltkrieges.

Während sich so unter dem Schleier des Burgfriedens die aristokratisch-industrielle Abwehrfront gegen die Arbeiter bildete, dachte auch die Arbeiterschaft über die neue politische Lage nach. Die Situation nach dem 4. August war für die Sozialdemokratie überaus eigenartig und schwierig. Der sozialdemokratische Arbeiter bekannte sich opferwillig zur Landesverteidigung. Aber er konnte nicht begreifen, daß seine alten Feinde, der preußische »Militarismus« und die Schwerindustrie, nun plötzlich nicht mehr bekämpft werden sollten. Der Arbeiter stellte fest, daß zwar jetzt seine Abgeordneten für die Regierung stimmten und daß die Soldaten jetzt auch den »Vorwärts« lesen durften. Aber das militärisch-polizeiliche Herrentum war eigentlich in Preußen dasselbe wie vor dem 4. August, und in der Fabrik war das Übergewicht des Unternehmers durch den Burgfrieden auch nicht verändert. Das konnte auch gar nicht anders sein, da der 4. August weder eine politische noch eine soziale Revolution gewesen war. Im Gegenteil, der Arbeiter hörte zwar von der kommenden »Neuorientierung«, aber er hatte den Eindruck, daß die Machtstellung des Proletariats als Klasse sich seit dem 4. August verschlechtert hatte. Im Frieden hatten die sozialdemokratischen Zeitungen und sozialdemokratischen Versammlungsredner offen ausgesprochen, was die Masse drückte. Jetzt stand man unter dem Druck des militärischen Belagerungszustandes und der Militärzensur. Presse, Vereins- und Versammlungsleben waren gleichmäßig gelähmt. Weiter hatte man den Eindruck, daß die Unternehmer im Dienste der Kriegsindustrie viel Geld verdienten, während die Arbeiter ihr altes Kampfmittel, den Streik, verloren hatten. Denn der Burgfrieden und die militärischen Erfordernisse ließen keinen Streik zu.

So erfüllte schon im ersten Kriegswinter eine tiefe Unzufriedenheit die Massen. Die Stimmung der werktätigen Massen wäre nur zu heben gewesen, wenn man ihnen nachgewiesen hätte, daß sie jetzt in Deutschland mitregierten, daß sie als Subjekt und nicht als Objekt des Staatslebens den Krieg mitführten. In den Ländern der bürgerlichen Demokratie konnte das regierende Bürgertum in den Massen diese Stimmung erwecken. In England und Frankreich saßen Arbeiterführer in der Regierung und in den Verwaltungsbehörden. Da konnten auch die Massen der ärmeren Bevölkerung zu dem Glauben kommen, daß der Staatsapparat unter ihrer Kontrolle stehe und daß sie politisch keine »Herren« hätten. Das schuf sofort eine ganz andere Einstellung zum Staat und zum Krieg. In Deutschland unter der Bismarckschen Verfassung ließ sich eine solche Massenstimmung nicht erzeugen.

In der Begeisterung der ersten Kriegswochen hatten die werktätigen Massen im Unterbewußtsein das Gefühl, als würde eine Welle der nationalen Brüderlichkeit die alten Gegensätze wegschwemmen. Als die Ernüchterung kam, sah man selbstverständlich, daß es auch im

Kriege Arme und Reiche gab und daß die preußisch-deutschen Behörden von ihrem Autoritätsgefühl nichts eingebüßt hatten. Die militärischen Vorgesetzten und die Zivilbehörden waren wahrlich im Kriege im Verhältnis zu den breiten Volksschichten nicht schlechter als im Frieden, aber das Kriegserlebnis hatte den Massen eine neue Art des Sehens gegeben, die alles viel schwerer empfand als früher[5]. So war schon an sich, etwa vom ersten Kriegswinter an, der Gegensatz zwischen der sozialdemokratischen Arbeiterschaft und der herrschenden aristokratisch-industriellen Schicht in Deutschland nicht milder, sondern schärfer als im Frieden.

Dazu kamen in den Jahren 1915/16 die immer stärkeren wirtschaftlichen Auswirkungen der Blockade. Die Nahrungsmittel wurden so knapp, daß im steigenden Maße die Zwangswirtschaft an Stelle des freien Lebensmittelhandels trat. Für die breite Masse der städtischen Bevölkerung kam die Hungerzeit mit ihren Kohlrüben und dem Polonäsestehen vor den Läden. Trotz der gestiegenen Löhne, besonders der Munitionsarbeiter, konnte die Masse der Lohnempfänger sich nicht mehr satt essen. Daneben beobachtete man, wie der Schleichhandel blühte und wie die wohlhabenden Familien in der Lage waren, sich manches zu gönnen, was dem Armen versagt blieb. So nahm in Deutschland, ungeachtet des Burgfriedens, der Klassenkampf die furchtbarste Form an, die überhaupt möglich ist, nämlich des Kampfes buchstäblich um das Stück Brot. Auch wer die Überzeugung hat, daß der Klassenkampf eine notwendige Erscheinungsform der modernen Gesellschaft ist, kann nur mit Grauen an diese Zeit zurückdenken. Der Kampf ums Dasein ging um 500 Gramm Brot, um 100 Gramm Fett und um ein Ei. Einer machte dem andern diese elenden Grundlagen menschlicher Existenz streitig.

Hunger und Verbitterung erfüllten die Arbeitermassen. Der Klassengegensatz zum Fabrikanten, zum reichen, mit Kriegsmaterial aller Art handelnden Geschäftsmann und zum kommandierenden Offizierskorps wurde immer stärker. Der Kampf ums Brot drang auch in die Armee ein. In normalen Verhältnissen nahm niemand daran Anstoß, daß die Offiziere besser und abgesondert von der Mannschaft aßen. Als die Lebensmittelnot einsetzte und auch die Mannschaftsverpflegung beeinträchtigte, richteten sich grollende und neidische Blicke auf die Offiziersmesse. Die Erbitterung kam dort weniger auf, wo die gemeinsame Lebensgefahr den Frontoffizier und den U-Boot-Kommandanten mit Soldaten und Matrosen vereinte. Um so tiefer war die Kluft in der Etappe, in den Garnisonen der Heimat und auf den großen Kampfschiffen, die fast den ganzen Krieg hindurch stillagen und wo kasernenartiger Dienstbetrieb bestand. Wer den Ursachen der militärischen

Revolution Deutschlands nachspürt, stößt überall auf die Lebensmittelfrage[6], auf die Erbitterung der Mannschaften, die glaubten, daß man sie ungerecht in der Verpflegung gegenüber den Offizieren zurücksetzte.

So bilden sich allmählich in den Jahren 1915/16 zwei Kampffronten. Auf der einen Seite die militärisch, wirtschaftlich und politisch herrschende Schicht, Offiziere, Grundbesitzer, Industrielle, die überall das Kommando hatten und von denen die Masse glaubte, daß sie »besser« lebten, politisch vertreten durch die Konservativen und Nationalliberalen. Auf der anderen Seite die notleidende Arbeitermasse, politisch und wirtschaftlich ohne Bewegungsfreiheit, verkörpert vor allem in der Sozialdemokratie. Wie standen zu diesen beiden Fronten die übrigen Schichten des Volkes, also politisch das Zentrum und die Fortschrittspartei, sozial die nichtsozialistischen Arbeitnehmer, der kleine Mittelstand, die Kaufleute und vor allem die Bauern?

Es muß dabei gleich hervorgehoben werden, daß ein großer Teil der Wähler der Konservativen und Nationalliberalen aus den Mittelschichten und dem Bauerntum sich im Laufe des Krieges von der Parteiführung lossagte, die sie bei den Wahlen 1912 unterstützt hatten. Das ist ein Prozeß, der parteipolitisch kaum in Erscheinung trat, ohne den aber die Revolution von 1918 nicht zu verstehen ist.

Im Zentrum fühlten die christlichen Arbeiter dieselben wirtschaftlichen und politischen Nöte wie die sozialdemokratische Arbeiterschaft. So kam es zu einer Annäherung der sozialistischen »freien« und der christlichen Gewerkschaften, zum Beispiel in der preußischen Wahlrechtsfrage. Auf der anderen Seite stand die alte konservative Führergruppe des Zentrums, die bis zum Frühjahr 1917 die Partei in der Hand behielt. Diese hohen Staatsbeamten und hohen katholischen Geistlichen suchten die konservativen Kräfte zu stützen. Sie suchten politisch Anschluß an die Konservativen und Nationalliberalen, und konservativ gestimmte Bischöfe wollten es verhindern, daß die christlichen Gewerkschaften im Kriege die preußische Wahlrechtsfrage aufrollten[7]. Im Frieden hatte die konservative Führergruppe des Zentrums die Herrschaft über die Partei dadurch behauptet, daß sie die Bauern gegen die Arbeiter ausspielen konnte. Aber die Stimmung der deutschen Bauernschaft, der evangelischen und der katholischen, änderte sich im Kriege radikal[8].

Zunächst hatte die physisch kräftige, für den Felddienst besonders geeignete Landbevölkerung die schwersten blutigen Verluste zu tragen. Die Landarbeit daheim mußte von Frauen, Jugendlichen und alten Leuten geleistet werden. Die Preise aller Industriewaren stiegen im Kriege mächtig an. Die Lebensmittel, die der Bauer verkaufte, unterlagen den Höchstpreisen. Dazu kam der ganze bürokratische Druck, der bei der Durchführung der Zwangswirtschaft und besonders bei der zwangsweisen Erfassung der Lebensmittel auf der Landbevölkerung lag. Die Städter waren auf die Agrarier erbittert, von denen sie sich bewuchert und ausgehungert fühlten. Ohne Zweifel nährte sich die Masse der Landleute trotz der Zwangswirtschaft besser als die Industriearbeiterschaft. Und die viele Schleichhandelsware, die notorisch in Deutschland während des Krieges umlief, mußte letzten Endes vom Produzenten gekommen sein. Trotzdem war die Lage der Landbevölkerung unter der Kriegswirtschaft schwer, und sie trieb die Bauern in immer schärfere Opposition gegen das bestehende Staatssystem.

Der deutsche Bauer war im Frieden konservativ gewesen, weil der Staat ihm sein freies Eigentum sicherte und weil er ihn mit der Zollpolitik unterstützte. Jetzt im Kriege, unter der Blockade, waren die Zölle gleichgültig, und nun kamen die staatlichen Beamten auf die Bauernhöfe und kontrollierten, ob irgendwo ein Pfund Butter versteckt war. Der Staat mutete den schwer arbeitenden Landleuten zu, daß sie sich nicht einmal satt essen sollten. So erzeugte die Kriegswirtschaft in der Stadt die Verbitterung der Arbeiter und auf dem Lande eine parallele Erregung der Bauern. Am frühesten und heftigsten läßt sich die Bauernopposition in Bayern beobachten, wo die ländliche Gesellschaft rein demokratisch ohne Einfluß des Grundadels ist und wo man besonders geneigt war, die »Berliner« Zentralbehörden für alles Übel verantwortlich zu machen.

Selbstverständlich wurde der erbitterte deutsche Bauer im Kriege kein Sozialdemokrat; denn er führte ja gerade den Druck der Zwangswirtschaft auf den Einfluß der Sozialdemokraten und überhaupt der Städter zurück. Die Radikalisierung der Bauern trug 1917 zur Linksschwenkung des Zentrums bei. Ebenso wurde im Laufe des Krieges eine kleine örtliche Bauernpartei, der Bayrische Bauernbund, immer mehr in die Opposition gedrängt. Die unzufriedene Stimmung der norddeutschen evangelischen Landbevölkerung fand parteipolitisch keinen Ausdruck. Aber es gab ein Gebiet, wo die Arbeiter- und Bauernopposition gegen das bestehende System sich treffen konnte, und das war das allergefährlichste, nämlich die Armee[9].

Im Heere stand das aristokratisch abgeschlossene Offizierskorps einer einheitlichen Soldatenmasse gegenüber. Die alten, vorwiegend adligen Frontoffiziere waren zwar meistens in den ersten Kriegsmonaten gefallen. Das Offizierskorps des Millionenheeres von 1915 bis 1918 trug höchstens in den höheren Stäben den alten Charakter. Die unteren Chargen besetzten vorwiegend Reserveoffiziere und Kriegsleutnants. Das waren Männer, die im Frieden als Studenten, Kaufleute, Lehrer usw. sich niemals zu einem aristokratischen Herrentum gerechnet hatten und die bereit waren, wenn sie den Krieg überlebten, in ihre bescheidene Friedensstellung zurückzukehren. Aber mit der Ernennung zum Offizier war notwendig auch die aristokratische Absonderung verbunden, die nach dem preußischen Staatssystem den Offizier von der Mannschaft trennte. Das deutsche Offizierskorps, als Stand betrachtet, war im Kriege auf keinen Fall moralisch oder menschlich schlechter als das französische oder englische. Der erbitterte Haß, der sich in Deutschland im Laufe des Krieges in weitesten Volksschichten gegen die Offiziere richtete, ist nur aus den eigenartigen Gesellschafts- und Verfassungszuständen Deutschlands zu erklären.

Die Masse des Volkes hatte nicht das Gefühl, daß der Staat ihr mitgehöre und daß sie über den Staat mitbestimme. Sie fühlte sich von oben herab regiert, und zwar im Kriege sehr schlecht regiert. Die Gewalt- und Befehlsträger waren aber im Kriege überall die Offiziere. So wurde das Kriegsoffizierskorps der – menschlich vielfach unschuldige – Blitzableiter für allen sozialen Groll, der in den Volksmassen steckte. Es ist schon oben betont worden, wie dieser Gegensatz sich im Fronterlebnis abschwächte, aber wie er um so stärker dort hervorbrach, wo nicht direkt gegen den Feind gekämpft wurde. Im Laufe des Krieges fand sich im Gegensatz zu den Offizieren in immer stärkerem Grade der Bauernsoldat mit den Leuten zusammen, die im Zivilberuf Arbeiter und Handwerker waren. 1918 hat der bäuerliche Soldat die Revolution zwar nicht gemacht, aber doch geschehen lassen, vielfach sogar gern geschehen lassen. Der bayrische Bauernsoldat, 1914 der Stolz der Armee, war 1918 unter den ersten, die sich unter die rote Fahne stellten.

In den Jahren 1915 bis Sommer 1918 empfanden die Massen des Volkes trotz der stets wachsenden Nöte und trotz aller Verbitterung die Verteidigung des Vaterlandes noch als unbedingte Pflicht. Aber sie wünschten, daß der Krieg so schnell wie möglich beendet werde.

Die wirtschaftliche Lage der städtischen Kaufmannschaft war im Kriege, je nach der Stellung des einzelnen, ganz verschieden. Aber sie fühlte weniger den Gegensatz zu den Arbeitern als den zu der Landwirtschaft. Sie wünschte, gemäß ihren Traditionen aus der Vorkriegszeit, die Neuorientierung Deutschlands. So begrüßten es die Fortschrittler, daß Bethmann-Hollweg diese Losung herausgab. Sie drängten auf die preußische Wahlreform. Es lag ihnen aber ganz fern, von sich aus die Initiative zur Störung des Burgfriedens zu ergreifen und der Regierung Schwierigkeiten zu machen. Erst die Schwenkung des Zentrums im Jahre 1917 hat auch die Haltung der Fortschrittspartei verändert.

Wie stand die kaiserliche Regierung zu der immer tiefer gehenden politischen und sozialen Zerklüftung des deutschen Volkes in den Jahren 1915/16? Wilhelm II. selbst zog sich mit Kriegsausbruch aus der politischen Aktivität zurück. Der Kaiser litt immer schwerer unter der

Riesenverantwortung, die im Kriege bei der geltenden deutschen Verfassung auf ihm lastete. Von dem stolzen Selbstbewußtsein, das er bis 1914 gegenüber allen Fragen und Personen gezeigt hatte, blieb nichts übrig. Er hielt es für seine Pflicht, in militärischen Fragen dem Rat des Generalstabschefs und in politischen den Vorschlägen des Reichskanzlers zu folgen. So führten erst Moltke und dann Falkenhayn, ohne nennenswerte kaiserliche Eingriffe, das Armeekommando, und Bethmann-Hollweg gewann eine politische Stellung, wie sie kein Kanzler Wilhelms II. seit 1890 besessen hatte.

Die ersten beiden Generalstabschefs im Kriege hatten so viele militärische Sorgen, daß sie sich um die Politik nicht kümmerten. Bethmann-Hollweg wiederum griff niemals in die militärische Kriegführung ein. So ist es in den ersten beiden Kriegsjahren zu ernstlichen Konflikten zwischen der militärischen und Zivilleitung nicht gekommen. Zwar lag die oberste Exekutivgewalt im Reich auf Grund des Belagerungszustandes bei den stellvertretenden Generalkommandos. In jeder deutschen Landschaft hatte der zuständige Kommandierende General die oberste Verfügungsgewalt. Für die Bevölkerung hatte dies den Anschein einer Militärdiktatur. Aber wenn auch Bethmann-Hollweg nicht mit jeder Einzelverfügung eines jeden Kommandierenden Generals einverstanden gewesen sein wird, alle wesentlichen politischen Entscheidungen hatte der Reichskanzler dennoch in der Hand. Das zeigte sich besonders klar im Jahre 1916 beim Streit um den unbeschränkten U-Boot-Krieg[10]. Die Marine, an der Spitze der Staatssekretär von Tirpitz, war für die unbeschränkte Einsetzung der U-Boote. Der Generalstabschef von Falkenhayn schloß sich mit militärischen Gründen der Forderung der Marine an. Bethmann-Hollweg war entgegengesetzter Meinung, aus Rücksicht auf Amerika. Wilhelm II. entschied zugunsten des Reichskanzlers, und Tirpitz nahm seinen Abschied. Die Erschütterung der Stellung Bethmann-Hollwegs kam erst im Gefolge der einschneidenden Veränderungen, als die Oberste Heeresleitung Hindenburgs und Ludendorffs ihr Amt antrat.

Innerpolitisch war Bethmann-Hollweg davon überzeugt, daß er den Krieg ohne und gegen die organisierte Arbeiterschaft nicht führen könne. So suchte er im Reichstag die Zusammenarbeit mit den Sozialdemokraten aufrechtzuerhalten. Die sozialdemokratischen Führer hatten beim Reichskanzler jetzt eine ähnliche Vertrauensstellung wie die Zentrumsführung im Frieden. Wie vor 1914 die Zustimmung von Spahn notwendig war, damit die Reichsmaschine ohne äußere Reibung funktionierte, so suchte Bethmann-Hollweg jetzt die Fühlung mit Scheidemann[11]. Zwar hat die Sozialdemokratie von Bethmann-Hollweg nichts weiter als wohlwollende Worte und Versprechungen für die Zukunft erhalten. Aber schon dies genügte, um das Mißtrauen der militärischen Aristokratie und der Industrie zu erwecken, die sich um so unsicherer fühlten, je länger der Krieg dauerte. Bald nach Kriegsausbruch zeigte sich eine gewisse Mißstimmung der Konservativen und Nationalliberalen gegen Bethmann-Hollweg. Als dazu der Streit um die Kriegsziele kam, verwandelte sich das Mißtrauen in erbitterte Feindschaft.

Alle Klassengegensätze, wie sie an sich im modernen Europa vorhanden sind und wie sie in Deutschland die besondere Verfassungs- und Kriegslage verschärfte, brachen in dem Streit um die Kriegsziele hervor. So ist die Frage der Kriegsziele die zentrale Frage der deutschen Innen- und Verfassungspolitik im Kriege geworden. Wilhelm II. und Bethmann-Hollweg hatten den Krieg nicht gewollt und nicht vorbereitet. Deshalb gingen sie ohne ein klares politisches Ziel in den Krieg hinein, und sie haben im Verlauf der langen Kriegsjahre sich auch kein klares Kriegsziel gebildet. Das Urteil über den Krieg und seinen Zweck hing davon ab, wie sich Deutschland zu den drei feindlichen Großmächten in Europa künftig stellen würde.

Über das Ziel eines kommenden deutsch-französischen Krieges hatte sich Bismarck in den achtziger Jahren dahin geäußert, daß eine weitere Schwächung Frankreichs nicht im Interesse Deutschlands liege. Er, Bismarck, würde den Franzosen nach der ersten gewonnenen Schlacht den Frieden anbieten, und zwar einen Frieden, wie ihn Preußen mit Österreich 1866 geschlossen hat, das heißt einen Frieden ohne Schädigung Frankreichs und ohne Verlangen nach Landabtretung (s. o. S. 32). Hätte Bethmann-Hollweg im Geist Bismarcks gehandelt, so hätte er um den 1. September 1914 den Franzosen einen solchen Frieden angeboten. Ob Frankreich darauf eingegangen wäre, ist heute mit Sicherheit nicht festzustellen. Immerhin hätte vor der Marneschlacht ein solcher großzügiger deutscher Vorschlag gewisse Aussichten gehabt. Denn die Stimmung in Frankreich war damals, infolge der Niederlagen und des Vormarsches der Deutschen auf Paris, sehr gedrückt, und die Hilfe des kleinen englischen Landheeres fiel in jenen Tagen nur wenig ins Gewicht. Die Aussichten auf einen deutsch-französischen Sonderfrieden sanken, als die Marneschlacht die Wendung in der Kriegslage brachte und als das englische Millionenheer in Frankreich aufmarschierte, wodurch Frankreich auch in seinen Kriegszielen in größere Abhängigkeit von England geriet.

Friedrich Engels empfahl ebenfalls den deutschen Sozialdemokraten, darauf zu dringen, daß Deutschland nach den ersten militärischen Siegen den Franzosen den Frieden anbiete. Bei dieser Gelegenheit solle Deutschland, um sich endgültig mit Frankreich zu verständigen, den Franzosen eine Lösung der elsaß-lothringischen Frage vorschlagen, entweder durch Volksabstimmung in Elsaß-Lothringen, oder durch Rückgabe von Metz und seiner französisch sprechenden Umgebung an Frankreich[12]. Es ist wichtig, daß Engels diese Konzession nach einem deutschen Sieg vorschlägt, als ein ohne Zwang gemachtes Zugeständnis im Interesse der internationalen Stellung Deutschlands. Was das deutsche Kriegsziel gegenüber Frankreich betrifft, sind in der Grundidee Bismarck und Engels, also die beiden stärksten politischen Köpfe Deutschlands seit 1870, einig. Das gibt ihrer Auffassung eine nicht unwesentliche Autorität.

Um so stärker weichen voneinander, wenigstens scheinbar, Bismarck und Engels in den Kriegszielen nach Osten ab. Bismarck hat immer wieder die Ansicht vertreten, daß Deutschland das große russische Reich, auch bei einem vollständigen militärischen Sieg, nicht vernichten könne. Es sei absurd, wenn Deutschland einen Landgewinn auf Kosten Rußlands suche. Deutschland müsse vermeiden, daß aus Rußland ebenso ein revanchelüsterner Gegner würde, wie es Frankreich seit 1871 sei. Aus solchen Erwägungen heraus hätte Bismarck sich unbedingt bemüht, aus dem deutsch-russischen Krieg so schnell wie möglich auf der Grundlage des Status quo herauszukommen. Engels dagegen empfahl den deutschen Sozialdemokraten, den Krieg mit Rußland »revolutionär«, mit dem Endziel der russischen Revolution zu führen. Deutschland solle sofort nach Kriegsausbruch an die Wiederherstellung Polens gehen. Das neue Polen müsse aber, neben Russisch-Polen, auch Galizien und ein Stück von Preußisch-Polen erhalten, etwa einen Teil der Provinz Posen. Deutschland solle für die nationale Befreiung aller vom Zarismus unterdrückten Völker Westrußlands eintreten[13].

Wie man sieht, ist der Unterschied in der Ostpolitik von Bismarck und von Engels ungeheuer. Er beruht darauf, daß die beiden Staatsmänner sich ein ganz verschiedenes Deutschland denken. Für das kaiserliche Deutschland war die Wiederherstellung Polens ein ungeheuerer Fehler; denn dadurch wurde jede Verständigung mit dem zaristischen Rußland unmöglich. Wenn dagegen ein von der sozialistischen Arbeiterschaft geleitetes Deutschland die Revolution nach dem Osten trug, und im Verlaufe der Revolution lösten sich die Westprovinzen von Rußland los, so konnte deswegen ein neues »rotes« Rußland den deutschen Arbeitern keinen Vorwurf machen. Der Weltkrieg brachte nun aber die phantastische Situation, daß Bethmann-Hollweg und Wilhelm II. anscheinend das rote Barrikaden-Programm von Engels gegenüber dem Zarismus durchführten.

Das reale Interesse Deutschlands hätte von 1914 bis 1916 erfordert, daß man so schnell wie möglich einen Status-quo-Frieden mit Rußland und Frankreich herbeiführte. Die Auseinandersetzung mit England war um so schwieriger. Denn das englische Bürgertum hatte den Krieg zum Anlaß genommen, um den deutschen Konkurrenten in den überseeischen Ländern restlos auszuschalten. Diesem Zweck sollte nicht nur die Besetzung der deutschen Kolonien dienen, sondern auch die Beschlagnahme des deutschen Eigentums im Ausland, die Liquidation der deutschen auswärtigen Firmen und die Zerschneidung aller deutschen kaufmännischen Verbindungen. Die Vernichtung des deutschen Wirtschaftskonkurrenten war das Ziel, in dem sich England mit den großen Dominions des Britischen Reiches traf. Es sei nur an die Rolle erinnert, die der australische Ministerpräsident Hughes bei der Inszenierung des Wirtschaftskrieges gegen Deutschland spielte. Um dieses wirtschaftliche Ziel zu erreichen, mußte England die politische und militärische Macht Deutschlands brechen. So wird Englands Hauptziel im Kriege die Vernichtung des deutschen »Militarismus«, das heißt die Auflösung des deutschen Heeres und der deutschen Flotte. Demgegenüber waren einzelne territoriale Veränderungen in Europa für die englischen Staatsmänner ziemlich gleichgültig.

Zu einem Verzicht auf sein großes hauptsächliches Kriegsziel wäre England nur zu bringen gewesen, wenn es sich einem starken, geschlossenen europäischen Kontinent gegenübergesehen hätte. Eine solche europäische kontinentale Verständigung war aber nur zu erzielen, wenn Deutschland jetzt unter dem Donner der Kanonen die Fehler wieder gutmachte, die von der kaiserlichen Politik seit 1890 begangen worden waren. Man mußte, wenn auch unter Opfern, die Verständigung mit Frankreich und Rußland erzielen, um dann England zu zwingen, daß es für die kontinental-europäischen Völker den freien Wettbewerb in den überseeischen Gebieten zuließ. Die Möglichkeit für Deutschland, sich weltwirtschaftlich wie die anderen Völker zu betätigen, lag ebenso im Interesse des deutschen Bürgertums wie der deutschen Arbeiter. Die breiten Schichten des deutschen Volkes empfanden, daß England der Hauptgegner im Kriege sei.

Die Regierung hätte nicht die Kindereien und Geschmacklosigkeiten des »Gott strafe England« mitmachen sollen, aber sie hätte der allgemeinen Volksstimmung den politischen Ausdruck verschaffen müssen und den Massen klarmachen können, daß ein Erfolg gegen England nur dann möglich war, wenn Deutschland gegen Frankreich und Rußland Mäßigung zeigte. Ebenso hätte es von Anfang an klar sein müssen, daß Deutschland auch nach einem Sonderfrieden mit Rußland und Frankreich das Britische Reich und seine ungeheuere Seemacht nicht »niederzwingen« konnte, sondern daß nur ein Kompromiß zu erzielen war. Oder wenn die Regierung die entgegengesetzte Auffassung hatte, daß Deutschland zu schwach sei, um England auch nur zu einem Kompromiß zu zwingen, und daß man um jeden Preis zunächst eine Verständigung mit England brauchte, so hätte demgemäß die deutsche Außenpolitik geleitet werden müssen. Dann hätte die Regierung das Volk über diese Notwendigkeit aufklären und ihre ganze Politik auf diese Linie bringen müssen.

Aber Wilhelm II. und Bethmann-Hollweg haben weder den einen noch den andern Weg eingeschlagen, denn sie hatten überhaupt keine Politik. Die grauenhafte Ziel- und Sinnlosigkeit der deutschen Außenpolitik von 1890 bis 1914 setzte sich im Kriege fort. Denn wenn die deutsche Regierung von Zeit zu Zeit erklärte, sie wolle »keine Eroberungen«, oder sie wolle durch den Frieden »Deutschlands Zukunft sichern«, so nutzten solche allgemeinen Reden für die deutsche Außenpolitik gar nichts. Im vertrauten Kreise hat Bethmann-Hollweg manchmal die Notwendigkeit eines Sonderfriedens mit Frankreich und Rußland betont[14]. Aber seine Handlungen und öffentlichen Erklärungen haben zumindest den Frieden mit Rußland unmöglich gemacht.

Die politische Hilflosigkeit der Reichsregierung hätte vielleicht durch Vorschläge oder eine Initiative aus dem Volke heraus überwunden werden können. Aber dazu fehlte die wichtigste Voraussetzung: Dem Volke war die wirkliche Kriegslage unbekannt. Das lag nicht an den deutschen Heeresberichten. Über die seltsamen Heeresberichte der Periode Moltke-Stein ist schon das Nötige gesagt worden. Aber unter den folgenden Heeresleitungen, Falkenhayn und Ludendorff, von Ende September 1914 bis zum Ende des Krieges sind die Tagesberichte durchaus sorgfältig und zuverlässig gewesen. Sie enthielten das, was Berichte dieser Art bieten können, nämlich Angaben, wo die Front lief und was an wichtigsten Ereignissen geschehen war. Aber das eigentlich Entscheidende über die Kriegslage kann man in die Tagesberichte nicht hineinschreiben: Die eigene Truppenstärke im Verhältnis zum Feinde, die beiderseitigen Reserven und die strategische Gesamtlage. Über diese wirkliche Kriegssituation hat das deutsche Volk, einschließlich der Parlamentarier[15], nichts erfahren. Die Kriegslage war bekannt: am Hof, bei der Obersten Heeresleitung und allenfalls beim Reichskanzler. Damit hörte der Kreis der Wissenden auf.

Die Irreführung der deutschen Öffentlichkeit wurde durch den Umstand verstärkt, daß die deutschen Truppen überall in Feindesland standen und wichtige Gebiete besetzt hielten. Das Objekt der Kriegführung ist das feindliche Heer und nicht der feindliche Boden. Sieger ist, wer das feindliche Heer vernichtend schlägt. Wo die Schlacht stattfindet, ist militärisch gleichgültig. Es gab zum Beispiel einen Plan des alten Moltke für einen deutsch-französischen Krieg, wonach er die Franzosen nach Deutschland hereinlassen und bei Frankfurt am Main entscheidend schlagen wollte[16]. Der Zufall der militärischen Operationen hatte 1914 und 1915 das deutsche Heer nach Belgien und Polen geführt. Bei einem Umschwung der sehr zweifelhaften Kriegslage konnten die deutschen Truppen genötigt werden, diese Länder wieder zu räumen. Die Reichsregierung tat aber nichts, um das deutsche Volk auf den ganz unsicheren Charakter der sogenannten Eroberungen hinzuweisen. Weite Schichten des Volkes redeten sich ein, daß Deutschland nunmehr über die besetzten Gebiete verfügen könne.

Diese Täuschung der Öffentlichkeit über die Kriegslage entsprang einer patriarchalischen Auffassung des Verhältnisses von Regierung und Volk. In England herrschte während des Krieges rücksichtslose Offenheit über die Lage. Parlament, Presse und Volk erörterten die günstigen und die ungünstigen Momente völlig offen auf Grund klarer Informationen. Es wäre ebenso lächerlich gewesen, wenn das regierende englische Bürgertum vor sich selbst Geheimnisse gehabt hätte, wie wenn ein Kaufmann sich scheuen würde, Bilanz über seine Geschäftslage zu machen. Die deutsche Regierung dagegen hielt es für nötig, durch Schönfärbung die Stimmung ihrer Untertanen aufrechtzuerhalten. Sie fürchtete, daß beim Durchsickern der ungünstigen Tatsachen die staatliche Autorität leiden würde. Die deutsche Regierung benahm sich wie ein sorgenvoller Familienvater, der seiner Frau und den Kindern nicht erzählen will, wie unsicher seine geschäftliche Zukunft ist. Noch seltsamer als das Schönfärben der militärischen Lage ist es, daß das deutsche Volk auch über seine Gesundheitslage im Kriege nichts erfahren durfte[17]. Daß die Hungerblockade viele tausende Todesopfer in der Zivilbevölkerung kostete, wurde verschwiegen. Statt dessen wurde offiziös versichert, daß die knappe Kriegsnahrung gesundheitlich auch ihre Vorteile hätte. Eine volkstümliche, die Massenpsychologie verstehende Regierung hätte statt dessen die Totenzahlen der Hungerblockade an jeder Straßenecke anschlagen lassen, wenn sie die Erbitterung gegen den Feind und die verzweifelte Kampfesstimmung steigern wollte. Wie hat man in England die Zeppelinangriffe auf englische Städte ausgenutzt, um die Kriegsstimmung aufzupeitschen!

Die Unkenntnis des deutschen Volkes von der wirklichen Kriegslage spiegelte sich in der Art und Weise wider, wie die einzelnen Schichten den Krieg beurteilten und wie sie ihn beendet wissen wollten. Die deutsche Industrie hoffte, daß ein guter Kriegsausgang ihre Rohstoffbasis verbreitern würde. Die Schwerindustrie insbesondere verfolgte den deutschen Vormarsch durch Belgien und Nordfrankreich mit ihren Hoffnungen. Die Kohle- und Eisengebiete von Luxemburg, von Belgien und von Longwy-Briey sollten unter deutsche Kontrolle kommen. So verlangte die Industrie in Eingaben und Anregungen an die Regierung die

Annexion von Longwy-Briey und die Annexion, oder doch mindestens die wirtschaftliche Herrschaft Deutschlands über Belgien. Die deutschen Industriellen verfolgten also im Kriege dieselbe Taktik wie im Frieden. Vor 1914 hatten die einzelnen großen Firmen die deutsche Regierung gedrängt, ihre auswärtigen Unternehmungen mit der Macht des Reiches zu unterstützen. Jetzt drängte man die Regierung, möglichst viel von den industriellen Kriegswünschen zu verwirklichen. Hätte eine bürgerliche Industriepartei selbst die Regierung Deutschlands gebildet, so hätte sie auch die Verantwortung für die Verwirklichung ihrer Wünsche gehabt und hätte sich sehr sorgfältig gefragt, was von ihren Plänen durchführbar sei. Unter der kaiserlichen Verfassung jedoch konnten die industriellen Verbände, von keiner Verantwortung gehemmt, Eingaben schreiben. Die Erlangung dieser Objekte war Sache der Regierung.

Während die Industrie im Westen ihre Basis erweitern wollte, hatte der preußische Grundbesitz ähnliche Pläne für sich im Osten. Man wollte in den dünnbevölkerten Agrarländern Kurland und Litauen Siedlungsland für die jüngeren Söhne der deutschen Landwirte gewinnen. Man suchte Verbindung mit dem deutschbaltischen Adel der russischen Ostseeprovinzen. So sollte durch eine Gebietserweiterung nach Nordosten hin die agrarisch-aristokratische Regierungsschicht Preußens Verstärkung bekommen. Ein Teil der preußischen Konservativen zog freilich den Sonderfrieden mit dem russischen Kaisertum solchen Projekten vor.

Bei den politischen Machtverhältnissen in Deutschland war es besonders wichtig, welche Wünsche zur strategischen Sicherung der Generalstab und die Marineleitung hatten. Leitende Generale waren der Ansicht, daß vor allem die Industriegebiete Deutschlands im Westen bisher zu nah an der Grenze lagen. Zur besseren Sicherung des deutschlothringischen Industriebezirkes müsse ein Streifen französischen Landes erworben werden, und zur Deckung des Rheinlandes müsse mindestens Lüttich deutsch werden. Noch besser sei es, wenn ganz Belgien unter deutschem Einfluß bleibe. Im Osten wünschten die militärischen Stellen eine bessere Grenzsicherung für Oberschlesien, Ost- und Westpreußen, also die Abtretung von russisch-polnischem Gebiet an Deutschland. Man sieht, daß die militärischen Kriegsziele in weitem Umfang mit den industriellen übereinstimmten. In dem Gebietsstreifen, den die Generale zur Sicherung Lothringens forderten, lag gerade Longwy-Briey, und ebenso deckten sich die militärischen und die industriellen Forderungen in bezug auf Belgien. Auch die Marine drängte darauf, daß Deutschland die Kontrolle über Belgien behalte: Denn nur wenn Deutschland die Herrschaft über die flandrische Küste behaupte, könne es mit Hilfe von U-Booten usw. England in Schach halten.

Durch Zusammenlegung all dieser Kriegsziele der Industrie, des Großgrundbesitzes, der militärischen und Marinesachverständigen entstand ein einheitliches Programm des sogenannten deutschen »Siegfriedens«, dessen literarische und agitatorische Vorkämpfer vor allem im Alldeutschen Verband saßen[18]. Die Leidenschaft, mit der die führenden Schichten Deutschlands für den sogenannten Siegfrieden eintraten, ist aber nicht dadurch zu erklären, daß dieser oder jener für sich persönliche Vorteile erhoffte, sondern die politisch denkenden Männer des preußischen Adels und der Industrie empfanden, daß auf jeden Fall der Ausgang des Krieges ihre Machtstellung, und damit das alte Regierungssystem Deutschlands, aufs schwerste bedrohen würde. Ging der Krieg unglücklich aus, so war ein furchtbarer Zusammenbruch zu erwarten. Wenn der Krieg mit einem Status-quo-Frieden ende, dann müsse das deutsche Volk, ohne einen Vorteil errungen zu haben, Kriegsschulden von vielen Milliarden abtragen. Dies würde ohne ganz schwere Steuern nicht möglich sein. Wenn die Kriegsteilnehmer nach Hause kämen, würden sie nach so vielen Opfern ein verarmtes Vaterland vorfinden, und die Regierung würde von ihnen riesige Steuern verlangen. Das würde sich die Volksmasse nicht gefallen lassen, und so käme auch die Revolution. Das alte System Deutschlands war also nach Ansicht der sogenannten »Annexionisten« nur dann zu halten, wenn der Staat dem Volke nach dem Krieg etwas bieten konnte, sei es eine angemessene Kriegsentschädigung, oder Siedlungsland, oder eine in ihrer Leistungsfähigkeit erheblich gesteigerte Industrie, oder möglichst all dies zugleich.

So wird für die Konservativen und den größten Teil der Nationalliberalen der Siegfriede der letzte politische Rettungsanker[19]. Obwohl diese Kreise den wirklichen Ernst der Kriegslage nicht kannten, mußte man sich doch in den Jahren 1915 und 1916 allmählich sagen, daß ein voller militärischer Sieg Deutschlands über alle seine Feinde nicht wahrscheinlich sei. Aber da ließ die Marine unter der Hand überall verbreiten, daß sie eine Waffe habe, um den Hauptfeind England ungefähr in einem halben Jahr verhandlungsbereit zu machen, nämlich den unbeschränkten U-Boot-Krieg. Aus übertriebener Rücksicht auf England und Amerika scheue sich Bethmann-Hollweg, diese entscheidende Waffe anzuwenden. Die »Flaumacher« am kaiserlichen Hof, Männer wie die Kabinettschefs von Valentini und von Müller, seien dabei die Helfershelfer Bethmann-Hollwegs. So ziehe sich der Krieg hin, untergrabe die Wurzeln der deutschen Kraft und stärke den Sozialismus und die Demokratie. Bethmann-Hollweg müsse von seinem Posten entfernt werden, der verschärfte U-Boot-Krieg müsse ohne Rücksicht geführt werden[20]. So könne Deutschland zum Sieg und zum Siegfrieden kommen. Nur so sei die Revolution abzuwehren und die traditionelle Staatsordnung zu verteidigen. So argumentierten das Offizierskorps, der preußische Großgrundbesitz und die Industrie.

Völlig entgegengesetzt waren die Kriegsziele der sozialdemokratischen Arbeiterschaft. Aus den oben erwähnten Gründen waren die Arbeiter von tiefem Mißtrauen gegen die herrschenden Schichten erfüllt und von dem Willen, so schnell wie möglich den Krieg zu beenden. Die Massen hatten den Eindruck, daß der Krieg den höheren Offizieren in den Stäben und den Großindustriellen gar nicht unangenehm sei. Nun hörten sie noch, daß diese selben regierenden Kreise große Eroberungspläne hegten. Sie hörten ferner die optimistische amtliche Auffassung der Kriegslage. Die Angriffe der Feinde auf Deutschlands Existenz waren überall zurückgeschlagen. Die deutschen Truppen standen überall in Feindesland. War es da nicht möglich, einen Frieden der Verständigung, ohne Eroberungen, jederzeit zu erhalten? Waren nicht die Eroberungspläne der regierenden Klassen das Haupthindernis des Friedens? Wenn führende Konservative und Alldeutsche erklärten, daß Deutschland einen sogenannten Verständigungsfrieden gar nicht annehmen dürfe und auf dem Siegfrieden bestehen müsse, so sahen die sozialdemokratischen Arbeiter darin die Bestätigung ihres Verdachts[21]. Dieselben Männer, von denen das Proletariat politisch, wirtschaftlich und im Heere gedrückt würde, seien auch die Kriegsverlängerer. Sie müsse man unschädlich machen, um so das Elend zu beenden. So belebte die Losung: »Gegen die Alldeutschen und Annexionisten« den Klassenkampfgeist der Arbeiter. Das war die Formel, mit der das Proletariat die Fesseln des Burgfriedens durchbrach und den politischen Machtkampf wieder aufnahm. Denn die »Annexionisten«, das waren in den Augen der sozialdemokratischen Arbeiter die herrschenden Schichten des kaiserlichen Deutschlands. Wenn man die »Annexionisten« niederschlug, dann gewannen die sozialdemokratischen Arbeiter das Übergewicht in Deutschland.

Das leidenschaftliche Verlangen der Arbeitermassen nach Kampf gegen jeglichen Annexionismus hätte eigentlich die sozialdemokratische Parteileitung in eine schwierige Lage bringen müssen. Die Sozialdemokratie hatte zwar nach Kriegsbeginn eine selbständige politische Initiative im Sinne von Engels nicht ergriffen. Aber sie hielt trotzdem im Sinne der Tradition von Marx und Engels an der Niederwerfung des Zarismus als einem wünschenswerten Kriegsziel fest. Ebenso war die sozialdemokratische Parteileitung damit einverstanden, daß durch die deutschen Siege im Osten die von Rußland unterdrückten Völker, vor allem die Polen, »befreit« wurden. Politisch hätte es klar sein müssen, daß das kaiserliche aristokratische Deutschland die Ostvölker gar nicht »befreien« konnte. Ein durch die Siege der kaiserlichen Armee »befreites« Polen, Litauen und Kurland konnte weiter nichts werden als ein Vasallenstaat der deutschen Aristokratie und der deutschen Industrie. Wenn also die Sozialdemokraten die Formel »keine Annexionen und Verständigungsfriede auf Grundlage des Status quo« aufnahmen, so hätte diese Losung für den Osten genauso gelten müssen wie für den Westen. Aber um ihr Kriegsziel vom 4. August, den Kampf gegen den Zarismus nicht ganz preiszugeben, blieb die Sozialdemokratie hier inkonsequent. Sie bekämpfte zwar alle Pläne eines offenen und versteckten deutschen Annexionismus in Belgien und Nordfrankreich. Sie hatte aber keine ernsten Einwendungen dagegen, daß Deutschland in Kurland, Polen und Litauen auf Kosten Rußlands neue Staaten gründete. Die Sozialdemokratie verlangte zwar, daß in diesen »befreiten« Ländern auch wirklich das Selbstbestimmungsrecht der Völker zur Geltung käme[22]. Aber für die reale Politik war das bedeutungslos.

Es ist bemerkenswert, daß die Arbeitermassen Deutschlands zwar jeden mit ungeheuerer Verbitterung verfolgten, der für die Annexion Belgiens und besonders der flandrischen Küste eintrat, daß sie aber gegen die östlichen Eroberungspläne kaum etwas einwandten. Die Massen waren nämlich gar nicht an sich gegen eine Machterweiterung Deutschlands, sondern sie waren nur gegen die Annexionen, sofern sie den Krieg verlängerten. Das ist auch ganz natürlich: Warum sollten die Arbeitermassen die politischen Grenzen Europas, so wie sie im Juli 1914 bestanden, als Werk von tausend diplomatischen Zufällen, heilig halten? Aber die Massen wehrten sich dagegen, das Kriegselend weiter zu tragen, damit nach ihrer Meinung ein paar Industrielle in Belgien Extrageschäfte machen konnten. Die deutschen Volksmassen hielten Rußland für ziemlich besiegt. Die stärksten und gefährlichsten Feinde Deutschlands seien England und Frankreich, also müsse man ihnen Zugeständnisse machen, um zum Frieden zu kommen. England habe erklärt, daß es zur Verteidigung Belgiens in den Krieg gehe, und die unbedingte Wiederherstellung Belgiens sei ein Hauptkriegsziel der Engländer. Also müsse Deutschland vor allem Belgien wieder aufgeben, und die annexionistischen Kriegsverlängerer, die das hinderten, müsse man unschädlich machen. Das alles war psychologisch, vom Standpunkt des deutschen Arbeiters im Kriege aus, durchaus begreiflich. Aber objektiv war es falsch; denn der Weg zum schnellen Frieden für Deutschland führte nicht über Angebote an England, sondern über eine Verständigung mit Rußland.

Von den mittleren Parteien war das Zentrum in dem Kriegszielstreit nicht einheitlich. Die konservative Führergruppe suchte auch hier Anschluß an die Rechtsparteien. Die christlichen Gewerkschaften wollten den »Verständigungsfrieden«, so wie die Sozialdemokratie. Die Kaufmannschaft in den Großstädten hatte gegen eine Machterweiterung Deutschlands nichts einzuwenden. Aber man suchte sie auf der Linie des geringsten feindlichen Widerstandes, durch Gründung neuer Staaten im Osten und durch Ausbau des Systems Berlin-Bagdad[23]. Man hoffte, daß das Kriegsbündnis Deutschlands mit Österreich-Ungarn, Bulgarien und der Türkei eine dauernde politisch-wirtschaftliche Verbindung dieser Staaten herbeiführen würde. Dabei hätten die Verbündeten sich der deutschen Führung fügen müssen. Dieser Plan, wie ihn vor allem der fortschrittliche Führer Friedrich Naumann vertrat, war utopisch, weil weder das Habsburgerreich noch die Balkanvölker, noch die Türkei sich einer solchen deutschen Vorherrschaft unterworfen hätten.

Objektiv war dies der größte Annexionsplan, der in Deutschland während des Krieges entstanden ist; denn dadurch wären auswärtige Gebiete mit fast hundert Millionen Einwohnern politisch und wirtschaftlich von Deutschland unterjocht worden. Die englischen und amerikanischen Staatsmänner haben diesen Plan auch so gewertet. Aber innerpolitisch hat er die Geister in Deutschland kaum erregt, denn als eigentliche »Annexionen« empfanden die Massen nur die schwerindustriellen und militärischen Pläne in bezug auf Belgien und Nordfrankreich. An den speziell industriellen Kriegszielen hatten die kaufmännischen Kreise und die Fortschrittspartei kein Interesse. Die breiten Schichten der Landbevölkerung Deutschlands wollten, wie die Arbeiter, eine möglichst schnelle Beendigung des Krieges, ohne dabei bestimmte Parolen zu formulieren.

Dem Reichskanzler von Bethmann-Hollweg war der in den Jahren 1915 und 1916 immer stärker anschwellende Kriegszielstreit sehr unangenehm, weil er die Regierung zu einem Heraustreten aus ihrer Zurückhaltung und zur Stellungnahme im Streit der Parteien und Klassen nötigte. Das hielt Bethmann-Hollweg für eine schwere Schädigung des Burgfriedens. Mit Hilfe der Zensur suchte er die Kriegszieldiskussion im Volke abzuwürgen. Das machte das Übel noch schlimmer. Denn alle Schichten des Volkes wollten sich darüber klarwerden, wozu der Krieg geführt wurde und welches Ziel er haben könnte. Durch die Methode Bethmann-Hollwegs wurde die Kriegszieldiskussion hinter die Kulissen und in interne Kreise verlegt, was die Selbstverständigung des deutschen Volkes noch schwerer machte, als sie schon an sich war. Bethmann-Hollweg sah die Kriegslage Deutschlands ernst und pessimistisch an. Der Generalstabschef von Falkenhayn stimmte im Grunde darin mit ihm überein. Bethmann hätte mit einem Schlage die annexionistische Propaganda in Deutschland töten können, wenn er einen amtlichen, wahrheitsgetreuen Artikel über die Kriegslage, möglichst gedeckt durch die Autorität des Generalstabs, an die Presse gegeben hätte. Aber einen solchen Schritt tat Bethmann nicht, um nicht den Willen des Volkes zum »Durchhalten« zu schwächen.

Anstatt daß die Regierung mit einem klaren Kriegs- und Friedensprogramm an die Öffentlichkeit getreten wäre und so die politische Führung an sich gerissen hätte, gefiel sich Bethmann-Hollweg in Zweideutigkeiten. Er wollte die Konservativen und Nationalliberalen nicht verletzen, aber die Sozialdemokraten konnten die Kanzlerworte auch in ihrem Sinne auslegen. Die eigenen Kriegsziele Bethmann-Hollwegs waren ein Gemisch aus den Forderungen sämtlicher Richtungen[24]. Er gab jedem etwas und glaubte, so die Einigkeit des Volkes wiederherzustellen und die innere Krise zu besänftigen. Am entschiedensten legte Bethmann-Hollweg sich nach Osten hin fest.

Schon am 19. August 1915 kündigte Bethmann-Hollweg in ziemlich deutlichen Worten im Reichstag an, daß Deutschland Polen an Rußland nicht zurückgeben werde. Das war die politische Folgerung, die Bethmann-Hollweg aus den deutschen Siegen über die Russen im Frühjahr und Sommer 1915 zog. Am 5. April 1916 erklärte Bethmann-Hollweg ganz bestimmt im Reichstag, daß die »befreiten« Polen, Litauer, Letten und Balten nicht wieder unter russische Herrschaft zurückkommen dürften. So dachte Bethmann-Hollweg den Kriegszielen der Sozialdemokraten zu entsprechen und gleichzeitig die militärisch-agrarischen Ostpläne zu berücksichtigen. Seit den russischen Niederlagen des Jahres 1915 war Rußland von seinen Verbündeten fast vollständig abgeschnitten. Rußland trug die Hauptlast des Krieges, bei wachsender Revolutionsgefahr für den Zarismus. Die deutschen Siege im Osten hatten eine militärische Entscheidung nicht gebracht. Um so näher hätte es gelegen, nun wenigstens politisch die militärischen Erfolge auszuwerten. Ein Sonderfrieden Deutschlands mit Rußland auf Grundlage des Status quo wäre wahrscheinlich im Herbst 1915 und im Jahre 1916 zu erreichen gewesen. Aber wenn Bethmann-Hollweg der russischen Regierung ankündigte, daß sie unbedingt ihre Westprovinzen verlieren müsse, blieb der Zar lieber bei der Entente.

Was die westlichen Ziele betraf, so plante Bethmann-Hollweg die Erwerbung von Longwy-Briey. Zum Ersatz wollte er den Franzosen Grenzberichtigungen an anderen Stellen Elsaß-Lothringens gewähren. Dabei war es klar, daß Frankreich auf den Verlust des wertvollen Erzgebietes nur nach einer vollständigen militärischen Niederlage eingehen würde. Der Plan, die Franzosen anderweitig dafür zu entschädigen, konnte ernsthaft nichts bedeuten. Doch äußerte sich Bethmann-Hollweg offiziell darüber nicht. Dagegen sprach er über Belgiens Zukunft ebenfalls am 5. April 1916 im Reichstag. Er versicherte, daß der »Status quo« Belgiens erledigt sei. Deutschland müsse reale Garantien dafür haben, daß Belgien kein englisch-französischer Vasallenstaat werde. Ferner müsse Deutschland den flämischen Volksstamm vor der »Verwelschung« schützen. Das war im wesentlichen das alldeutsche Programm einer deutschen Vorherrschaft über Belgien. Bethmann-Hollweg schloß sich sogar den Projekten an, die sich in Belgien besonders auf die Flamen, im Gegensatz zu den französisch sprechenden Wallonen, stützen wollten. Hier lag ein historisch-politischer Irrtum schwerster Art. Die beiden Nationalitäten, aus denen Belgien sich zusammensetzt, stehen zueinander wie die deutschen zu den französischen Schweizern. Zu »befreien« gab es hier nichts. Mindestens 99 Prozent des flämischen Volkes lehnten jede Einmischung Deutschlands in die inneren Verhältnisse Belgiens ab. Ein von Deutschland geschaffenes autonomes Flandern wäre also nur mit Militärgewalt aufrechtzuerhalten gewesen.

An sich war die Sorge der deutschen Regierung verständlich, daß Belgien keine Einfallspforte Englands auf dem Kontinent sein sollte. Aber diese Gefahr war nur durch eine kontinentale Verständigung zwischen Deutschland, Frankreich und Rußland zu beseitigen. Wenn Deutschland bewies, daß es wirklich eine kontinentaleuropäische Verteidigungspolitik betrieb, dann hätte es von Belgien (im ganzen, nicht von einem utopischen Flandern) Garantien verlangen können, daß Belgien sich der kontinentaleuropäischen Front einfügte. Aber wenn Bethmann-Hollweg an Kriegsziele dachte, die eine völlige Besiegung Frankreichs und Rußlands voraussetzten, wie wollte er sich dann in der belgischen Frage gegen England durchsetzen? Und wie vertrug sich dieses Kriegszielprogramm mit der pessimistischen Beurteilung der Kriegslage durch Bethmann-Hollweg?

Es ist ganz klar, daß Bethmann-Hollweg seine Kriegsziele nicht auf Grund der militärischen und außenpolitischen Lage Deutschlands, sondern als innerpolitisches Kompromiß formulierte. War Bethmann-Hollweg auch in der Sache, was die westlichen Kriegsziele betraf, mit den Konservativen und Nationalliberalen im wesentlichen einig, so wählte er seine Ausdrücke so sorgfältig, daß er auch die Sozialdemokraten nicht ganz abstieß. Bei gutem Willen konnte man seine Worte so auslegen, daß er keine »Eroberungen«, sondern nur friedliche, billige Vereinbarungen anstrebe. Aber gerade diese seine vorsichtige Form erbitterte die konservativ-nationalliberale Gruppe. In der Sache bot Bethmann-Hollweg den sogenannten Annexionisten eigentlich alles, was sie nur wünschen konnten. Aber sie wollten die offene, scharfe Aussprache der deutschen Kriegsziele, eigentlich nicht gegenüber dem Feind, sondern als innerpolitische Machtprobe: Scheidemann sollte nicht sagen dürfen, daß er den Reichskanzler richtig auslege[25]. Die bisher in Deutschland herrschenden Schichten wollten nicht einmal den Schein dulden, als ob die Sozialdemokratie auf die deutsche Kriegspolitik Einfluß übe. Auch bei den sogenannten Alldeutschen war der Kriegszielstreit in erster Linie eine innerpolitische Frage, genauso wie auf der anderen Seite bei den Arbeitern.

Bethmann-Hollweg hat das Kompromiß zwischen den Kriegszielen der aristokratischen und industriellen Oberschicht und den Zielen der sozialdemokratischen Arbeiter in denkbar unglücklichster Form gesucht. Der Einfluß der Sozialdemokraten auf ihn führte nicht dazu, daß er seine Forderungen mäßigte, sondern er packte eigentlich auf die alldeutschen Eroberungspläne auch noch die sozialdemokratischen Befreiungsprojekte im Osten auf und schuf sich so ein absurdes, völlig undurchführbares Kriegszielprogramm. Die Haltung der Regierung befriedigte niemand. Auf der rechten Seite wuchs die Opposition der Konservativen und Nationalliberalen gegen den Reichskanzler, und auf der linken Seite wurde es der sozialdemokratischen Parteiführung immer schwerer, die Politik der Regierung gegen die erbitterten Arbeiter zu verteidigen.

Einen ähnlichen Mittelweg wie in der Frage der Kriegsziele suchte Bethmann-Hollweg auf dem Gebiet der Kriegswirtschaft. Die ständigen Klagen der Sozialdemokraten über die schlechte Ernährung der Arbeiter beantwortete Bethmann-Hollweg mit immer schärferem Ausbau der Zwangswirtschaft. Deutschland war damals in der Lage einer belagerten Festung. So war ein staatliches Eingreifen in die Lebensmittelversorgung unvermeidlich. Aber die preußisch-deutsche Bürokratie, die in normalen Verhältnissen pünktlich und exakt arbeitete, war diesen neuen ungeheueren Aufgaben nicht gewachsen. Je mehr auf dem Gebiet der Ernährung »organisiert« wurde, um so mehr verschwanden die Lebensmittel vom Markt. Was im einzelnen damals in Deutschland hätte besser gemacht werden können, ließe sich selbstverständlich nur durch eine eingehende Spezialuntersuchung feststellen. Politisch hatte die Regierung mit der Zwangswirtschaft, die sich schließlich auf so gut wie alle Nahrungsmittel ausdehnte, nur Mißerfolge. Die Lebensmittelkarte mit ihrer gleichen Nahrungsmenge für arm und reich sollte als Konzession an die städtische Arbeiterschaft wirken. Aber die steigende Hungersnot machte die Stimmung des Proletariats immer schlechter, und zur selben Zeit entfremdete sich die Regierung, wie oben festgestellt wurde, alle Sympathien der Landbevölkerung.

Nach zwei Jahren Krieg und »Burgfrieden« hatte die kaiserliche Regierung gleichmäßig in allen Schichten des deutschen Volkes ihre Autorität eingebüßt. Niemand traute ihr, und niemand hoffte etwas von ihr. Der nächste Anstoß genügte, um sie über den Haufen zu rennen. Er kam durch eine neue Wendung der Kriegslage.

IV. Kapitel

Die Diktatur des Generals Ludendorff

Den ganzen Frühling und Sommer 1916 hindurch verblutete das deutsche Heer vor Verdun, wo nach der Absicht des Generalstabschefs von Falkenhayn Frankreichs militärische Macht zermürbt werden sollte. Als der Kampf um Verdun auf der Höhe war, brach das englische Millionenheer an der Somme zum Angriff los. Das deutsche Westheer durchlebte die schwersten Wochen seit der Marneschlacht. Die englische Offensive wurde mit riesiger Überlegenheit an Zahl und an Kriegsmaterial durchgeführt. Um das Unheil voll zu machen, kam dazu eine große russische Offensive. Die Russen hatten unter Führung des Generals Brussilow die österreichische Front durchbrochen und das österreichische Heer unter schwersten Verlusten zurückgedrängt. Wieder standen die Russen an den Karpaten. Die deutsche Armee, die schon im Westen eine geradezu übermenschliche Aufgabe zu lösen hatte, mußte nun auch die Stützung der gesamten Ostfront von Riga bis zu den Karpaten übernehmen.

Die Entente hatte die begründete Annahme, daß der Krieg noch in diesem Jahr mit ihrem Siege enden würde. So lange war Rumänien neutral geblieben. Als sich aber die Lage so offenkundig zugunsten der Entente gewendet hatte, griff es im August 1916 ebenfalls in den Krieg ein. Das bedeutete, daß einige hunderttausend Mann frische feindliche Truppen von Süden her die offene Flanke der deutsch-österreichischen Ostfront überfielen. Ob die deutsche Ostfront unter solchen Umständen überhaupt noch zu halten war, das war nicht abzusehen. Die militärischen Ereignisse von Juni bis August 1916 versetzten das deutsche Heer und Volk in tiefste Erregung. Das Vertrauen zur militärischen Führung durch General von Falkenhayn verschwand. So brach, neben der sowieso schon erschütterten politischen Autorität der Reichsleitung, auch die militärische Autorität zusammen. Und im Gefolge von beiden versank die Autorität des Kaisers.

Wilhelm II. hatte sich seit Kriegsbeginn peinlichst von der Öffentlichkeit zurückgezogen. Im Frieden hatte das deutsche Volk nur zu viel von seinem Kaiser gehört. Jetzt im Kriege, wo nach der Reichsverfassung die kaiserliche Initiative sich in erster Linie hätte zeigen müssen, verschwand das Kaisertum vollkommen. Es ist menschlich durchaus zu begreifen, daß Wilhelm II. in dieser so überaus verantwortungsschweren Lage nichts verderben wollte. Der Kaiser ließ seine obersten politischen und militärischen Ratgeber regieren und kommandieren und störte sie nicht. Wilhelm II. zog sich ungefähr auf die Rolle des Königs von England zurück. Seine Autorität stärkte er damit nicht. Die unzufriedenen Volksmassen richteten die politische Abneigung, die sie gegen das Offizierskorps hegten, in verstärktem Maße gegen die Spitzen des Offizierskorps, das heißt gegen die regierenden deutschen Fürsten und ganz besonders gegen den »obersten Kriegsherrn«, den Kaiser. An Wilhelm II. rächten sich jetzt seine autokratischen Gesten aus der Friedenszeit. Die verbitterten Arbeiter machten ihn für Hunger, Elend und Krieg verantwortlich, obwohl er seit August 1914 kaum mehr regierte.

Noch schlimmer für den Kaiser war es, daß auch die oberen Schichten allmählich im Kriege ihr monarchisches Gefühl verloren. Die preußischen Adligen, die Offiziere und die Fabrikanten wurden zwar keine Republikaner. Das hätte ihrer Tradition zu sehr widersprochen. Aber sie verloren jedes Zutrauen zum Kaiser und fühlten sich von Wilhelm II. verlassen. In diesen maßgebenden Kreisen des damaligen Deutschland hatte man die Empfindung, daß Wilhelm II. durch die Kabinettschefs und durch Bethmann-Hollweg vom Volke isoliert werde: Bethmann-Hollweg und der Hof verhinderten eine kraftvolle Innen- und Außenpolitik. Sie sabotierten den U-Boot-Krieg, und so eile Deutschland dem Verderben entgegen. Aber trotz ihrem unbegrenzten Mißtrauen gegen Wilhelm II., gegen Bethmann-Hollweg, und seit der schlimmen Wendung der Kriegslage im Sommer 1916 auch gegen Falkenhayn, konnten diese Kreise sich nicht entschließen, das Geschick Deutschlands politisch selbst in die Hand zu nehmen. Eine parlamentarische bürgerliche Rechtsregierung wäre im Sommer 1916 möglich gewesen. Denn das Zentrum ging damals noch mit den Konservativen und Nationalliberalen, und die Autorität von Kaiser und Regierung war so erschüttert, daß sie beim ersten Anstoß zusammengebrochen wäre.

Wäre damals ein Ministerium Spahn-Westarp-Stresemann zustande gekommen, so hätte dies trotz allem einen Schritt vorwärts bedeutet. Die »annexionistischen« Parteien hätten sich, sobald sie selbst die Verantwortung tragen mußten, mit den Realitäten der Kriegslage und der Politik abfinden müssen. Einzelne nationalliberale Abgeordnete wußten, wie oben bemerkt wurde, daß die Entwicklung Deutschlands zur Parlamentarisierung gehe und daß das Bürgertum dabei die entscheidende Rolle spielen werde. Aber für den preußischen Adel und für die Mehrheit der Industriellen bedeutete der Parlamentarismus den Weg zur »Demokratie« und zur Herrschaft der Arbeiter. Darum wollten sie von einer solchen Umwälzung nichts wissen. Es ist bezeichnend, daß die nationalliberale Minderheitsgruppe um von Richthofen [1], die entschlossen für die Parlamentarisierung eintrat, zugleich auch die Kriegslage pessimistisch beurteilte und die alldeutschen Kriegsziele ablehnte. Das heißt, diese Nationalliberalen standen im damaligen Machtkampf auf der »anderen Seite der Barrikade«; sie näherten sich taktisch den Sozialdemokraten. Stresemann suchte zwischen dem rechten und dem linken Flügel der Nationalliberalen zu vermitteln. Die Mehrheit der Partei blieb an der Seite der Konservativen als Hauptträgerin des alldeutschen Programms.

Wenn nun die Oberschichten Deutschlands den Bankrott der kaiserlichen Regierung erkannten, aber zugleich die Parlamentarisierung ablehnten, was blieb dann noch übrig? Eigentlich nur das Suchen nach einem »starken Mann«, nach einem Diktator, der den Krieg gewinnen und die alte Gesellschaft Deutschlands retten solle. Die einen erblickten den Retter in Admiral von Tirpitz, der als Opfer der Schwäche Wilhelms II. und Bethmann-Hollwegs seinen Platz im Reichsmarineamt habe räumen müssen. Die anderen setzten ihre Hoffnung auf die Generale Hindenburg und Ludendorff. War damals, im Sommer 1916, ein solcher Diktator imstande, dem Kaiser den Einfluß auf die Armee zu nehmen?

Das deutsche Heer von 1916 war politisch lange nicht mehr dasselbe wie das Friedensheer. Die deutsche Friedensarmee zählte zuletzt etwa dreiviertel Millionen Mann. Davon waren ein Drittel Berufsmilitär: Offiziere, Unteroffiziere und andere Kapitulanten, die in strengster monarchischer Gesinnung erzogen waren. Das Friedensheer war die unerschütterliche Hochburg der Hohenzollern gewesen. Das Feldheer von 1916 war eine Milizarmee von vier Millionen Mann, in der alle Strömungen des Volkes sich widerspiegelten. Das Offizierskorps setzte sich nur noch zum kleinsten Teil aus der altpreußischen Aristokratie zusammen. Als die preußische Garde für die galizische Offensive im Mai 1915 frisch aufgefüllt wurde, hatten die berühmten Potsdamer Regimenter bereits viele bürgerliche Reserveoffiziere [2]. Die adligen Leutnants lagen tot in den Massengräbern an der Marne oder zerschossen in irgendeinem Lazarett. Der preußische Militäradel ist nicht erst im November 1918 gestürzt worden. Die furchtbaren Blutopfer des preußischen Adels bei der Westoffensive 1914 haben zugleich seine Machtstellung im Heer und im Reich vernichtet. Die Art, wie das aktive preußische Offizierskorps 1914 in den Tod ging, muß auch seinen politischen Gegnern die höchste Achtung abzwingen. Aber man soll dann auch offen zugeben, daß das alte Bismarcksche Deutschland in der

Marneschlacht physisch und moralisch zugrunde gegangen ist, und man soll die Toten ruhen lassen.

Das Offizierskorps von 1916 war durchaus nicht demokratisch. Es fühlte sich als die gesellschaftlich führende und befehlende Schicht und hätte den Gedanken an eine deutsche Republik weit von sich gewiesen. Aber es erwartete die Rettung Deutschlands von Hindenburg und Ludendorff und nicht von Wilhelm II. und dem Kronprinzen. Diese Tatsache stand fest, und sie genügte, die Stellung des Königs von Preußen zum Heer von Grund auf zu ändern. Die oberen Schichten Deutschlands und das Heer waren im Sommer 1916 für die Diktatur reif. War ein ernster Widerstand von der sozialdemokratischen Arbeiterschaft zu erwarten?

Die Sozialdemokratie war damals innerlich aufs schwerste erschüttert, gespalten und zu keiner politischen Aktion fähig. Der sozialdemokratische Parteivorstand war davon überzeugt, daß im Interesse der deutschen Arbeiter die Landesverteidigung aufrechtzuerhalten sei. Würde die Sozialdemokratie offen gegen die Regierung auftreten, so würde damit das Volk und die Front zerklüftet[3]. Die Sozialdemokratie hätte damit die Verantwortung für einen schlechten Ausgang des Krieges. So fühlte sich die sozialdemokratische Führung als die Gefangene des Burgfriedens. Sie stellte öffentlich kein eigenes Kriegszielprogramm und kein innerpolitisches Programm der Regierung entgegen. Sie betonte zwar, daß Deutschland keine Eroberungen anstreben dürfe und daß das preußische Wahlrecht reformiert werden müßte. Aber sie gab sich schließlich immer mit Bethmann-Hollwegs zweideutigen Reden über Kriegsziele und Neuorientierung zufrieden.

Die Politik des Parteivorstandes stieß jedoch auf wachsenden Widerstand sowohl bei einem Teil der selbständig urteilenden Führer und Theoretiker der Bewegung als auch bei den Arbeitermassen. Die Opposition kristallisierte sich schließlich in zwei Tendenzen, im Spartakusbund und in der Unabhängigen Sozialdemokratischen Partei Deutschlands (USPD). Der Spartakusbund ist der Erbe der radikalen Linken der Vorkriegszeit. Die USPD setzte sich teils aus ehemaligen Revisionisten, teils aus alten Anhängern des Zentrums um den Parteivorstand zusammen. Rosa Luxemburg, die Führerin der radikalen Linken, war über die Politik des 4. August vor allem darum entsetzt, weil damit die Sozialdemokratie die selbständige politische Initiative aufgab. Mit einer aktiven revolutionären Landesverteidigung im Sinne von Engels wäre Rosa Luxemburg wahrscheinlich einverstanden gewesen. In der berühmten Broschüre, die Rosa Luxemburg während des Krieges unter dem Namen »Junius« erscheinen ließ, hat sie ein derartiges Programm der Verteidigung Deutschlands durch die Arbeiter, mit dem Ziel der

Machtübernahme durch das Proletariat, entwickelt [4]. Aber in der Junius-Broschüre finden sich daneben auch andere Gedankengänge: Wenn die Sozialdemokratie unter Verzicht auf eigene Politik die Kriegskredite bewilligt, so liegt darin die Kapitulation nicht nur vor dem Kapitalismus, sondern sogar vor den Hohenzollern und vor dem preußischen Militärsystem. So sieht Rosa Luxemburg in der Bewilligung der Kriegskredite die Unterwerfung der Sozialisten eines jeden Landes unter die dort regierende Klasse und den Tod der sozialistischen Internationale. Also könne eine neue selbständige Aktion der Arbeiterklasse nur mit der Ablehnung der Kriegskredite beginnen.

In der Fortentwicklung dieser Gedanken kam Rosa Luxemburg allmählich in die Nähe der Stimmung der am meisten verzweifelten und verbitterten Arbeiter, die in ihrem Haß gegen die Bourgeoisie jede nationale Gemeinschaft ablehnen, in dem Krieg eines bürgerlichen Staats nur eine Methode zur Bereicherung der Kapitalisten sehen und jede irgendwie geartete Unterstützung eines solchen Krieges als Arbeiterverrat betrachten. Das ist eigentlich der Geist des utopischen Radikalismus, wie er von Anfang an in der Arbeiterbewegung neben der marxistischen Theorie steht. Dieser Utopismus lehnt jede Ausnutzung politischer Möglichkeiten im Rahmen des bürgerlichen Staates ab. Wie er keine nationale Frage anerkennt, war er stets gegen die Beteiligung an den Parlamentswahlen und gegen jede Mitarbeit in den Gewerkschaften, die im Rahmen des bürgerlichen Staats für die Arbeiter Vorteile erstreben. Marx und Engels hatten mit dieser Art des utopischen Radikalismus, der besonders bei den Anarchisten und Syndikalisten blühte, nichts zu tun. Sie waren der Ansicht, daß die Arbeiterschaft sich durch eine solche Taktik und ein solches politisches System selbst ausschalte und damit der herrschenden Klasse den besten Dienst erweise.

Ein solcher Linksradikalismus lebt in den besonders verarmten und verelendeten Schichten der Arbeiter, und er fand naturgemäß im Kriege in den Hungervierteln der Großstädte und Industriegebiete besondere Entwicklungsmöglichkeiten. Für diesen radikalsten Teil der Arbeiter war der Krieg einfach eine Angelegenheit der »Reichen«. Ihre Losung war: »Nieder mit dem Krieg und sofortiger Frieden«, ganz gleich auf welche Art. Objektiv war das dasselbe, als wenn bei einer Erdbebenkatastrophe die unglücklichen Opfer des Naturereignisses sich mit der Losung »Nieder mit dem Erdbeben« vereinigen würden. Denn der Weltkrieg war ein Weltverhängnis, das nicht dadurch zu beseitigen war, daß ein Teil der deutschen Arbeiter es »ablehnte«. Nicht Ausbrüche der Verzweiflung, sondern nur eine kluge, die politischen Realitäten richtig einschätzende Politik im Geiste eines Engels' konnte den Arbeitern den Frieden und politische Macht bringen. Es war ein tragisches Verhängnis, daß der Kreis um Rosa Luxemburg, der eine marxistische Politik anstrebte und den Burgfrieden als Selbstausschaltung des Sozialismus ablehnte, um überhaupt in den Massen Anhang zu gewinnen, auf jene radikal-utopistischen Arbeiter angewiesen war. Bei diesem Zusammenwirken haben die Geführten die Führer mindestens ebenso stark beeinflußt wie umgekehrt. Nur unter dieser Voraussetzung kann man die Taktik und die Theorie des Spartakusbundes — so nannte sich im Kriege die Gruppe Rosa Luxemburgs — richtig verstehen.

Rosa Luxemburg bemühte sich, die Losung »Nieder mit dem Krieg« irgendwie mit der marxistischen Theorie in Verbindung zu bringen. Sie erklärt deshalb in der Junius-Broschüre, daß im heutigen Zeitalter des Imperialismus ein jeder Krieg durch großkapitalistische Gegensätze entstehe, gewissermaßen der Wettkampf verschiedener Riesentrusts sei. Deshalb sei in der Gegenwart ein nationaler Krieg unmöglich. Die Arbeiterschaft dürfe den Krieg in keiner Weise fördern. Jeder Kriegsausgang, ob Sieg oder Niederlage Deutschlands, sei für die Arbeiterschaft gleich verderblich. Es gäbe nur einen Ausweg, daß die Arbeiterschaft durch Revolution zur Macht komme. Die Ablehnung eines jeden nationalen Krieges steht in derselben Junius-Broschüre, die auf der anderen Seite ein nationales revolutionäres Verteidigungsprogramm für Deutschland entwirft. Als Lenin 1916 in der Schweiz die Junius-Broschüre erhielt, hat er in einer bedeutenden Rezension auf diesen inneren Widerspruch der Beweisführung aufmerksam gemacht.

Der Spartakusbund proklamierte den revolutionären Kampf gegen das in Deutschland herrschende System. Die Regierung suchte die Spartakusbewegung zu unterdrücken, verbot die Spartakusschriften und ließ die Führer, soweit man ihrer habhaft wurde, verhaften. Der Spartakusbund wurde so in die Illegalität gedrängt. Im Reichstag bekannte sich als einziger der Mitarbeiter Rosa Luxemburgs Karl Liebknecht zum Spartakusprogramm. Er lehnte schon im Dezember 1914 die Kriegskredite, die damals vom Reichstag gefordert wurden, ab und vollzog seinen Bruch mit der sozialdemokratischen Fraktion. Liebknecht hielt es für seine Pflicht, demonstrativ unter Einsetzung seiner Existenz gegen den Burgfrieden aufzutreten. Er war als Soldat zum Heeresdienst eingezogen. Dennoch beteiligte er sich am 1. Mai 1916 an einer Straßendemonstration auf dem Potsdamer Platz in Berlin. Er wurde verhaftet und vom Kriegsgericht zu einer mehrjährigen Zuchthausstrafe verurteilt. So wurde er der Märtyrer der sozialistischen Friedensbewegung.

Zahlenmäßig war der Spartakusbund auch 1916 noch ganz schwach[5]. Keine einzige nennenswerte Organisation der Sozialdemokratie ist zu ihm übergegangen. Auch bis zur Revolution 1918 ist der Spartakusbund nicht viel stärker geworden. Wenn Karl Liebknecht in weiten

Volkskreisen Sympathien genoß, so galten sie nicht dem revolutionären Sozialisten, sondern dem Manne, der am entschiedensten »für den Frieden« kämpfte. Als es im späteren Verlauf des Krieges öfter zu Streiks und Demonstrationen der hungernden Arbeiter kam, schienen ihre Aktionen sich auf der Linie des Spartakusprogramms zu bewegen. Aber in Wirklichkeit standen die Massen, die sich an diesen Kundgebungen beteiligten, durchaus nicht unter der politischen Führung von Spartakus. Eine andere linksradikale Gruppe, die in manchen Auffassungen vom Spartakusbund abwich, bildete sich in Bremen. Sie hatte nur lokale Bedeutung.

Viel wichtiger als das Auftreten der Linksradikalen wurde die Bewegung, die dann später zur Gründung der USPD geführt hat[6]. Die große Mehrheit der sozialdemokratischen Arbeiter hielt immer noch, im Gegensatz zum Spartakusbund, an der Notwendigkeit der Landesverteidigung fest. Aber sie verlangte, daß der Verteidigungscharakter des Krieges unbedingt sichergestellt werde. Für Eroberungen dürfe Deutschland sich nicht schlagen. Die Sozialdemokratie müsse den Kampf gegen den Annexionismus mit ganz anderer Energie führen, als es der Parteivorstand tue. Dieses Verlangen der Massen nach Kampf gegen den Annexionismus, hinter dem in Wirklichkeit der Wille zur Erneuerung des Klassenkampfes verborgen war, fand bei einer Minderheit der Reichstagsfraktion Unterstützung. Diese Gruppe wollte zwar nicht, wie Liebknecht, die direkte revolutionäre Aktion. Aber sie wünschte, daß die Partei ihre politische Bewegungsfreiheit wiedergewinne: Deutschlands Grenzen seien vom Feinde frei. Es handle sich nicht mehr um die Landesverteidigung, sondern um einen von den Alldeutschen geleiteten Eroberungskrieg. Die Regierung werde trotz der schönen Worte Bethmann-Hollwegs von den Annexionisten beherrscht. Also müsse die Partei, um die Verantwortung für die Regierungspolitik abzulehnen, die Kriegskredite verweigern. Von solchen Argumenten geleitet, trennten sich im Dezember 1915 zwanzig Abgeordnete von der Fraktionsmehrheit und stimmten gegen die Kriegskreditvorlage. So kam es zur Spaltung der sozialdemokratischen Reichstagsfraktion. Die Spaltung übertrug sich auf die Organisationen im Lande, bis dann die Opposition formal aus der Partei ausgeschlossen wurde und sich 1917 als eigene Partei, USPD, konstituierte.

Die Mehrheitssozialdemokratie, wie man die alte Partei im Gegensatz dazu nannte, setzt im großen und ganzen die Politik des Parteivorstandes der Vorkriegszeit fort. Der Spartakusbund ist der Erbe der alten radikalen Linken. Die USPD dagegen bildete sich aus einem Teil der Revisionisten, verbündet mit einem Teil der alten Parteivorstandsgruppe. Hervorragende Revisionisten wie Bernstein und Eisner gingen zur USPD und wollten damit zeigen, daß die Taktik des Burgfriedens ihrer Auffassung von Arbeiterpolitik nicht entspreche. Bernstein traf in der USPD seinen alten Gegner Kautsky, den die Partei lange Jahre als offiziellen Theoretiker angesehen hatte, ferner von der alten Gruppe des Parteivorstandes Haase und Dittmann. Die Revisionisten der Vorkriegszeit teilten sich im Kriege in drei Tendenzen: Die einen gingen mit dem Parteivorstand, die andern mit der USPD. Eine dritte Gruppe, deren Organ die »Sozialistischen Monatshefte« waren, blieb in der alten Partei, wich aber besonders in der Außenpolitik von der Linie des Parteivorstandes ab und verlangte, statt der allgemeinen Losung »gegen Eroberungen«, den Sonderfrieden mit Rußland[7].

Die USPD war ein Produkt der vorübergehenden Kriegslage. Sie war in erster Linie der Block der sozialdemokratischen Gegner des Burgfriedens, die gegen die Kriegskredite waren, um so von der Bindung an die Regierung loszukommen. Sonst herrschten innerhalb der USPD in der Beurteilung der Arbeiterbewegung und ihrer Taktik große Meinungsverschiedenheiten. Die Verschiedenheiten innerhalb der neuen Partei wurden noch dadurch gesteigert, daß auch die Spartakusleute die legalen USPD-Vereine als Unterschlupf benutzten, sich dabei aber ihre Sonderstellung vorbehielten. Die offizielle USPD hat im Gegensatz zum Spartakusbund alle gesetzwidrigen Aktionen abgelehnt und die Landesverteidigung nicht gestört. Sie wollte durch eifrige Propaganda für den »Verständigungsfrieden« zur Beendigung des Krieges beitragen. Es gelang der USPD, den Kern der alten sozialdemokratischen Organisationen in Groß-Berlin, Leipzig, Halle, Bremen, Braunschweig und anderen Orten an sich zu ziehen.

Die Hauptstütze der Mehrheitspartei blieben die freien Gewerkschaften. Indessen wurde die Lage des Parteivorstandes im Laufe des Jahres 1916 immer schwieriger. Auch innerhalb der eigenen Reichstagsfraktion mehrten sich die Gegner der Kriegskredite. Nur hielten sie die Parteidisziplin aufrecht und machten die organisatorische Trennung nicht mit. Unter dem Druck der USPD und der Opposition in den eigenen Reihen hat auch die Mehrheitssozialdemokratie sich immer mehr vom Burgfrieden losgelöst. Sie verschärfte den Kampf gegen die Annexionisten, für die in den Volksmassen so populäre Losung des »Verständigungsfriedens ohne Eroberungen« und für die innerpolitische Neuorientierung Deutschlands. In den Jahren 1917 und 1918 ist der Unterschied zwischen den beiden sozialdemokratischen Parteien nur noch gering. Er zeigte sich fast nur in der Haltung zu den Kriegskrediten. Die geschichtliche Bedeutung der USPD besteht darin, daß sie wieder die gesamte sozialistische Bewegung Deutschlands in die Opposition gegen das bestehende System gebracht hat. Aber im Sommer 1916 stand der sozialdemokratische Parteivorstand noch im schärfsten Kampf gegen die Opposition in den eigenen Reihen, und er hatte keine Neigung zu einem großen Vorstoß im Reichstag, um damit das politische Machtverhältnis in Deutschland zu verschieben. Auch das Zentrum und die Fortschrittspartei hielten sich damals noch zurück und zeigten keinen eigenen Machtwillen.

So blieb die politische Kraft, trotz der wachsenden Gärung der Massen, noch bei den Offizieren, den Grundbesitzern und den Industriellen. Die alte Regierung des Kaisers und des Reichskanzlers konnte durch die Militärdiktatur des Generals Ludendorff abgelöst werden. Man hat gesagt, daß der Weltkrieg für Deutschland militärisch der Krieg der versäumten Gelegenheiten gewesen ist. Aber das gilt auf politischem Gebiet in gleichem Maße. Im Sommer 1916 lag in Deutschland die politische Macht gleichsam auf der Straße. Wer den Mut hatte, zuzugreifen, der hatte sie. Hätte sich damals eine zielbewußte Reichstagsmehrheit in der Art von 1917 gebildet, dann hätte sie ohne viel Mühe die Parlamentarisierung durchsetzen können. Aber der günstige Moment wurde verpaßt. Als 1917 der Reichstag seinen Vorstoß machte, stieß er nicht mehr auf den hilflosen Kanzler und Kaiser, sondern auf den General Ludendorff und konnte sich nicht durchsetzen.

Am 29. August 1916 mußte der Kaiser, unter dem Druck der Stimmung in Heer und Volk, den Generalstabschef von Falkenhayn entlassen. Mit diesem Tage beginnt die Liquidation des Bismarckschen Reiches und, wenn man will, die deutsche Revolution. An Stelle Falkenhayns konnte niemand anders treten als Feldmarschall von Hindenburg. Er brachte ins Hauptquartier den General Ludendorff mit, seinen Stabschef beim Kommando im Osten. Der Personalwechsel zog sofort eine völlige Veränderung in den Rechtsverhältnissen des Armeekommandos nach sich. Es entstand die allmächtige Oberste Heeresleitung, wie sie in der zweiten Kriegshälfte der ganzen Welt bekannt wurde. Nach der Bismarckschen Verfassung ist die Oberste Heeresleitung Deutschlands nur der Kaiser selbst. Bei der Erteilung der Befehle bedient sich der Kaiser des Rats seines Chefs des Generalstabs. Dieser ist dem Kaiser für die richtige Ausführung der Befehle und überhaupt für die korrekte Dienstleistung verantwortlich, genauso wie der Oberst dem Kommandierenden General verantwortlich ist, oder zum Beispiel im Zivilleben der Kassierer dem Geschäftsinhaber. Wenn der Kaiser mit der Leistung des Generalstabschefs unzufrieden ist, entläßt er ihn, oder er veranlaßt ihn durch demonstrativen Ausdruck der Unzufriedenheit, seine Entlassung zu erbitten. Der Chef des Generalstabs hat eine Reihe ihm unterstellter Mitarbeiter und Gehilfen. Einer von ihnen, aber lange nicht der wichtigste, ist der Generalquartiermeister. Das war die verfassungsmäßige Ordnung der Dinge im deutschen Hauptquartier bis zum August 1916.

Die Umgestaltung der Verhältnisse zeigt sich zunächst in einer merkwürdigen Doppelbesetzung des Kommandos. Es war allgemein bekannt, daß die Siege, die General von Hindenburg im Osten erfochten hatte, auf den Plänen des Generals Ludendorff beruhten. Die öffentliche Meinung in Heer und Heimat verlangte, daß die gesamte deutsche Kriegführung in die Hand von Hindenburg und Ludendorff gelegt wurde. Ludendorff folgte deshalb dem Feldmarschall von Hindenburg ins Große Hauptquartier und erhielt dort als »Erster Generalquartiermeister« eine neugeschaffene, eigenartige Stellung[8]. Dem General Ludendorff wurde die volle Mitverantwortung für die Durchführung der militärischen Operationen zugesichert. Damit hatte der Kaiser eigentlich zwei Generalstabschefs. In Wirklichkeit vollzog sich die Arbeitsteilung so, daß Hindenburg der Oberbefehlshaber des Heeres war und daß Ludendorff ihm als Generalstabschef zur Seite trat. Ludendorff entwarf, so wie früher im Osten, die Pläne der Operationen, und Hindenburg deckte sie mit seiner Autorität. Der Kaiser aber hatte damit den Oberbefehl des Heeres eingebüßt, den er bis zum August 1916 wenigstens formal geführt hatte. Seitdem war im deutschen Heere die kaiserliche Kommandogewalt eine reine Dekoration.

Das Instrument, mit dem Ludendorff seine Diktatur begründete, war die völlig neue, den alten Vorstellungen des deutschen Heeres fremde Auslegung, die er dem Begriff seiner »Verantwortung« gab. Ludendorff verstand darunter nicht die oben charakterisierte Verpflichtung des Untergebenen gegen seinen Vorgesetzten, sondern eine Stellung ungefähr wie die eines parlamentarischen Ministers. Wenn zum Beispiel der Reichskanzler eine nach Ansicht des Generals Ludendorff falsche, die Kriegführung schädigende Politik machte, erklärte Ludendorff, daß er dafür die »Verantwortung« nicht tragen könne. Er erbat demgemäß seine Entlassung. Die Folge davon war aber, daß nicht Ludendorff ging, sondern der Reichskanzler. Mit dem Druckmittel seiner »Verantwortung« beziehungsweise des »Nichttragenwollens der Verantwortung« hat General Ludendorff dem Kaiser nicht nur auf militärischem Gebiet, sondern auch in allen entscheidenden politischen Fragen seinen Willen aufgezwungen.

General Ludendorff genoß das unbedingte Vertrauen des Feldmarschalls von Hindenburg. Wenn Ludendorff seinen Rücktritt ankündigte, so schloß Hindenburg sich ihm an. Der Kaiser war aber gar nicht imstande, Hindenburg und Ludendorff zu entlassen. Die kaiserliche Autorität war so gesunken und dafür die Autorität der beiden Heerführer so gestiegen, daß Wilhelm II. gegenüber Ludendorff machtlos war.

Hätte der Kaiser etwa im Jahre 1917 versucht, den General Ludendorff kaltzustellen, so wäre aus der Ludendorff-Krise sehr bald eine Kaiser-Krise geworden. Die Entlassung Ludendorffs war erst im Oktober 1918 möglich, als der Generalquartiermeister selbst förmlich eingestand, daß er den Krieg verloren habe, und damit gewissermaßen seine Abdankung als Diktator Deutschlands kund tat. Wenn Feldmarschall von Hindenburg auch nach dem Oktober 1918 im Amt blieb, erst im Dienst der parlamentarischen Monarchie unter Max von Baden, dann unter der Republik der sechs Volksbeauftragten, so zeigt das, daß Hindenburg sich nicht als der Diktator Deutschlands gefühlt hat. Der Mann, der im Oktober 1918 infolge des militärisch-politischen Zusammenbruchs abtreten mußte, war der wirkliche Machthaber Deutschlands seit August 1916 gewesen.

Auf militärischem Gebiet ging Ludendorff so weit, daß er keinem ihm unterstellten Offizier (und welcher Offizier war der Obersten Heeresleitung nicht unterstellt?) das Recht zubilligte, eine von ihm abweichende Meinung gegenüber dem Kaiser zu vertreten. Das zeigte sich zum Beispiel im Januar 1918 bei einer Auseinandersetzung über die Zukunft Polens. In einer Sitzung am 2. Januar hatte sich der Kaiser in der Frage der künftigen Gestaltung der deutsch-polnischen Grenze der Ansicht des Generals Hoffmann angeschlossen. Darauf schrieb Hindenburg am 7. Januar 1918 einen Brief an Wilhelm II., in dem es unter anderem heißt[9]: »In der polnischen Frage haben Eure Majestät geruht, das Urteil des Generals Hoffmann höher zu stellen, als das meinige und das des Generals Ludendorff. General Hoffmann ist mir unterstellt und ohne eigene Verantwortung in der polnischen Frage. Der Vorgang am 2. Januar hat mich und General Ludendorff schmerzlich berührt. Er ist für uns ein Zeichen, daß Eure Majestät in einer das Leben des deutschen Vaterlandes berührenden Frage unser Urteil hintansetzen.«

Es handelt sich, wie man sieht, hier um eine rein politische Angelegenheit. Nach der Bismarckschen Verfassung hatte dabei der Generalstabschef weder das Recht der Einmischung noch eine irgendwie geartete Verantwortung. Wenn der Kaiser aber in einer politischen Frage einen Offizier um Rat fragte, so unterlag das seinem freien Ermessen. Im Januar 1918 war das Kräfteverhältnis vollkommen verschoben: Ludendorff erstreckt seine »Verantwortung« auf alles, was das »Leben des deutschen Vaterlandes« berührt, das heißt auf die gesamte Politik, und wenn der Kaiser sich von einem andern Offizier einen politischen Rat holt, ist das ungehörig: Denn »General Hoffmann ist mir unterstellt und in der polnischen Frage ohne eigene Verantwortung!« Wenn diese Auffassung sich durchsetzte, war das Verhältnis des Königs von Preußen zu seinen Offizieren zerrissen, und die Armee hatte nur einen Herrn, den Ersten Generalquartiermeister. Der Streit entschied sich schnell zugunsten des Generals Ludendorff. Der Reichskanzler meldete der Obersten Heeresleitung, daß offenbar ein Mißverständnis vorliege und der Kaiser am 2. Januar nichts Endgültiges über Polen entschieden habe!

Auf politischem Gebiet beanspruchte General Ludendorff nicht mehr und nicht weniger als die Entscheidung über die Person des Reichskanzlers. Bethmann-Hollweg wurde entlassen, als Hindenburg und Ludendorff erklärten, daß sie mit ihm nicht zusammenarbeiten würden. Die Vorgänge bei der Ernennnung des nächsten Reichskanzlers Michaelis sind geradezu grotesk. Der Kaiser beauftragte den Chef des Zivilkabinetts von Valentini, er solle Hindenburg fragen, wen er als Kanzler wolle. Valentini, dem der Auftrag etwas unheimlich war, ging zunächst zu seinem Kollegen, dem Chef des Militärkabinetts von Lyncker. Dort traf er auch den kaiserlichen Adjutanten, General von Plessen. Im Gespräch der drei Hofmänner taucht auf einmal die Kandidatur des preußischen Ernährungskommissars Dr. Michaelis auf. Als erster ist offenbar Plessen auf diesen Einfall gekommen. Dann fuhren die drei zu Hindenburg und Ludendorff und konferierten mit ihnen über die Ernennung eines neuen Kanzlers. Ludendorff sagte, er könne Michaelis nur auf das wärmste empfehlen. Michaelis sei vor einiger Zeit im Großen Hauptquartier gewesen und habe den Eindruck gemacht, daß er der rechte Mann sei. So einigte man sich auf Michaelis. Valentini fuhr mit dem Resultat zurück zu Wilhelm II., und der Kaiser schloß sich sofort der Anregung Ludendorffs an, obwohl er selbst erklären mußte, daß »er Michaelis nicht kenne«.

Das deutsche Volk hat damals Michaelis ebensowenig gekannt, wie der Kaiser ihn kannte. Alle Welt war aufs höchste überrascht, wie das Geschick Deutschlands in schwierigster Stunde einem Mann anvertraut werden konnte, der aller Politik mindestens bisher ganz fern gestanden hatte. Das Rätsel, wie Michaelis deutscher Reichskanzler geworden ist, löst sich auf Grund der Mitteilungen, die der Hauptbeteiligte, Herr von Valentini, an Bethmann-Hollweg machte und die der gestürzte Kanzler unter dem frischen Eindruck der Ereignisse am 14. Juli 1917 aufzeichnete. Die denkwürdige Niederschrift Bethmann-Hollwegs befindet sich in den Akten der Reichskanzlei[10]. Man sieht daraus, wie Ludendorffs Wille alles entschied und wie Wilhelm II. sich sofort fügte, wenn ihm die Meinungsäußerung Ludendorffs überbracht wurde. Man sieht aber auch daraus, wie leichtfertig Ludendorff in politischen Dingen seine Entscheidung begründete. Eine zufällige Anregung und ein ebenso zufälliger persönlicher Eindruck genügten, um Ludendorffs Autorität in einer bestimmten Richtung festzulegen. So ist das deutsche Volk im Kriege regiert worden.

Schon nach wenigen Monaten stellte sich die völlige Unzulänglichkeit des Kanzlers Michaelis heraus, und die Oberste Heeresleitung opferte ihn ohne Bedenken dem Reichstag. Der folgende Kanzler, Hertling, hat sich immer in erster Linie als der Beauftragte der Obersten Heeresleitung gefühlt und alles aufgeboten, um die politische Auffassung der Obersten Heeresleitung durchzusetzen. Dabei war die persönliche Auffassung des erfahrenen alten Herrn in entscheidenden Fragen eine andere als die des Generals Ludendorff. Aber Graf Hertling hielt sich nicht für fähig, einen Kampf mit Ludendorff aufzunehmen.

Ludendorff duldete keinen Reichskanzler, der ihm nicht genehm war. Aber er erstreckte diese Oberaufsicht auch auf die Minister und Staatssekretäre. Als der Staatssekretär des Auswärtigen von Kühlmann im Juni 1918 eine Rede im Reichstag hielt, die der Obersten Heeresleitung nicht gefiel, wurde er auf Wunsch des Generals Ludendorff entlassen. Die Oberste Heeresleitung nahm für sich das Recht in Anspruch, die Kriegsziele Deutschlands festzulegen. Als die Friedensverhandlungen Deutschlands mit den Ostmächten Rußland, der Ukraine und Rumänien begannen, setzte Ludendorff es durch, daß der Kaiser offiziell der Obersten Heeresleitung die Mitverantwortung für die Friedensverhandlungen übertrug. Nach der alten Reichsverfassung hatte nur der Reichskanzler die Verantwortung für die Friedensschlüsse. Die Konkurrenz der Obersten Heeresleitung mit dem Reichskanzler schuf eine neue, der formal geltenden Verfassung widersprechende Situation. In Wirklichkeit wurde die Haltung Deutschlands bei den Friedensschlüssen von Brest-Litowsk und mit Rumänien durch General Ludendorff bestimmt.

Die Oberste Heeresleitung mischte sich auch in alle Fragen der inneren Politik ein, soweit sie sich dafür interessierte. Alles, was in Deutschland damals vorging, bezog sich in der einen oder anderen Form auf die Kriegführung. Entweder war der direkte Zusammenhang gegeben, wie bei Arbeiterfragen, der Volksernährung, der Stellung zu den Gewerkschaften, der Beschaffung von Rohstoffen usw., wegen der Kriegsindustrie. So ergab sich hier sofort die Einmischung der Obersten Heeresleitung. Oder aber General Ludendorff stellte fest, daß irgendein innerpolitischer Vorgang die »Stimmung des Heeres ungünstig beeinflusse«, und griff darum ein. Aber der Druck der Obersten Heeresleitung auf den Kaiser ging noch weit über eine solche autoritative Ratgebung in allen wesentlichen militärischen und politischen Fragen hinaus: Wilhelm II. mußte sich von General Ludendorff vorschreiben lassen, wen er in den verantwortungsvollen Hofstellen zu beschäftigen habe.

Im Januar 1918 verlangte die Oberste Heeresleitung vom Kaiser, er müsse den Chef des Zivilkabinetts von Valentini entlassen[11]; einen

Mann, der seit Jahren das vollste Vertrauen Wilhelms II. genoß. Der Kaiser wagte keinen Widerstand, verlangte aber, daß die Oberste Heeresleitung ihm ausführlich die Gründe mitteile, warum Herr von Valentini weggeschickt werden müsse. Am 16. Januar 1918 schrieb daraufhin Hindenburg, in Übereinstimmung mit der Meinung Ludendorffs, an Wilhelm II., daß Valentini eine erhebliche Mitschuld an der gefährlichen Politik Bethmann-Hollwegs getragen habe. Er, Hindenburg, habe den Kaiser schon wiederholt um eine Neubesetzung der Stellung des Chefs des Zivilkabinetts gebeten, weil ihm, als Chef des Generalstabs, die »Stimmung im Volke« nicht »gleichgültig« sein könne. Der Kaiser möge in seine nächste Umgebung einen Mann berufen, der »klar und neutral die Lage erkennt, seinem allergnädigsten Herrn mannhaft und offen über die Zustände berichtet und die Fühlung mit dem Volke, das sehnsüchtig darauf wartet, wiederherstellt.«

Man sieht, wie die Oberste Heeresleitung ihre eigenen Ansichten ohne weiteres mit der Stimmung im Heer und im Volke gleichsetzt. Das war bei der ungeheuren Autorität, die Hindenburg und Ludendorff damals genossen, gar nicht so falsch. Denn wenn die Oberste Heeresleitung feststellte, daß irgendeine Maßregel nötig sei, um so den Krieg zu gewinnen, so fügte sich bis in den Herbst 1918 hinein die Mehrheit des Volkes. Der Kaiser hat befehlsgemäß Herrn von Valentini entlassen!

Es ist klar, daß bei einem solchen Kräfteverhältnis von einer monarchischen Regierung in Deutschland keine Rede mehr sein konnte. Die Verfassung von 1871 war aus den Angeln gehoben. Dabei hielt General Ludendorff sich selbst, offenbar ganz aufrichtig, für kaisertreu. Aber er verlangte vom Kaiser, daß er das »Richtige« und »Notwendige« tue und nur »geeignete und fähige« Personen in seinen Diensten behalte. Was aber in jedem Fall zu tun sei und welchen Persönlichkeiten man Vertrauen zu schenken habe, das entschied General Ludendorff, und der Generalquartiermeister verlangte von Wilhelm II., daß er sich dieser Auffassung anschließe. So haben im Fränkischen Reich die karolingischen Hausmeier die Könige aus dem Merowinger-Haus behandelt.

Wilhelm II. war sich über die Lage klar, und er ertrug die Diktatur des Generals Ludendorff wie eine tiefe persönliche Demütigung. Wie in früheren Zeiten schüttete Wilhelm II. sein Herz in Randbemerkungen zu den Aktenstücken aus, die man ihm vorlegte[12]. Aber welch ein Unterschied besteht zwischen den kaiserlichen Randglossen der Vorkriegszeit mit ihren stolzen und derben Kraftausdrücken eines unbeschränkten Herrschertums und den gedrückten, verbitterten Bemerkungen von 1917 und 1918! So erhielt Wilhelm II. im Januar 1918 einen Bericht des Feldmarschalls von Mackensen aus Rumänien, worin dieser seine Meinung über die Lage auf dem Balkan und das Verhältnis zu Österreich äußert. Wilhelm II. schreibt dazu in einer Randbemerkung, daß die von Mackensen vorgetragenen Wünsche »sich ganz mit meinen decken. Ich habe sie bisher dem Chef des Generalstabs gegenüber nicht durchzudrücken vermocht!«

Am 9. Januar 1918 erschien in der »Berliner Börsenzeitung« ein offenbar von Kühlmann selbst inspirierter Artikel, der sich in sehr vorsichtiger Form mit dem Gegensatz zwischen Kühlmann und Ludendorff beschäftigte. Staatssekretär von Kühlmann suchte der Diktatur Ludendorffs entgegenzuarbeiten. Er betonte in internen Denkschriften, daß das Übergewicht der Obersten Heeresleitung der deutschen Verfassung widerspreche, und suchte auch, soweit es damals möglich war, die Öffentlichkeit in diesem Sinne aufzuklären. Die Oberste Heeresleitung kannte die Gesinnung Kühlmanns und hat einige Monate darauf seine Entlassung veranlaßt. Der sehr geschickt abgefaßte Artikel der »Börsenzeitung« ist von Wilhelm II. mit Randglossen versehen worden. Alle Stellen, an denen der Verfasser gegen Ludendorff polemisiert, freilich ohne den Namen des gefürchteten Generalquartiermeisters zu nennen, werden vom Kaiser mit »ja«, »richtig«, »sehr gut«, ausgezeichnet. Wilhelm II. war in den Fragen der Außenpolitik und der Kriegsziele für die gemäßigte Linie Bethmann-Hollwegs und Kühlmanns und gegen die Tendenz Ludendorffs. Aber er sah keine Möglichkeit, weder die ihm sympathischen Politiker zu halten noch sachlich seine Linie gegen Ludendorff durchzusetzen.

In dem zitierten Artikel heißt es unter anderem: »Immer von neuem wird in der deutschen Öffentlichkeit der Ruf nach einem Staatsmann, der uns führen soll, laut. Und doch sind leider die bei uns herrschenden Verhältnisse sehr wenig dazu geeignet, einen Staatsmann groß werden zu lassen.« Dazu schrieb Wilhelm II. an den Rand: »Richtig, entweder er mißfällt dem Reichstag oder Kreuznach oder beiden!« In Kreuznach saß damals die Oberste Heeresleitung. Die Frage, wie es denn mit der Entwicklung staatsmännischer Kräfte in Deutschland bis 1914 gewesen ist, legte sich der Kaiser in diesem Moment nicht vor. Der Artikel deutet dann weiter an, daß das Verhältnis der militärischen Leitung zu der politischen nicht das richtige sei. Dazu schreibt Wilhelm II. begründend an den Rand: »Weil von beiden Seiten der Kaiser ignoriert wird!«

Wilhelm II. beurteilte also damals das politische Kräfteverhältnis in Deutschland so: Auf der einen Seite steht die allmächtige Oberste Heeresleitung. Ihr Gegenspieler ist die Reichstagsmehrheit, und einige Minister versuchen, gestützt auf den Reichstag, sich gegen die Oberste Heeresleitung zu behaupten. Um den Kaiser kümmern sich beide Teile nicht mehr, und er kann es nicht ändern. Das ist derselbe Wilhelm II., der 1890 einen Bismarck fortjagen konnte und der einst alles zerschmettern wollte, was ihm in den Weg trat. Jetzt hatte er in Ludendorff seinen Meister gefunden. Der Kaiser wird von allen Seiten »ignoriert«. Bismarck war gerächt.

Manchmal suchte Wilhelm II. auch noch 1917 und 1918 den Schein zu wahren, als ob er der alte wäre. Dann sprach er wieder Kraftworte gegen die Demokratie im allgemeinen und gegen die Sozialdemokratie im besonderen. Aber in Kreuznach wußte man, wie man den Kaiser einzuschätzen hatte. Die Vorgänge, die sich im November 1918 im Großen Hauptquartier abspielten, sind nur dann richtig zu verstehen, wenn man sich klarmacht, daß Wilhelm II. dort schon seit Jahren als machtlose und eigentlich überflüssige Persönlichkeit empfunden wurde.

General Ludendorff hatte sich nicht danach gedrängt, der Herrscher Deutschlands zu werden. Aber als im August 1916 der Wille von Heer und Volk ihn an die oberste Stelle brachte, hat er überall rücksichtslos durchgegriffen, wo er es für notwendig hielt, ohne sich dabei um Kompetenzen viel zu kümmern. Als er sah, daß er überall seinen Willen durchsetzte, gewöhnte er sich daran, zu regieren. Wäre Ludendorff ein englischer oder französischer General oder auch ein preußischer General unter Wilhelm I. gewesen, so hätte er ohne Zweifel gar nicht daran gedacht, sich in die Politik einzumischen. Aber das Schicksal hat den General Ludendorff gerade an den Wendepunkt deutscher Geschichte gestellt, als die kaiserliche Regierung im Sinne der Verfassung von 1871 schon erledigt war, aber eine neue Staatsordnung noch nicht da war. Der Politiker Ludendorff ist der Lückenbüßer zwischen zwei Perioden deutscher Geschichte. Ihn wegen dieser Rolle moralisch anzuklagen, wäre nicht angebracht. Ludendorff war ohne Zweifel eine militärische Begabung ersten Ranges. Aber große Feldherrn sind in der Regel keine Staatsmänner. Napoleon I. ist als Politiker ebenso gescheitert wie Caesar, und Hannibal hat durch seinen politisch verfehlten Zug nach Italien wesentlich zum Untergang seiner Heimat Karthago beigetragen. Der alte Moltke hat sich nie in der Politik versucht.

Ludendorff hatte im August 1916 keinerlei politische Vorbildung oder Erfahrung. So ließ er sich in allen nichtmilitärischen Fragen überraschend leicht beeinflussen, wenn nur eine Person oder eine Maßregel im allgemeinen in sein System paßte. Was ihm geschickte Leute mundgerecht machten, das griff er auf und vertrat es dann mit der ihm eigenen Hartnäckigkeit und seiner überragenden Autorität. Ludendorff verwahrte sich schon im Kriege dagegen, daß er ein Reaktionär sei, und er verwies auf seine Bestrebungen für die Kriegsbeschädigten, zur Förderung des Wohnungsbaues und des Siedlungswesens. Aber er konnte es nicht begreifen, daß der Arbeiter auch politisch einen selbständigen Willen haben sollte. Ebensowenig konnte er verstehen, wie die ungeheuere Not der späteren Kriegsjahre die Stimmung der Arbeiter beeinflußte und sie zu Anschauungen über Kriegsziele usw. brachte, die von seinen abwichen. Gegen Streiks empfahl Ludendorff rücksichtslose Gewaltanwendung. Unter keinen Umständen sollten irgendwelche Wünsche streikender Arbeiter bewilligt werden. Er glaube zwar, heißt es in einem Brief Ludendorffs an den Kriegsminister vom 18. Februar 1918[13], daß man auch in Zukunft »im allgemeinen ohne Waffengewalt« auskommen könne: »Immerhin ist es nötig, sich für diese Fälle vorzubereiten, und dieser Grund war auch für mich bestimmend, die gewünschten Truppen in Deutschland zu belassen.«

In demselben Briefe empfiehlt Ludendorff dem Kriegsminister die Stellung von Fabriken unter militärische Leitung: »Natürlich ist die Militarisierung kein restlos wirkendes Mittel. Sie wirkt aber anscheinend dadurch besonders günstig, daß den Arbeitern wieder der Begriff einer Obrigkeit, die Gewalt über sie hat, beigebracht wird und daß sie den Arbeitswilligen, die immer noch den weitaus größten Teil der Arbeiter ausmachen, weitgehenden Schutz gewährt.« Streik im Kriege sei Landesverrat. Die Militärgerichte sollen die Schuldigen aburteilen und sich dabei vor zu milden Urteilen hüten. Es komme darauf an, daß »geeignete Kriegsgerichtsräte« in solchen Prozessen als Vorsitzende und Vertreter der Anklage auftreten. Wenn das Kriegsministerium in der Heimat nicht genügend energische Militärrichter besitze, wolle er, Ludendorff, mit geeigneten Personen aus dem Feldheer aushelfen.

In derselben Zeit hatte Ludendorff den Gedanken, man solle die sozialdemokratischen Führer dazu zwingen, zu erklären, ob sie den Streik im Kriege unbedingt verurteilen oder nicht. Erklären sie sich gegen die Streiks und die Arbeiter verlassen dennoch wieder die Betriebe, so muß man die Führer nötigen, gegen die Streiks aufzutreten. Gelingt es ihnen nicht, die Streiks zu verhindern, so ist damit ihre Machtlosigkeit bewiesen, während sie sich jetzt immer auf ihren Einfluß auf die Arbeiterschaft berufen. Lehnen die sozialdemokratischen Führer aber die grundsätzliche Verurteilung des Streiks ab, so sind sie als Landesverräter anzusehen. Weiter empfiehlt Ludendorff ein Kartell aller wirtschaftsfriedlichen Arbeiterorganisationen, als Gegengewicht gegen die sozialdemokratischen Gewerkschaften, zu schaffen. In demselben Brief vom 18. Februar 1918, der schon oben zitiert wurde, warnt Ludendorff dringend vor weiteren Lohnerhöhungen. Zu Lohnsteigerungen liege gar kein Grund vor. Als Quelle beruft sich Ludendorff hier bezeichnenderweise auf einen Bericht, der ihm von der Bergbauindustrie des Ruhrgebietes zuging. Er empfiehlt statt dessen den Abbau der »hohen« Arbeiterlöhne, und, wie er immerhin hinzufügt, auch den Abbau der hohen Unternehmergewinne.

Sein sozialpolitisches System will Ludendorff dadurch durchsetzen, daß der Kriegsminister entsprechende Anweisungen an die stellvertretenden Generalkommandos der einzelnen Provinzen erläßt und daß diese dann ihrerseits die Vorsitzenden der Schlichtungsausschüsse für die Industrie entsprechend instruieren. Hier sieht man, wie Ludendorff die stellvertretenden Generalkommandos, also den militärischen Belagerungszustand, dazu ausnutzte, um sich eine Exekutivgewalt in der Heimat zu schaffen, die von der zivilen Reichsregierung völlig unabhängig war. In jedem Korpsbezirk hatte der zuständige General seit Kriegsbeginn die oberste Gewalt. Er übte die Pressezensur, verbot Versammlungen, ordnete die Schutzhaft an usw. Die Generalkommandos unterstanden dem Kriegsministerium. Bis zum August 1916 empfing der Kriegsminister in politischen Fragen die Richtlinien vom Reichskanzler, und so hatte Bethmann-Hollweg den Regierungsapparat in der Hand. Mit dem Amtsantritt Ludendorffs wurde das anders. Jetzt fühlte sich der Kriegsminister in erster Linie verpflichtet, den Willen der Obersten Heeresleitung auszuführen, und der Chef des Generalstabs hatte auch die stellvertretenden Generalkommandos unter sich. Das war die reine Militärdiktatur, von der Spitze herunter bis ins letzte Dorf.

Diese furchtbare Gewalt sollte vor allem die Sozialdemokraten niederhalten. Von der Idee des Burgfriedens ließ sich Ludendorff nicht beeinflussen. Man kann es verstehen, daß dem Oberbefehlshaber des Feldheeres Streiks in der Rüstungsindustrie unerwünscht sind und daß er sich Mittel überlegt, wie solche Streiks zu vermeiden sind. Aber Ludendorffs Gedankengänge gehen doch weit über dieses Ziel hinaus. Man merkt, wie erwünscht es ihm ist, den Arbeitern beizubringen, daß noch eine »Obrigkeit über sie Gewalt hat«. Die Sozialdemokratie in ihrer politischen wie gewerkschaftlichen Form ist für Ludendorff der Feind schlechtweg. Einen großen Unterschied zwischen den einzelnen sozialdemokratischen Richtungen und Tendenzen macht er dabei nicht. Ludendorff möchte direkt die Streiks ausnützen, um den sozialdemokratischen Führern eine Falle zu stellen, um sie entweder als politisch ohnmächtig oder als Landesverräter hinstellen zu können.

Wer über die Arbeiterlöhne im Jahre 1918 so urteilen konnte wie Ludendorff, dem fehlte nicht nur jede reale Kenntnis von den Verhältnissen in der Industrie, sondern er war direkt gegen die Arbeiter voreingenommen. Denn die Löhne, die damals den Munitionsarbeitern gezahlt wurden, mögen auf dem Papier hoch gewesen sein. Aber sie waren minimal im Verhältnis zu den Schleichhandelspreisen der Lebensmittel. Wenn sich die Arbeiter über die Hungerrationen hinaus Nahrung verschaffen wollten, mußten sie die Schleichhandelsware kaufen.

Abbau der Arbeiterlöhne bedeutete also in den Kriegsverhältnissen Deutschlands gesteigerte Hungersnot der Volksmassen, während der Abbau der Unternehmergewinne höchstens eine Verminderung der Dividenden der großen Gesellschaften gebracht hätte.

Ludendorff war eben in der sozialen Frage gemäß seiner militärischen Erziehung ein starrer Konservativer etwa im Sinne Bismarcks. Militär, Grundbesitz und Industrie waren für ihn die maßgebenden Stände. Gerade für Anregungen aus den industriellen Kreisen ist Ludendorff stets zugänglich gewesen. Über die gewaltsame Niederhaltung der Sozialdemokratie, das heißt des politisch selbständigen Willens der Arbeiterschaft, hatte Ludendorff durchaus die Ansichten Bismarcks aus der Zeit des Sozialistengesetzes. Der Unterschied war nur der, daß Bismarck, um die Arbeiter im Innern niederhalten zu können, Deutschland mit allen Mitteln den äußeren Frieden bewahren wollte. Ludendorff aber entwickelte sein Programm des Kampfes gegen die Sozialdemokraten mitten in dem schwersten Krieg, den das deutsche Volk jemals zu führen hatte; in einem Krieg, der gerade von den Arbeitnehmern, der Mehrheit des deutschen Volkes, die ungeheuersten Opfer verlangte. Das war eine typische Katastrophenpolitik. Sie mußte durch politische und wirtschaftliche Unterdrückung der Arbeiterschaft so viel Verbitterung erzeugen, daß die Explosion unvermeidlich war, sobald einmal die militärische Autorität der Obersten Heeresleitung zusammenbrach.

Auf der andern Seite war es den Industriellen und Grundbesitzern klar, daß jetzt der mächtigste Mann Deutschlands in den entscheidenden sozialen Streitfragen auf ihrer Seite stand. Bethmann-Hollweg hatte auch nicht den Wunsch gehabt, die Schichten, die bisher in Deutschland geherrscht hatten, von der Führung zu entfernen. Aber er hielt es doch für notwendig, die Arbeiter jetzt im Kriege nicht zu provozieren. Er wollte der Sozialdemokratie wenigstens formal die Möglichkeit geben, den Burgfrieden aufrechtzuerhalten. Das hatte stark dazu beigetragen, daß die herrschenden Schichten Bethmann-Hollweg mißtrauten. Um so mehr Vertrauen hatten sie zu Ludendorff, von dem sie hofften, daß er mit Bethmann-Hollweg selbst, seinen Anhängern in der Regierung und am Hofe und mit seinem System schnell Schluß machen würde.

So hatte Ludendorff bis in den Sommer 1917 hinein auch die Reichstagsmehrheit hinter sich. Auf seiner Seite standen die Konservativen und die Nationalliberalen sowie die alte Führergruppe des Zentrums, die damals noch die Partei beherrschte. Entschlossen oppositionell war nur die kleine Gruppe der USPD. Die Mehrheitssozialisten und Fortschrittler waren zwar mit der Linie der Alldeutschen nicht einverstanden. Aber sie hatten damals keine besondere Neigung zum oppositionellen Kampf. Die Ludendorff-Mehrheit des Reichstags zeigte sich, als die Entscheidung über den uneingeschränkten U-Boot-Krieg fiel.

Wie Ludendorff in den grundlegenden politischen und sozialen Fragen auf seiten der Industrie und des Grundbesitzes stand, so teilte er auch ihre Kriegsziele [14]. Er war ein überzeugter Anhänger des sogenannten Siegfriedens. Stark beschäftigte ihn die Frage der militärischen Sicherung Deutschlands, und er überlegte sich, wie Deutschland in einem künftigen Krieg dastehen würde. Über die Sicherung der deutschen Zukunft dachte er völlig militärisch-technisch. Deutschland sollte möglichst viel Kohle und Eisen, Brot und Kartoffeln auf seinem eigenen Gebiet, oder doch in seiner unmittelbaren Einflußsphäre, erzeugen, um vom Ausland möglichst unabhängig zu werden. Die Grenzen sollten von den wichtigsten deutschen Industrierevieren möglichst weit fort verlegt werden, um diese besser gegen feindliche Fliegerangriffe decken zu können. Daß eine gute Innen- und Außenpolitik eine bessere Sicherung ist als die schönsten Militärgrenzen, das wollte Ludendorff nicht einsehen. Daß die militärischen Sicherungspläne sich im wesentlichen mit den industriellen Eroberungswünschen deckten, ist schon oben betont worden.

An politischen Zukunftsbündnissen für Deutschland empfahl Ludendorff eine Verständigung mit Japan. Das war an sich kein schlechter Gedanke. Aber um an Japan heranzukommen, hätte Deutschland sich die Freundschaft Rußlands sichern müssen. Die Ostpolitik Ludendorffs war aber so gedacht, daß sie Rußland zum natürlichen Feind Deutschlands machen mußte. Um die künftige Verpflegungslage Deutschlands zu bessern, verlangte Ludendorff, daß Kurland und Litauen mit ihren reichen landwirtschaftlichen Möglichkeiten unter deutschen Einfluß gebracht würden. Ferner müßten aus militärischen Gründen Ost- und Westdeutschland »etwas verbreitert« werden. Auch für die Provinz Posen verlangte Ludendorff eine Grenzberichtigung. Vor allem müsse aber Oberschlesien durch Landgewinn geschützt werden: »Eine Liquidation der dort liegenden, im feindlichen Besitz befindlichen Werke, mit Übergang in deutsche Hand würde dies erleichtern«, heißt es in einer Denkschrift Ludendorffs vom 14. September 1917; auch hier in vollster Übereinstimmung mit Wünschen der deutschen Industrie.

Im Westen verlangte Ludendorff, wiederum parallel mit industriellen Forderungen, den Geländezuwachs für Deutsch-Lothringen nach Westen hin, also Longwy-Briey. Das würde den deutschen Besitz an Eisenerz im nächsten Krieg erweitern. Ferner müsse Belgien wirtschaftlich so eng an Deutschland angeschlossen werden, daß es auch politisch die Anlehnung an Deutschland suche. Nur so sei ein wirklicher Schutz des rheinisch-westfälischen Industriegebietes möglich. Um aber Belgien zu einem solchen Anschluß zu nötigen, seien ein starker militärischer Druck Deutschlands durch Besitznahme von Lüttich und längere militärische Okkupation des Landes erforderlich.

Auch Ludendorff war davon überzeugt, daß ein wirtschaftlich ungünstiger Friede für Deutschland, der die riesigen Steuerlasten der einheimischen Bevölkerung aufbürde, eine ungeheuere Enttäuschung der heimkehrenden Soldaten und damit die Revolutionsgefahr bringen würde. So war auch für Ludendorff der Siegfriede geradezu die politische Machtfrage der bisher in Deutschland herrschenden Schichten. Es bestand freilich ein grundlegender Unterschied, wenn zum Beispiel Fabrikanten auf Grund unzureichender Kenntnis der Kriegslage in Eingaben an die Regierung Annexionen verlangten und wenn General Ludendorff an der Spitze des deutschen Heeres solche Ziele vertrat. Die Alldeutschen hatten keine Verantwortung und auch keine Möglichkeit, aus eigener Kraft solche Ziele zu erreichen. Von General Ludendorff konnte man erwarten, daß er erst einmal den Sieg erfocht, der die Grundlage seiner Friedensziele sein mußte. Der Siegfrieden war nicht gegen Scheidemann und Bethmann-Hollweg, sondern gegen England, Frankreich und Rußland zu erkämpfen. Erst die vollständige Niederlage dieser drei Ententegroßmächte hätte den Weg zu einem Frieden eröffnet, wie Ludendorff und die Industrie ihn anstrebten.

Als Hindenburg und Ludendorff Ende August 1916 das Oberkommando übernahmen, war indessen die Kriegslage für Deutschland überaus ungünstig und gefahrvoll. Man mußte befürchten, daß der Anschluß Rumäniens an die Entente schnell die Entscheidung zuungunsten Deutschlands bringen würde. Auf militärischem Gebiet hat sich General Ludendorff in dieser Situation vollkommen bewährt. Es gelang seinen Maßregeln, die deutsche Westfront von der Somme bis Verdun und die Ostfront von Riga bis zu den Karpaten wieder zu versteifen. Die anstürmenden Millionenheere der Engländer, Franzosen und Russen konnten nur kleine örtliche Erfolge erzielen. Die deutsche Verteidigung erwies sich überall als unüberwindlich. Trotz der Belastung der Ost- und Westfront vermochte Ludendorff eine deutsche Expeditionsarmee zusammenzuziehen, die, zusammen mit den Truppen der Verbündeten, Rumänien angriff, in mehreren Schlachten entscheidend schlug und den größten Teil Rumäniens besetzte. So war die Gefahr, die der deutschen Ostfront drohte, in glänzendem Stil beseitigt.

Der rumänische Feldzug, gewissermaßen im Angesicht des russischen, französischen und englischen Heeres durchgeführt, ist als militärische Leistung ebenso bedeutend wie Tannenberg. Aber der deutsche Siegfrieden war damit noch lange nicht errungen. Der Feldzug 1916 endete, im großen gesehen, ebenso wie der von 1915. Das deutsche Heer hatte durch ungeheuere Leistungen die Niederlage abgewendet und wieder ein Gleichgewicht an den Fronten hergestellt. Eine Entscheidung war nirgends gefallen, und was das Schlimmste für Deutschland war, auch nicht mehr zu erwarten. Seitdem sich dem russischen und französischen auch noch das englische Millionenheer angeschlossen hatte, war die Entente an Zahl dem deutschen Heer so überlegen, daß ein deutscher Sieg an einer der beiden Fronten nicht mehr möglich war. Es war militärisch schon ein außerordentliches Wagnis gewesen, die deutschen Divisionen für den rumänischen Feldzug bereitzustellen. Um einen Entscheidungsfeldzug zum Beispiel gegen Rußland zu führen, hätten noch ganz andere Truppenmassen aus dem Westen fortgezogen werden müssen, und das hätte die Westfront nicht vertragen. Die Engländer und Franzosen wären durchgebrochen, und der Krieg wäre entschieden gewesen. In der Zeit, als Hindenburg und Ludendorff die Führung übernahmen, war eben die Kriegslage für Deutschland so verschlechtert, daß auch die beste militärische Leitung daran nichts ändern konnte. Deutschland konnte nur noch durch geschickte Defensive die Entscheidung verschleppen, wobei die Zeit gegen das blockierte Deutschland und für die Entente arbeitete.

General Ludendorff hat sich mit der Sicherheit des Urteils in rein militärischen Fragen, die ihm eigen war, darüber keine Illusionen gemacht. Er bewies dies damit, daß er keine größere Offensive für den Feldzug 1917 plante, sondern sich auch im kommenden Jahr im Osten und im Westen auf die Verteidigung beschränken wollte. Die deutsche Öffentlichkeit, die den vollen Ernst der Kriegslage nicht kannte und auch über das wahre Kräfteverhältnis nicht orientiert war, erwartete, daß Hindenburg und Ludendorff durch Siege im Stil von Tannenberg sich auch im Westen durchsetzen würden. Aber Ludendorff hat sich auf ein solche abenteuerliche Offensive, die nur die sichere Niederlage gebracht hätte, nicht eingelassen.

Ludendorff war jedoch nicht nur der nüchterne Feldherr, der im Rahmen des Möglichen die Armee führte. Er war zugleich der Politiker, der auf den Siegfrieden eingeschworen war. Der Soldat Ludendorff konnte dem Politiker Ludendorff den Sieg nicht liefern. Also mußte er sich nach einem anderen Weg umsehen, um den deutschen Sieg zu sichern, und er glaubte ihn im U-Boot-Krieg zu finden. Das war derselbe Rettungsanker, an den sich auch sonst die Anhänger des Siegfriedens in Deutschland klammerten.

So verpaßte Deutschland nochmals die Gelegenheit, wenn nicht militärisch zu siegen, so doch politisch ohne Einbuße aus dem Krieg herauszukommen. Die politische Auswertung des Feldzuges von 1916 hätte darin bestanden, daß Deutschland nun endlich den Frieden mit Rußland gesucht hätte. Bei der unendlichen Schwierigkeit der Gesamtlage entschloß sich Bethmann-Hollweg, man muß sagen in zwölfter Stunde, mit Rußland ernste Verhandlungen wegen eines Sonderfriedens einzuleiten [15]. Er schickte den bekannten Großindustriellen Stinnes nach Schweden, wo dieser mit dem Vizepräsidenten der Duma, Protopopow, zusammenkam. Aus allgemein politischen Erwägungen und auch wegen der wachsenden Schwierigkeiten im Innern war damals die Zarenregierung zum Frieden geneigt. Der Zar ernannte den einem Sonderfrieden nicht abgeneigten Stürmer zum Ministerpräsidenten und den erwähnten Protopopow zum Innenminister. Um den Frieden mit Rußland zu erreichen, hätte Deutschland freilich auf die Pläne zur Zerstückelung Rußlands verzichten müssen, zu denen Bethmann-Hollweg sich schon mehrfach im Reichstag bekannt hatte. Aber staatsrechtliche Akte waren solche Kanzlerreden im Parlament nicht. Es scheint, daß die Verhandlungen, die geheim zwischen Deutschland und Rußland geführt wurden, günstig verlaufen sind, bis sie durch einen der schwersten politischen Fehler zerstört wurden, die Deutschland im Kriege gemacht hat, durch die Proklamation des Königreichs Polen am 5. November 1916 [16].

Dieser Schritt lag auf der Linie der alten, von Bethmann-Hollweg seit Kriegsbeginn betriebenen Ostpolitik. Er entsprach aber auch den Wünschen Österreichs. Die Habsburger Dynastie und die österreichische Aristokratie waren damit noch nicht zufrieden, daß sie durch Deutschlands Waffenhilfe und »Nibelungentreue« in ihrer staatlichen Existenz gerettet wurden, sondern sie strebten auch noch dynastische Eroberungen an. Das Königreich Polen sollte unter Habsburger Zepter wiederhergestellt werden. Diese austro-polnische Lösung widersprach gewissen deutschen Plänen, die mehr oder weniger große Stücke Russisch-Polens in der Form von Grenzberichtigungen an Preußen angliedern wollten. Auf jeden Fall wirkte der Wiener Einfluß ebenfalls dahin, Polen von Rußland loszutrennen.

Aber auch deutsche militärische Autoritäten haben die Proklamation des Königreichs Polen vorbereitet und gefördert. General von Beseler, der deutsche Gouverneur in Warschau, war der Ansicht, daß die Mittelmächte nur die Selbständigkeit Polens proklamieren müßten; dann würde sich sofort ein starkes polnisches Freiwilligen-Heer bilden. Beseler rechnete für den Anfang auf drei polnische Divisionen, später auf noch mehr. General Ludendorff hat diese Theorie eifrig unterstützt. In einem Briefe an den Unterstaatssekretär des Auswärtigen, Zimmermann, vom 17. Juli 1916 weist Ludendorff darauf hin, daß das österreichische Heer als Bundesgenosse immer mehr versage. Um so mehr müsse man versuchen, aus Polen Ersatz zu gewinnen: »Schaffen wir ein Großfürstentum Polen aus Warschau mit Lublin und dann eine polnische Armee unter deutscher Führung. Mal kommt die polnische Armee doch, jetzt können wir sie brauchen.« Ludendorff gibt zu, daß politische Bedenken gegen diese Lösung bestehen, aber sie müßten vor den militärischen Erfordernissen zurücktreten. Den Forderungen der militärischen Autoritäten, die eigentlich seiner eigenen Auffassung der Ostfragen entsprachen, hat sich Bethmann-Hollweg angeschlossen. Aber die Hauptverantwortung für die Wiederherstellung Polens trägt General Ludendorff, denn sein Widerspruch hätte ein solches Projekt sofort zum Scheitern gebracht. Bethmann-Hollweg und das Auswärtige Amt in Berlin haben anscheinend an die Ernsthaftigkeit des russischen Friedensfühlers, trotz der Geheimverhandlungen in Schweden, nicht geglaubt. Denn sonst wäre das Verhalten der deutschen Regierung überhaupt nicht begreiflich.

Heftigen Widerstand fand der Plan der Erneuerung Polens bei den konservativen und nationalliberalen Abgeordneten, die doch die Möglichkeiten eines Sonderfriedens mit Rußland nicht ganz zerstören wollten. Aber da rächte es sich, daß auch die rechtsstehenden Parteien Deutschlands es versäumt hatten, direkt und offen die politische Macht und Verantwortung an sich zu reißen. Es war ihnen lieber, wenn ohne Parlamentarismus und »Demokratie« der militärische Diktator regierte. So mußten sie die Dinge geschehen lassen. Unter dem Druck der Obersten Heeresleitung, die nur die kommenden polnischen Divisionen sah, und nach Verständigung mit Österreich schritt Bethmann-Hollweg zur Tat: Der deutsche Kaiser und der Kaiser von Österreich proklamierten gemeinsam das unabhängige Polen. Die polnischen freiwilligen Divisionen blieben aus. Polen war bis zum Ende des Krieges der ständige Zankapfel zwischen Berlin und Wien. Die polnische Nationalpartei hat sich durch die Kaiserproklamation nicht daran hindern lassen, Fühlung mit der Entente zu nehmen, um nachher die polnische Selbständigkeit aus den Händen der Sieger von Versailles zu empfangen. Die Hoffnung, daß Rußland im Winter 1916/17 aus den Reihen der Ententemächte ausscheiden würde, war seit dem 5. November 1916 begraben. Statt dessen schloß sich in diesem Winter der wirtschaftlich und auf lange Sicht auch militärisch stärkste Staat der Welt der Entente an: Die Vereinigten Staaten von Amerika traten in den Krieg ein.

Vom ersten Tage des Krieges an war die Seeherrschaft der Entente gesichert gewesen. Denn die Großkampfschiffe Englands, Frankreichs und Rußlands waren an Zahl den deutschen um das Dreifache überlegen, während Italien die Flotte Österreichs in Schach hielt. So war die deutsche Flotte in der Lage einer belagerten Streitmacht. Sie konnte zwar im Laufe des Krieges eine Anzahl von Ausfällen unternehmen, indem sie von den deutschen Nordseehäfen aus gegen die englische

Küste und in den Kanal vorstieß. Die meisten dieser deutschen Ausfälle sind ohne größere Kämpfe verlaufen. Bei einem Vorstoß des Jahres 1916 kam es zu der Skagerrakschlacht. Der Kampf war taktisch ein deutscher Erfolg. Die Engländer verloren mehrere Panzerkreuzer. Aber die englische Seeherrschaft blieb durch die Schlacht völlig unberührt. Dank der britischen Seeherrschaft konnte die Entente Deutschland blockieren, die deutschen Kolonien fortnehmen, die Transporte von England nach Frankreich und von Amerika nach Europa im wesentlichen ungestört vornehmen.

So hatte es die Entente nicht nötig, einen direkten Flottenangriff auf die deutsche Küste zu machen. Immerhin leistete die deutsche Panzerflotte der deutschen Kriegführung einen wichtigen Dienst, weil sie die Seeherrschaft über die Ostsee behauptete und eine feindliche Landung an der Nordküste Deutschlands verhinderte. Hätte die deutsche Panzerflotte nicht existiert, so hätte die Entente zu der Ost- und Westfront gegen Deutschland auch noch eine Nordfront in Schleswig-Holstein und Pommern aufgerichtet. Wahrscheinlich wäre die deutsche Verteidigung unter einem solchen konzentrischen Angriff von drei Seiten her schon 1915 zusammengebrochen.

In den Seekriegen hat sich von alters her die schwächere Seite auf den Kaperkrieg verlegt. Kaperschiffe unter geschickten, unternehmungslustigen Kommandanten durchstreiften die Meere, entgingen den überlegenen Kampfflotten der Feinde und fügten dem Gegner enormen Schaden zu. Auf diese Art haben zum Beispiel die Franzosen in den Seekriegen gegen England, im 18. Jahrhundert und in der napoleonischen Zeit, erfolgreich operiert. 1914 war für Deutschland die Möglichkeit des Kreuzerkrieges nur gering. Denn bei der modernen Nachrichtentechnik kann die Flottenleitung der seebeherrschenden Macht jederzeit schnell und genau feststellen, wo die Kaperschiffe arbeiten, kann sie durch Panzerkreuzer mit überlegener Geschwindigkeit aufspüren und vernichten. Das Schicksal der deutschen Auslandskreuzer im Jahre 1914 bestätigte die Richtigkeit dieser Auffassung. So verlegte sich die deutsche Marine bei dem Krieg gegen die feindliche Handelsflotte auf die U-Boote.

Denn naturgemäß hat das U-Boot eine ganz andere Möglichkeit, sich zu verbergen, als die auf der See fahrenden Schiffe. Das U-Boot erwies sich als eine außerordentlich wirkungsvolle Waffe gegen den feindlichen Seehandel. Freilich kam das U-Boot nur dann zur Geltung, wenn es die feindlichen Handelsschiffe ohne Warnung torpedieren konnte. Denn wenn ein Kreuzer ein Handelsschiff anhielt, war ein Widerstand gegen das Kriegsschiff ausgeschlossen. Wenn dagegen das kleine U-Boot auftauchte, konnte ein energischer Handelsschiffskapitän es einfach überrennen, und wenn das Handelsschiff gar Kanonen an Bord hatte, konnte es das U-Boot schwer gefährden und vertreiben. Beim U-Boot-Krieg in der verschärften Form, ohne Warnung, bestand stets das Risiko, daß die Besatzung des überfallenen Handelsschiffes oder die Reisenden eines Passagierdampfers getötet wurden.

Völkerrechtlich war der U-Boot-Krieg heiß umstritten; denn das bis dahin geltende See- und Blockaderecht kannte nur den Kreuzerkrieg und die tatsächliche Blockade einer Küste durch Kriegsschiffe, die sie offenkundig absperrten. Die Entente machte Deutschland den Vorwurf, daß es durch den warnungslosen U-Boot-Krieg die friedlichen Seefahrer gefährde und unbeteiligten Passagieren den Tod bringe. Deutschland erwiderte, daß die Blockade Deutschlands durch die Entente ebenfalls die friedliche Zivilbevölkerung treffe: infolge der Blockade müßten Millionen von Frauen und Kindern in Deutschland hungern, und der U-Boot-Krieg sei nur die Antwort darauf. Die Frage, ob der warnungslose U-Boot-Krieg berechtigt war oder nicht, ließ sich so nicht lösen. Der Umfang, in dem Deutschland den U-Boot-Krieg anwenden wollte, unterlag der politischen und militärischen Zweckmäßigkeit.

Von Anfang an protestierten die Neutralen gegen die Schädigung ihrer Interessen durch den U-Boot-Krieg, und ganz besonders die mächtigste neutrale Macht, die Vereinigten Staaten von Amerika. Die Geschichte der Vereinigten Staaten lehrt, daß die in ihren Traditionen sehr feste amerikanische Politik niemals England besonders begünstigt hat. Die Beziehungen zwischen Amerika und Deutschland waren 1914 durchaus korrekt. Die amerikanische Wirtschaft hielt es aber für ihr gutes Recht, den Kriegführenden so viele Waren aller Art zu verkaufen wie nur möglich. Wäre die Mächtegruppierung im Krieg eine andere gewesen, hätte Deutschland zum Beispiel über Rußland und Japan direkte Verbindung mit Amerika gehabt, so hätten die Amerikaner ohne Zweifel ebenso gern an Deutschland wie an England Munition, Rohstoffe und Lebensmittel geliefert. So war Deutschland von Amerika abgeschnitten, und die amerikanischen Lieferungen gingen in gewaltigem Umfang an die Entente.

Die amerikanische Wirtschaft empfand es als ungerechte Schädigung, wenn die deutschen U-Boote diesen Geschäftsverkehr störten und das Leben amerikanischer Bürger gefährdeten. Die Vereinigten Staaten bekundeten den Willen, nötigenfalls durch Kriegserklärung an Deutschland den warnungslosen U-Boot-Krieg zu verhindern. Wie schon oben angedeutet wurde, trat Staatssekretär von Tirpitz dennoch für den unbeschränkten U-Boot-Krieg ein. Bethmann-Hollweg war dagegen, und Tirpitz mußte zurücktreten. Sobald Hindenburg und Ludendorff die Oberste Heeresleitung übernahmen, wurde die Frage neu aufgerollt.

Die Anhänger des unbeschränkten U-Boot-Krieges in Deutschland waren der Ansicht, daß dies die einzige Waffe sei, mit der Deutschland die englische Wirtschaft ernsthaft schädigen könne. Es wurden von der Marine Berechnungen angestellt, wonach der warnungslose U-Boot-Krieg in etwa einem halben Jahr so viel englischen Schiffsraum vernichten würde, daß England aus Mangel an Lebensmitteln und Rohstoffen zum Frieden gezwungen sei[17]. Die Intervention Amerikas sei für Deutschland nicht gefährlich. Denn die Wirtschaftskräfte Amerikas ständen schon an sich im Dienst der Entente. An Panzerschiffen sei die Entente sowieso schon derart überlegen, daß der Anschluß der amerikanischen Flotte keine Veränderung bringen könne. Bis aber Amerika ein Landheer aufstellte, das in Europa eingreifen könnte, würden ein bis zwei Jahre vergehen; inzwischen habe der U-Boot-Krieg bereits England zum Frieden gebracht und damit den Krieg in Europa beendet. Überdies wäre gar kein Schiffsraum da, um ein amerikanisches Millionenheer mit allem dazugehörigen Material nach Europa zu bringen, und kämen solche amerikanischen Transportschiffe doch über den Atlantischen Ozean, so wären sie eine leichte Beute der U-Boote.

Auf diese Überlegungen wäre folgendes zu erwidern gewesen: Es ist eine abenteuerliche Idee, einen Krieg zur See zu gewinnen, ohne daß man die Seeherrschaft hat. Wenn die von den U-Booten angegriffene kriegführende Partei die Seeherrschaft sicher ausübt, wird sie über hundert Mittel und Wege verfügen, um ihre Handelsschiffe zu schützen. Der U-Boot-Krieg mag der seebeherrschenden Macht noch so schmerzliche Verluste zufügen, die Seeherrschaft ist durch den Kaperkrieg nie zu gewinnen gewesen. Das ist ein Elementarsatz der Kriegführung, der durch keine technische Neuerung erschüttert werden kann. Noch absurder war aber der Einfall, durch erfolgreichen Kaperkrieg einem Feinde die Niederlage beizubringen, der nicht nur zur See, sondern auch zu Lande überlegen war, so wie es die Entente im Winter 1916/17 gewesen ist. Die maßgebende deutsche Marinewissenschaft hatte bis 1914 ganz fest denselben Standpunkt zur Frage der Seeherrschaft. Darum legte sie das Hauptgewicht auf den Bau von Panzerschiffen, und sie lehnte die Ansicht jener Marinetheoretiker ab, die statt dessen die U-Boote und Kreuzer bevorzugten. Wer sein Marineprogramm auf die Panzerschiffe gründete, wie die Schule von Tirpitz es bis 1914 tat, der hatte den militärisch ganz richtigen Standpunkt, daß der Seekrieg um die Seeherrschaft geht und daß ein Seesieg ohne Seeherrschaft unmöglich ist. Was aber bis 1914 richtig war, blieb es auch 1916.

Die Hoffnung, durch die U-Boote allein den Krieg zu gewinnen, hatte militärwissenschaftlich keine Begründung. Etwas ganz anderes war freilich die Überlegung, ob nicht das U-Boot eine außerordentlich wirksame Waffe im Wirtschaftskrieg darstellte und ob nicht Deutschland hier ein Mittel in der Hand habe, um sich eine Art von Kompensation gegen die Blockadeschäden zu schaffen. Wenn es zum Frieden kam und England verzichtete auf die Blockade und Deutschland auf den U-Boot-Krieg, so glich sich das ungefähr aus. Daß der warnungslose U-Boot-Krieg der Entente ungeheueren Schaden zufügen konnte, war mit guten Gründen zu erwarten und hat sich ja später bestätigt. Realpolitisch konnte die Frage, die im Winter 1916/17 vor der militärisch-politischen Leitung Deutschlands stand, nur so lauten: Ist der Nutzen des verschärften U-Boot-Krieges als Gegenkraft gegen die englische Blockade so groß, daß er die Gefahr des Eintritts von Amerika in den Krieg überwiegt?

Dabei wäre den Anhängern des U-Boot-Krieges zuzubilligen gewesen, daß wirtschaftlich die Vereinigten Staaten sich bereits in dem für Deutschland feindlichen Lager befanden. Ebenso war es tatsächlich gleichgültig, ob die amerikanische Kriegsflotte sich noch der Entente anschloß oder nicht. Entscheidend war die Gefahr des amerikanischen Landheeres. Daß die zur See herrschenden Mächte nicht imstande sein sollten, eine Armee über den Ozean zu bringen, war doch eine sehr problematische Hoffnung. Immerhin mußte zumindest ein Jahr vergehen, ehe die Vereinigten Staaten ihr kleines Friedensheer in eine moderne Millionenarmee umwandeln und diese nach Europa schicken konnten. Für das Jahr 1917 war ernsthaft für den europäischen Landkrieg mit den Amerikanern noch nicht zu rechnen.

Daraus ergibt sich folgender Schluß: Der verschärfte U-Boot-Krieg war nur dann für Deutschland kein Abenteuer, wenn die deutsche Regierung die Gewißheit hatte, den Landkrieg mit Frankreich und Rußland im Laufe des Jahres 1917 zu beenden, sei es durch militärischen Sieg zu Lande, sei es durch sogenannte Verständigungsfriedensschlüsse. Wären Frankreich und Rußland aus dem Kriege ausgeschieden und die Engländer zum Abzug aus Frankreich genötigt worden, dann hätten die Amerikaner entweder keine Landung in Europa versucht, oder Deutschland hätte sie mindestens nicht zu fürchten gehabt. So ungefähr kalkulierte die kleine Gruppe der Revisionisten, die innerhalb der sozialdemokratischen Reichstagsfraktion für den unbeschränkten U-Boot-Krieg eintraten. Sie waren gleichzeitig für den Sonderfrieden mit Rußland und für die Verständigung Deutschlands mit Frankreich.

Wenn aber Deutschland den verschärften U-Boot-Krieg heraufbeschwor und damit Amerika ins Lager der Feinde trieb, ohne Rücksicht auf Frankreich und Rußland und ohne Aussicht, den Landkrieg 1917 zu beenden, so war dies ein leichtfertiges Abenteuer. Warum hat der bedeutendste Soldat, den Deutschland damals hatte, General Ludendorff, sich nicht dasselbe gesagt? Hätte Ludendorff nicht als Generalquartiermeister, sondern als Dozent an der Kriegsakademie oder in irgendeinem Kriegsspiel die Situation Deutschlands 1916 zu behandeln gehabt, und hätte er dabei die Gründe für und gegen den U-Boot-Krieg rein sachlich erwogen, so wäre wohl sein Urteil anders ausgefallen. Der General Ludendorff, der den verschärften U-Boot-Krieg durchsetzte, war eben nicht der militärische Fachmann, sondern es war der Politiker, der die letzte Karte ausspielte, um zum Siegfrieden zu gelangen, den er aus politischen Gründen brauchte.

Nur politisch ist auch das Verhalten der deutschen Marineautoritäten in den Jahren 1916 und 1917 bei der Durchsetzung des verschärften U-Boot-Krieges zu verstehen. Die maßgebenden Admirale haben sich damals nicht wie nüchterne Rechner benommen. Von der Sachlichkeit und Klarheit, mit der die deutsche Marineleitung zum Beispiel in der Skagerrakschlacht kommandierte, war bei diesen Verhandlungen nichts zu merken. Jedem, der es wissen wollte, versicherte die Marine, daß England binnen sechs Monaten nach Beginn des verschärften U-Boot-Krieges wahrscheinlich werde Frieden machen müssen. Man ist sogar manchmal von der »Wahrscheinlichkeit« dieser Prophezeiung zur »Bestimmtheit« übergegangen. Hervorragende Admirale nahmen es auf ihr »Seeoffiziers-Ehrenwort«, daß kein amerikanischer Soldat das europäische Festland betreten werde und daß die Rolle der Amerikaner im kommenden Landkrieg »gleich null« sein werde. So operieren sonst keine Fachleute, die ein Gutachten abgeben, sondern das sind politische Agitatoren, die mit allen Mitteln ihrer Tendenz zum Siege verhelfen wollen.

Alle diese Männer und die hinter ihnen stehenden Offiziere, hohen Beamten, Industriellen, Gutsbesitzer und Intellektuellen, waren davon überzeugt, daß das Deutschland, wie sie es liebten und wie sie es sich allein denken konnten, ohne den U-Boot-Krieg verloren sei. Der U-Boot-Krieg war der Weg zum Siegfrieden und damit zur Rettung Deutschlands und der von ihnen als allein vernünftig angesehenen Gesellschaftsordnung. Es war wie ein politischer Rausch, der die in Deutschland regierenden Schichten damals ergriffen hatte und in dem die nüchterne Überlegung einfach unterging.

Ebenso begreiflich ist es, daß die Arbeiterschaft über den verschärften U-Boot-Krieg meistens anders dachte. Die Arbeitermassen wollten in erster Linie den schnellen Frieden. Wenn der Friede durch den deutschen Sieg kam, wäre es der großen Mehrheit der Arbeiter auch sehr recht gewesen. Aber die Massen glaubten, daß dieser Sieg sehr fern sei, daß Deutschland dagegen einen gemäßigten Frieden ohne Eroberungen sehr schnell bekommen könne, wenn die »Herren oben« es nur wollten. Dieser Glaube, daß ein unzweideutiges deutsches Bekenntnis zum Verständigungsfrieden das ersehnte Kriegsende bringen müsse, war freilich trügerisch. Denn die Massen dachten dabei nicht an eine diplomatische Aktion über Rußland und Frankreich, sondern an ein allgemeines Friedensbekenntnis, das schon allein an dem Kriegswillen und den Kriegszielen des englischen Bürgertums gescheitert wäre. Hätten die U-Boote wirklich den Frieden in sechs Monaten gebracht, so wäre dies der Arbeiterschaft sehr erwünscht gewesen. Aber sie knüpfte ihre Klassenexistenz nicht an den U-Boot-Siegfrieden, so wie es die Oberschichten Deutschlands taten. So war in den Arbeitermassen die Sorge verbreitet, ob nicht auch der U-Boot-Krieg so mißlingen würde, wie sich bisher alle Versprechungen eines schnellen Kriegsendes als Illusionen erwiesen hatten.

Die Gegner der alldeutschen Kriegsziele sahen mit Besorgnis den kommenden Anschluß der Vereinigten Staaten an die Entente. So kam es, daß die USPD geschlossen und die mehrheitssozialistische Partei in überwiegender Mehrheit gegen den verschärften U-Boot-Krieg Stellung nahm. Als General Ludendorff sich entschlossen hatte, den verschärften U-Boot-Krieg zu führen, war bei den damaligen Machtverhältnissen in Deutschland der Streit entschieden. Bethmann-Hollweg hatte weder den Willen noch die Kraft, gegen die neue Oberste Heeresleitung zu kämpfen. Der Reichskanzler fügte sich. Auf den Kaiser kam es weiter nicht an. Sehr eigenartig war die Stellung des Reichstags.

Am 16. Oktober 1916 gab die Zentrumsfraktion im Hauptausschuß des Reichstags die folgende denkwürdige Erklärung ab[18]: »Für die politische Entscheidung über die Kriegsführung ist dem Reichstag gegenüber der Reichskanzler allein verantwortlich. Die Entscheidung des Reichskanzlers wird sich dabei wesentlich auf die Entschließung der Obersten Heeresleitung zu stützen haben. Fällt die Entscheidung für die Führung des rücksichtslosen U-Boot-Krieges aus, so darf der Reichskanzler des Einverständnisses des Reichstags sicher sein.«

Diese Erklärung war die klassische Formulierung für die Diktatur des Generals Ludendorff, wobei die Staatsrechtler des Zentrums sich bemühten, äußerlich an der alten Verfassung festzuhalten: Für die politische Entscheidung ist der Reichskanzler verantwortlich. Aber er muß immer das machen, was die Oberste Heeresleitung will. Damit wird der Reichskanzler zu einer Agentur der Obersten Heeresleitung, und diese, die dem Reichstag nicht verantwortlich ist, bleibt die oberste unverantwortliche Autorität. Gefällt aber dem Reichskanzler die Rolle der ausführenden Agentur der Obersten Heeresleitung nicht, so muß er gehen und seinen Platz einem andern einräumen, der sich besser der

Obersten Heeresleitung fügt. Die Zentrumserklärung vom 16. Oktober will die damals geltende staatsrechtliche Lage zusammenfassen. Um so charakteristischer ist es, daß sie den Kaiser gar nicht erwähnt, nicht einmal als vermittelnde Stelle zwischen Reichskanzler und Oberster Heeresleitung. Ohne Zweifel haben sich die Zentrumsabgeordneten, die jene Resolution schrieben, immer noch für treue Monarchisten gehalten. Es war keine republikanische Tendenz, sondern einfach der Zwang der Entwicklung, wenn man den Kaiser nicht mehr als politische Kraft ansah.

Die Konservativen und die Nationalliberalen waren sowieso für den verschärften U-Boot-Krieg und für die Oberste Heeresleitung. Die Fortschrittler wollten sich von den übrigen bürgerlichen Parteien nicht trennen. So hatte Ludendorff den Reichstag in seiner Gewalt. In Opposition gegen den rücksichtslosen U-Boot-Krieg blieben die Sozialdemokraten. Aber wenn Bethmann-Hollweg sich früher gehütet hatte, wichtige Kriegsentscheidungen ohne und gegen die Sozialdemokratie zu treffen, so banden den General Ludendorff solche Rücksichten nicht. Am 9. Januar 1917 wurde der Beginn des unbeschränkten U-Boot-Krieges von der Regierung beschlossen. Es folgte der Abbruch der Beziehungen zu den Vereinigten Staaten, und dann die Kriegserklärung Amerikas an Deutschland.

So brachte das erste Halbjahr der Regierung Ludendorffs zwar große militärische Siege, aber keine Entscheidung zu Land. Gleichzeitig wurden die beiden entscheidenden politischen Fehler gemacht, die für Deutschland den Verlust des Krieges gebracht haben. Die Proklamation des Königreichs Polen zerstörte die Aussichten des Sonderfriedens mit Rußland, und der unbeschränkte U-Boot-Krieg führte Amerika in die Reihe der Entente. Man muß sich die Frage vorlegen, ob nicht die Vereinigten Staaten sowieso in den Krieg eingetreten wären, weil sie wirtschaftlich schon so mit England verbunden waren, daß sie eine Niederlage Englands auf keinen Fall geduldet hätten. Richtig ist, daß Amerika wohl interveniert hätte, wenn Englands Existenz gefährdet gewesen wäre. Aber im Winter 1916/17 bestand die »Gefahr« eines deutschen Sieges wahrlich nicht. Die Entente hatte die Überlegenheit zu Land und zu Wasser. Ein zwingender Grund für den Präsidenten Wilson, Deutschland gerade anfangs 1917 den Krieg zu erklären, lag also ohne die U-Boote nicht vor. Im Gegenteil, gerade um diese Zeit hatte Wilson eine Friedensvermittlung versucht.

Der Anschluß Amerikas an die Entente stärkte den westlichen Block England-Frankreich-Amerika so, daß er auch nach Ausscheiden Rußlands imstande blieb, Deutschland niederzuschlagen. Bis Ende 1916 hätte Deutschland durch den Sonderfrieden mit Rußland gerettet werden können. Nun war es auch dafür zu spät. Die Hauptschuld für dieses ganze Elend liegt weniger bei einzelnen Personen als bei der gesamten innerpolitischen Situation, wie sie in Deutschland als Folge der Bismarck-Zeit und des Zeitalters Wilhelms II. bestand. Im Kriege zerbrach die Gewalt des Kaisertums und des preußischen Militäradels. Weil aber weder das Bürgertum noch die Arbeiterschaft den Willen und die Einsicht hatten, die politische Macht selbst zu übernehmen und die Verantwortung für die Politik Deutschlands an sich zu reißen, geriet die Regierung Deutschlands in die Hand eines militärisch hervorragenden, aber politisch ebenso einseitigen wie ahnungslosen Generals.

Ein politisch geschultes Volk hätte die Probleme des Krieges sachlich als solche erfassen und lösen können, so wie es zum Beispiel die Engländer im Weltkrieg getan haben. In Deutschland wurde das sachliche Urteil über die Kriegsfragen verwirrt durch die im Unterbewußtsein steckenden Stimmungen und Bestrebungen der einzelnen Volksklassen. Die breiten Volksmassen waren für den Verständigungsfrieden und meinten damit auch die Demokratie. Die regierenden Oberschichten waren für den Siegfrieden und meinten damit auch die Verteidigung ihrer Privilegien. Während der Ausgang des Krieges von dem Kräfteverhältnis zwischen Deutschland und der Entente abhing, redeten sich die beiden Lager innerhalb des deutschen Volkes geradezu ein, daß der Erfolg an der inneren Front liege. Der Parteikampf während des Krieges war so wunderlich, daß es fast so aussah, als hänge Deutschlands Siegfrieden davon ab, ob Bethmann-Hollweg und Scheidemann ausgeschaltet würden, und der Verständigungsfriede davon, daß man den Alldeutschen Verband auflöse.

Nur wenige Männer in beiden Lagern haben sich von diesen starren Formeln freigehalten. So waren einzelne Nationalliberale, wie Stresemann, zugleich für den Siegfrieden und für die Parlamentarisierung, und einzelne Sozialdemokraten aus dem Kreis der »Sozialistischen Monatshefte« waren zugleich für den verschärften U-Boot-Krieg und für die Vorherrschaft der Arbeiter in Deutschland. An sich war die Begriffsverkoppelung zwischen dem innerpolitischen Machtkampf und den Kriegszielen nicht notwendig. Ein Staatsmann kann im Innern sehr entschieden die besitzende Oberschicht verteidigen und zugleich nach außen eine ganz maßvolle Politik führen. Beispiele dafür bieten Bismarck nach 1871 und die Haltung des ungarischen Ministerpräsidenten Graf Tisza im Juli 1914. Oder aber eine Partei kann sich im Innern auf die Diktatur der breiten Volksmassen stützen und nach außen rücksichtslos die Interessen ihres Staates vertreten, wie die französischen Jakobiner und die russischen Bolschewiki.

In Deutschland hat die Verknüpfung von Kriegszielen und innerpolitischen Forderungen, ein Produkt der Verwirrung und Rückständigkeit der deutschen politischen Entwicklung seit 1871, zur Folge gehabt, daß auf beiden Gebieten das Notwendige nicht geschah. In den Jahren 1915 und 1916 ist der Sonderfrieden mit Rußland wesentlich daran gescheitert, daß diese Forderung zwar Freunde in allen Lagern hatte, daß sie aber den beiden großen Schlagwort-Formeln widersprach. Und 1917 scheiterte die so notwendige Parlamentarisierung Deutschlands daran, daß die Reichstagsmehrheit meinte, ihr Sieg sei schon groß genug, wenn sie den Verständigungsfrieden durchbringe. Die Parlamentarisierung werde dann von selbst kommen. Man glaubte also, den innerpolitischen Sieg damit zu erfechten, daß man seine Friedensformel dem Gegner aufzwang, und so hat die linke Reichstagsmehrheit innen- und außenpolitisch zugleich verspielt.

Die deutschen Bürger und Arbeiter sollten nach Jahrhunderten politischer Unmündigkeit gerade inmitten der furchtbarsten Weltkrise unter dem Eindruck des Massentodes an der Front und des Hungers daheim ihr Geschick selbst in die Hand nehmen. Da ist es menschlich begreiflich, wenn sie sich an Formeln anklammerten, die zunächst ein gutes Kriegsende, so wie jeder es sich dachte, und weiter nichts anstrebten. Der ganze Jammer der Periode Ludendorff—Friedensresolution ist doch nur begreiflich als Nachwirkung des Bismarckschen Verfassungssystems und der wilhelminischen Unzulänglichkeit. Das deutsche Volk hat bitter dafür zahlen müssen, daß es einstmals seine Einigung nicht selbst erkämpfte, sondern sie sich vom König von Preußen schenken ließ.

V. Kapitel

Die Reichstagsmehrheit der Friedensresolution

Im Winter 1916/17 und im Frühjahr 1917 blieb die deutsche Kriegführung durchaus in der Defensive. Im Westen wurde im Frühjahr eine große Ententeoffensive unter schwersten Verlusten des Gegners abgeschlagen. Aber irgendeine Initiative der deutschen Heeresleitung, um den Krieg zu Lande zu beenden, war nicht zu merken. Alle Hoffnungen konzentrierten sich auf die U-Boote. Die Zahlen des von den U-Booten vernichteten feindlichen Schiffsraums waren außerordentlich hoch. In England nahmen ohne Zweifel die wirtschaftlichen Schwierigkeiten zu. Aber von einem Friedenswillen Englands und der anderen Ententemächte infolge des U-Boot-Krieges war nichts zu merken, auch nicht, als allmählich der Termin der sechs Monate heranrückte, für den man die Friedensbitte Englands erwartete.

Wenn England unter dem U-Boot-Krieg litt, so traf die Blockade das deutsche Volk immer stärker. Die Hungersnot und die Verbitterung breiter Arbeiterschichten wuchsen von Monat zu Monat. Auf der anderen Seite hatten die Machtübernahme durch Ludendorff und der Entschluß zum unbeschränkten U-Boot-Krieg das Selbstbewußtsein der konservativen Schichten gesteigert. Weniger denn je war man in den preußischen konservativen Kreisen geneigt, der Arbeiterschaft auch nur die geringsten Konzessionen zu machen und auf die Sozialdemokraten irgendwelche Rücksicht zu nehmen.

Bethmann-Hollweg war in einer peinlichen Lage. Gegen die Oberste Heeresleitung konnte und wollte er nicht kämpfen. Die Sozialdemokraten wollte er auch nicht abstoßen. Die schwankende Haltung des Reichskanzlers steigerte nur das Mißtrauen Ludendorffs gegen ihn. Ein Teil der preußischen Minister war für die schärfere Tonart und machte dem Kanzler Opposition. Ein Zeichen der Zeit war es, daß im Januar 1917 die preußische Regierung dem Landtag ein neues Gesetz über die Fideikommisse vorlegte[1]. Im dritten Kriegsjahr hatte die hohe preußische Bürokratie anscheinend keine andere Sorge als die gesetzliche Sicherung der großen unteilbaren Feudalgüter. Dagegen kam die von weitesten Volksschichten so sehnsüchtig erwartete Wahlreform in Preußen nicht. Im März benutzten die Aristokraten im preußischen Herrenhaus einen an sich gleichgültigen Anlaß, eine Reform der Diätenordnung für den Landtag, zu einem heftigen Vorstoß gegen Demokratie und parlamentarisches System.

Es war klar, daß der preußische Adel, gestützt auf die Oberste Heeresleitung, jede Reform bis aufs äußerste abwehren würde. Die Arbeiterschaft und auch die bürgerlichen Liberalen betrachteten diese Vorstöße als Provokation. Am 14. März kam es zu einer erregten Debatte im preußischen Abgeordnetenhaus. Bethmann-Hollweg suchte die Wogen zu glätten, indem er noch einmal die Notwendigkeit der innerpolitischen Neuordnung und der preußischen Wahlreform hervorhob. Am Nachmittag desselben Tages erhielt Bethmann-Hollweg die Nachricht von einem Funkspruch über die Revolution in Petersburg.

In Rußland war das Zarensystem fast über Nacht zusammengebrochen. Es bildete sich eine demokratische Republik, zunächst noch im bürgerlichen Sinn. Der Eindruck der russischen Ereignisse auf die deutschen Volksmassen war ungeheuer. Ein gewaltiges militärisches Kaisertum war von der Revolution einfach überrannt worden. Als die Soldaten und Arbeiter sich verbündeten, waren die Kosaken und Gendarmen des Zaren machtlos. Der Friedenswille der russischen Arbeiter, Bauern und Soldaten hatte sich mit der Erbitterung über die politische Unterdrückung vereint. Die technische Form des Militäraufstandes war in den Soldatenräten gefunden. Mit den Soldatenräten gingen die Arbeiterräte aus den Großbetrieben zusammen. So bildete sich die Front der demokratischen Volksmassen gegen den Kaiser, die Offiziere und die Polizei.

Das deutsche Volk hatte seit Generationen in keinem Lande eine Revolution erlebt, die Vergleichsmöglichkeiten für Deutschland geboten hätte. Rückschlüsse aus den türkischen, chinesischen, serbischen und portugiesischen Ereignissen konnte man für die deutschen Verhältnisse nicht verwerten. Das Jahr 1848 war für die deutsche Volksmasse wie eine verklungene Sage. Nun lernte man aus Rußland, wie eine Revolution möglich war und wie sie gemacht wurde. Von den Parteien in Deutschland begrüßte der Spartakusbund begeistert das russische Vorbild. Für die Spartakusrichtung waren die russischen Ereignisse der Beweis, daß sie die Weltlage richtig beurteilt hatte. Der Weltkrieg beginne sich in die Weltrevolution zu verwandeln. Die deutschen Arbeiter müßten ebenso handeln wie die russischen. Die illegale Spartakusliteratur mahnte die Massen zur Revolution. Bei der geringen organisatorischen Bedeutung dieser Gruppe hatte die Spartakuspropaganda keine erkennbare Wirkung.

Die beiden sozialdemokratischen Parteien hielten ein gewaltsames

Vorgehen nach russischem Muster in Deutschland nicht für angebracht. Aber sie traten jetzt mit verstärkter Energie für innerpolitische Reform und für den Verständigungsfrieden ein. Auch das liberale Bürgertum hielt jetzt die Stunde zur innerpolitischen Umgestaltung Deutschlands für gekommen. Denn jeder Redner, der jetzt Reformen verlangte, konnte es mit dem drohenden oder warnenden Hinweis auf Rußland tun. Bethmann-Hollweg glaubte die Bewegung in der Hand behalten zu können, wenn er seine Taktik der Reden über Neuorientierung und des Versprechens der Wahlreform verstärkt anwandte.

Die Oberste Heeresleitung dagegen hielt jede Konzession für verfehlt. Sie und die Anhänger des Siegfriedens sahen in den russischen Ereignissen vor allem die Folgen der deutschen Siege. Sie hielten die Revolution für den Anfang vom Ende des russischen militärischen Widerstandes. Sie glaubten an kein Übergreifen der russischen Bewegung auf Deutschland, wenn nur die deutsche Regierung fest bleibe und den Krieg gut beende.

Wie sich die russische Revolution auf den Krieg auswirken würde, war in der ersten Zeit noch gar nicht zu übersehen. Die Märzrevolution gab in Rußland zunächst dem Bürgertum die Macht in die Hand. Die russischen bürgerlichen Kreise waren gar nicht geneigt, das Bündnis mit England, Frankreich und Amerika aufzugeben. Sie wollten erst recht eine russische Eroberungspolitik treiben und Konstantinopel gewinnen. In der letzten Zeit ihrer Macht waren die zaristisch-konservativen Kreise in Rußland viel eher für den Sonderfrieden gewesen als die bürgerlichen Liberalen. Behaupteten sich in Rußland die liberalen Gruppen an der Macht, so hatte Deutschland von der russischen Revolution keine Vorteile zu erwarten.

Dagegen lehnte die russische Arbeiterschaft die Eroberungspläne ab und wünschte einen schnellen Frieden »ohne Annexionen und Entschädigungen.« Diese Formel lebte im russischen Proletariat genauso wie im deutschen, und als Friedenslosung des Petersburger Arbeiter- und Soldatenrates gewann sie internationale Bedeutung. Aber auch die russische Arbeiterschaft war in der Frage geteilt, ob man mit Deutschland einen Sonderfrieden schließen solle oder nicht. Der rechte Flügel der russischen Sozialisten, der auch das Zusammengehen mit dem Bürgertum empfahl, wollte den Frieden nur im Gesamtrahmen der Entente. Er wollte keinen Sonderfrieden, weil sonst Deutschland seine ganze Armee an die Westfront werfen, dort siegen und so seine Gewaltherrschaft über Europa aufrichten könnte. Deshalb müsse man auch die russische Front aufrechterhalten.

Der linke Flügel der russischen Sozialdemokraten, die Bolschewiki, wollte den Bruch mit dem Bürgertum und den sofortigen Frieden.

Sie fürchteten die deutsche Militärmacht nicht. Eine vorübergehende Stärkung durch den russischen Sonderfrieden werde dem deutschen Kaisertum nichts nützen, sondern die Weiterentwicklung der Weltrevolution würde bald auch Deutschland überschwemmen. So glaubten die Bolschewiki und die deutsche Oberste Heeresleitung, gegenseitig miteinander spielen zu können. General Ludendorff gestattete, daß der in der Schweiz lebende Führer der Bolschewiki, Lenin, über Deutschland nach Rußland zurückkehrte, um dort die Revolution und den Sonderfrieden zu vollenden. Die Zukunft zeigte, daß Lenin doch weitsichtiger war als Ludendorff.

So war auch in Rußland die Kriegs- und Friedensfrage mit dem Klassenkampf zwischen Bürgertum und Arbeitern verknüpft. Die Entscheidung mußte zugunsten der Richtung fallen, für die sich die Hundertmillionenmasse der russischen Bauern entschied. Bis in den Sommer 1917 hinein hatten in Rußland noch die bürgerlichen Gruppen und der rechte Flügel der Sozialdemokraten die Oberhand. Im Juli gelang es sogar der Kerenski-Regierung, die russischen Armeen zu einer großen Offensive zu veranlassen, die fast wie die Offensive des Jahres 1916 in Galizien Anfangserfolge hatte. Gleich nach der Revolution trat zwar die Friedenssehnsucht der russischen Bauern-Soldaten an der ganzen Front hervor. Aber die Gegenwirkung zur Wiederherstellung der militärischen Leistungsfähigkeit fehlte auch nicht, und sie zeigte sich bei der Juli-Offensive. Auf jeden Fall blieb die militärische Lage im Osten so ungeklärt, daß die deutsche Heeresleitung ihre Ostfront aufrechterhalten mußte. Um die Verwirrung im russischen Heere militärisch auszunutzen und durch eine deutsche Offensive die Entscheidung im Osten zu erzwingen, dazu reichten die deutschen Kräfte nicht aus.

Im März brachte die USPD eine Resolution im Reichstag ein, worin sie das parlamentarische Regierungssystem und den annexionslosen Frieden verlangte. Die Mehrheitssozialisten beantragten die Bildung eines Ausschusses, der die politische Neuordnung des Deutschen Reiches vorbereiten sollte. Erstaunlicherweise brachten die Nationalliberalen einen Antrag ein, der inhaltlich dasselbe verlangte[2]. Ein Antrag der Fortschrittler verlangte die Einführung des allgemeinen gleichen Wahlrechtes in allen Bundesstaaten, zielte also auf die oft verheißene, aber nie in Angriff genommene preußische Wahlreform. Die russische Revolution hatte zuwege gebracht, was bisher in Deutschland in den drei Kriegsjahren nicht zu erreichen gewesen war. Die Umgestaltung Deutschlands stand plötzlich auf der Tagesordnung.

Dabei wurde von den Parteien eine grundlegende Tatsache nicht genug gewürdigt. Eine politische Neuordnung des Deutschen Reiches war bereits erfolgt, und zwar seit August 1916, aber nicht im Sinne der Parlamentarisierung, sondern durch das Übergewicht der Obersten Heeresleitung. Wenn der Reichstag im März 1917 den Machtkampf aufnehmen wollte, so richtete sich der Angriff in Wirklichkeit gar nicht gegen die hohe Bürokratie, die in den Ämtern saß, und auch nicht gegen den Kaiser, sondern gegen den General Ludendorff. Wenn innerhalb der Nationalliberalen Partei die Hoffnung bestand, daß man die Parlamentarisierung zusammen mit Ludendorff durchführen könnte, so war diese Erwartung trügerisch. General Ludendorff hat jede Parlamentarisierung und Demokratisierung Deutschlands, wenigstens bis zum September 1918, schroff abgelehnt. Er war auch ein Gegner der preußischen Wahlreform.

Wenn sich die Nationalliberalen an der Aktion der Sozialdemokraten beteiligten, so zeigt dies die Zwiespältigkeit der Stimmungen und Interessen im besitzenden Bürgertum. Einerseits war man aus Besorgnis vor der Arbeiterschaft für Erhaltung der bestehenden Verhältnisse. Auf der anderen Seite strebte man aber auch eine Machterweiterung auf Kosten des preußischen Adels an und scheute dabei vor der sozialdemokratischen Bundesgenossenschaft nicht zurück. Der rechte Flügel der Nationalliberalen hatte seinen Hauptsitz in der preußischen Landtagsfraktion, der linke Flügel hatte einige aktive Vertreter im Reichstag. Die Initiative des linken nationalliberalen Flügels führte zu dem Antrag auf Schaffung des Verfassungsausschusses. So kehrte die Nationalliberale Partei vorübergehend zur Taktik von 1912 zurück.

Da auch das Zentrum die Verfassungsreform unterstützte, waren die Konservativen isoliert. Die Konservativen erklärten, daß die ganze Aktion in erster Linie auf die Reform des preußischen Wahlrechts hinauslaufe. Das sei eine rein preußische Angelegenheit, in die sich der Reichstag besser nicht einmische. Die preußische Aristokratie nahm also, gestützt auf die Oberste Heeresleitung, den Kampf auf. Der Reichstag beschloß mit erdrückender Mehrheit die Einsetzung des Verfassungsausschusses. Dieser trat am 2. Mai zusammen und wählte den Abgeordneten Scheidemann zum Vorsitzenden.

Die Probleme wurden sofort aufgerollt. Das Zentrum, die Fortschrittler und die Nationalliberalen beantragten, daß der Reichskanzler und die Staatssekretäre dem Reichstag verantwortlich sein sollten. Das bedeutete die Ersetzung des Reichskanzlers der Bismarckschen Verfassung durch ein parlamentarisches Reichsministerium. Ferner verlangten die drei Parteien, daß künftig die Offiziersernennung durch den Kriegsminister gegengezeichnet sein sollte. Das wäre die Beseitigung der kaiserlichen Kommandogewalt gewesen. Denn die Gewalt des Königs von Preußen über sein Heer zeigte sich bisher darin, daß er nach freiem Ermessen die Offiziere ernannte. Im Sinne des

Antrags sollte der Kriegsminister die Offiziersernennung gegenzeichnen, das heißt dem Parlament gegenüber für sie die Verantwortung tragen. Wenn das Parlament durch Mißtrauensvotum den Kriegsminister stürzen kann, wird dieser keine Offiziersernennung billigen, die ihn in einen Gegensatz zum Parlament bringt. Das ist ungefähr der Zustand der englischen Armee, die formal dem König, in Wirklichkeit dem Unterhause untersteht.

Hier war der Verfassungsausschuß sofort auf den entscheidenden Punkt gekommen, auf die Kommandogewalt weniger des Kaisers als Ludendorffs. Als der Ausschuß zu diesen Beratungen den preußischen Kriegsminister einlud, erschien er einfach nicht, ohne Zweifel mit Billigung der Obersten Heeresleitung. Wenn der Ausschuß nicht einmal die Macht hatte, den Kriegsminister in seine Sitzung zu zitieren, konnte er auch die Kommandogewalt nicht ändern. Der Reichstag ging noch im Mai in die Ferien, der Verfassungsausschuß hatte nichts erreicht.

Trotzdem war ein Spott über das Versagen des Reichstages wenig am Platze. Es war in Deutschland so weit, daß nicht nur die Sozialdemokraten, sondern auch schon die großen bürgerlichen Parteien über die Abschaffung der Bismarckschen Verfassung diskutierten. Das war keine Kleinigkeit. Augenblicklich war die Oberste Heeresleitung noch stärker als der Reichstag. Aber das hing von der Kriegslage ab. Denn die Autorität der Obersten Heeresleitung war, trotz ihrer äußerlichen Machtentfaltung, keine physische, sondern eine moralische. Die unbedingt zuverlässige Zwangsgewalt, wie sie im Frieden der König von Preußen mit Hilfe des preußischen Friedensheeres ausgeübt hatte, bestand nicht mehr. Volk und Militär fügten sich der Obersten Heeresleitung nur darum, weil man sich an Hindenburg und Ludendorff als den Rettungsankern in der Kriegsnot anklammerte. Die politische Gewalt der Obersten Heeresleitung war in dem Moment tot, als sie im September 1918 gestehen mußte, daß sie den Krieg verloren habe.

Hätte Bethmann-Hollweg ernstlich die Neuorientierung Deutschlands fördern wollen, so hätte er die Tätigkeit des Verfassungsausschusses mit allen Mitteln vorwärtsbringen müssen. Aber da er fürchtete, daß der Verfassungsausschuß ihm neue Unannehmlichkeiten bei der Obersten Heeresleitung bringen würde, suchte er zu bremsen. In diesem Sinne hat Bethmann-Hollweg auf Scheidemann eingewirkt. Dagegen war der Kanzler geneigt, das Reichstagswahlrecht in Preußen für die Zeit nach dem Kriege zu versprechen [3]. Anfang April schlug Bethmann-Hollweg dem Kaiser vor, eine Botschaft an das deutsche Volk mit dem feierlichen Versprechen innerpolitischer Reformen zu erlassen, worin auch die preußische Wahlreform und eine Umgestaltung des Herrenhauses zugesagt werden sollte. Am Hofe war bekannt, daß

Ludendorff ein unbedingter Gegner der preußischen Wahlreform sei. So erklärte sich der Kaiser zwar prinzipiell mit der Botschaft an das Volk einverstanden. Er lehnte aber die Übertragung des Reichstagswahlrechts auf Preußen ab. Man sieht, der Kaiser findet seine alte Energie wieder, sobald er weiß, daß er die Linie des Generals Ludendorff vertritt.

Es kamen neue umständliche Verhandlungen innerhalb der preußischen Regierung. Das Resultat war die Osterbotschaft des Kaisers vom 7. April. Sie sagte eine Reform des Herrenhauses und des preußischen Landtagswahlrechts für die Zeit nach dem Kriege zu. Als Wahlreform war die Beseitigung der drei Klassen, die direkte und die geheime Wahl versprochen worden, aber nicht das gleiche Wahlrecht. Die Konservativen waren nämlich höchstens für eine Wahlreform zu gewinnen, bei der die Besitzenden durch ein Pluralstimmrecht bevorzugt waren. Bethmann-Hollweg selbst hätte lieber das Reichstagswahlrecht versprochen. Aber er hielt sich nicht für stark genug, diese Ansicht gegen alle Widerstände durchzukämpfen.

Die Verweigerung des Reichstagswahlrechts für Preußen hat vor dem Kriege und im Kriege die stärkste Verbitterung der ärmeren Volksschichten hervorgerufen. Es erschien besonders im Kriege unerträglich, daß ein armer Frontsoldat nachher ein schlechteres Wahlrecht haben sollte als ein glücklicher Kriegsgewinnler, der den Schützengraben nie gesehen hatte. Manchmal wird die Ansicht vertreten, daß die Verweigerung des gleichen Wahlrechts in Preußen eine Hauptursache der Revolution gewesen sei. Daran ist so viel richtig, daß die preußische Wahlrechtsfrage ein innerpolitisches Problem ersten Ranges war und daß hier die Klassengegensätze in besonderer Schärfe hervortraten. Aber die entscheidende Frage für die Machtverhältnisse in Deutschland war das preußische Wahlrecht nicht.

Es war zwar der in Preußen regierenden Aristokratie sehr angenehm, daß sie neben Königtum und Herrenhaus auch noch über das Parlament verfügte. Aber die Kraft des alten Systems lag doch nicht in der konservativen Landtagsfraktion, sondern in der unbeschränkten Gewalt des Königs über die Armee und die Verwaltung. Solange der König von Preußen die Minister nach seinem Gutdünken ernannte und absetzte, konnte ihm die Mehrheitsbildung im Landtag ziemlich gleichgültig sein. Es hätte doch sehr gut in Preußen zum Beispiel unter Bülow das gleiche Wahlrecht eingeführt werden können. Das wäre keine Revolution gewesen, sondern der preußische Landtag hätte dann ungefähr ebenso ausgesehen wie der Reichstag. Die preußische Regierungsmehrheit hätte sich nicht nur aus den Konservativen und Nationalliberalen zusammengesetzt, sondern man hätte noch das Zentrum dazugenommen, das sowieso meistens in Preußen mit den Konservativen zusammenging. Schlimmstenfalls hätte man ein paar katholisch-konservative Landräte mehr ernannt.

Bei dieser Lage der Dinge war es ebenso unklug wie engherzig, daß die in Preußen regierenden Schichten das Reichstagswahlrecht verweigerten. Die Entscheidung lag nicht beim Wahlrecht, sondern bei der Auseinandersetzung zwischen der kaiserlichen Regierung, beziehungsweise dem System, das sich durch die kaiserliche Autorität deckte, und dem Parlamentarismus. Der Sturz des alten Systems kam denn auch im Oktober 1918 nicht durch die preußische Wahlreform, sondern infolge der Machtübernahme durch die Reichstagsmehrheit. Daraus folgte dann die preußische Wahlreform von selbst, nicht als die Ursache, sondern als eine Begleiterscheinung der Umwälzung.

Eine ernsthafte Initiative der Reichsregierung, um sofort innerpolitische Reformen in Deutschland zu verwirklichen, war also im Frühjahr 1917 nicht vorhanden. Man begnügte sich mit leeren Versprechungen, während der Hunger in den Großstädten wuchs und das russische Beispiel die Arbeiter lockte. Innerhalb der sozialistischen Arbeiterschaft wurde der Oppositionswille immer stärker. Anfang Juli sollte der Reichstag wieder zusammentreten, um neue Kriegskredite zu bewilligen. Es war dem sozialdemokratischen Parteivorstand sehr zweifelhaft, ob er eine neue Kreditbewilligung vor seinen Anhängern verantworten konnte. Die Sozialdemokratie wollte eine weitere Bewilligung von Kriegskrediten davon abhängig machen, daß die Regierung sich unzweideutig gegen Eroberungen erkläre.

Die Hoffnung, die man auf den U-Boot-Krieg gesetzt hatte, war enttäuscht worden. Es war klar, daß England weder im Juli noch im August um Frieden ersuchen werde. Große Siege zu Lande hatten Hindenburg und Ludendorff im letzten Halbjahr auch nicht erfochten. Die russische Revolution brachte keinen Sonderfrieden, sondern im Gegenteil im Juli eine neue russische Offensive. Sicher war nur, daß die Blutopfer weitergingen und daß die Wirtschaftslage immer elender wurde.

So brachte der Sommer 1917 die zweite große Vertrauenskrise des deutschen Volkes zu seiner politischen und militärischen Führung. Noch sahen die Massen nicht die Möglichkeit und die Gefahr einer deutschen Niederlage. Aber sie sahen auch keinen Weg, den Krieg zu beenden. Sie verlangten, daß etwas geschehe, um den Frieden zu schaffen, den der Kaiser, die Regierung und die Oberste Heeresleitung mit ihren Methoden offenbar nicht bringen konnten. Diese Stimmung erfaßte alle Volksschichten, die sich wirtschaftlich und sozial gedrückt fühlten. Sie ging von den sozialdemokratischen zu den christlichen Arbeitern, zu den Bauern und zum Mittelstand. Die Explosion erfolgte beim Zentrum.

Der Wortführer der katholischen Arbeiter und Bauern, die der Regierung nicht mehr trauten und den Frieden wollten, wurde Erzberger[4]. Der Abgeordnete Erzberger hatte in den beiden ersten Kriegsjahren mit der konservativ gestimmten Zentrumsführung zusammengearbeitet, ebenso mit der Regierung und den militärischen Stellen. Er hatte Siegfriedensprogramme entworfen und anscheinend noch der denkwürdigen Zentrumsresolution vom Oktober 1916 zugestimmt, die sich für die politische Diktatur der Obersten Heeresleitung aussprach. Im Frühjahr 1917 vollzog sich jedoch eine Wandlung seiner Ansichten. Er durchschaute die ganze Schwierigkeit der militärischen Lage Deutschlands.

Wichtig wurde in diesem Zusammenhang eine Reise, die Erzberger zusammen mit dem nationalliberalen Abgeordneten von Richthofen ins Hauptquartier Ost machte. Den Oberbefehl im Osten hatte, seitdem Hindenburg und Ludendorff ins Große Hauptquartier gegangen waren, Prinz Leopold von Bayern. Sein Stabschef war General Hoffmann, einer der bedeutendsten Offiziere des deutschen Heeres, der auch gegenüber der Obersten Heeresleitung die Selbständigkeit seines Urteils wahrte. Bei General Hoffmann erfuhren Erzberger und Richthofen die wirkliche Kriegslage. Bei Erzberger festigte sich der Entschluß, vom Reichstag aus etwas zu tun, um den Krieg so schnell wie möglich zu beenden, ehe es für Deutschland zu spät war und eine Katastrophe eintrat. Erzbergers Wille deckte sich mit der Strömung der breiten Volksmassen, ganz besonders der sozialdemokratischen Arbeiter. Das gab der Aktion Erzbergers ihre Stoßkraft. Wenn sich aber der Reichstag gegen die Regierung und gegen die Oberste Heeresleitung in der Friedenspolitik durchsetzen sollte, mußte sich im Reichstag selbst eine feste aktionsfähige Mehrheit bilden, und das Parlament mußte seine Macht außerordentlich steigern.

Erzbergers Aktion vom Juli 1917 hing ferner mit den damaligen Verhältnissen in Wien zusammen und mit den Vorbereitungen der päpstlichen Diplomatie zu einem Friedensschritt. Die Haltung der Politik Österreich-Ungarns war seit dem Tode des Kaisers Franz Joseph und dem Regierungsantritt des Kaisers Karl völlig verändert[5]. Nur politische Unwissenheit konnte die Habsburger-Monarchie als eine Art von deutschem Bundesstaat auffassen oder sich einreden, daß die Politik Österreichs vom Wiener Bürger oder vom Tiroler Bauern gemacht würde. Die natürliche Neigung der deutschösterreichischen Bevölkerung zum Deutschen Reich war für die Wiener Regierung durchaus nicht maßgebend.

Seit dem sogenannten Ausgleich von 1867 gab es zwei Kräfte, von denen die Politik Österreich-Ungarns bestimmt wurde: Erstens die magyarische Aristokratie, die mit dem ungarischen Großbürgertum zusammenging. Das war das Zentrum in Budapest. Zweitens die internationale schwarz-gelbe Aristokratie, mit dem Zentrum in Wien, die dem Offizierskorps und der hohen Bürokratie den Stempel aufdrückte. Das Kompromiß dieser beiden Kräfte war der sogenannte Ausgleich zwischen den beiden Staaten Österreich und Ungarn.

Um sich an der Macht zu halten, mußte in Ungarn die herrschende Klasse die magyarischen Arbeiter, Bauern und Kleinbürger niederdrücken, ferner die nationalen Bestrebungen der Deutschen, Kroaten, Serben, Rumänen, Slowaken und Ruthenen, die ungarische Staatsbürger waren. In der österreichischen Reichshälfte mußte die regierende Aristokratie die nationalen Bestrebungen des tschechischen, polnischen, italienischen, südslawischen und in Wirklichkeit auch des deutschen Bürgertums niederhalten und überdies noch die Ansprüche der Arbeiter und Bauern aller Nationen abwehren. Gemeinsamer Besitz der beiden Staaten Österreich und Ungarn war endlich Bosnien, dessen südslawische Bevölkerung das Glück hatte, von den Befehlen der Wiener und der Budapester Herren zugleich abzuhängen.

So war die Habsburgische Monarchie im 20. Jahrhundert ein Bild grauenhafter Lebensunfähigkeit. An sich hätte sich Österreich-Ungarn als wirtschaftliches und geographisches Gebilde halten können. Auch die Vielfältigkeit der Nationalitäten hätte die Gründung eines vernünftigen Bundesstaates nicht ausgeschlossen. Die Ursache des österreichischen Elends war die Macht der doppelten Aristokratie, die alle nationalen und wirtschaftlichen Forderungen von 90 Prozent der Bevölkerung versagen mußte. Der tiefste Grund, der zum Beispiel den deutsch-tschechischen Ausgleich verhinderte, lag darin, daß die regierende Aristokratie, deren Kern gerade der böhmische Hochadel war, beiden Nationen gleichmäßig die Macht nicht gönnte.

Mit diesem unmöglichen Staatsgebilde hat die Außenpolitik Wilhelms II. das Geschick Deutschlands verknüpft. Die Kriegführung Österreichs litt naturgemäß unter den tieferen inneren Gegensätzen. Die tschechischen Soldaten erwiesen sich vielfach als unzuverlässig, und die lange Kriegsdauer drückte auf die Stimmung und den Kampfgeist der Truppe in Österreich noch viel stärker als in Deutschland. Es ist eigentlich erstaunlich, daß die österreichische Armee dennoch bis zum Ende des Krieges zusammengehalten hat. Es ist von österreichischer Seite betont worden, daß die deutsche Revolution aus der bewaffneten Macht hervorgegangen sei, daß aber die österreichische Armee zusammenblieb, bis sie von der kaiserlichen Regierung selbst zum Auseinandergehen aufgefordert wurde. Die jahrhundertealte Tradition der militärischen und politischen Gewalt der Habsburger hatte also bis zum Ende, gegenüber allen auseinanderstrebenden Tendenzen, eine gewisse Kraft.

Da das agrarische Hauptgebiet der Habsburger Monarchie, Ungarn, seine Lebensmittel für sich behielt, litten die Großstädte Österreichs, vor allem Wien, schwerste Not. Der Hunger hat in den Jahren 1917 und 1918 auch die Wiener Arbeiter stark radikalisiert.

Solange Franz Joseph lebte, war die österreichische Politik im Kriege durchaus auf das Zusammengehen mit Deutschland eingestellt. Nicht aus besonderer Liebe für Preußen, sondern aus einem sehr begreiflichen staatlichen Egoismus. Wer die Lage nüchtern beurteilte, mußte sich sagen, daß Österreich-Ungarn überhaupt nur durch einen deutschen Waffenerfolg zu retten war. In Wien hoffte man nicht nur, durch den Krieg die Habsburger-Monarchie zu verteidigen, sondern auch noch dynastische Eroberungen, zum Beispiel in Polen, zu machen.

Mit dem Regierungsantritt des Kaisers Karl kam eine völlig veränderte politische Schule der österreichischen Aristokratie zur Macht. Es waren die Kreise, welche die habsburgische Politik auf ein Zusammengehen mit Frankreich gegen Preußen orientieren wollten. Dieselbe Richtung der österreichischen Aristokratie hatte 1870 die Beteiligung am Kriege an der Seite Napoleons III. gewünscht und noch in den ersten Jahren nach 1871 die Entente mit Frankreich empfohlen. Alte Verbindungen zwischen dem katholischen Adel Österreichs und der katholischen Aristokratie Frankreichs wirkten in derselben Tendenz. Der Kreis um Kaiser Karl war der Ansicht, daß die Sache Deutschlands schlecht stehe und daß das Haus Habsburg besser tue, sich beizeiten von Deutschland zu trennen und eine Verständigung mit England und Frankreich auch auf Kosten Deutschlands zu suchen.

Der Hauptfeind Österreichs im Lager der Entente, der russische Zarismus, existierte nicht mehr. Mit Frankreich und England hoffte man zu einer Verständigung zu kommen, trotz der Versprechungen, die von den Westmächten an Italien, Rumänien, Serbien und an die tschechische nationalrevolutionäre Partei gemacht waren. Wenn diese Versprechungen gehalten wurden, so folgte daraus die Auflösung der österreichisch-ungarischen Monarchie. Aber warum sollte die Entente sich nicht revidieren, wenn sie dafür die Abkürzung des Krieges mit Hilfe der Habsburger eintauschte?

Die Pläne des Kaisers Karl waren der Dank für die deutsche »Nibelungen«-Treue. Aber man hätte sich in der deutschen Regierung rechtzeitig und vor dem Kriege sagen müssen, daß das habsburgische Reich kein Vasall Deutschlands, sondern eine Macht mit einer selbständigen, traditionellen Politik ist, daß die Interessen Habsburgs durchaus nicht mit denen Deutschlands identisch sind und daß die Dankbarkeit keinen Faktor der Weltpolitik darstellt. Bismarcks Beurteilung der habsburgischen Politik hat sich 1917 und 1918 als völlig richtig erwiesen.

Ein glatter Übergang Kaiser Karls zur Entente hätte aber seine Schwierigkeiten gehabt. Erstens hätte Deutschland, solange es Mitteleuropa beherrschte, mit seinen Truppen Wien besetzen können. Zweitens hätte ein solcher Schritt innerpolitisch ernste Folgen gehabt. Die Deutschösterreicher hätten rebelliert, und die ungarische Aristokratie hätte sich aufgelehnt. Denn ein antideutscher Kurs in Österreich mußte naturgemäß ein slawenfreundlicher Kurs sein, was dem ungarischen Interesse widersprach. Folglich mußte die Wiener Hofpartei mit großer Vorsicht vorgehen. Sie begründete ihre Taktik mit Friedenssehnsucht und suchte so die ärmeren und überhaupt die oppositionellen, von der Kriegsnot gedrückten Volksschichten zu gewinnen. Vielleicht konnte man so in Österreich, gestützt auf die Arbeiter und die Tschechen, das deutschösterreichische Bürgertum niederhalten, und vielleicht ließen sich in Ungarn die demokratischen Gruppen gegen die Aristokratie ausspielen.

Aber der Wiener Hofadel ließ sich auf ein gefährliches Abenteuer ein. Er spielte mit der Revolution, um vom deutschen Bündnis loszukommen. Aber wer bürgte dafür, daß die Tschechen, die ungarischen Demokraten, die österreichischen Sozialisten usw. auch wirklich für die Häuser Habsburg und Parma die Kastanien aus dem Feuer holen würden? In derselben Weise haben im März 1848 in Wien die Hofkreise mit der Revolution kokettiert, um den unbequem großen Fürsten Metternich loszuwerden. 1918 wie 1848 sind dann die Wellen der Revolution über den Habsburger Drahtziehern zusammengeschlagen. Die Armee des russischen Zaren, die 1848 das Haus Habsburg rettete, war im Jahre 1918 nicht mehr da.

Die Wiener Hofpartei beseitigte 1917 systematisch die Anhänger des Bündnisses mit Deutschland von ihren Posten. Die Absetzung des hervorragenden Generalstabschefs von Conrad leitete die Zersetzung der Armee von oben ein. Ebenso begann mit der Entlassung des ungarischen Ministerpräsidenten Graf Tisza die Desorganisierung des ungarischen Staatsapparates. Als Außenminister wählte Kaiser Karl freilich einen Mann, der sich von der Hofclique nicht beherrschen ließ: den Grafen Czernin. Seine Position war überaus schwierig. Graf Czernin durchschaute die ungünstige militärische und wirtschaftliche Lage der Mittelmächte, und er fand, daß die deutsche Oberste Heeresleitung die realen politischen Verhältnisse wenig würdigte. Daheim hatte Czernin vor sich die Revolution und in seinem Rücken den Hof, der jederzeit zum Sonderfrieden bereit war. Eine Rettung sah Czernin nur in einem schnellen, erträglichen Frieden für die Mittelmächte, ehe alles zu spät war. So hat Czernin die politischen Kreise Deutschlands auf jede Weise darüber zu informieren gesucht, daß Österreich vor dem Zusammenbruch stehe, wenn nicht schnell der Frieden zustande käme. Er ließ auch Erzberger über die Lage in Österreich orientieren. Daß die Hauptgefahr in Österreich nicht von den hungernden Massen, sondern vom Wiener Hof drohe, konnte Czernin freilich den deutschen Politikern nicht sagen.

Erzberger mußte die Nachrichten, die er aus Österreich erhielt, gebührend in Rechnung stellen. Denn wenn Österreich abfiel, war für Deutschland alles verloren. Dann brach ein Entente-Heer über Tirol und Böhmen in Deutschland ein, und der Krieg war zu Ende. Graf Czernin selbst war dem deutschen Bündnis unbedingt loyal, und er hat 1918 seinen Posten aufgegeben, als Clemenceau den Brief veröffentlichte, den Kaiser Karl formal an Sixtus von Parma, in Wirklichkeit an die französische Regierung gerichtet hatte. Daß Deutschland seit 1917 des österreichischen Bündnisses nicht mehr sicher war, sondern daß der Wiener Hof seitdem entschlossen war, bei der ersten Gelegenheit von Deutschland abzufallen, ist eine der wichtigsten Tatsachen des Weltkrieges. Neben dem Eintritt Amerikas in den Krieg und der verfehlten Ostpolitik hat vor allem die Haltung Österreichs das Geschick des deutschen Kaisertums entschieden.

Als letzter Umstand hat die Kenntnis von einem päpstlichen Friedensschritt, der sich seit Juni vorbereitete, die Aktion Erzbergers beeinflußt[6]. Die päpstliche Diplomatie war über die Kriegslage genau orientiert. Sie kannte das Übergewicht der Entente und die bedenkliche Entwicklung in Wien. Bei aller politischen Neutralität, die sich aus der internationalen Ausdehnung der Katholischen Kirche ergab, wünschte der Päpstliche Stuhl doch, die Niederlage der Mittelmächte zu vermeiden. Denn Österreich-Ungarn war die einzige katholische Großmacht, und in Deutschland war die Lage der katholischen Minderheit besonders günstig. Der Päpstliche Stuhl wollte wenigstens den Versuch machen, Deutschland zu retten, und zu diesem Zweck eine Vermittlung zwischen Deutschland und England in die Hand nehmen. Deutschland sollte sich zu gemäßigten Kriegszielen bekennen, vor allem zur Wiederherstellung Belgiens. Vielleicht konnte dies der englischen Friedenspartei Gelegenheit zu einem Vorstoß geben.

Die Mehrheit des englischen Bürgertums war zwar entschlossen, im Geiste von Lloyd George den deutschen Konkurrenten unschädlich zu machen. Aber einzelne angesehene Politiker, wie zum Beispiel Lord Lansdowne, waren anderer Meinung: England werde zwar am Ende siegen, aber unter ungeheueren Opfern und mit der Gewißheit, daß Amerika die wirtschaftliche Weltherrschaft an sich reißt. Darum waren diese englischen Staatsmänner geneigt, ein Kompromiß mit Deutschland zu suchen. Ihr Einfluß war freilich nicht groß, und der päpstliche

Friedensschritt ist dann später von Frankreich wie von England schroff abgewiesen worden. Die päpstliche Diplomatie wird von Anfang an keine übertriebenen Hoffnungen mit ihrer Aktion verbunden haben. Aber sie wollte den Versuch wagen, und dazu war es ihr erwünscht, wenn die deutsche Regierung ein Bekenntnis zu gemäßigten Friedenszielen ablegte. Dazu wollte Erzberger beitragen.

Am 6. Juli hielt Erzberger seine Rede[7] im Hauptausschuß des Reichstags, die von historischer Bedeutung werden sollte. Er stellte fest, daß sich die Regierung in der Frage des U-Boot-Krieges vollkommen geirrt habe. Darum könnte sie ein weiteres Vertrauen vom Reichstag nicht erwarten. Eine Beendigung des Krieges sei nicht abzusehen. Um die Einigung im Volke wiederherzustellen, müsse man wieder zur Politik des 4. August zurückkehren, das heißt zum reinen Verteidigungskrieg. Der Reichstag müsse der Regierung sagen, daß er einen Frieden des Ausgleichs anstrebe, ohne zwangsweise Unterdrückung von Völkern und Grenzteilen. Eine solche Erklärung des Reichstags sei der beste Weg zum Frieden.

Zwar hatte Karl Liebknecht die Regierung schon 1914 weit schärfer angegriffen. Aber er sprach nur im Namen einer kleinen einflußlosen Minderheit des Volkes. Wenn Erzberger seinen Vorstoß unternahm, konnte man sicher sein, daß er das Zentrum und die Sozialdemokratie hinter sich habe, das heißt unter damaligen Verhältnissen die Mehrheit des Reichstags und des Volkes. Diese Mehrheit von Parlament und Volk erklärte durch den Mund von Erzberger der Regierung, daß sie zu ihr kein Vertrauen mehr habe und von nun an einen eigenen Weg zum Frieden suchen wolle. Das war eine revolutionäre Tat, und an jenem 6. Juli 1917 ist der Grundstein zur deutschen bürgerlichen Republik gelegt worden.

Unter richtiger Auswertung der Stimmung der katholischen Arbeiter und Bauern hatte Erzberger die altkonservative Führergruppe des Zentrums glatt überrannt. Erzberger und seine näheren Freunde beherrschten jetzt die Politik der Partei. Das Zentrum ging zusammen mit den Sozialdemokraten in Opposition gegen die in Deutschland herrschenden Schichten, und als dritte Gruppe schloß sich die Fortschrittspartei, als Vertreterin der Kaufmannschaft und überhaupt des mittleren Bürgertums, der neuen Reichstagsmehrheit an. Der Antibismarckblock war wieder da, und in dem Kriegselend hatte er die erdrückende Mehrheit der Volksmassen hinter sich.

Endlich hatten die Verbitterung, die Friedenssehnsucht und der Machtwille der Arbeiter, der Kleinbauern und des Mittelstandes ihren politischen Ausdruck gefunden. Aber schon die Rede Erzbergers vom 6. Juli zeigte die Schwäche der Aktion, obwohl sie im Sinne von Parlaments-

und Volksmehrheit erfolgte. Gegen wen richtete sich der Stoß Erzbergers in Wirklichkeit? Nicht gegen den Kaiser, von dem Erzberger selbst sagte, er sei während des Krieges ganz in den Hintergrund getreten. Man lasse ihn nur hervortreten, wenn er eine Soldatenrede halte, die gut für die Soldaten sei, deren Bekanntgabe aber ungünstig wirke. Der Kaiser müsse über die vorhandenen Stimmungen aufgeklärt werden. Man habe in Rußland gesehen, was den Monarchen geschehe, die abgeschlossen seien. Wenn Erzberger so von Wilhelm II. sprach, dann hat weder er noch irgendein Zuhörer den Kaiser für die ausschlaggebende Kraft der deutschen Politik gehalten. Formal mußte sich der Stoß Erzbergers gegen die Reichsregierung richten, gegen Bethmann-Hollweg und den Staatssekretär Helfferich. In Wirklichkeit griff er den Machthaber Deutschlands an, den General Ludendorff und überhaupt die Oberste Heeresleitung.

Jedermann wußte, daß der verschärfte U-Boot-Krieg nicht von Bethmann-Hollweg verursacht war, sondern von Ludendorff. Das Zentrum selbst hatte durch seine Erklärung vom Oktober 1916 der Autorität der Obersten Heeresleitung in der U-Boot-Frage gegen Bethmann-Hollweg zum Siege verholfen. Wenn Erzberger aus der Enttäuschung über den U-Boot-Krieg die nötigen Schlüsse ziehen wollte, dann mußte er nicht dem Reichskanzler das Vertrauen kündigen, sondern der Obersten Heeresleitung. Er mußte in Konsequenz seines Vorstoßes verlangen, daß Ludendorff sich künftig jeder Einmischung in politische Fragen enthalte und daß der Reichstag die oberste Entscheidung der deutschen Politik in die Hand nehme.

Daß Erzberger den wirklichen Gegner am 6. Juli nicht offen genannt hat, sondern daß er sich mit einigen versteckten Andeutungen gegen die Oberste Heeresleitung begnügte, war der Hauptfehler seiner Aktion. Erzberger war offenbar der Meinung, daß er auf Umwegen die politische Stellung Ludendorffs erschüttern könne, durch Schaffung einer festen Reichstagsmehrheit und möglicherweise dadurch, daß Bethmann-Hollweg durch eine andere, stärkere Persönlichkeit ersetzt werde. Erzberger dachte an den Fürsten Bülow. Aber so leicht war General Ludendorff nicht zu schlagen. Einen Gegner, der ihm nicht einmal offen entgegentrat, fürchtete er nicht. So hat im Juli 1917 die Aktion Erzbergers sehr schnell eine Gegenaktion Ludendorffs ausgelöst, und der Erfolg war damals noch bei der Obersten Heeresleitung.

Der zweite Fehler Erzbergers lag darin, daß er nicht mit allen Kräften die Bildung einer parlamentarischen Reichsregierung aus der neuen Mehrheit erstrebte. Der nationalliberale Abgeordnete von Richthofen bemühte sich, Erzberger auf diesen Weg zu drängen. Auch für die Friedenssache wäre eine solche Wandlung in Deutschland nützlich gewesen.

Wenn es offenbar wurde, daß in Deutschland der Kaiser und die Oberste Heeresleitung nicht mehr die politische Macht hatten und daß an ihrer Stelle jetzt die breiten Volksmassen ihr Geschick selbst bestimmten, so hätte das sofort eine Brücke zwischen Deutschland und der russischen Republik geschlagen. Auch auf das Verhältnis Deutschlands zu Frankreich hätte eine innerpolitische Umwälzung einwirken können. Wenn aber in Deutschland sonst alles beim alten blieb und nur der Reichstag sich durch eine Resolution zum annexionslosen Frieden bekannte, änderte das außenpolitisch sehr wenig.

Denn unter einem Frieden »ohne Annexionen und Entschädigungen« konnte sich jeder denken, was er wollte. Ein Staat kann den andern aufs schwerste politisch und wirtschaftlich unterdrücken, ohne ihn formal zu »annektieren« oder ihm förmlich eine »Kriegsentschädigung« aufzuerlegen. So war Erzbergers Friedensformel, die dann später zur Friedensresolution des Reichstags wurde, für die Außenpolitik wertlos, und sie hat auch keinerlei Wirkung im Ausland ausgeübt. Der eine hielt im Ausland die Friedensresolution für ein Manöver, das mit den deutschen Militaristen verabredet sei, um die Ententevölker zu täuschen. Der andere billigte zwar der Reichstagsmehrheit den guten Willen zur Verständigung zu, glaubte aber nicht, daß der Reichstag die Macht habe, sich durchzusetzen, sondern daß die Entscheidung doch nur bei der Obersten Heeresleitung liege. Für reale Verhandlungen mit einer auswärtigen Macht war eine solche allgemeine Formel gar nicht zu gebrauchen. Auch dem Päpstlichen Stuhl und dem Grafen Czernin wäre wohl eine präzise deutsche Erklärung zum Beispiel über Belgien lieber gewesen als die Friedensresolution, wie der Reichstag sie annahm.

Aber innerpolitisch war die Resolution in jeder Hinsicht ein Erfolg. Sie formulierte die allgemeine Friedenssehnsucht der breiten Volksmassen, die von Diplomatie nichts verstanden, aber keinen Eroberungskrieg wollten. Sie war zwar nicht außenpolitisch, aber doch parteipolitisch ein Schlag gegen die Alldeutschen und gegen die Anhänger des Siegfriedens. Die Formel Erzbergers redete gerade in den Ausdrücken und Sätzen, die den Arbeitern erwünscht, aber den bisher in Deutschland regierenden Schichten unsympathisch waren. Die Friedensresolution war ein moralischer Erfolg der Klassen, die sich unterdrückt fühlten. Darum war sie den Massen so wertvoll. Erzberger ist damals vor allem mit den Massen gegangen, das war die Stärke, aber zugleich die Schwäche seiner Aktion. Die Massen wollten einen Weg zum Frieden sehen. Sie wollten durch den Verständigungsfrieden die »Herren« schlagen. Aber der Gedanke der Parlamentarisierung war damals noch nicht populär. So meinte Erzberger zunächst das tun zu müssen, was die Massen verlangten, und das zurückstellen zu können, was den Massen weniger wichtig erschien. Auch hier hat der wirkliche Gegenspieler, nicht Bethmann-Hollweg, sondern Ludendorff, sofort die Schwäche des Angriffs ausgenutzt.

Überraschend ist die geringe Aktivität, die in jenen krisenvollen Tagen die Sozialdemokratie zeigte. Sie unterstützte die Linie Erzbergers, wie es der Abgeordnete Scheidemann im Hauptausschuß am 7. Juli tat. Sie verlangte den annexionslosen Frieden und daneben die preußische Wahlreform. Sie hat aber weder in der Zuspitzung des Angriffs auf die Oberste Heeresleitung noch in der Forderung nach einer parlamentarischen Reichsregierung die Lücken ausgefüllt, die Erzberger gelassen hatte. Mehr als jede bürgerliche Partei fühlte sich gerade die Sozialdemokratie als die Gefangene des Burgfriedens. Die führenden Männer der Partei hatten das Gefühl, daß, wenn sie in scharfe Opposition gingen, die gesamte Arbeiterschaft losbrechen werde und so die Landesverteidigung unmöglich würde. Aber wenn von bürgerlicher Seite eine Initiative zur Opposition gezeigt wurde, mußten sich die Mehrheitssozialisten anschließen. Damit näherten sie sich der Haltung der USPD und entsprachen dem Willen der Arbeitermassen.

Es hing viel davon ab, wie Bethmann-Hollweg sich zu der neuen von Erzberger geschaffenen Lage stellen werde. Der Reichskanzler wußte, daß die Oberste Heeresleitung ihn nicht gern im Amte sah. Er war in Wirklichkeit am verschärften U-Boot-Krieg nicht schuld, er hätte sich an die Spitze der neuen Reichstagsmehrheit stellen und so den Kampf gegen Ludendorff aufnehmen können. Aber solch ein kühner politischer Entschluß war nicht die Sache Bethmann-Hollwegs. Es widerstrebte seiner preußisch-konservativen Grundauffassung, sich von der Reichstagsmehrheit die Macht geben zu lassen. Er unterschied sich von den militärischen und alldeutschen Schichten viel mehr in der Form als im Inhalt seiner Politik. Er hätte nie einen ernsten Kampf gegen die Oberste Heeresleitung geführt.

Vor allem aber fehlte Bethmann-Hollweg – und darin war er der schärfste Gegensatz zu Erzberger – jeder Sinn für politische Aktualität. Er hat offenbar, als die Krise im Reichstag begann, gar nicht übersehen, was wirklich vorging. Er meinte nur, daß Erzberger die Regierung zu einem neuen Friedensangebot an die Entente veranlassen wollte, und das hielt er für unzweckmäßig. Denn erst im letzten Dezember hatte die Entente ein allgemein gehaltenes Friedensangebot Deutschlands zurückgewiesen. Bethmann-Hollweg erkannte nicht, daß die Hauptsache an dem Schritt Erzbergers gar nicht der Wortlaut der Friedensresolution war, sondern die Bildung einer festen Reichstagsmehrheit. So bekämpfte Bethmann-Hollweg die von Erzberger empfohlene Friedenserklärung des Reichstags und setzte sich damit zwischen sämtliche Stühle. Der

Reichskanzler gewann so die Gunst der Obersten Heeresleitung und ihres Kreises durchaus nicht wieder. Auf der anderen Seite stärkte er in Erzberger den Willen, auf einen Kanzlerwechsel zu drängen, und Erzberger hatte damals das Zentrum hinter sich. Aber auch die Fortschrittler und Sozialdemokraten hatten damals keine große Neigung, für Bethmann-Hollweg zu kämpfen, seitdem er sich gegen die Friedensresolution erklärt hatte.

Bethmann-Hollweg hoffte, er könne die Aufregung in seiner alten Art meistern, indem er wieder ein Stück »Neuorientierung« versprach. Er setzte eine kaiserliche Verordnung durch, die sich für das gleiche Wahlrecht in Preußen erklärte. Aber damit war das gleiche Wahlrecht noch lange nicht da. Erst mußte die Regierung eine solche Vorlage dem preußischen Landtag unterbreiten. Wenn dann der Landtag das gleiche Wahlrecht ablehnte, was sollte danach geschehen? Welche Zwangsmittel würde die Regierung gegen die Landtagsmehrheit anwenden, die ihre Privilegien verteidigte? Also irgendeine Sicherheit, daß auch nur nach dem Kriege in Preußen das gleiche Wahlrecht eingeführt würde, gab das Versprechen des Kaisers und des Kanzlers noch lange nicht.

Die Wahlrechtsaktion hat denn auch für Bethmann-Hollweg keinen Nutzen gebracht. Denn inzwischen hatte bereits der Gegenstoß der Obersten Heeresleitung begonnen. General Ludendorff wollte die plötzlich entstandene innere Krise benutzen, um den unerwünschten Kanzler zu beseitigen[8]. An Stelle des schwankenden Bethmann-Hollweg, dem die Oberste Heeresleitung mißtraute, sollte ein entschlossener Anhänger des Siegfriedens treten. Weil Erzberger und die anderen oppositionellen Abgeordneten es nicht gewagt hatten, den Hauptstoß gegen Ludendorff zu richten, war die Oberste Heeresleitung taktisch in einer guten Lage. Wenn man sie nicht angriff, brauchte sie sich nicht angegriffen zu fühlen. So nahm Ludendorff die Verbindung mit den Reichstagsparteien auf, um mit ihnen ganz freundschaftlich die Lage zu besprechen und eine Einheitsfront der Obersten Heeresleitung und des Reichstages gegen den unfähigen Bethmann-Hollweg zu schaffen.

Im Einverständnis mit Ludendorff gab der Abgeordnete Stresemann am 9. Juli der Debatte im Hauptausschuß eine neue Wendung. In einer sehr geschickten Rede identifizierte er sich weitgehend mit Erzberger, ohne sich aber auf die Friedenstaktik der neuen Reichstagsmehrheit festzulegen. Er verlangte die preußische Wahlreform und forderte, viel entschiedener als das Zentrum und die Sozialdemokraten, die Parlamentarisierung Deutschlands. Im Zusammenhang damit richtete er die schärfsten Angriffe gegen die völlig verfehlte Innen- und Außenpolitik Bethmann-Hollwegs. Der Kanzler sei durch seine Stellungnahme in den drei Kriegsjahren, ganz besonders aber durch seine Erklärungen gegen Rußland, so belastet, daß er ein Friedenshindernis für Deutschland darstelle. Damit war formal die Frage des Kanzlerwechsels auf die Tagesordnung gesetzt. Stresemann war damals der irrtümlichen Auffassung, daß man die Parlamentarisierung Deutschlands im Bunde mit der Obersten Heeresleitung durchsetzen könne. Für Ludendorff kam es nicht darauf an, die Macht des Reichstags zu steigern, sondern Bethmann-Hollweg zu beseitigen.

Auf den Vorstoß Stresemanns folgte das zweite Manöver der Obersten Heeresleitung. Am 12. Juli lud der Kronprinz die Vertreter der Reichstagsparteien zu sich und befragte sie, ob ein Kanzlerwechsel notwendig sei. In jenen Tagen hatte der Kronprinz vollkommen im Sinne der Obersten Heeresleitung gearbeitet. Verfassungsgemäß war die Situation ganz unmöglich. Der Kronprinz war in keiner Beziehung ein Organ der Reichspolitik. Bismarck hatte als Kanzler jeden Versuch des damaligen Kronprinzen Friedrich, sich in die Politik einzumischen, aufs schärfste zurückgewiesen. Der Kronprinz war 1917 durchaus nicht befugt, die Abgeordneten zu fragen, ob der von seinem Vater ernannte Reichskanzler bleiben solle oder nicht. Man möge sich die Szene ausmalen, wenn 1880 der Kronprinz Friedrich mit Windthorst, Richter und Bebel über eine Entlassung Bismarcks verhandelt hätte. Aber im Sommer 1917 bestand in Deutschland verfassungsrechtlich das reine Chaos: Auf der einen Seite die Macht der Obersten Heeresleitung, die mit der Reichsverfassung nicht vereinbar war, auf der anderen Seite die Ansprüche der Reichstagsmehrheit, die ebensowenig zu der geltenden Verfassung paßten. In diesem Wirrwarr nahm niemand daran Anstoß, daß der Kronprinz gewissermaßen seine guten Dienste als Vermittler zwischen Ludendorff, dem Reichstag und Wilhelm II. anbot.

In der Konferenz beim Kronprinzen verlangten die Konservativen, die Nationalliberalen und das Zentrum durch den Mund Erzbergers den Rücktritt Bethmann-Hollwegs. Die Sozialdemokraten und die Fortschrittler verlangten keinen Kanzlerwechsel, zeigten aber keine besondere Neigung, für Bethmann-Hollweg zu kämpfen. Darauf folgte der dritte Schlag der Obersten Heeresleitung, der die Entscheidung brachte. Hindenburg und Ludendorff teilten dem Kaiser mit, daß sie mit Bethmann-Hollweg nicht zusammenarbeiten könnten, wenn er bleibe, würden sie zurücktreten. Daraufhin konnte der Kaiser Bethmann-Hollweg nicht länger halten, und der Kanzler nahm seinen Abschied.

Bethmann-Hollweg hat dieselbe vollständige Unfähigkeit für sein Amt, die er schon im Frieden zeigte, auch im Kriege bewiesen. Im Inneren hat er durch die engherzige bürokratische Überspannung des Burgfriedens das deutsche Volk daran gehindert, sich ein selbständiges Urteil über die Lage zu bilden und selbständig an Deutschlands Rettung zu arbeiten. Nach außen hat Bethmann-Hollweg jede Gelegenheit versäumt, um Deutschland zunächst zu einem teilweisen und danach zu einem vollständigen Frieden zu verhelfen. Bethmann-Hollweg war vom August 1914 bis zum August 1916 der mächtigste Mann Deutschlands. Er hat aber seine Macht zu keiner ernsthaften Reform ausgenutzt. Er hat von Neuorientierung bis zuletzt geredet, aber niemals irgend etwas neu orientiert. So wurde er von dem stärkeren Willen des Generals Ludendorff erst lahmgelegt und dann aus dem Amt entfernt.

Die Oberste Heeresleitung hatte ihr Ziel erreicht, ebenso Erzberger, der in den letzten Tagen leidenschaftlich auf den Sturz Bethmann-Hollwegs gedrängt hatte. Aber es sollte sich bald zeigen, daß der Sieger in der Krise Ludendorff war und nicht die Reichstagsmehrheit. Erzberger wollte als Nachfolger Bethmann-Hollwegs den Fürsten Bülow. Aber die neue Reichstagsmehrheit hat keinen formellen Schritt getan, um diesen oder einen anderen Kandidaten durchzusetzen. Es rächte sich, daß man nicht die Frage der Parlamentarisierung in den Vordergrund gerückt hatte. Dem Kaiser war Bülow als Kanzler wegen der Daily-Telegraph-Affäre durchaus unerwünscht. Weder Erzberger noch Stresemann hatten die Macht, dem Kaiser diesen unbequemen Kanzler aufzuzwingen. Nur General Ludendorff hätte es gekonnt. Aber er zeigte kein Interesse für die Kandidatur Bülows. Es ist schon oben geschildert worden, wie damals plötzlich in den Hofkreisen die Kandidatur des preußischen Ernährungskommissars Dr. Michaelis auftauchte, wie dieser Kandidat die Zustimmung Ludendorffs empfing und daraufhin von Wilhelm II. ernannt wurde.

Das war eine Ohrfeige für das Parlament. Ohne sich um den Reichstag zu kümmern, hatte die Oberste Heeresleitung zusammen mit dem Kaiser den neuen Reichskanzler ernannt. Damit war der Vorstoß zur Parlamentarisierung Deutschlands in geradezu grotesker Weise gescheitert.

Die Aktion der Reichstagsmehrheit beschränkte sich auf die Ausarbeitung der sogenannten Friedensresolution und auf die Forderung, daß der neue Kanzler sich auf den Boden dieser Resolution stellen müsse. Bei der Formulierung der Resolution wirkten Zentrum, Sozialdemokraten und Fortschrittler zusammen. Die Nationalliberalen hatten, solange es sich um den Sturz Bethmann-Hollwegs handelte, die Fühlung mit Erzberger gesucht. So arbeiteten sie anfangs mit der Reichstagsmehrheit zusammen. Dann zogen sie sich aber von der Formulierung der Friedensresolution zurück und näherten sich so wieder den Konservativen. Die kleine Richthofen-Gruppe innerhalb der nationalliberalen Fraktion war freilich mit der Resolution einverstanden, sie konnte sich aber gegenüber der Fraktionsmehrheit nicht durchsetzen, die auf seiten der Obersten Heeresleitung blieb.

Ludendorff suchte in persönlichen Besprechungen die Abgeordneten der Mehrheit von ihrer Resolution abzubringen. Als aber die Sozialdemokraten, das Zentrum und die Fortschrittler in dieser Beziehung fest blieben, wollte Ludendorff den Konflikt nicht auf die Spitze treiben, und die Oberste Heeresleitung zog den Widerspruch gegen die Resolution zurück. In ihren allgemeinen Formulierungen war in der Tat die Friedensresolution[9] ganz harmlos. Sie betonte im Sinne des 4. August: »Uns treibt nicht Eroberungssucht«. Die Resolution verlangt einen Frieden der »Verständigung« und »Versöhnung«. Sie wendet sich gegen »erzwungene Gebietserwerbungen« und gegen »politische, wirtschaftliche und finanzielle Vergewaltigung«. Nun ist jede politische und diplomatische Handlung der verschiedensten Auslegungen fähig. Ob eine Gebietserwerbung »erzwungen« ist oder nicht, das ist Ansichtssache, wobei der jeweils Stärkere recht hat. Mit der Friedensresolution in der Hand hätte die deutsche Regierung die halbe Welt erobern können. Man hat ja auch später gesagt, daß der Frieden von Brest-Litowsk der Friedensresolution entspreche.

General Ludendorff brauchte also nicht zu fürchten, daß der Wortlaut der Resolution ihn bei kommenden Friedensverhandlungen irgendwie behindern werde. Aber aus innerpolitischen Gründen war ihm die Resolution unerwünscht. Für den innerpolitischen Kampf kam es in Deutschland damals ebensosehr auf die Formel wie auf die Sache an. Die Friedensresolution redete »bethmännisch« und nicht die Sprache des Siegfriedens. Die Annahme der Resolution im Reichstag war moralisch eine Niederlage Ludendorffs und eine Stärkung seiner Gegner. So sicher sich jedoch die Oberste Heeresleitung fühlte, einen offenen Kampf mit dem Reichstag wollte sie damals vermeiden. So weit hatten sich doch schon die Machtverhältnisse gegenüber der Vorkriegszeit verschoben. Wenn auch damals auf den Abgeordneten persönlich nicht viel ankam, die Millionen von Anhängern der Sozialdemokratie und des Zentrums im Schützengraben und in der Munitionsfabrik waren eine gewaltige Macht, und General Ludendorff scheute sich doch, diese Macht offen herauszufordern.

Er scheint doch lange gefürchtet zu haben, daß Bethmann-Hollweg an den Reichstag gegen die Oberste Heeresleitung appellieren würde. Darum hat sich die Oberste Heeresleitung mit allen diplomatischen Kunststücken bemüht, den Reichstag und Bethmann-Hollweg voneinander zu trennen. Aus ähnlichen Erwägungen heraus hat die Oberste Heeresleitung sich zunächst mit der Friedensresolution abgefunden. Ludendorff war überzeugt, daß er bei der nächsten passenden Gelegenheit die unbequeme Resolution, erst in der Sache und dann auch formal im Wortlaut, beseitigen werde.

Der neue Reichskanzler Michaelis fühlte sich vollkommen als der Beauftragte der Obersten Heeresleitung. Er stand unbedingt auf dem Boden Ludendorffs. Am 19. Juli wurde im Reichstag die Friedensresolution besprochen. Michaelis erklärte sich für die Resolution mit dem Vorbehalt, der seitdem sprichwörtlich geworden ist: »Wie ich sie auffasse[10]«. Es war ein harter Schlag für die Reichstagsmehrheit, und ein nicht unverdienter Schlag. Denn in Wirklichkeit konnte jeder die Resolution auffassen, wie er wollte. Aber mit seinem Zusatz stellte Michaelis vor aller Welt fest, und er berief sich dabei ausdrücklich auf die Oberste Heeresleitung, daß er die Resolution anders auslege, als Scheidemann und Erzberger es wollten.

Die führenden Männer der Reichstagsmehrheit fühlten sich am 19. Juli so schwach, daß sie gute Miene zum bösen Spiel machten. Sie taten so, als ob sie den Vorbehalt von Michaelis nicht merkten oder ihm keine Bedeutung beilegten. Sie wahrten die Fiktion, als seien der Reichstag, der Kanzler und die Oberste Heeresleitung einig. Die Friedensresolution wurde mit den Stimmen der drei Mehrheitsparteien angenommen, die neuen Kriegskredite wurden bewilligt, und der Reichstag ging nach Hause. Am 25. Juli berichtete Michaelis triumphierend dem Kronprinzen: »Die berüchtigte Resolution ist mit 212 gegen 126 Stimmen bei 17 Stimmenthaltungen angenommen. Durch meine Interpretation derselben habe ich ihr die größte Gefährlichkeit geraubt. Man kann schließlich mit der Resolution jeden Frieden machen, den man will.«

In der Tat war die Reichstagsmehrheit auf der ganzen Front von der Obersten Heeresleitung geschlagen. Sie hatte nach all den großen Hoffnungen auf Umgestaltung Deutschlands und Erzwingung des Friedens weiter nichts erreicht als ein Blatt Papier, mit dem die regierenden Männer ihren Spott trieben. Trotzdem bleibt Erzbergers Friedensresolution ein entscheidender Abschnitt in Deutschlands innerpolitischer Entwicklung. Es kam zunächst weniger darauf an, was die Reichstagsmehrheit erreichte, als daß sie überhaupt da war. Der Block, den im Juli 1917 die Sozialdemokraten, das Zentrum und die Fortschrittler geschlossen hatten, blieb bestehen. Das war die stabile Koalition der Arbeiter und breiter Mittelschichten gegen den preußischen Adel und gegen die Großindustrie. Die Friedensresolution mochte sachlich noch so gleichgültig sein, sie war die Fahne, um die sich jene Massenkoalition gruppierte. Der Aufmarsch der »inneren Feinde« gegen das Hohenzollern-Kaisertum, wie ihn Bismarck für eine schwere Kriegslage befürchtet hatte, war zur Tatsache geworden.

Es ist begreiflich, daß sich nun auch die Gegner, die unter dem Bismarckschen System herrschenden Schichten, jetzt die Anhänger der Obersten Heeresleitung, zusammenschlossen. Es entstand die Vaterlandspartei unter Führung von Tirpitz und Kapp. Sie umfaßte die Konservativen und den rechten Flügel der Nationalliberalen, kurz die sogenannte alldeutsche Tendenz. Die Vaterlandspartei war ein Versuch, das Bismarcksche Kartell zu erneuern, nur mit dem Unterschied, daß das Kartell bei den Wahlen des Jahres 1887 die Reichstagsmehrheit erkämpfen konnte, während die Vaterlandspartei 1917 und 1918 eine kleine und verhaßte Minderheit des Volkes darstellte.

Die Führer der Vaterlandspartei waren davon überzeugt, daß das deutsche Volk nur durch feste Entschlossenheit und rücksichtslosen Siegeswillen aus der Krise herauskommen könne. Sie glaubten, eine Bewegung in Deutschland entfesseln zu können, ungefähr wie Llyod George in England und Clemenceau in Frankreich. Aber ihre Aufgabe war unlösbar bei der Klassenschichtung, wie sie in Deutschland der Krieg, infolge der Entwicklung seit 1871, erzeugt hatte. »Siegfrieden« und »Verständigungsfrieden« waren die beiden Formeln geworden, unter denen die Armen und die Reichen, die Herrscher und die Beherrschten in Deutschland um die Macht kämpften. Wenn die Führer der Vaterlandspartei vom »Siegeswillen« sprachen, so hörten die Arbeiter daraus nur die Bereicherungspläne der Industrie und den Machtdünkel der Militärs. Beide Richtungen waren gleichmäßig ehrlich davon überzeugt, daß ihr Weg zum Nutzen des ganzen deutschen Volkes gereiche. Aber sie redeten zwei verschiedene Sprachen und konnten sich gegenseitig nicht mehr verstehen.

Es wäre taktisch klüger gewesen, wenn die Anhänger der Obersten Heeresleitung keine politische Aktion im Lande gegen die Reichstagsmehrheit versucht hätten. Da man die gewaltigen Massenorganisationen des Zentrums und der Sozialdemokraten nicht zerschlagen konnte, hätte man besser getan, die Fiktion vom 19. Juli aufrechtzuerhalten. Man konnte versichern, daß im Grunde die Oberste Heersleitung und der Reichstag dasselbe wollten, und doch alle entscheidenden Tatsachen im Sinne der Obersten Heeresleitung gestalten. Mit dieser Methode hat der geschickte Graf Hertling später ein Jahr lang jeden offenen Konflikt zwischen Reichstag und Oberster Heeresleitung vermieden.

Aber die Anhänger der Obersten Heeresleitung fühlten, daß um sie herum alles wankte. Sie fürchteten die Katastrophe, die das alte Deutschland verschlingen würde, wenn man der »demokratisch-pazifistischen« Tendenz nicht scharf entgegentrete. Sie hatten schon die diplomatischen Zweideutigkeiten Bethmann-Hollwegs nicht ertragen. Jetzt war Bethmann-Hollweg gestürzt. Die Oberste Heeresleitung hatte die entscheidende Macht in der Hand. Da wollten die Männer der Vaterlandspartei erst recht den Kampf fortsetzen und die nationalgesinnten Volksschichten im Gedanken des Siegfriedens einen.

Dank der Existenz und Agitation der Vaterlandspartei hatte die Reichstagsmehrheit ein innerpolitisches Kampfobjekt. Zu einem offenen Angriff gegen die Oberste Heeresleitung fühlten sich die Mehrheitsparteien nicht stark genug. Die Reichskanzler Michaelis und Hertling versuchten eine vorsichtige Verständigungstaktik mit dem Parlament. Aber die Agitation der Vaterlandspartei erregte die Arbeitermassen und alle Volkskreise, die kriegsmüde waren, aufs tiefste. So hat der Kampf gegen die Vaterlandspartei die Anhänger der Reichstagsmehrheit im Lande fest zusammengefügt. Auch die Anhänger der USPD waren im großen und ganzen mit den Grundgedanken der Reichstagsmehrheit einverstanden, wenn auch im Parlament die USPD als Gegnerin der Kriegskredite außerhalb der Mehrheitskoalition blieb.

Seit dem Juli 1917 gibt es in Deutschland zwei politische Kraftzentren: die regierende Oberste Heeresleitung und die oppositionelle Reichstagsmehrheit. Die Oberste Heeresleitung hatte das Übergewicht, aber die Reichstagsmehrheit ließ sich nicht mehr sprengen. Sie blieb als Gegenkraft auf dem Posten, bis im September 1918 die Oberste Heeresleitung zusammenbrach. Dann ging die Macht ohne weiteres auf die Reichstagsmehrheit über. Das Nebeneinander und Gegeneinander der Obersten Heeresleitung und des Reichstags zeigte sich in charakeristischer Weise bei den Verhandlungen anläßlich der päpstlichen Friedensaktion im August und September 1917[11].

Im August wurde in Berlin die päpstliche Note an die »Häupter der kriegführenden Völker« überreicht. Es war der päpstliche Friedensschritt, der schon seit Juni vorbereitet war und dem Erzberger durch Annahme der Friedensresolution im Reichstage eine Grundlage verschaffen wollte. Übertriebene Hoffnungen wird die päpstliche Diplomatie mit ihrer Aktion nicht verbunden haben. Der englische Gesandte am Päpstlichen Stuhl, Lord Salis, sympathisierte freilich mit der Friedenspartei und hat offenbar dem Vatikan den Einfluß der englischen Friedensfreunde stärker hingestellt, als er in Wirklichkeit war. Aber das Risiko des Papstes bei seiner Friedensvermittlung war nicht groß. Auch wenn er keinen Erfolg hatte, stärkte es die Autorität des Papstes bei den Volksmassen aller Länder, daß das Haupt der Katholischen Kirche sich ernstlich um den Frieden bemühte.

Die englische Antwort an den Papst vom 21. August war in der Form höflich, in der Sache wenig aussichtsvoll, da sie das allgemeine Ententeprogramm der »Widerherstellungen, Entschädigungen und Garantien für die Zukunft« bekräftigte. Diese dreigeteilte Formel ist die Grundlage des Versailler Friedens geworden. Unter »Garantien für die Zukunft« verstand die große Mehrheit des englischen Bürgertums die Auflösung der deutschen Militärmacht zu Lande und zu Wasser und die Ausschaltung des deutschen Konkurrenten als eines Machtfaktors. Diese Friedensziele setzten den vollen Sieg der Entente und die Kapitulation Deutschlands voraus, schlossen also eine Friedensvermittlung im Sinne des Papstes aus. Trotzdem setzte die päpstliche Diplomatie ihre Aktion fort, zumindest um der englischen Friedenspartei Material zu liefern. Man konnte dabei an die Sätze der englischen Note anknüpfen, die betonten, daß Deutschland offiziell noch nie über seine Kriegsziele gesprochen habe, auch nicht bezüglich Belgiens. Die päpstliche Diplomatie wollte eine deutsche Erklärung herbeiführen, daß Deutschland bereit sei, bedingungslos Belgien wiederherzustellen. Auf dieser Grundlage hätte dann die englische Friedensrichtung weiterarbeiten können.

Um die deutsche Stellung zur belgischen Frage zu klären, fand ein Kronrat am 11. September statt. Die Stellung der Obersten Heeresleitung zur belgischen Frage war damals so, daß General Ludendorff zwar auf die flandrische Küste verzichtete. Aber er verlangte den wirtschaftlichen Anschluß Belgiens an Deutschland, die Selbständigkeit Flanderns unter deutscher Kontrolle, eine längere militärische Okkupation des Landes und den Besitz von Lüttich. Der Kaiser entschied sich dahin, daß die Annexion Belgiens nicht möglich sei. Aber Deutschland müsse dafür »Kompensationen« haben. Dazu rechnete er, neben der völligen Ausschaltung des englischen Einflusses, wirtschaftliche Kautelen und die Lösung der Flamenfrage. Über Lüttich hat sich anscheinend der Kaiser nicht geäußert. Aber sonst war sein Programm ungefähr das der Obersten Heeresleitung. Hindenburg und Ludendorff hatten nicht den Eindruck, daß Wilhelm II. in dem Kronrat etwa zusammen mit Michaelis gegen sie Stellung genommen habe. Denn sonst wäre sofort eine schwere innerpolitische Krise entstanden, an die aber niemand damals dachte.

Zur Klärung der Lütticher Angelegenheit schrieb Michaelis am 12. September an Hindenburg. Er fragte, ob die Oberste Heeresleitung damit einverstanden wäre, wenn Lüttich einige Jahre nach Friedensschluß von Deutschland besetzt bliebe. Lüttich könne wieder geräumt werden, wenn Belgien die deutschen Forderungen auf wirtschaftlichem Gebiete usw. restlos erfülle. Hindenburg antwortete am 15. September im Sinne des Generals Ludendorff, daß er, im Interesse der Sicherheit des Rheinlandes, eine ständige Besetzung Lüttichs durch Deutschland für notwendig halte. Auf jeden Fall war es nach diesen ganzen Vorgängen und Auseinandersetzungen klar, daß die deutsche Regierung damals auf eine bedingungslose Wiederherstellung Belgiens nicht eingehen wollte. Die offizielle deutsche Antwort an den Papst begnügte sich mit einem allgemeinen Hinweis auf die Friedensresolution, die in der Tat alles decken konnte. Als die päpstliche Diplomatie in vertraulichen Anfragen auf eine präzise Äußerung über Belgien drängte, antwortete Michaelis ausweichend, obwohl man von Rom aus zu verstehen gab, daß ohne eine solche deutsche Erklärung über Belgien die ganze Friedensaktion aussichtlos sei.

Das war die wirkliche, von der Obersten Heeresleitung abhängige, deutsche Politik. Zur selben Zeit suchte aber auch der Reichstag die Verhandlungen mit dem Papst direkt zu beeinflussen. Dr. Michaelis erklärte sich bereit, mit den Parteiführern die deutsche Antwort an den Papst zu beraten. Es bildete sich ein Siebenerausschuß des Reichstags, bestehend aus zwei Sozialdemokraten, zwei Zentrumsleuten, einem Fortschrittler, einem Nationalliberalen und einem Konservativen, im ganzen also fünf Vertreter der Mehrheit und zwei der rechten Minderheit. Das war kein Reichstagsausschuß im Sinne der Verfassung und Geschäftsordnung, sondern eine formlose Zusammenkunft der Parteiführer.

Formal lag hier ein großer Erfolg des Reichstags. Im Gegensatz zur Verfassung Bismarcks hatte sich der Reichstag einen direkten Einfluß auf die Außenpolitik erkämpft. Ja, das Parlament wollte sogar in eine laufende diplomatische Verhandlung eingreifen. Das ist in den Staaten mit festgefügter parlamentarischer Verfassung nicht üblich, weil der Außenminister nicht gut arbeiten kann, wenn er jeden einzelnen Schachzug mit dem parlamentarischen Kollegium besprechen soll. Aber in parlamentarischen Staaten ist der Minister vom Vertrauensvotum des Parlaments abhängig, und so braucht das Parlament die Einzelkontrolle seiner Arbeit nicht. Der deutsche Reichstag von 1917 hatte weder die Macht noch das Recht, den Reichskanzler oder den Staatssekretär des Äußeren abzusetzen. Weil der Reichstag im allgemeinen zu wenig Rechte hatte, mußte er im Einzelfall zu viel verlangen.

Staatssekretär des Auswärtigen war damals Herr von Kühlmann, der mit der Reichstagsmehrheit sympathisierte und die politische Machtstellung der Obersten Heeresleitung für gefährlich hielt. So ist es zu erklären, daß Michaelis seinem Untergebenen von Kühlmann offenbar nicht ganz traute. Kühlmann nahm zwar an dem Kronrat vom 11. September teil, aber der Briefwechsel zwischen Michaelis und Hindenburg über Lüttich ist ihm nicht mitgeteilt worden. So ist damals die deutsche Außenpolitik gemacht worden! Kühlmann persönlich war für die Wiederherstellung Belgiens. Aber er hielt die päpstliche Friedensvermittlung für wenig aussichtsreich, und er kannte auf der anderen Seite, wenigstens im allgemeinen, die Ansichten der maßgebenden Obersten Heeresleitung über Belgien. So konnte und wollte er auf eigene Verantwortung eine Erklärung über Belgien nicht abgeben. Der Staatssekretär war ja damals rechtlich nur der Gehilfe des Reichskanzlers und gar nicht in der Lage, unter eigener Verantwortung Politik zu treiben.

Der Siebenerausschuß des Reichstags hat zweimal getagt, am 28. August und am 10. September. Die Sozialdemokraten verlangten eine klare Äußerung über Belgien. Die Regierung meinte demgegenüber, daß der Hinweis auf die Friedensresolution in der deutschen Antwort an den Papst ausreichen werde. Damit gaben sich die Parteiführer zufrieden, und so ist die offizielle deutsche Antwort an den Papst abgefaßt worden. Der Versuch der Reichstagsmehrheit, sich bei dieser Gelegenheit in die Außenpolitik als entscheidender Faktor einzuschalten, ist völlig gescheitert. Trotz des Siebenerausschusses tappte der Reichstag ständig im dunkeln.

Der Reichstag wußte nichts davon, daß Michaelis zusammen mit der Obersten Heeresleitung ein Kriegszielprogramm über Belgien aufgestellt hatte, zu dem die ständige Okkupation Lüttichs durch Deutschland gehörte. Ebensowenig hat der Reichstag davon erfahren, daß die päpstliche Diplomatie die deutsche Antwort als ungenügend ansah, mit allen Mitteln auf eine klare Äußerung über Belgien drängte, diese Äußerung von Dr. Michaelis aber nicht erhalten konnte. So haben damals, nach drei Kriegsjahren, die regierenden Männer Deutschlands immer noch das Parlament behandelt. Erst als alles verloren war, ist man zur Volksvertretung gelaufen, hat ihr alle Macht gegeben und von ihr erwartet, daß sie Deutschland retten würde.

In denselben Wochen, in denen der Kampf um die Friedensresolution im Reichstag geführt wurde, kam es zu Unruhen auf der Hochseeflotte, die für deutsche militärische Verhältnisse beispiellos waren[12]. Durch eine Häufung besonderer Umstände waren die Panzerschiffe Deutschlands der gefährlichste Boden für die herrschenden Schichten und für die militärische Disziplin. Während des ganzen Krieges lagen, mit geringen Unterbrechungen, die deutschen Großkampfschiffe in den Häfen Kiel, Wilhelmshaven usw. still. Eine systematische Offensive gegen die englische Flotte war bei der erdrückenden Übermacht des Feindes ausgeschlossen. Die Engländer griffen die deutsche Küste auch nicht an. So konnte die deutsche Hochseeflotte höchstens einige kurze Ausfälle unternehmen. Einer von ihnen hat zur Skagerrak-Schlacht geführt.

Infolgedessen hatten die Panzerschiffe einen eigenartigen dienstlichen Zustand, den man als eine Art Frieden im Krieg bezeichnen könnte. Die Fronttruppen, die zur selben Zeit unter grauenhaften Umständen, jeden Augenblick den Tod vor Augen, in den sumpfigen Gräben und Trichtern Flanderns lagen, hätten vielleicht das Leben auf den Panzerschiffen als Friedensidyll betrachtet. Die Verschlechterung der deutschen

Volksernährung wirkte sich in den Jahren 1916 und 1917 auch auf die Marine aus. Die Matrosen hatten berechtigte Klagen über ihre Ernährung. Trotzdem waren die Lebensbedingungen in den Riesenschlachten an der Westfront unermeßlich schlechter. Auch die U-Boot-Mannschaften hatten viel größere Lebensgefahren und Entbehrungen durchzumachen als die Besatzungen der Großkampfschiffe. Aber die Krise der militärischen Disziplin kam nicht auf den U-Booten und nicht an der Front, sondern bei der Hochseeflotte.

Das Problem kann nicht so gelöst werden, daß man dem Offizierskorps der Hochseeflotte Brutalität und Rücksichtslosigkeit gegen die Mannschaften vorwirft. Ohne Zweifel sind häßliche Einzelfälle in der Behandlung der Matrosen vorgekommen. Aber niemand könnte erklären, wieso gerade die Marineoffiziere so tief unter dem Niveau des gesamten deutschen Offizierskorps gestanden haben sollten. Im Frieden waren gerade die Marineoffiziere, mit ihrer auf vielen Auslandsfahrten erworbenen Welt- und Menschenkenntnis, dem bürgerlichen Denken näher als die aktiven Offiziere des Landheeres. Die so peinlichen Soldatenmißhandlungen, die oft die Kriegsgerichte beschäftigten, waren im Frieden bei der Marine äußerst selten. Im Kriege war es vielfach Zufall, ob ein Marineoffizier zum Panzerschiff oder zum U-Boot kommandiert wurde. Man mag den U-Boot-Krieg politisch noch so ablehnen, die hervorragenden militärischen Leistungen der deutschen U-Boot-Führer sind nicht zu bestreiten. Es wird sich niemand einreden wollen, daß damals die U-Boot-Offiziere im allgemeinen Helden, dagegen die ebenso erzogenen und ausgebildeten, vom gleichen Standesgeist erfüllten Panzerschiffsoffiziere im allgemeinen Teufel in Menschengestalt waren.

Sondern es war das im Sommer 1917 schon drei Jahre dauernde Zusammenleben von Offizier und Mannschaft auf engem Raum, das die ganze Heftigkeit des Klassengegensatzes aufbrechen ließ, der damals Deutschland durchzog. Auf der einen Seite die »Herren«, gesellschaftlich streng von der Masse abgeschlossen und im Besitz unbeschränkter Befehlsgewalt. Die »Herren« aßen abgesondert und etwas besser als die Mannschaften. Das wirkte damals, als der Hunger fast das ganze Denken des Menschen ablenkte, überaus verbitternd. Gefühlsmäßig haben die Matrosen die Differenz zwischen ihrer Nahrung und dem Essen der Offiziere noch stärker empfunden, als der Unterschied vielleicht in Wirklichkeit war. So war der Kampf um das Brot, die bitterste Form des Klassenkampfes, auf die Schiffe getragen.

Im Schützengraben und auf dem B-Boot empfand der einfache Mann, daß das Leben des Leutnants genauso gefährdet war wie sein eigenes. Das glich vieles von dem Standesunterschied wieder aus. Auf dem Panzerschiff bestand fast niemals Lebensgefahr, ja man hatte kaum etwas Ernstes zu tun. Die Mannschaften wurden gedrillt, mußten Kohlen verladen und dergleichen, während die »Herren«, wie die Matrosen sagten, in eleganter Uniform und mit »gepflegten Fingernägeln« herumgingen. Die kasernenmäßig straffen Formen der Disziplin erschienen den Matrosen als das Mittel, mit dem ein übermütiges Herrentum eine Masse rechtloser und darbender Sklaven unterdrückte. Der Gegensatz zu dem aristokratischen Offizierskorps einte fast die gesamte Mannschaft. Nicht nur die sozialdemokratischen Matrosen waren über das herrschende System erbittert, Bürgerliche und Parteilose schlossen sich ihnen fast durchweg an. Wir haben aus jenen Zeiten Dokumente von der Flotte, die von Katholiken und Zentrumsanhängern stammen und an revolutionärer Leidenschaft noch die sozialdemokratischen Zeugnisse übertreffen.

Politisch organisiert war nur eine Minderheit der Matrosen. Es gab Sozialdemokraten beider Richtungen, Zentrumsleute, christliche Gewerkschaftler, vereinzelte Linksradikale. Die große Masse war politisch indifferent, gut patriotisch, aber durch die Kriegsnot niedergedrückt. Man wünschte baldigen Frieden und einen Zustand, bei dem die Offiziere nicht mehr die schrankenlose Gewalt über das Volk haben sollten. Das politische Zukunftsideal der meisten Matrosen dürfte mehr einem verschwommenen Volkskaisertum geglichen haben als der sozialistischen Republik.

In dieses Milieu schlugen nun die Ereignisse des Jahres 1917 ein: die russische Revolution und der politische Kampf um den annexionslosen Frieden. Die russischen Vorgänge wurden von den Matrosen mit ziemlich ungeteilter Freude aufgenommen. Zunächst hoffte man, daß aus Rußland der Friede kommen würde, und mit besonderer Erwartung verfolgte man die internationalen sozialistischen Beratungen, die im Sommer 1917 in Stockholm stattfanden. Die Stockholmer Konferenz entsprang einer Initiative der russischen Sozialdemokratie, um durch Aussprache zwischen den Sozialisten der kriegführenden Länder eine Friedensgrundlage zu schaffen. Die Konferenz hatte keinen Erfolg, vor allem, weil die englischen und französischen Sozialisten damals politisch viel zu schwach waren, um sich gegen ihre Regierungen durchzusetzen. Die Bemühungen der russischen, deutschen, auch italienischen und österreichischen Sozialisten um einen maßvollen Frieden fanden in England und Frankreich kein genügendes Echo und kamen zu keinem Resultat.

Um so leidenschaftlicher waren die Hoffnungen, die man in der deutschen Flotte auf Stockholm setzte. Ferner hatte in Rußland gerade die Flotte gezeigt, wie die Matrosen mit ihren Offizieren fertig werden konnten. Wenn die Verbitterung der deutschen Seeleute besonders groß war, spielten sie mit dem Gedanken, das russische Beispiel nachzuahmen. Dazu kam der Streit um die deutschen Kriegsziele Den Seeoffizieren lag bei ihrer ganzen Vergangenheit und Position die Weltstellung Deutschlands besonders am Herzen. Sie sahen in England den gefährlichsten Feind der deutschen Existenz. Darum waren sie fast einmütig für den unbeschränkten U-Boot-Krieg eingetreten, um England entscheidend zu treffen. Sie verlangten die deutsche Herrschaft über die flandrische Küste, damit Deutschland auch in Zukunft eine Waffe gegen die Engländer in der Hand habe. So gehörte das Seeoffizierskorps überwiegend zur Siegfriedensrichtung und sympathisierte im Herbst 1917 mit der Vaterlandspartei. Die Seeoffiziere hielten das nicht für »Parteipolitik« im üblichen Sinn. Ob die Konservativen oder das Zentrum die bessere Partei sei, darüber machte sich der aktive Seeoffizier nicht viel Gedanken. Aber das Eintreten für den deutschen Sieg hielt er für seine nationale Pflicht, und wer durch Flaumacherei und Zweifel am Sieg die Kampffront Deutschlands lähmte, galt schon beinahe als Landesverräter.

Ebenso eifrig waren die Matrosen für den annexionslosen Verständigungsfrieden und gegen die alldeutschen Kriegsziele. Auch hier sind die Panzerschiffe das Abbild für die politische und soziale Zerklüftung des deutschen Volkes im Kriege. Die Matrosen hatten in den großen Häfen Verbindungen aller Art mit dem Lande. Sie lasen politische Zeitungen und suchten sich über die Absichten der einzelnen Parteien zu orientieren. Sie hatten Sympathien für Karl Liebknecht, nicht als revolutionären Sozialisten, sondern als Kämpfer »gegen den Krieg«. Daneben war Scheidemann als besonders umstrittener Anhänger des Verständigungsfriedens bei der Flotte beliebt. Den Unterschied zwischen Liebknecht und Scheidemann empfanden die Matrosen kaum, ebensowenig wie die Differenz zwischen der SPD und USPD.

Aber die USPD war doch in weiten Kreisen der Matrosen sehr angesehen als die Partei, die zuerst und am entschiedensten für den annexionslosen Frieden eingetreten war, die gegen die Kriegskredite stimmte und Mißstände aller Art am schärfsten im Parlament rügte. Die Matrosen waren vielfach für die USPD, nicht aus einem politischen Gegensatz zu der Reichstagsmehrheit der Friedensresolution, sondern weil die USPD die politische Linie der Reichstagsmehrheit am entschiedensten zu vertreten schien. Eine Anzahl Matrosen trat im Sommer der USPD bei und warb Mitglieder für sie. Dabei tauchte der Gedanke auf, den Beitritt zur USPD mit einem formellen Bekenntnis zum annexionslosen Frieden und zu den Zielen der Stockholmer Konferenz zu verbinden. So wurde am 31. Juli auf dem Kriegsschiff »König Albert«

eine Erklärung von 400 Matrosen unterzeichnet, die folgenden Wortlaut hat: »Friedenskundgebung«. »Wir alle, deren Namen und Personalien dieses Verzeichnis enthält, treten hiermit der USPD bei und erklären uns mit deren Politik einverstanden. Gleichzeitig erklären wir hiermit, daß wir mit einem Frieden ohne Annexionen einverstanden sind und wünschen deshalb die Herbeiführung eines schnellen Friedens. Wir hoffen, daß die Stockholmer Konferenz der Sozialisten aller Länder von Erfolg gekrönt sein wird und der Friede auf Grund des Selbstbestimmungsrechts der Völker herbeigeführt, daß hierdurch der Völker- und Brudermord des internationalen Proletariats beendet wird. Wir rufen der Stockholmer Konferenz unseren Glückwunsch zu, daß das Werk gelingt und besonders die Arbeit der USPD viel Erfolg hat, da diese unsere Interessen bis jetzt in Deutschland am energischsten vertreten hat und die daher allein unser Vertrauen besitzt, was wir hiermit durch unseren Beitritt bestätigen.«

Diese Matrosenerklärung gibt die politischen Formeln wieder, wie sie damals in den breiten Schichten des deutschen Volkes, besonders der Arbeiter, zu Hause waren. Von irgendeiner Auflehnung gegen die Vorgesetzten findet sich in dem Dokument keine Spur. Auch vom Standpunkt der militärischen Disziplin war eine solche Äußerung von Soldaten ebenso berechtigt wie später die Sympathiekundgebungen von Offizieren für die Vaterlandspartei. Ähnliche Listen wie die vom »König Albert« waren damals auf anderen Schiffen im Umlauf. Wenn die Matrosen für den annexionslosen Frieden eintraten, wußten sie, daß ihre Offiziere meistens anders dachten. So hielt auf demselben Schiff »König Albert« der Kommandant anläßlich der Skagerrak-Gedächtnisfeier eine Ansprache, die in der Forderung gipfelte, Deutschland müsse so lange kämpfen, bis die Feinde am Boden liegen und Deutschland ihnen den Frieden diktieren könne. Er sei sicher, daß die gesamte Mannschaft mit ihm darin einverstanden sei. Der Kapitän hat damit nur ausgesprochen, was ihm als Offizier im Kriege selbstverständlich erschien. Er wußte wohl nicht, daß er gerade die Formeln gebrauchte, die für die Mannschaft unerträglich waren und aus denen die Matrosen den Übermut ihres politischen Gegners heraushörten.

So schickten neun Matrosen am 24. Juli einen Protestartikel an den »Vorwärts« nach Berlin unter dem Titel »Die Stimmen der Feldgrauen«. Darin wird die Ansprache des Kommandanten aufs schärfste mißbilligt und erklärt: »Der Kommandant kann nun zu seinesgleichen berichten: meine Mannschaft will keinen Scheidemannfrieden. Man soll uns mal darüber fragen und ohne Beeinflussung darüber abstimmen, so würde sich das wahre Bild zeigen. Warum tut man es nicht? Antwort: ›Weil es gegen ihre Interessen wäre.‹ So zeigen diese Stimmen auch, daß man die Soldaten nicht um ihre Meinung fragt, sondern ›der Herr spricht für den Knecht‹.«

Das Zentralorgan der Sozialdemokratie brachte den Artikel nicht und schickte ihn wegen Zensurbedenken zurück. Das Manuskript kam dabei in die Hand der Offiziere, und die Marinejustiz war engherzig genug, den Verfasser des Artikels dafür zu sechs Monaten Gefängnis zu verurteilen. Der Artikel der neun Matrosen ist gerade fünf Tage nach Annahme der Friedensresolution geschrieben und zeigt, wie die Mannschaften diesen politischen Kampf miterlebten. Er zeigt zugleich, daß die Matrosen in ihrer allgemeinen Oppositionsstimmung zwischen der Sozialdemokratie, und überhaupt der Reichstagsmehrheit, und der USPD kaum einen Unterschied machen. Die Existenz des illegalen Spartakusbundes war nur ganz wenigen Matrosen bekannt.

Die oppositionellen Matrosen suchten Fühlung mit dem Parlament. Es gingen Beschwerdebriefe an Abgeordnete des Zentrums, der Sozialdemokratie und der USPD. Ebenso suchten Matrosen, die sich auf Urlaub in Berlin befanden, Abgeordnete auf. So war der Matrose Reichpietsch von »Friedrich dem Großen«, der später kriegsgerichtlich erschossen wurde, im Juni in Berlin bei dem Abgeordneten Stücklen von der Sozialdemokratie und bei Dittmann von der USPD.

In derselben Zeit erhielten die Matrosen ein Organ, mit dem sie ihre Unzufriedenheit ausdrücken konnten. Es wurden die sogenannten Menagekommissionen gebildet, von den Mannschaften gewählte Ausschüsse zur Kontrolle der Verpflegung. Solche Ausschüsse können entweder ganz bedeutungslos sein, oder sie können sich in ihrem Aufgabenkreis nützlich machen. Für die menschlich und politisch erregten Matrosen der Hochseeflotte waren sie viel mehr. Sie sahen in ihnen eine Art von Mitbestimmungsrecht, fast schon die Einleitung zu legalen Soldatenräten. Man hatte das Gefühl, daß jetzt die alte starre Disziplin nicht mehr gelte und daß die Mannschaften sich offenkundiges Unrecht nicht mehr gefallen zu lassen brauchten.

Die Menagekommissionen der einzelnen Schiffe traten miteinander in Verbindung. Man traf sich bei Urlaubsgängen an Land. So entstand ein Netz von Verbindungen, das einen großen Teil der Hochseeflotte umfaßte. Die Zentrale war gewissermaßen die rührige Menagekommission des Flottenflaggschiffs »Friedrich der Große«. Innerhalb dieser formlosen Matrosenorganisation gab es alle möglichen politischen Richtungen. Es waren da Anhänger der USPD, der SPD, einzelne Linksradikale und viele Indifferente. Man redete untereinander über die Verpflegung, über die Mißstände an Bord und über den Frieden. Man schmiedete allerlei Pläne, aber von einer festen politischen Linie oder gar einer Revolutionsvorbereitung war keine Rede.

Die Matrosenbewegung von 1917 war der Ausdruck der allgemeinen politischen und sozialen Verhältnisse Deutschlands, aufgefangen in dem ganz besonderen Milieu der Hochseeflotte. Die Behauptung, daß bestimmte politische Parteien die Matrosenorganisationen aufgezogen hätten, ist falsch. Denn die illegale Spartakuszentrale wußte von den Vorgängen auf der Flotte gar nichts, und zur USPD und SPD waren die Matrosen gekommen, und nicht umgekehrt die Parteiagitatoren zu der Marine. Immerhin entwickelten sich vom Juni bis zum August 1917 auf der Flotte Verhältnisse, die den traditionellen Auffassungen von Disziplin im preußisch-deutschen Heere nicht mehr entsprachen.

Am 6. Juni kam es zu einem Hungerstreik auf »Prinzregent Luitpold«. Die Mannschaft weigerte sich, Dörrgemüse zu Mittag zu essen. Ähnliche Vorfälle ereigneten sich im Juli auf »Friedrich dem Großen« und »Posen«. Am 19. Juli, dem Tage der Friedensresolution im Reichstag, kam es auf »Prinzregent Luitpold« zu einem zweiten Hungerstreik. Die Mannschaften wollten keine Kohlrüben essen. Am 20. Juli verließen 140 Mann das Schiff »Pillau«, das in der Werft lag, und gingen ohne Erlaubnis für einige Stunden an Land. Sie wollten dagegen demonstrieren, daß ihnen, wie sie glaubten, ungerecht, der Urlaub verweigert worden war. Am 2. August verließen 400 Mann demonstrativ die »Prinzregent Luitpold« und gingen ebenfalls an Land. Sie waren der Meinung, daß einige Kameraden ungerecht Arrest bekommen hatten. Nach mehreren Stunden wurden sie indessen ohne Anwendung von Gewalt wieder zurückgeholt.

Bei allen diesen Vorfällen ist es niemals zu Gewalttätigkeiten gegen Vorgesetzte oder gar zu blutigen Zusammenstößen gekommen. Die Matrosen billigten sich freilich, im Zeitalter der Menagekommissionen und der, wie sie meinten, abgeschwächten militärischen Disziplin, ein gewisses Streik- und Demonstrationsrecht zu. Bei der Flottenleitung erregte diese Häufung von Auflehnungen eine große Bestürzung. Nach der Demonstration vom »Prinzregent Luitpold« kam es zu einer eingehenden kriegsgerichtlichen Untersuchung. Ihr Resultat war die Feststellung der lockeren Matrosenorganisation, die sich aus den Menagekommissionen entwickelt hatte. In dieser Organisation erblickte man die geheime Quelle der einzelnen Gehorsamsverweigerungen.

Die Kriegsgerichtsräte, die mit der Untersuchung betraut waren, zeigten sehr wenig psychologisches Verständnis für die Mannschaften und gar keine Kenntnis der politischen Strömungen in der Arbeiterschaft. Die Untersuchungsführer konstruierten sich den Zusammenhang so, daß die USPD eine große Verschwörung auf der Flotte angestiftet habe, mit dem Ziel, durch gewaltsamen Aufstand die Regierung zu stürzen und den annexionslosen Frieden zu erzwingen. Die verhafteten

Matrosen standen bei der Vernehmung unter dem Druck, daß mit Todesurteilen zu rechnen sei. Darum haben sie vielfach, um ihre Lage zu verbessern, der Formulierung der Untersuchungsführer zugestimmt. Die Verteidigung war bei den geheimen kriegsgerichtlichen Verfahren ganz unzulänglich. So wurden die Prozesse gegen die angeschuldigten Matrosen zu einem traurigen Zerrbild der Justiz.

Im ganzen wurden wegen der Vorgänge im Sommer 1917 gegen zehn Matrosen Todesurteile gefällt, davon wurden zwei vollstreckt. Ferner wurden 181 Jahre Zuchthaus und 180 Jahre Gefängnis ausgesprochen. Am 26. August fand der Hauptprozeß gegen die sogenannten Rädelsführer der Matrosenbewegung statt. Es wurden die Matrosen Reichpietsch, Weber und Sachse von der zentralen Menagekommission auf »Friedrich dem Großen«, ferner die Matrosen Beckers und Köbis vom »Prinzregent Luitpold« zum Tode verurteilt. Nach dem Militärstrafgesetz war die Todesstrafe dann anzuwenden, wenn ein Soldat im Kriege einen »Aufstand erregt«. Das Kriegsgericht stellte sich auf den Standpunkt, daß die Matrosenorganisation den Zweck gehabt habe, einen Aufstand herbeizuführen, also ihn »erregte«, wenn auch der Erfolg noch ausgeblieben sei. Hervorragende Marinejuristen faßten das Gesetz anders auf und meinten, daß der Gesetzgeber bei dem Worte »erregen« nur an die vollendete Handlung gedacht habe. Bei der letzteren Auslegung waren Todesurteile nicht möglich.

Der Chef der Hochseeflotte, Admiral Scheer, dem die Todesurteile zur Bestätigung vorgelegt werden mußten, hat sich der Rechtsauslegung des Gerichtes angeschlossen. Er bestätigte die Todesurteile gegen Reichpietsch und Köbis, während er die drei anderen Todesurteile in je fünfzehn Jahre Zuchthaus umwandelte. Am 5. September 1917 wurden Reichpietsch und Köbis erschossen. Die beteiligten Richter und Admiral Scheer waren ohne Zweifel in gutem Glauben, daß sie das Gesetz richtig anwandten. Sie waren der Meinung, einer ungeheuer gefährlichen Revolutionsbewegung auf die Spur gekommen zu sein, deren Ziel es war, die Flotte lahmzulegen. Man glaubte den Beweis zu besitzen, daß die Agitation für den annexionslosen Frieden folgerichtig zur Revolution führe. Aber objektiv sind Reichpietsch und Köbis die Opfer eines Justizmordes geworden.

Dabei ist es nicht die Hauptsache, wie das Wort »erregen« des Gesetzgebers aufzufassen war, sondern die sachliche Basis der Anklage war unhaltbar. Die Annahme des Urteils, daß Reichpietsch und Köbis einen Aufstand auf der Flotte bezweckten, ist durch schiefe Konstruktionen und politische Mißverständnisse der Untersuchungsführer entstanden. Einer ernsthaften Revisionsinstanz hätte das Urteil nicht standgehalten. Darüber hinaus hätte die einfachste politische Klugheit die

Marineleitung verhindern sollen, mit solcher Rücksichtslosigkeit gegen die Matrosen vorzugehen. Die Admirale hätten die besonderen psychologischen Verhältnisse auf den Panzerschiffen und Kreuzern verstehen müssen, wenn ihr starrer militärischer Disziplinbegriff es zugelassen hätte. Mit Besserung der Verpflegung und sachlicher Aufklärung der Mannschaften über Deutschlands militärische und wirtschaftliche Lage hätte man die Matrosen wieder beruhigen können.

So hat die Flottenleitung zwar die Geheimorganisation der Matrosen vernichtet, aber zugleich eine grenzenlose Verbitterung auf den Schiffen hinterlassen. Die große Mehrzahl der Marinemannschaften gehorchte seit dem Sommer 1917 nur noch unter dem Druck der physischen Gewalt. In einem Krieg, den ein ganzes bewaffnetes Volk führt, ist das eine schlechte militärisch-politische Grundlage. Seit dem Sommer 1917 hatte der Körper der deutschen Wehrmacht eine offene Wunde, und das war die Hochseeflotte. Nicht die USPD, sondern Admiral Scheer hat den Revolutionsherd geschaffen, der sich im November 1918 zeigte.

Reichpietsch und Köbis wurden die Märtyrer derselben politischen Bewegung, die im Sommer 1917 die große Mehrheit des deutschen Volkes erfaßt und zur Friedensresolution des Reichstags geführt hat. Auch hier ist es für die historische Bedeutung der Ereignisse auf der Flotte nicht wesentlich, ob die Gedanken, die Reichpietsch, Köbis und ihre Freunde über Beendigung des Krieges hatten, richtig waren oder nicht. Entscheidend ist, welche Kluft sich damals auf der Flotte zwischen den befehlenden Schichten und den breiten Volks- und Soldatenmassen auftat. Die Oberste Heeresleitung hatte immer noch die Gewalt über Deutschland, aber die Massen waren dem herrschenden System fremd geworden und suchten nach einem Ausweg.

VI. Kapitel

General Ludendorff auf der Höhe seiner Macht

Im Sommer und Herbst 1917 gab die Oberste Heeresleitung endgültig die Hoffnung auf, durch die U-Boote den Siegfrieden zu erringen. Aber statt dessen schien sich ihr ein neuer Weg zu öffnen. Die Zersetzung des russischen Heeres infolge der Revolution machte immer stärkere Fortschritte. Es ließ sich der Augenblick absehen, an dem die feindliche Ostfront nicht mehr existieren würde. Dann konnte General Ludendorff alle deutschen Feldtruppen im Westen einsetzen und dort die Entscheidung suchen. Durch örtliche Offensiven suchte die Oberste Heeresleitung die Entwicklung im Osten zu beschleunigen. Als Antwort auf die russische Sommeroffensive erfolgte ein deutscher Gegenstoß in Ostgalizien. Die Russen wurden geschlagen und mußten das Gebiet wieder räumen, das sie bei der Brussilow-Offensive im Vorjahr besetzt hatten. Andere deutsche Vorstöße führten im Herbst zur Eroberung von Riga und der russischen Ostseeinseln. Seitdem war Petersburg zu Land und zu Wasser von den Deutschen bedroht.

Im November siegte in Rußland die bolschewistische Revolution. Mit der Parole »Land und Frieden« hatte Lenin die Massen der russischen Bauern und Soldaten gewonnen und damit die Stellung der bürgerlichen Revolutionäre und ihrer rechtssozialistischen Freunde unhaltbar gemacht. Die jetzt in Rußland regierenden Bolschewiki waren entschlossen, ohne jede Rücksicht auf die Entente Frieden zu schließen. Auch ohne diesen politischen Willen Lenins wäre im Winter 1917/18 das russische Frontheer nicht am Auseinanderlaufen zu hindern gewesen. Das zaristische Offizierskorps hatte keine Autorität mehr. Ein neuer Offiziersstand war noch nicht geschaffen. Die Bauernsoldaten wollten nach Hause ins Dorf, um bei der Landaufteilung dabei zu sein. Keine Macht auf Erden hätte sie damals an der Front zurückhalten können. Lenin, nicht nur ein marxistischer Theoretiker, sondern auch ein gewaltiger realistischer Staatsmann, wußte sehr gut, daß er damals eine Wahl zwischen Krieg und Frieden gar nicht hatte. Den Frieden machten schon die russischen Soldaten auf ihre Art. Lenins politische Kunst bestand darin, das, was sowieso geschehen mußte, als Ausdruck seiner freien Entschließung hinzustellen.

Ludendorff konnte mit guten Gründen annehmen, daß im Jahre 1918 die deutschen Kampftruppen im Osten entbehrlich sein würden. Damit war eine ganz neue Kriegslage gegeben. Im Jahre 1917 mußten sich die deutschen Truppen im Westen noch auf die Defensive beschränken. Die unendlich schweren Kämpfe in Flandern endeten mit einem deutschen Abwehrsieg. Im Herbst 1917 mußte Ludendorff auch noch sechs deutsche Divisionen nach Italien schicken. Es bestand die Gefahr, daß die Österreicher die Isonzo-Front nicht länger allein gegen die Italiener halten konnten. Denn seitdem General von Conrad das österreichische Heer nicht mehr führte, traten die Schwächen der Habsburger-Armee immer stärker hervor. In der Schlacht bei Karfreit durchbrachen die deutschen Truppen die italienische Front. Das italienische Heer wurde unter schwersten Verlusten nach Venetien zurückgedrängt. In diesem Herbst kämpfte die deutsche Armee zugleich erfolgreich gegen die Millionenheere der Engländer, Franzosen, Russen und Italiener, eine unvergleichliche militärische Leistung, die aber politisch keine Auswirkung fand.

Im Frühjahr 1918 gedachte Ludendorff mit einem Feldheer von dreieinhalb Millionen Mann den Engländern und Franzosen im Westen entgegenzutreten. Das deutsche Heer war dann zahlenmäßig an der Westfront seinen Gegnern ungefähr gewachsen. Durch riesenhafte Anspannung der Industrie des blockierten Deutschland war es auch möglich, dem Kriegsmaterial der Entente das Gleichgewicht zu halten. General Ludendorff traute sich zu, im Angriff die Engländer und Franzosen zu schlagen, aber dahinter stand das amerikanische Verhängnis. Im Frühjahr 1918 war Amerika bereits ein Jahr im Kriege. Die Hoffnung, mit Hilfe der U-Boote den Transport des amerikanischen Millionenheeres nach Europa zu verhindern, hatte in der deutschen Obersten Heeresleitung niemand mehr. Im Frühling 1918 war vielleicht die Zahl der Amerikaner an der Westfront noch gering. Im Sommer und Herbst waren die amerikanischen Massen da.

Die strategische Lage Deutschlands war also bei der Westoffensive 1918 ungefähr ebenso schlecht wie bei der Offensive 1914. Es genügte nicht, wenn das deutsche Heer seinen gleich starken Gegner schlug. Um den Erfolg zu erzielen, den die deutsche Armee brauchte, mußte das Ententeheer in kürzester Frist zertrümmert werden. Denn wenn sich die Kämpfe bis in den Sommer und Herbst 1918 hinzogen, und das englisch-französische Heer blieb kampffähig, dann kamen die Amerikaner dazu. Dann war die feindliche Übermacht erdrückend und die deutsche Niederlage entschieden. Selbst ein deutscher Sieg, der zur Eroberung von Paris und Calais geführt hätte, genügte nicht. Denn wenn sich dann die Ententeheere geordnet hinter die Loire zurückzogen und dort auf die Amerikaner warten konnten, war für Deutschland auch alles verloren.

Der Sieg, den Ludendorff im Frühjahr 1918 erwartete, mußte so groß sein, daß er die Franzosen zertrümmerte und die Engländer zum Rückzug auf ihre Insel zwang. Nur so war das amerikanische Landheer keine Gefahr mehr. Auch dann war kein deutscher »Siegfrieden« möglich, sondern nur ein Kompromiß Deutschlands mit den Seemächten England und Amerika. Wie wollte aber General Ludendorff ein feindliches Heer vernichten, das den deutschen Truppen an Zahl, an moralischem Halt, an Kriegserfahrung und an Materialausstattung gleichkam? Im Frühjahr 1918 sollten in Nordfrankreich auf engem Raum sieben bis acht Millionen Soldaten aufmarschieren. Diese ungeheuere Massenhaftigkeit und Dichte der kämpfenden Heere mußte die Möglichkeit strategischer Operationen stark herabmindern. Nicht der Sieg über die Engländer und Franzosen, den ja Ludendorff 1918 wirklich erfochten hat, sondern nur ein militärisches Wunder konnte Deutschland retten. Es blieb in jener Lage dem General Ludendorff nichts anderes übrig, als dieses Wunder zu versuchen.

Die Zuversicht, daß er Erfolg haben würde, übertrug er auf die ganze Oberste Heeresleitung und auf weite Kreise von Armee und Volk. So hatten die Anhänger des deutschen Siegfriedens an Stelle des U-Boot-Krieges den neuen Rettungsanker, die kommende Westoffensive. Gab es in der militärisch-politischen Lage, in der sich Deutschland 1917 und 1918 befand, noch einen anderen Ausweg als die große Offensive? Im Westen in der Defensive zu bleiben, hätte gar nichts genützt. Dann hätten die Engländer und Franzosen so lange gewartet, bis die Amerikaner da waren, und danach wäre die Entente mit erdrückender Übermacht an Menschen und Material zum Angriff geschritten und hätte das deutsche Heer zertrümmert. Die Verluste bei einer unglücklichen Defensivschlacht waren mindestens so groß wie bei der Offensive. Das Verharren in der Verteidigung war das sichere Ende. Da wäre eine sofortige bedingungslose Kapitulation noch besser gewesen.

Aber im Winter 1917/18 hätte keine Regierung Deutschlands, ganz gleich, wie sie zusammengesetzt war, vor der Entente kapituliert. Auch nicht eine Regierung Haase, denn die USPD wollte vom deutschen Boden nichts preisgeben, und noch weniger eine Regierung Liebknecht, denn der Spartakusbund hat nicht einmal im Jahre 1919 der Unterzeichnung des Versailler Friedens zugestimmt. Ein Kompromißvorschlag Deutschlands an die Westmächte, mit Rückgabe Belgiens usw., war ebenfalls aussichtslos. Denn in England wie in Frankreich waren die Anhänger des Verständigungsfriedens machtlos. Lord Lansdowne kam nicht gegen Lloyd George auf, ebensowenig wie Caillaux gegen

Clemenceau. Die entscheidenden Schichten des englischen wie des französischen Bürgertums wollten weiterkämpfen, bis zum Sieg, den man dank der amerikanischen Hilfe bestimmt erwartete.

Neben dem militärischen Wunder der Westoffensive gab es für Deutschland damals nur noch einen Ausweg: Wenn man den Frieden mit Rußland in ein direktes politisches Zusammengehen verwandelt hätte. Ein Block Deutschland-Rußland hätte die Westmächte zu einem Kompromiß nötigen können, selbstverständlich nur, solange das deutsche Heer noch kampffähig war. Ein Zusammengehen Deutschlands mit Rußland war in den Jahren 1917 und 1918 infolge der ungeheueren innerpolitischen Verschiedenheit der beiden Länder unmöglich. Das von Ludendorff regierte militärisch-aristokratische Deutschland konnte nicht mit dem von Lenin regierten bolschewistischen Rußland zusammenwirken. Diese Kluft hätte überbrückt werden müssen.

Manche Leute in Deutschland, wie General Hoffmann [1], dachten daran, daß Deutschland eine Gegenrevolution in Rußland inszenieren solle. Ein wiederhergestelltes bürgerliches Rußland würde sich zum Dank an Deutschland anlehnen. General Ludendorff hat das Experiment in der Ukraine versucht. Aber die Einsetzung des Hetman Skoropadski in Kiew wurde ein ungeheuerer Fehlschlag. Eine von deutschen Bajonetten gestützte »weiße« Regierung hätte auch in Moskau mit dem Aufstand des ganzen Landes zu kämpfen gehabt. Ein solches Ostabenteuer hätte die Kraft Deutschlands nicht gestärkt, sondern verzehrt.

Eher war auf der anderen Seite eine gewisse Angleichung Deutschlands an Rußland erfolgverheißend. Man denke sich, daß es im Januar 1918, etwa im Anschluß an den großen politischen Streik, in Deutschland auch nur zu einer Umwälzung im Grade von Oktober 1918 gekommen wäre, das heißt zur Aufrichtung einer parlamentarischen Demokratie mit sozialistisch-linksbürgerlicher Regierung. Dann hätte ein solches Deutschland mit Rußland zusammengehen können. Die Entente hätte einen revolutionären Block Deutschland-Rußland gegen sich gehabt, dessen bloße Existenz die Friedensbewegung in Frankreich und England außerordentlich gestärkt hätte. Aber die Voraussetzung eines Erfolges war auch hier, daß die deutschen Heere sich im Felde behaupteten. Wenn erst einmal die Entente den entscheidenden militärischen Sieg gewonnen hatte, konnte eine deutsche Revolution das Kriegsende nicht beeinflussen. Die weitere Darstellung wird zeigen, wie haltlos die Behauptung ist, daß die revolutionäre Bewegung in Deutschland am Verlust des Krieges schuld sei. Gerade das Umgekehrte ist richtig: Weil Deutschland im September 1918 den Krieg militärisch endgültig verloren hatte, darum konnte die innerpolitische Umwälzung im Oktober und November das Kriegsende nicht verbessern.

Im Winter 1917/18 war eine Revolution in Deutschland nicht möglich, weil weder die Arbeiter noch die Bürger die Kraft hatten, den General Ludendorff zu stürzen. So blieb nur ein Rettungsplan, nämlich Ludendorffs Westoffensive, übrig.

Der Gegenspieler Ludendorffs, die Reichstagsmehrheit, war im Sommer und Herbst 1917 in einer seltsamen Lage. Die Mehrheitsparteien hatten ihre Friedensresolution durchgesetzt und sogar in Gestalt des Siebenerausschusses an der Beantwortung der Papstnote mitgewirkt. Aber irgendeinen realen politischen Einfluß hatte der Reichstag nicht gewonnen. Das Mißtrauen der Mehrheitsparteien gegen den Reichskanzler Michaelis nahm zu. Das war für den Kanzler um so schlimmer, als inzwischen alle Instanzen, einschließlich der Obersten Heeresleitung, seine vollständige Unzulänglichkeit durchschaut hatten. Michaelis selbst glaubte, er könne die Lage noch meistern, und er beschloß im Oktober einen scharfen Angriff gegen die Opposition[2].

Die Vorgänge bei der Marine im Sommer 1917 hatten ihn stark beunruhigt. Michaelis war ebenso wie die Marineleitung davon überzeugt, daß die USPD die Marineverschwörung verursacht habe. Er wollte das Material, das er zu haben glaubte, im Reichstag enthüllen und feststellen, daß die USPD nunmehr außerhalb der Gesetze stehe. Michaelis hoffte, daß die Reichstagsmehrheit sich aus nationalen Gründen hinter ihn stellen werde. Dann konnte man die USPD polizeilich auflösen und ihre Führer verhaften. Damit wäre eine Partei, die besonders eifrig den Verständigungsfrieden vertrat, zertrümmert gewesen. Die polizeiliche Niedertretung der oppositionellen Strömung in der Arbeiterschaft hätte auch die Mehrheitssozialisten gelähmt und auf der anderen Seite die Anhänger des Siegfriedens gestärkt. Der Schlag gegen die USPD galt im Grunde eigentlich der Reichstagsmehrheit.

Michaelis hatte sich über die Intelligenz seiner Gegner getäuscht. Als er am 9. Oktober den geplanten Angriff gegen die USPD unternahm, trat ihm neben den angegriffenen unabhängigen Sozialisten auch die SPD aufs schärfste entgegen. Die Sozialdemokraten wußten sehr gut, daß die Abgeordneten der USPD sich bei ihrer Propaganda durchaus im Rahmen der Gesetze hielten, und auch die bürgerlichen Parteien trauten bei aller Abneigung gegen die USPD dem Material von Michaelis nicht. So wies der Abgeordnete Ebert den Versuch der Regierung, eine ganze Partei außerhalb des Rechts zu stellen, aufs schärfste zurück, und er verlangte statt dessen den Rücktritt des Reichskanzlers. Zentrum und Fortschrittler unterstützten den Reichskanzler nicht, und nicht einmal die Nationalliberalen traten für Michaelis ein, da sie jede Gelegenheit benutzen wollten, um diesen unmöglichen Kanzler zu beseitigen.

So holte sich Michaelis am 9. Oktober eine Niederlage. Die USPD hatte eine unerwartete moralische Genugtuung erhalten, und darüber hinaus war wieder eine Kanzlerkrise da. Die Oberste Heeresleitung tat nichts, um Michaelis zu halten. So wurde er Ende Oktober verabschiedet. Die Reichstagsmehrheit hatte einen Erfolg errungen. Michaelis war durch die zwar nicht formal, aber sachlich ausgedrückte Mißtrauenserklärung des Reichstags zu Fall gekommen. Dabei hatte die Sozialdemokratie die Führung gehabt. Jetzt wollte man den Fehler nicht wiederholen, den man beim Sturze Bethmann-Hollwegs gemacht hatte. Die Mehrheitsparteien ließen dem Kaiser mitteilen, sie erwarteten, daß die zur Nachfolge von Michaelis bestimmte Persönlichkeit sich mit dem Reichstag über die Hauptfragen der Innen- und Außenpolitik einige.

Diese Aktion der Reichstagsmehrheit wurde von den Nationalliberalen unterstützt, unter dem Einfluß von Stresemann, der einen Schritt vorwärts auf dem Wege zur Parlamentarisierung Deutschlands machen wollte. Die Reichstagsmehrheit verlangte, neben einigen sozialpolitischen Punkten, die sofortige Einleitung der preußischen Wahlreform, durch Vorlegung eines entsprechenden Gesetzentwurfes an den preußischen Landtag, ferner eine Milderung des Belagerungszustandes auf dem Gebiet der Pressezensur und des Versammlungsrechts, endlich in der Außenpolitik die Einhaltung der Richtlinien, die in der Antwortnote an den Papst im September niedergelegt waren. Das war, wenigstens äußerlich, ein starker Vorstoß zur Erweiterung der Rechte des Parlaments. Denn das parlamentarische System verlangt nicht notwendigerweise, daß das Parlament den leitenden Minister stellt, sondern nur, daß er vom Vertrauen des Parlaments abhängig ist. Auf diesen Standpunkt stellte sich jetzt die Reichstagsmehrheit. Sie wollte keinen Kanzler dulden, der nicht in den entscheidenden politischen Fragen ihre Auffassung teilte.

Unter normalen Verhältnissen wäre der Erfolg des Reichstages außerordentlich bedeutend gewesen. Aber man machte wiederum die Rechnung ohne den wirklichen unverantwortlichen Machthaber, den General Ludendorff. Die Reichstagsmehrheit stellte an den kommenden Kanzler Anforderungen, deren Erfüllung gar nicht in seiner Macht lag. Der Kanzler konnte versprechen, sich in diesem Sinne zu betätigen, mehr aber nicht. Die Handhabung des Belagerungszustandes, die Ausübung der Pressezensur, die Überwachung der Versammlungen lagen bei der Militärbehörde und nicht bei der Zivilregierung. Die Kriegsziele entschied die Oberste Heeresleitung, wie gerade die Vorgänge bei der Beantwortung der Papstnote bewiesen, und die maßgebenden außenpolitischen Entscheidungen wurden der Reichstagsmehrheit gar nicht mitgeteilt. Das Schicksal der preußischen Wahlreform endlich hing von der reformfeindlichen Mehrheit des preußischen Abgeordnetenhauses und des Herrenhauses ab. Der Widerstand des preußischen Landtags gegen die Reform wäre nur durch die Kraft zu brechen gewesen, die damals das Preußentum führte, durch die Oberste Heeresleitung. Die Erfüllung der Forderungen der Reichstagsmehrheit hing also in jedem Fall davon ab, was Ludendorff bewilligen wollte oder nicht.

In den Kreisen der Reichstagsmehrheit wußte man dies. Aber man hielt es für möglich, daß Hindenburg und Ludendorff einen »Pakt mit der Demokratie« schließen und das parlamentarische System anerkennen würden. Man dachte daran, daß die beiden Heerführer doch im Sommer zur Zeit der Friedensresolution ganz sachlich mit den Abgeordneten verhandelt hatten. Als dann die Reichstagsmehrheit von ihrer Resolution nicht abgehen wollte, hatte sich die Oberste Heeresleitung wenigstens formell gefügt. Warum sollte ein solches Zusammenarbeiten zwischen Reichstag und Oberster Heeresleitung nicht auch weiter möglich sein? Feldmarschall von Hindenburg persönlich war kein Hindernis für ein solches Zusammenwirken mit der bürgerlichen Demokratie. Das zeigte nachher sein Verhalten im Oktober und November 1918. Aber Ludendorff lehnte jede Machterweiterung des Parlaments ab.

Er hatte den Reichstag im Sommer dazu benutzt, um Bethmann-Hollweg zu beseitigen. Er hatte dabei die Friedensresolution mit in Kauf genommen, die für ihn ein gleichgültiges Blatt Papier war. Ludendorff war nicht gewillt, seine Machtstellung einzuschränken. Er hatte auf Michaelis verzichtet, dessen Unzulänglichkeit ihm keine Stütze bieten konnte. Aber er gab darum die Führung nicht aus seiner Hand. Am Hofe und bei der Obersten Heeresleitung sah man sich nach einem neuen Kanzler um. Man wählte den bayrischen Ministerpräsidenten, den alten Grafen Hertling[3].

Die Wahl war für die Interessen der Obersten Heeresleitung außerordentlich geschickt. Denn Hertling, der früher lange Jahre der Reichstagsfraktion des Zentrums angehört hatte, war der Typus des konservativen Katholiken. Seine große persönliche Autorität beim Zentrum sollte dem rechten Parteiflügel wieder Luft machen, den Einfluß Erzbergers zurückdrängen und so im Parlament wieder die Mehrheitsverhältnisse von 1914 bis 1916 herstellen. Aus diesem Grunde war auch die Zentrumsfraktion des Reichstags von der Ernennung Hertlings gar nicht begeistert. Erzberger, der den Zusammenhang selbstverständlich durchschaute, hätte auch jetzt lieber den Fürsten Bülow als Kanzler gesehen.

Hertling hat später als Reichskanzler zwar nicht die Reichstagsmehrheit der Friedensresolution gesprengt, aber doch die Opposition des Zentrums gegen die Linie der Obersten Heeresleitung außerordentlich gemildert. Hertling war an politischer Intelligenz seinen beiden Vorgängern bei weitem überlegen. Er wußte, daß das Regierungssystem Deutschlands aus der Vorkriegszeit, die Herrschaft der preußischen militärischen Aristokratie, nicht mehr aufrechtzuerhalten war. Aber ebensowenig wünschte er die Parlamentarisierung. Sein Ideal war die »demokratische Monarchie« süddeutscher Form, das heißt die bürgerliche Monarchie. Danach hätten auch in Preußen die Privilegien des Grundadels fallen und die Dynastie hätte mit dem Bürgertum zusammenarbeiten müssen, so wie es bereits in Bayern, Württemberg und Baden der Fall war. Aus diesen Gedankengängen heraus war Hertling ein aufrichtiger Anhänger der preußischen Wahlreform. Wenn sich so das Deutsche Reich in eine bürgerliche Monarchie umwandelte, dann konnte nach Meinung Hertlings auch das Verhältnis der Regierung zu den sozialdemokratischen Arbeitern ein anderes werden. In diesem Sinne begrüßte Hertling die Spaltung der Sozialdemokratie, und er hielt es für die Aufgabe der Regierung und des Bürgertums, dahin zu wirken, daß sich die Mehrheitssozialisten zu einer »nationalen Arbeiterpartei« entwickelten, mit der man ständig zusammenarbeiten konnte.

War also das Verhältnis der Regierung zu dem Bürgertum und zu der gemäßigten Arbeiterschaft verändert, dann konnte der Monarch trotzdem die Führung behalten. Die Regierung konnte mit dem Parlament zusammenarbeiten, ohne von ihm abhängig zu werden. Im Augenblick seines Amtsantritts war freilich von den Gedanken Hertlings nicht viel durchzuführen. Denn die entscheidende Macht hatte die Oberste Heeresleitung. Hertling fand sich für die Dauer des Krieges mit dieser Tatsache ab. Die Oberste Heeresleitung wäre damals ernsthaft nur mit revolutionären Mitteln zu bekämpfen gewesen, was für einen Mann wie Hertling nicht in Frage kam. Er hielt den deutschen Sieg zu Lande, in der Art wie Ludendorff ihn plante, für möglich und wollte nichts tun, um die Oberste Heeresleitung dabei zu hindern. Hertling wird sich gesagt haben, daß mit Kriegsende auch automatisch die Allgewalt der Obersten Heeresleitung aufhörte.

Während des Krieges ging er jedem Kampf mit Hindenburg und Ludendorff aus dem Wege. Er überließ die Kriegführung und die Außenpolitik der Obersten Heeresleitung und hat, wenn Ludendorff etwas ernsthaft verlangte, nachgegeben. Er bemühte sich nur, innenpolitische Dinge zu verhindern, die nach seiner Ansicht einen unheilbaren Schaden für die Zukunft bringen mußten: also ein diktatorisches Niedertreten des Parlaments und der Arbeiterbewegung durch die Militärgewalt. Daß die Reichstagsmehrheit, trotz ihrer realen Ohnmacht, in der ersten Hälfte des Jahres 1918 wenigstens formal und scheinbar fortbestehen konnte, ist zum Teil das Werk von Hertling gewesen.

Hertling verhandelte mit der Reichstagsmehrheit und nahm ihre

Bedingungen an, was ihn ja keine Überwindung kostete. Aber es waren noch einige wichtige Personalfragen zu klären. Man betrachtete Hertling als den Vertrauensmann des Zentrums in der neuen Regierung, obwohl dies nur sehr bedingt richtig war. Denn Hertling hat sich in seinem Amte niemals als ein Beauftragter der Zentrumsfraktion gefühlt. Nun verlangten die Sozialdemokraten und die Fortschrittler ebenfalls einen Vertrauensmann in der Regierung und schlugen gemeinsam den Führer der Fortschrittspartei, von Payer, vor. Daraufhin wurde Payer zum Vizekanzler ernannt, das heißt er hatte die Berechtigung, über alle wichtigen politischen Fragen genauso informiert zu werden wie der Kanzler selbst. Endlich sollte auch der linke Flügel der Nationalliberalen in der Regierung vertreten sein. Denn er hatte die Aktion zur Parlamentarisierung unterstützt, und nur durch seine Hilfe war vielleicht die Wahlreform im preußischen Landtag durchzubringen. Hertling, der in traditioneller Weise die Ämter des Reichskanzlers und des preußischen Ministerpräsidenten vereinigte, erhielt in Preußen als Vizepräsidenten des Staatsministeriums den nationalliberalen Abgeordneten Friedberg zugeteilt. In dieser Gestalt trat die Regierung Hertling im Reich und in Preußen im November 1917 ins Leben.

Äußerlich bedeutete sie einen gewaltigen Ruck nach links: ein Zentrumsmann Reichskanzler und ein Vertrauensmann der Fortschrittler und der Sozialdemokraten sein Stellvertreter. In Preußen ein Zentrumsmann Ministerpräsident und ein linker Nationalliberaler sein Stellvertreter. Im Jahre 1913 hätte eine solche Regierung in Deutschland die Revolution bedeutet. 1917 war das Machtverhältnis ein wenig anders, weil General Ludendorff auch noch da war. Über die wirkliche Stellung Hertlings ist schon oben das Nötige gesagt worden. Friedberg hat sich in Preußen redlich um die Wahlreform bemüht, aber bis zum militärischen Zusammenbruch ohne jeden Erfolg. Ebenso hat Herr von Payer als Vizekanzler nicht im entferntesten das leisten können, was die Reichstagsmehrheit von ihm erwartete. In allen entscheidenden Fragen, beim Januarstreik so gut wie beim Frieden von Brest-Litowsk und beim Sturze Kühlmanns, hat er sich dem Willen Ludendorffs gefügt. Objektiv war die Regierung Hertling-Payer nur die parlamentarische Deckung für die Diktatur Ludendorffs. Aber formal-technisch ging in Deutschland die Entwicklung zum Parlamentarismus weiter. In diesem Sinne bildet die Periode Hertling den Übergang von der Friedensresolution zu der Umwälzung im Oktober 1918.

Seinem Versprechen gemäß legte Hertling dem preußischen Landtag sofort einen Gesetzentwurf vor, der die Übertragung des Reichstagswahlrechts auf Preußen enthielt[4]. Am 5. Dezember kam es zur ersten Lesung der Vorlage im Abgeordnetenhaus. Es zeigte sich bald, daß nicht nur die Konservativen, sondern auch der rechte Flügel der Nationalliberalen und eine konservativ gestimmte Gruppe im Zentrum das gleiche Wahlrecht ablehnten. Damit schwand die Aussicht, eine Mehrheit für das gleiche Wahlrecht zu gewinnen. Die Vorlage ging in die Kommission, wo sie mit außerordentlicher Langsamkeit und Gründlichkeit beraten wurde. Die reformfeindliche Mehrheit fühlte sich durch General Ludendorff gedeckt und hatte keine Eile. Erst Ende April 1918 kam die Vorlage aus der Kommission in das Plenum zurück. Die Regierung Hertling-Friedberg war gegen diese Verschleppungstaktik machtlos. So war die innerpolitische Reformaktion, die von der Reichstagsmehrheit eingeleitet wurde, festgefahren. Zur selben Zeit entwickelte sich die außenpolitische Machtprobe.

Ebenfalls im Dezember 1917 begannen in Brest-Litowsk[5] die Friedensverhandlungen zwischen Deutschland und seinen Verbündeten und dem bolschewistischen Rußland. Es mußte sich zeigen, ob die deutsche Regierung nun wirklich die Grundsätze der Friedensresolution so anwandte, wie die Reichstagsmehrheit sie auffaßte. Die deutsche Delegation in Brest-Litowsk hatte einen doppelten Kopf, gemäß den wunderlichen Verfassungszuständen jener Zeit. Vertreter des Reichskanzlers war der Staatssekretär von Kühlmann, und Beauftragter der Obersten Heeresleitung war General Hoffmann. Für Österreich erschien Graf Czernin. Die Russen verlangten am 25. Dezember, man solle auch die Entente auffordern, sich an der Friedensverhandlung zu beteiligen, und zwar auf der Grundlage: »Keine Annexionen und Entschädigungen«. Die deutsche Delegation ging darauf ein, und man beschloß, zehn Tage auf die Antwort der Entente zu warten.

Irgendeine Gefahr, daß damals Lloyd George und Clemenceau auf den annexionslosen Frieden eingegangen wären, bestand wahrlich nicht. So war die Zustimmung Kühlmanns zu dem russischen Vorschlag eine harmlose Geste. Trotzdem verstimmte es die Oberste Heeresleitung und die Anhänger des deutschen Siegfriedens, daß man sich in dieser Weise die Formel der Reichstagsmehrheit zu eigen gemacht hatte. Nach Ablauf der zehn Tage begannen im Januar die eigentlichen Verhandlungen. Die russische Delegation wurde von Trotzky geführt. Auf deutscher Seite waren die Instruktionen maßgebend, wie sie unter dem Einfluß der Obersten Heeresleitung nach Brest-Litowsk abgingen.

Beide Teile waren formell »gegen Annexionen« und für das »Selbstbestimmungsrecht der Völker«, aber jede Seite so, wie sie es auffaßte. Man kann eben politisch mit solchen Schlagworten machen, was man will. Die Bolschewiki wollten die Revolutionierung Europas fortsetzen. Also legten sie die Friedensformeln so aus, daß zunächst die deutschen Truppen die jenseits der Grenze von 1914 besetzten Gebiete zu räumen hätten. Dann würde die Revolution auch in Kurland, Litauen und Polen siegen. Die deutsche Regierung dagegen wollte das Selbstbestimmungsrecht der Völker so auslegen, daß in den drei besetzten Ländern von Deutschland abhängige Vasallenstaaten entstanden, die aber freilich eine Autonomie, also ein Selbstbestimmungsrecht, genießen sollten. So lehnte die deutsche Delegation eine Räumung der besetzten Gebiete ab.

Die militärische Macht war damals völlig bei Deutschland. Das russische Frontheer lief allmählich auseinander und war wehrlos. Aber Trotzky besaß dafür die gewaltige Waffe der Propaganda. Die Bolschewiki hatten es durchgesetzt, daß die Friedensverhandlungen öffentlich stattfanden, als Absage an die Methoden der alten Geheimdiplomatie. Wenn Sowjetrußland ernsthaft etwas erreichen will, hat es sich seitdem auch an den Brauch der Verhandlungen ohne Öffentlichkeit gewöhnt. Aber in Brest-Litowsk wollten die Bolschewiki kein diplomatisches Geschäft abschließen, sondern unter den Massen Deutschlands und Österreichs Revolutionspropaganda treiben. Trotzky kannte die tiefe Friedenssehnsucht der Arbeiter in Deutschland, Österreich und Ungarn. Er wußte, daß diese Arbeitermassen ihren Friedenswillen in kindliche Formeln gekleidet hatten, über die er innerlich lachte, die er aber meisterlich ausnutzte.

Trotzky führte in glänzender Dialektik vor aller Öffentlichkeit den Beweis, daß Rußland den »Verständigungsfrieden« wolle, daß aber der deutsche »Militarismus« aus Eroberungslust den Frieden sabotiere. Kühlmann war bei aller Geschicklichkeit den Reden Trotzkys nicht gewachsen. Denn die Logik des einfachen Mannes war auf seiten der Russen: Wer den Verständigungsfrieden will und Eroberungen verschmäht, muß zunächst das Gebiet räumen, das er jenseits seiner Grenzen besetzt hat. Will er das nicht, so hat er Hintergedanken und Eroberungspläne. Als die deutsche Delegation bei diesem Wettstreit keinen Ausweg mehr hatte, mußte General Hoffmann eingreifen. Er erklärte den Russen am 12. Januar, daß Deutschland der Sieger sei und daß man diese Tatsache berücksichtigen müsse.

Damit hatte Trotzky die deutsche Delegation dort, wo er sie wollte. Sie hatte die Pose des Verständigungsfriedens aufgegeben und eingestehen müssen, daß sie auf dem Recht des militärischen Sieges fuße. Nun hatten die Arbeitermassen in Deutschland und Österreich das Wort. Die Erklärung des Generals Hoffmann war an sich gar kein wichtiges Ereignis. Was er sagte, war in der damaligen Lage eine Selbstverständlichkeit, und die Russen haben es auch so empfunden. Die historische Ironie will es, daß General Hoffmann in denselben Tagen, in denen er in Brest-Litowsk mit der Faust auf den Tisch schlug, bei

Ludendorff in stärkster Ungnade war. Denn Hoffmann teilte die Annexionswünsche Ludendorffs gegen Polen nicht und hatte sogar versucht, seine Ansicht beim Kaiser durchzusetzen.

Aber das Auftreten Hoffmanns in Brest-Litowsk wurde dadurch so bedeutsam, daß er den Schleier der Illusionen zerriß, die sich die deutschen Volksmassen seit Juli 1917 über die Kriegsziele der Regierung machten. Man nahm seit der Friedensresolution und seit der deutschen Antwort an den Papst an, daß die Regierung trotz der alldeutschen Agitation für den Verständigungsfrieden sei. Nun wurden die allgemeinen Friedensformeln das erstemal auf die Probe gestellt, und es zeigte sich der Wille zum rücksichtslosen Siegfrieden. Die Arbeiter gewannen die Überzeugung, daß alle Bemühungen für den Verständigungsfrieden umsonst waren und daß die Alldeutschen dennoch die Lage beherrschten.

In erster Linie hätte jetzt die Reichstagsmehrheit eingreifen müssen, um ihr Friedensprogramm zu verteidigen. Die Sozialdemokratie hat mehrfach ihre Mißbilligung der deutschen Verhandlungsmethoden in Brest-Litowsk ausgedrückt. Aber eine große Aktion der Reichstagsmehrheit anläßlich der Brester Verhandlungen unterblieb. Das hatte mehrere Gründe. Zunächst war mindestens bei den bürgerlichen Parteien die Position Ludendorffs durch den militärischen Zusammenbruch der Russen gestärkt. Es schien, als hätte die Oberste Heeresleitung mit ihren Methoden den Krieg im Osten beendet. Warum sollte ihr nicht dasselbe auch im Westen gelingen? Dagegen hatten alle die deutschen Bekenntnisse für den Verständigungsfrieden und gegen Annexionen im Lager der Entente kein nennenswertes Echo gefunden. So kamen bei den bürgerlichen Parteien der Reichstagsmehrheit Zweifel, ob der Weg, den man in der Außenpolitik eingeschlagen hatte, auch der richtige sei. Solche Bedenken lähmten die Aktionskraft der Parteien der Mehrheit.

Noch wichtiger war aber, daß die Sozialdemokraten, das Zentrum und die Fortschrittler in den Ostfragen überhaupt keine einheitliche Stellung hatten. Alle drei Parteien hatten die Ostpolitik Bethmann-Hollwegs gebilligt. Sie alle waren seit Jahren mit dem Gedanken vertraut, daß in Polen, Litauen und Kurland neue, von Rußland unabhängige Staaten geschaffen werden sollten. Ebensowenig wie dem Zarismus wollte man jetzt dem Bolschewismus das Recht zubilligen, in das Geschick dieser drei Länder einzugreifen. Die Reichstagsmehrheit hoffte immer noch, daß es ihr später gelingen werde, das »Selbstbestimmungsrecht« der Polen, Letten und Litauer gegen deutsche militärische Eroberungspläne zu schützen. Aber inzwischen mußte erst einmal die russische Einmischung in die Verhältnisse der neuen »Randstaaten« abgewehrt werden. Also der Reichstag konnte im einzelnen die Methoden kritisieren, die Kühlmann und Hoffmann in Brest-Litowsk anwandten. Aber man konnte prinzipiell gegen die Linie der deutschen Ostpolitik nichts einwenden. So hat sich die Oberste Heeresleitung in Brest-Litowsk durchgesetzt, ohne vom Reichstag ernstlich gestört zu werden.

Die breiten Volksmassen, vor allem die Arbeiterschaft Deutschlands, teilten aber diese geduldige Auffassung der Reichstagsmehrheit nicht. Seit dreieinhalb Jahren sehnte man sich nach dem Frieden. Endlich zeigte sich, dank den Bolschewiki, ein Weg zur Beendigung des Krieges, und jetzt entlarvte sich der deutsche Militarismus und verhinderte durch sein Auftreten den Frieden mit Rußland, den ersten Schritt zum allgemeinen Frieden. Dabei wurde die Lebensmittelversorgung immer schlechter, und auch innerpolitisch wurde das Volk in seinen Hoffnungen getäuscht. Denn die Aussichten der preußischen Wahlreform waren, nach der Aufnahme der Regierungsvorlage im Landtag, schlechter denn je. In diesem kritischen Moment versagte nun auch der Reichstag. Er ließ die Generale schalten und walten, wie sie wollten. Also mußten die Massen sich selbst helfen und versuchen, ob sie nicht aus eigener Kraft zum Frieden und zur Demokratie kommen konnten. Es bereitete sich der große Januarstreik 1918 vor, die Generalprobe für die Novemberrevolution[6].

Vor allem in Berlin waren die Verhältnisse in der Arbeiterschaft für eine solche Massenbewegung reif. Die Berliner gewerkschaftlich organisierten Arbeiter waren naturgemäß von der Spaltung der Sozialdemokratie mit erfaßt worden. Die Gewerkschaftsvorstände waren in der Hand der Mehrheitssozialisten. Aber eine große Zahl von unteren Gewerkschafts- und Betriebsfunktionären sympathisierte mit der USPD. Sie lehnte die Burgfriedenspolitik ab, die der Arbeiterschaft den Kampf für ihre wirtschaftlichen und politischen Rechte unmöglich machte, und sie verlangte eine entschlossene Friedenspolitik, in schärfster Ablehnung aller alldeutschen annexionistischen Wünsche. Von besonderer Wichtigkeit waren die Verhältnisse im Metallarbeiterverband, der die Großbetriebe der Kriegsindustrie beherrschte. Vorsitzender der Berliner Metallarbeiter war der Mehrheitssozialist Cohen. Das Haupt der Opposition war der Vorsitzende der Dreherbranche, Richard Müller. Der Spartakusbund war in den Großbetrieben so gut wie einflußlos.

Die oppositionellen Vertrauensleute der Großbetriebe fanden sich in einem Kreise zusammen, den Richard Müller leitete. Das war die Grundlage der späteren »revolutionären Obleute«. Es waren dies in der Regel Anhänger der USPD. Aber sie ließen sich in ihren Handlungen vom Parteivorstand keine Vorschriften machen, sondern die Obleute suchten umgekehrt ihre Auffassung der Parteileitung aufzuzwingen. Die Bedeutung der Obleute lag darin, daß sie immer die

Stimmungen und Wünsche der Massen im Betrieb getreu wiedergaben. So sind die Aktionen und Losungen der Obleute das beste Spiegelbild für all das, was die Berliner Arbeiter im Kriege bewegte.

Zum ersten politischen Streik kam es in Berlin schon am 28. Juli 1916. Am 1. Mai war Karl Liebknecht auf dem Potsdamer Platz verhaftet worden. Wenn auch die Arbeitermassen mit der Taktik des Spartakusbundes nicht einverstanden waren, hatten sie doch stärkste persönliche Sympathien für Liebknecht, den unerschrockenen Vorkämpfer der Friedenssache. So kam es am 28. Juni, dem Tag des Prozesses gegen Liebknecht vor dem Kriegsgericht, zu einem eintägigen Proteststreik von 50 000 Arbeitern. Die Leitung dieses Streiks lag bei den Obleuten. Ende 1916 vergrößerte sich die Mißstimmung der Arbeiter durch das Hilfsdienstgesetz. Dieses Gesetz sollte alle Kräfte des Volkes für die Kriegsarbeit mobilisieren. Die oppositionellen Arbeiter sahen darin nur ein Mittel, um den Arbeitern die persönliche Freizügigkeit zu nehmen und um sie vollkommen der Willkür der Unternehmer und der Militärbehörde auszuliefern. Im April 1917 kam es in Berlin zu einem mehrtägigen Proteststreik gegen die unzulängliche Lebensmittelversorgung. Es beteiligten sich 200 000 Arbeiter. Die Behörden versicherten, daß es in den nächsten Wochen wieder mehr Fleisch, Brot und Kartoffeln geben werde. Darauf wurde die Arbeit wieder aufgenommen.

Zur selben Zeit kam es auch zu Streiks in Leipzig, Halle, Braunschweig und Magdeburg. In den letzteren drei Städten hatte die Bewegung einen rein wirtschaftlichen Charakter. Dagegen in Leipzig, einer Hochburg der USPD, stellten die streikenden Arbeiter sieben zum Teil politische Forderungen auf. Das Programm der Leipziger Arbeiter ist so charakteristisch, daß es hier im Wortlaut folgen soll: »1. Ausreichende Versorgung der Bevölkerung mit billigen Lebensmitteln und Kohlen. 2. Eine Erklärung der Regierung zur sofortigen Friedensbereitschaft unter Verzicht auf jede offene und versteckte Annexion. 3. Aufhebung des Belagerungszustandes und der Zensur. 4. Sofortige Aufhebung aller Schranken des Koalitions-, Vereins- und Versammlungsrechts. 5. Sofortige Aufhebung des »schändlichen« Arbeitszwangsgesetzes. 6. Sofortige Befreiung der wegen politischen Vergehens Inhaftierten und Verurteilten, Niederschlagung der politischen Strafverfahren. 7. Volle staatsbürgerliche Freiheit, allgemeines, gleiches, geheimes und direktes Wahlrecht zur Wahl für alle öffentlichen Körperschaften im Reich, in den Bundesstaaten und in den Gemeinden.«

Das ist ein bürgerliches Reformprogramm, das im großen und ganzen der Linie der Reichstagsmehrheit entspricht. Punkt 2 ist die Außenpolitik der Friedensresolution. Punkt 7 entspricht der Forderung des Reichstagswahlrechts für Preußen. Punkt 3 und 4 finden sich, etwas abgeschwächt, in den Forderungen der Reichstagsmehrheit anläßlich der Bildung der Regierung Hertling wieder. Punkt 1 ist eine Selbstverständlichkeit. Eine politische Amnestie, Punkt 6 war ohne Zweifel auch im Sinne der Reichstagsmehrheit. Als diese im Oktober 1918 zur Macht kam, hat sie die Freilassung Liebknechts veranlaßt. Der einzige Punkt, den die Reichstagsmehrheit nicht unterschrieben hätte, ist der 5., die Aufhebung des Hilfsdienstgesetzes, von dessen Notwendigkeit die Mehrheitsparteien überzeugt waren. Im ganzen deckten sich die politischen Wünsche der deutschen Arbeitermassen, auch ihres radikalen Teils, noch mit den Losungen der Reichstagsmehrheit. Von Sozialismus ist in den Leipziger Forderungen keine Spur. Der Unterschied war nur der, daß die Reichstagsmehrheit außerparlamentarische Massenaktionen zur Erreichung ihrer Ziele verwarf. Dagegen waren die USPD-Arbeiter unter Umständen bereit, für dieses politische Programm auch zu streiken und zu demonstrieren. Die Parteileitung der USPD reizte ihre Anhänger zu solchen Aktionen nicht auf. Aber sie hatte Verständnis dafür, wenn derartige Bewegungen spontan aus den Massen kamen. So zeigte sich in der USPD zum Beispiel in Berlin ein Gegensatz zwischen der vorsichtigen und zurückhaltenden Parteileitung und dem aktiveren Kreis der Obleute. Von den Reichstagsabgeordneten stand Ledebour der Gruppe der revolutionären Obleute am nächsten.

Nach den Aprilstreiks kam im Juli 1917 die Friedensresolution zustande. Es folgte im Herbst der Sturz von Michaelis und die Bildung der halbparlamentarischen Regierung Hertling und im Dezember die Einbringung der Wahlreform im preußischen Landtag. All dies nahmen die Arbeitermassen mit Befriedigung auf, und sie sahen darin Fortschritte in ihrem Sinne. Um so schlimmer war die Enttäuschung über die Januarereignisse in Brest-Litowsk. Die zweite russische Revolution, die im November 1917 den Bolschewiki den Sieg brachte, hatte die Arbeiter Deutschlands noch viel stärker ergriffen als die erste. Denn jetzt hatte Rußland keine bürgerliche, sondern eine sozialistische Regierung. Ferner hatte die Kerenski-Regierung den Krieg fortgesetzt. Die Bolschewiki dagegen waren die ersten, die nicht nur von Frieden redeten, sondern auch wirklich den Frieden brachten. Die unendliche Friedenssehnsucht der deutschen und österreichischen Arbeiter verwandelte sich in leidenschaftliche Sympathie für die Bolschewiki bei ihrer Auseinandersetzung mit dem deutschen »Militarismus«. Die Arbeiter empfanden es geradezu als ihre Pflicht, den Russen gegen General Hoffmann beizustehen.

Die Vorgänge in Brest-Litowsk führten zunächst zu einer gewaltigen Streikbewegung in Österreich und Ungarn. In Wien, Budapest und anderen Industriezentren streikten Hunderttausende von Arbeitern. Es scheint, daß die Bewegung dem Wiener Hof gar nicht unerwünscht war. Der Kreis um Kaiser Karl konnte sich nun für seine scheinbar »pazifistische« Politik auf den Willen der Massen berufen. Der Streik richtete sich vor allem gegen General Hoffmann und gegen die deutsche Oberste Heeresleitung. Die österreichischen Arbeiter verlangten, daß der Friede mit Rußland nicht an den Forderungen der deutschen Annexionisten scheitern dürfe. Die österreichische Regierung beendete den Streik damit, daß sie ihre volle Zustimmung zum Friedensprogramm der Arbeiter ausdrückte und auch auf innerpolitischem Gebiet den Arbeitern alles versprach, was sie wollten.

Die Nachricht von dem erfolgreichen Riesenstreik in Österreich verbreitete sich in Deutschland trotz aller Bemühungen der Militärzensur. Der Kampfwille der deutschen Arbeiter wurde dadurch noch gesteigert. Die Berliner revolutionären Obleute verlangten Mitte Januar von dem Vorstand der USPD, daß er die Massen zum Streik aufrufe. Soweit wollten die USPD-Führer nicht gehen. Das hätte ihrer ganzen Taktik widersprochen. Aber es kam ein Aufruf der Reichstagsfraktion der USPD an die Arbeiter zustande, in dem es hieß: »Es ist keine Zeit zu verlieren. Nach allen Schrecken und Leiden droht neues schwerstes Unheil unserem Volke, der gesamten Menschheit. Nur ein Frieden ohne Annexionen und Kontributionen, auf der Grundlage des Selbstbestimmungsrechts der Völker, kann uns davor retten. Die Stunde ist gekommen, eure Stimme für einen solchen Frieden zu erheben. Ihr habt jetzt das Wort.«

Ob und in welcher Form jetzt die Arbeitermassen »ihre Stimme erhoben«, lag im Ermessen der Arbeiter selbst. Die Reichstagsmehrheit hätte sich damals an die Spitze der Massenbewegung durch eine entsprechende Aktion im Parlament stellen können. Auch im Januar 1918 waren die Berliner Arbeiter in dem Inhalt ihrer Forderungen noch im wesentlichen mit der Reichstagsmehrheit einig. Da die Mehrheitsparteien keine Initiative zeigten, handelten die Massen selbst, und dabei stieg die Bedeutung der USPD. Um Spartakus kümmerten sich die Massen gar nicht.

Am 27. Januar fand in Berlin eine Versammlung der Dreher statt, zu der alle Großbetriebe Vertreter geschickt hatten. Auf Antrag von Richard Müller beschloß die Versammlung einstimmig, am nächsten Morgen den Generalstreik zu beginnen. Am 28. Januar legten 400 000 Arbeiter in Groß-Berlin die Arbeit nieder. Am selben Tag kamen 400 Delegierte der Berliner Betriebe als Berliner Arbeiterrat im Gewerkschaftshaus zusammen, um die Streikforderungen zu formulieren. Das Programm des Berliner Generalstreiks ist offenkundig in Anlehnung an die Leipziger Forderungen von 1917 entstanden. Die Streikenden verlangten vor allem die schleunige Herbeiführung des annexionslosen Friedens, sodann die durchgreifende Demokratisierung der gesamten Staatseinrichtungen in Deutschland. Auch sie verlangten die Aufhebung des Belagerungszustandes und des Hilfsdienstgesetzes sowie die politische Amnestie und bessere Lebensmittelversorgung. Neu ist eigentlich nur Punkt 2: »Zuziehung von Arbeitervertretern aller Länder zu den Friedensverhandlungen«. In England, Frankreich und Belgien saßen im Kriege Sozialisten in der Regierung und hatten damit auch Anteil an den zu erwartenden Friedensverhandlungen, vom revolutionären Rußland ganz abgesehen. So war auch diese Forderung weder abenteuerlich noch besonders radikal.

Auffällig ist wiederum, wie sehr dem Berliner Streikprogramm vom Januar 1918 jeder sozialistische Charakter fehlt. Niemand denkt daran, die Eigentumsfrage aufzurollen. Dabei hätte es gar nicht so ferngelegen, zum Beispiel die Verstaatlichung der großen Rüstungsindustrie oder die Arbeiterkontrolle über die Industrie zu verlangen. Die Führer der USPD und die revolutionären Obleute hatten zwar sozialistische Ziele, die weit über das Programm der Streikenden hinausgingen. Aber man stellte nur solche Forderungen, die damals von den Massen verstanden wurden. Die Berliner Arbeiter wollten einen gemäßigten Frieden, Brot und bürgerliche Demokratie, das heißt die Beseitigung der Militär- und »Junker«herrschaft. Klassenmäßig sozialistische Forderungen lagen jenseits ihres Horizonts. Weitergehen wollte nur die kleine Gruppe der Spartakusanhänger. Auch die Republik war im Januar 1918 noch kein Kampfziel der realen Politik, von der Räterepublik ganz zu schweigen.

Man darf sich dadurch nicht irreführen lassen, daß die Delegiertenkonferenz der Berliner Streikenden sich als Arbeiterrat bezeichnet. Denn die Räte sind hier nur die Organe der Massenaktion, aber nicht die Glieder eines Staatsaufbaues. Der Arbeiterrat steht im Januarstreik an Stelle der Gewerkschaft, aber nicht an Stelle des Reichstags. In Ländern mit alter, festgefügter Gewerkschaftsbewegung war es Sache der Gewerkschaften, die wirtschaftlichen Aktionen der Arbeiter und überhaupt die Streiks zu leiten. Im zaristischen Rußland konnten sozialistische Gewerkschaften legal nicht existieren. So schufen sich dort die Massenbewegungen ein einfaches Ersatzorgan in den Delegierten der einzelnen Betriebe. So entstanden die Arbeiterräte als Zusammenfassung der proletarischen Aktionen einer Stadt oder eines Industriebezirks. Die Vereinigung der Arbeiterräte mit den Delegierten der meuternden Soldaten schuf den Arbeiter- und Soldatenrat, das typische Organ der russischen Revolution.

In Deutschland hatten sich die Gewerkschaften, infolge des Burgfriedens, selbst von der Führung der Streiks ausgeschaltet. So schufen sich die deutschen Arbeiter nach russischem Muster ein Ersatzorgan, die Betriebsdelegierten, den Arbeiterrat. Es war durchaus nicht notwendig, daß die Arbeiterräte zugleich bolschewistische oder spartakistische Überzeugungen hatten. In Deutschland waren 1918 die Räte die Organisationsform der Massenbewegung, aber nicht mehr. Mit der Sowjetverfassung hat der Arbeiterrat des Januarstreiks nichts zu tun.

Die Streikversammlung am 28. Januar wählte einen Aktionsausschuß des Arbeiterrats von 11 Mitgliedern. Die Versammlung lud den Vorstand der USPD ein, weitere drei Vertreter in den Aktionsausschuß zu senden. Dieselbe Einladung erging, trotz des Widerstrebens eines Teils der Anwesenden, auch an die Mehrheitssozialisten. Die beiden sozialistischen Parteien nahmen die Aufforderung an und schickten ihre Vertreter in die Streikleitung. Von der USPD waren es Ledebour, Dittmann und Haase, von der SPD Ebert, Scheidemann und Braun. Über Ziel und Möglichkeiten des Streiks bestand eigentlich weitgehende Übereinstimmung. Ein politischer Massenstreik kann immer nur einige Tage dauern. Entweder er verwandelt sich in den offenen politischen Machtkampf und führt so zum Sieg oder zur Niederlage, oder er bricht zusammen, schon durch den Geld- oder Nahrungsmangel der Massen.

Eine Aussicht, den Streik zu einem politischen Entscheidungskampf zu erweitern, bestand nach Ansicht der revolutionären Obleute selbst nicht. Denn mit einem Übergang der Truppen zu den Streikenden war damals, bei der Kraft der militärischen Disziplin und der Autorität der Obersten Heeresleitung, nicht zu rechnen. Es hätte noch einen anderen politischen Ausweg gegeben, wenn der Reichstag zusammengetreten wäre und wenn die Mehrheitsparteien sich formell mit den Streikenden solidarisch erklärt hätten. Aber darauf bestand auch keine Aussicht. Es gab also nur die Möglichkeit, den Streik in Ruhe einige Tage zu führen, ihn zu einer möglichst wuchtigen Demonstration für die Ziele der Bewegung zu machen und in Verhandlungen mit der Regierung ein Höchstmaß von Zugeständnissen zu gewinnen. Das war die Ansicht der »revolutionären Obleute«, die also damals noch an keine gewaltsame Revolution in Deutschland dachten, und ebenso der USPD.

Das Urteil der Mehrheitssozialisten war im wesentlichen dasselbe. Die SPD mißbilligte zwar an sich den Streik im Kriege. Da aber der Streik einmal da war, die Streikenden zu einem großen Teil Anhänger der SPD waren, wäre es kindisch gewesen, wenn die Mehrheitssozialisten den Eintritt in die Streikleitung abgelehnt hätten. Einen Schaden für die Landesverteidigung von irgendwelcher Bedeutung brachten die wenigen Streiktage nicht. Trotz des Streikes hat die Oberste Heeresleitung ihre Märzoffensive mit ungeheueren Munitionsmengen durchgeführt. Die SPD hat aber den Streik auch nicht »verraten«, da niemand in der Leitung den Kampf länger als ein paar Tage führen und niemand den Streik über das Maß einer friedlichen Demonstration erweitern wollte.

Die ideologische Verbindung der Streikenden mit der Reichstagsmehrheit zeigte ihr Programm. Die organisatorische ergab sich durch den Beitritt von Ebert und Scheidemann zum Aktionsausschuß. Ganz anders hat der Spartakusbund die Lage beurteilt. Er allein verlangte die Weitertreibung des Streiks zum Aufstand, und die Spartakus-Flugblätter warnten vor der Aufnahme der mehrheitssozialistischen Führer in die Kampfleitung: »Sorgt dafür, daß die Gewerkschaftsführer, die Regierungssozialisten und andere ›Durchhalter‹ unter keinen Umständen in die Vertretungen gewählt werden. Heraus mit den Burschen aus den Arbeiterversammlungen! Diese Handlanger und freiwilligen Agenten der Regierung, diese Todfeinde des Massenstreiks haben unter den kämpfenden Arbeitern nichts zu suchen.«

Wäre der Kampf nur von Spartakus und USPD, unter bewußter Ausschaltung der Mehrheitssozialisten, geführt worden, so hätte sich sein Charakter damit völlig geändert. Es wäre dann eine proletarische Klassenaktion sozialistischen Charakters und keine Friedensbewegung mit bürgerlich-demokratischen Zielen gewesen. Aber Spartakus konnte sich nicht durchsetzen. Im Aktionsausschuß saß die SPD und nicht der Spartakusbund. So sind die Grundfragen der Novemberrevolution bereits im Januarstreik enthalten.

In Groß-Berlin stieg die Zahl der Streikenden am 29. Januar auf eine halbe Million. Zur selben Zeit griff der Streik auf Kiel, Hamburg, Leipzig, Braunschweig, Köln, Breslau, München, Nürnberg, Mannheim, Magdeburg, Halle, Bochum, Dortmund und andere Städte über. Der Vorstand der USPD schätzte die Gesamtzahl der Streikenden, eher zu niedrig als zu hoch, auf über eine Million. Es war eine ungeheuere Massenerhebung gegen die Militärdiktatur und gegen General Ludendorff. Wäre Deutschland damals von einem wirklichen Staatsmann regiert worden, so hätte er erkannt, daß die Machthaber auf einem Pulverfaß saßen. Wer bürgte dafür, daß die Soldaten des deutschen Milizheeres die Ansichten der streikenden Million nicht teilten? Wie wollte man mitten im Kriege eine solche Volksbewegung einfach mit der militärischen Disziplin niederwerfen? Wenn die Regierung einen solchen Sieg für den Augenblick erfechten konnte, welche Bürgschaften bot er für die Zukunft? Der Januarstreik zeigte, daß der deutsche Staatsorganismus todkrank war. Die verfassungswidrige Militärdiktatur, wie Ludendorff sie seit anderthalb Jahren ausübte, hatte zumindest die gesamte Arbeitnehmerschaft gegen sich.

Die Oberste Heeresleitung erkannte, daß es innerpolitisch jetzt um das Ganze ging. Ludendorff schob die Zivilregierung beiseite und nahm die Bekämpfung des Streiks selbst in die Hand. Sein Ziel war die rücksichtslose Niederwerfung des Streiks ohne jede noch so kleine Konzession an die Arbeiter. In diesem Sinne ging der kommandierende General in Groß-Berlin vor. Am 31. Januar wurde über Berlin der verschärfte Belagerungszustand verhängt, und außerordentliche Kriegsgerichte wurden eingesetzt. Der »Vorwärts« wurde verboten, alle Versammlungen und Sitzungen der Streikenden wurden von der Polizei gesprengt. Als er im Treptower Park zu streikenden Arbeitern sprechen wollte, wurde der Abgeordnete Dittmann verhaftet. Er erhielt vom Kriegsgericht fünf Jahre Festungshaft. Auf Anweisung der Obersten Heeresleitung lehnte die Regierung jede Art von Verhandlungen mit den streikenden Arbeitern ab und verlangte unbedingte Unterwerfung. Es kam zu Massenverhaftungen von Streikenden. Tausende von Arbeitern wurden zum Heeresdienst einberufen. Endlich verkündete der kommandierende General, daß er sieben Berliner Großbetriebe, darunter Borsig und die AEG in Hennigsdorf, unter militärische Leitung gestellt habe. Die Arbeiter dieser Betriebe erhielten den Befehl, die Arbeit bis spätestens den 4. Februar 7 Uhr früh wieder aufzunehmen. Zuwiderhandelnde setzten sich »schwerer Bestrafung nach den Vorschriften des Belagerungszustandes« aus: »Die Wehrpflichtigen unter ihnen werden außerdem militärisch eingezogen werden!«

Am 3. Februar brachen die revolutionären Obleute den aussichtslosen Streik in Berlin ab. Inzwischen war auch im Reich die Arbeit wieder aufgenommen worden. Zunächst hatte General Ludendorff gesiegt. Unter den Besiegten befand sich nicht nur die Arbeiterschaft, sondern auch die Reichstagsmehrheit. Denn das stärkste Druckmittel der Mehrheitsparteien war bisher der Hinweis auf die sozialdemokratischen Arbeitermassen gewesen. Nun hatte die SPD zusammen mit der USPD gestreikt und nichts erreicht. So war die Autorität der Reichstagsmehrheit aufs schwerste erschüttert, und die Anhänger des Siegfriedens beherrschten die Lage. Ludendorff hatte im Osten und im Westen freie Hand. Er wollte nun auch innerpolitisch seinen Triumph restlos auswerten. Er verlangte, daß der Reichskanzler nunmehr formell die Friedensresolution widerrufe. Das wäre außenpolitisch ganz gleichgültig, aber innerpolitisch die Aufrichtung des militärischen Geßler-Huts für die Mehrheit des Volkes gewesen. Es hätte entweder die Sprengung der Reichstagsmehrheit oder den offenen Konflikt mit dem Parlament und die Beseitigung des Reichstags durch die Militärdiktatur gebracht.

Graf Hertling hat wenigstens dieses Letzte verhindert. Die Friedensresolution blieb, wenn auch nur auf geduldigem Papier, bestehen, und dies hielt die Reichstagsmehrheit zusammen. Sie hat, nicht immer sehr heroisch, manchmal, wie beim Frieden von Brest-Litowsk und beim Sturze Kühlmanns, mit der Taktik des »Sich-tot-Stellens« das kritische erste Halbjahr 1918 überstanden.

Für die Arbeiter Deutschlands bot der Januar-Streik eine bedeutsame Lehre. Man kann nicht sagen, daß das Programm der Massen durch die Niederlage und durch das rücksichtslose Vorgehen der Behörden radikalisiert wurde. Aber ebensowenig ließen sie sich von ihren Überzeugungen abbringen. Das deutsche Proletariat blieb einmütig bei den Losungen des Friedens und der Demokratie. Indessen glaubten die Massen nach ihren Erfahrungen im Januar nicht mehr daran, daß die Reichstagsparteien ihnen aus dem Krieg und aus der Militärdiktatur heraushelfen würden. Sondern sie verließen sich nur noch auf ihre eigene Kraft und auf eine bessere Gelegenheit, als der Januar 1918 sie geboten hatte.

So haben wir in Deutschland 1917 und 1918 neben der Reichstagsmehrheit gewaltige Volksmassen, die im politischen Ziel mit den Mehrheitsparteien einig sind, die aber in der Taktik von den Reichstagsparteien abweichen und sich allmählich an die direkte Aktion gegen die Militärdiktatur gewöhnen. Der erste Akt dieser direkten Massenaktion war die Marinebewegung 1917, der zweite Akt war der Januarstreik 1918, und der dritte Akt war die Novemberrevolution. Wenn sich die Massen zu den politischen Zielen der Reichstagsmehrheit in Bewegung setzten, marschierte die USPD mit. Dagegen war der Spartakusbund in seinen Theorien und Zielen dieser deutschen Volksbewegung von 1917 und 1918 fremd. Die der Reichstagsmehrheit parallele Massenbewegung schuf sich als eigene Organe: auf der Flotte 1917 die politisierten Menagekommissionen, im Januar 1918 die Arbeiterräte, im November 1918 die Arbeiter- und Soldatenräte.

Die Verbindung zwischen der Reichstagsmehrheit und der parallelen Massenbewegung stellte die SPD her, die zugleich in der Reichstagskoalition und in den Betrieben stark war. Diese Doppelrolle der SPD erklärt zum Teil die Zwiespältigkeit und Schwäche ihrer Politik, aber trotzdem ihre wachsende Macht, je mehr die Massenbewegung die Militärdiktatur überwand. Nur wenn man diese eigenartige Parallelität begreift, kann man den Gang der deutschen Revolution verstehen. Es war eine bürgerliche Revolution, die von der Arbeiterschaft gegen den Feudalismus erkämpft wurde.

Als die Krise des Generalstreiks überstanden war, konnte die Oberste Heeresleitung zunächst im Osten in ihrem Sinne Ordnung machen. General Ludendorff begann eine napoleonische Ostpolitik, die den Machtbereich Deutschlands bis nach Finnland und zum Kaukasus ausdehnte. Als der Generalstreik in Deutschland gescheitert war, mußten die Bolschewiki nachgeben. Trotzky erklärte den Krieg ohne förmlichen Friedensschluß für beendet. Damit war die Oberste Heeresleitung nicht zufrieden. Es folgte im Februar der neue deutsche Vormarsch nach Livland, Estland und in die Ukraine. Rußland mußte nun am 3. März die von Deutschland diktierten Friedensbedingungen unterschreiben.

Am 22. März nahm der Reichstag den Friedensvertrag von Brest-Litowsk an. Die SPD ließ durch Scheidemann erklären, daß der vorliegende Vertrag kein »Verständigungsfriede« sei, sondern das Produkt einer deutschen Machtpolitik. Die SPD fordere das wirkliche, »demokratische Selbstbestimmungsrecht« Polens, Litauens und Kurlands, bei der Abstimmung über den Friedensvertrag enthielt die SPD sich der Stimme. Zentrum und Fortschrittspartei stimmten für den Vertrag. Ein ernsthafter Widerstand der Reichstagsmehrheit gegen die Ostpolitik der Obersten Heeresleitung war unter den damaligen Umständen nicht möglich.

Ludendorff hielt die Ostseeprovinzen besetzt. Er schickte eine militärische Expedition nach Finnland, um dort die bürgerliche Regierung gegen die Bolschewiki zu unterstützen. In Polen sollte die austropolnische Lösung durch eine deutsche Vorherrschaft ersetzt werden. In der Ukraine machte die Oberste Heeresleitung das Experiment der Hetman-Regierung, die außerhalb des Bereichs der deutschen Bajonette keinerlei Anhang besaß. Ludendorff behandelte Rußland so, wie Napoleon I. nach 1807 Deutschland behandelt hatte, oder wie Caesar mit Gallien verfahren war. In diese ungeheueren Osteroberungen stürzte sich Deutschland, obwohl es nebenbei noch im Westen mit Amerika, England und Frankreich Krieg führte. Eine ernsthafte politische Kritik dieser Ostunternehmungen ist überhaupt nicht möglich.

Militärisch war von den ganzen Ostexpeditionen nur die Besetzung von Rumänien während des Krieges gerechtfertigt. Denn ohne das rumänische Petroleum für die Flugzeuge, U-Boote, Automobile usw. war die Kriegführung Deutschlands gar nicht möglich. Aber die Sicherung Rumäniens, mit dem im Anschluß an Brest-Litowsk ebenfalls ein Friede zustande kam, hätte nur einen Bruchteil der Truppen erfordert, die 1918 im Osten verblieben. Am 21. März 1918, als die große Offensive im Westen begann, standen im Osten immer noch über eine Million deutscher Soldaten[7]. Es waren zwar vorwiegend ältere Jahrgänge. Die Mannschaften unter 35 Jahren waren größtenteils an die Westfront gezogen worden. Aber in der französischen Armee gab es auch eine Menge älterer Soldaten. Hätte Ludendorff auch nur die Hälfte dieser Truppen im März im Westen gehabt, so hätte diese halbe Million Mann ruhige Frontabschnitte bezogen und dafür andere Divisionen für die Offensive frei gemacht. Ende März und Anfang April 1918 hing der von der Obersten Heeresleitung erstrebte entscheidende deutsche Sieg im Westen an einem Faden.

Hätte Ludendorff auch nur zwanzig von den Divisionen mehr gehabt, die er für seine Ostpolitik brauchte, so hätte er wahrscheinlich im Westen gesiegt. So wurde die falsche Ostpolitik, die Sucht, im Gebiete des ehemaligen Zarenreichs Länder zu »befreien« oder zu erobern, der Fluch der deutschen Kriegführung von 1915 bis 1918.

Als dann im Laufe des Frühjahrs und Sommers die deutschen Verluste ins Ungeheuere stiegen, mußte Ludendorff doch seine Osttruppen abbauen. Am 1. Oktober 1918 standen nur noch eine halbe Million deutscher Soldaten im Osten. Ebensoviele waren nachträglich nach dem Westen gezogen worden. Aber sie kamen tropfenweise und zu spät. Bei den Anfangsschlachten der Offensive, die eigentlich schon entscheidend waren, fehlten sie. Während der Soldat Ludendorff jeden Mann für die Entscheidung zusammensuchte, hat der Eroberungspolitiker Ludendorff ein Millionenheer im Osten verschwendet.

Man hat versucht, die Existenz der großen deutschen Ostarmee, auch nach den Friedensschlüssen, mit der bolschewistischen Gefahr und mit der Notwendigkeit zu rechtfertigen, daß die Ukraine Lebensmittel liefern sollte. Beide Argumente sind nicht stichhaltig. Lenin wollte damals nichts als den Frieden. Er hätte zwar eine deutsche Arbeiterrevolution gern gesehen, aber er hätte 1918 Deutschland niemals militärisch angegriffen. Der Versuch, gegen den Willen der Bevölkerung mit militärischem Zwang aus der Ukraine Nahrungsmittel zu erhalten, schlug völlig fehl. Das verhältnismäßig geringe Quantum, das die Ukraine 1918 lieferte, ging meistens nach Österreich. Dann hätten aber auch die österreichischen Truppen an Stelle der deutschen die Requisition vornehmen sollen. Den Erfolg der Westoffensive zu gefährden, um eine Anzahl Pferde und Ochsen aus der Ukraine zu erhalten, wäre ein unerhörter Leichtsinn gewesen. Die normale Form, wie man aus einem befreundeten Land, mit dem man sogar Frieden geschlossen hat, Waren bekommt, ist eigentlich der Handel. Auf diese Art hätten Deutschland und Österreich viel mehr Nahrungsmittel aus der Ukraine bezogen als mit Divisionen und Maschinengewehren.

In Wirklichkeit mußte die Million deutscher Soldaten im Osten stehen bleiben, um den Siegfrieden zu realisieren. Die politischen und wirtschaftlichen Verhältnisse, welche die Oberste Heeresleitung den Ostvölkern zudachte, waren eben so untragbar, daß dieses politische System nur mit rücksichtsloser Gewaltanwendung aufrechtzuerhalten war. So ist der entscheidende Fehler der deutschen Westoffensive wiederum politisch gemacht worden, noch ehe der erste Kanonenschuß fiel.

Die Verpflegungsstärke des Westheeres, mit dem Ludendorff den Krieg entscheiden wollte, betrug am 21. März 1918 über dreieinhalb Millionen Mann in 192 Divisionen[8]. Das deutsche Westheer war 1918 nach vier Kriegs- und Blockadejahren doppelt so stark wie 1914. Alle Arten Kriegsmaterial wurden von der deutschen Industrie in überreichlicher Menge zur Verfügung gestellt, eine enorme militärische und organisatorische Leistung. Das Ententeheer im Westen war damals an Zahl den deutschen Truppen etwa gewachsen. Die Zahl der Ententedivisionen war ungefähr 170, deren Kampfstärke zum Teil größer war als die der deutschen Divisionen. Die Verpflegungsstärke der Engländer im Westen war etwa 1 800 000 Mann. Dazu kamen ebenso viele Franzosen, Belgier und Portugiesen. An Amerikanern befanden sich im März 1918 erst 300 000 in Frankreich. Darunter war aber erst eine kampffähige Division. Die übrigen waren noch in der Ausbildung begriffen. Wenn das deutsche Heer im Frühjahr schnell die Entscheidung erkämpfte, kam die Hauptmasse der Amerikaner zu spät.

Wie schon oben bemerkt wurde, genügte es nicht, wenn die deutschen Truppen den Feind schlugen. Sondern um den Kriegszweck zu erreichen, mußte das deutsche Heer einen entscheidenden, vernichtenden Sieg gewinnen. Wie sollte das gegen den in jeder Hinsicht gleich starken und gleichwertigen Feind möglich sein? Nur durch geistige Überlegenheit der Führung. In Nordfrankreich und Flandern waren auf engem Raum sieben Millionen Soldaten zusammengedrängt. Da waren große operative Bewegungen nicht möglich. Die beste Waffe des Angreifers war unter diesen Umständen die Überraschung. Er mußte versuchen, ein Stück der feindlichen Front überraschend niederzurennen, so das ganze feindliche Heer zum Rückzug zu zwingen und damit den Raum für entscheidende Operationen zu gewinnen.

General Ludendorff wählte die Angriffsstelle, die am ehesten einen großen Erfolg versprach: den südlichen Teil der englischen Front, da, wo er an die französische stieß. Ganz roh ausgedrückt ging damals die englische Front von Norden nach Süden, von Flandern bis nördlich von Paris. Die französische Front ging, im großen gesehen, von Westen nach Osten, von nördlich von Paris nach Verdun, und lief dann nach Elsaß-Lothringen. Es war gewissermaßen auf den horizontalen französischen Balken ein vertikaler englischer Balken aufgesetzt. Wenn es gelang, das untere Stück des englischen Balkens wegzuschneiden, schwebte der Rest in der Luft. Dann konnte Ludendorff die englischen Truppen von allen Seiten umfassen, gegen den Kanal drängen und unter schwersten Verlusten zum Verlassen Frankreichs zwingen. Die Franzosen allein kamen dann gegen die deutsche Übermacht nicht auf. Das wäre der planmäßige Sieg gewesen. Nur auf eine solche große

Operation gegen das Ententeheer kam es an. Der Besitz einzelner befestigter Orte, wie Ypern oder Amiens oder Verdun, war daneben ohne Bedeutung.

Der deutsche Angriff auf der Linie Arras – Cambrai – St. Quentin – La Fère begann am 21. März. Besonders der südliche Teil der deutschen Offensivtruppen hatte einen großen Erfolg. Der südlichste Abschnitt der englischen Front wurde überrannt, und die anschließenden Franzosen wurden in das Verhängnis hineingerissen. Die Ententetruppen mußten dort schnell zurückgehen. In wenigen Tagen kamen die deutschen Truppen bis zu 60 Kilometer vorwärts. Das war wieder reiner Bewegungskrieg wie 1914. Aber die schleunigst von allen Seiten herankommenden Ententereserven brachten Ende des Monats den deutschen Vorstoß zum Stehen. Der Einsturz des nördlichen Teils der englischen Front vom Meer bis Arras war nicht gelungen. Die südliche Fortsetzung der englischen Front ging nun, weit zurückgebogen, über Amiens, wo der neue Anschluß an die Franzosen gefunden wurde.

Der taktische deutsche Sieg in der Märzschlacht gehört zu den größten der Kriegsgeschichte. Die Engländer verloren allein an Gefangenen 90 000 Mann. Nach dem Urteil des englischen Oberbefehlshabers in der Schlacht, des Lord Haig, hätten die Deutschen an dem kritischen Tag, Ende März, nur ein paar Kavalleriedivisionen gebraucht, um die Lücke in der feindlichen Front so zu erweitern, daß der allgemeine Rückzug nötig gewesen wäre. Zur selben Zeit standen drei deutsche Kavalleriedivisionen in der Ukraine! Ludendorff hatte für die große Schlacht 90 deutsche Divisionen einsetzen müssen, die ebenfalls schwere Verluste erlitten.

Um die entstandene Erschütterung des englischen Heeres auszunutzen, begann Ludendorff am 9. April eine neue Angriffsschlacht in Flandern. Zu dieser Schlacht konnten aber nur 36 deutsche Divisionen bereitgestellt werden. So stark war der deutsche Kräfteverbrauch in der Märzschlacht gewesen. Auch die Aprilschlacht brachte einen deutschen Sieg: Die Engländer mußten unter schweren Verlusten eine Reihe wichtiger Stellungen räumen. Die englischen Reserven waren so verbraucht, daß eine Anzahl französischer Divisionen in Flandern eingreifen mußte, um den Zusammenbruch zu verhindern. Man hat sich bemüht, militärische Fehler der deutschen Obersten Heeresleitung in den März- und Aprilschlachten nachzuweisen. Aber bei objektiver Betrachtung erweisen sich die Maßregeln Ludendorffs sämtlich als zweckmäßig. Die Entscheidung war freilich noch nicht gewonnen. Trotz der Niederlagen stand die Front der Entente. Die Verbindung der Engländer und Franzosen war nicht zerrissen. Ja, unter dem Eindruck der deutschen Siege unterstellte Lloyd George, ohne Rücksicht auf nationale Empfindlichkeit, das englische Heer dem französischen Oberbefehl. General Foch wurde der Höchstkommandierende aller Ententetruppen im Westen.

Trotzdem wäre die militärische Lage für Deutschland im Westen durchaus gut gewesen, wenn Ludendorff nur mit den Engländern und Franzosen zu tun gehabt hätte. Die Schlachten im März und April hätten das deutsche Übergewicht zu Land endgültig gefestigt, wenn nicht die Amerikaner gewesen wären. Ludendorff plante nunmehr, den Franzosen einen Schlag zu versetzen, um so die französischen Reserven zu verbrauchen. Dann wollte er den Engländern die dritte, diesmal entscheidende Schlacht liefern. Bei den ungeheueren technischen Schwierigkeiten, die zur Vorbereitung einer solchen Offensive zu überwinden waren, verging inzwischen viel Zeit. Erst am 27. Mai begann der Angriff gegen die Franzosen nördlich der Aisne. Die Franzosen wurden über die Aisne zurückgedrängt und dann bis an die Marne verfolgt. Wieder waren die deutschen Truppen einer Entscheidung, das heißt einer Zerreißung der feindlichen Front, ganz nahe gekommen. Aber mit den 41 deutschen Divisionen, die für diesen Angriff zur Verfügung standen, war nicht mehr zu erreichen. Die Kämpfe gegen die Franzosen zogen sich bis in den Juni hinein.

Im Juli wollte Ludendorff noch einen ergänzenden Angriff gegen die Franzosen bei Reims durchführen und sich gleich im Anschluß daran gegen die Engländer wenden. Man wußte in der deutschen Obersten Heeresleitung sehr gut, daß die Verzögerung der Entscheidung die amerikanische Gefahr von Monat zu Monat steigerte. Aber man hatte keinen anderen Ausweg. Die Zahl der amerikanischen Soldaten in Frankreich stieg bis Juli 1918 auf 1 200 000 Mann. Mit solchen amerikanischen Massen rechnete Ludendorff freilich nicht, und so hoffte er immer noch auf einen entscheidenden Erfolg der deutschen Offensive im Sommer.

Nach dem Zusammenbruch des Januarstreiks, nach dem Siegfrieden im Osten und nach den großen deutschen Erfolgen gegen Engländer und Franzosen schien die Machtstellung Ludendorffs auch innerpolitisch unerschütterlich. Die Siegfriedenstendenz und die Vaterlandspartei hatten alle Trümpfe in der Hand. Die Reichstagsmehrheit bestand nur noch formal. Sie beschäftigte sich mit Polemik gegen die Alldeutschen, und manchmal hielt der Vizekanzler von Payer eine Rede gegen die Konservativen. Aber in keiner Frage konnten die Mehrheitsparteien sich durchsetzen. Das zeigte vor allem das Schicksal der preußischen Wahlreform.

In der Kommission, die sich über Winter mit der Wahlrechtsvorlage Hertlings beschäftigt hatte, war die Regierungsvorlage gerade im entscheidenden Punkt in ihr Gegenteil verkehrt worden[9]. Die Mehrheit des Landtagsausschusses bewilligte zwar die allgemeine, direkte und geheime Wahl, lehnte aber das gleiche Wahlrecht ab. An seine Stelle sollte ein Pluralwahlrecht treten, mit Zusatzstimmen auf Grund des Lebensalters und der Zahl der erwachsenen Kinder, ferner auf Grund des Vermögens, des Einkommens, der selbständigen Erwerbstätigkeit, der Schulbildung und des öffentlichen Dienstes. Die Arbeiter konnten in der Regel nur hoffen, Zusatzstimmen auf Grund des Alters und der Kinderzahl zu erhalten. Die übrigen Pluralstimmen kamen fast nur den bürgerlichen und bäuerlichen Schichten zugute. Es war aber politisch gleichgültig, ob der Arbeiter bei den preußischen Landtagswahlen in der Art ausgeschaltet wurde, daß man ihn nicht in die 2. Klasse ließ oder daß man ihm die Pluralstimmen verweigerte.

Hertling erklärte, daß die Vorlage nach einer solchen Abänderung für die Regierung nicht mehr annehmbar sei. Aber die reformfeindliche Mehrheit des Abgeordnetenhauses wußte, daß sie General Ludendorff auf ihrer Seite hatte. Das war damals wichtiger als die Meinung des Reichskanzlers. Am 2. Mai 1918 kam die entscheidende Abstimmung. Das gleiche Wahlrecht wurde mit 235 gegen 183 Stimmen abgelehnt. Die Mehrheit bestand aus den Konservativen, bis auf vier Abgeordnete der »Freikonservativen Fraktion«, die damals die Einsicht hatten, für das gleiche Wahlrecht einzutreten. Zu den vier gehörten die jetzigen Mitglieder des Reichstags von Kardorff und Professor Bredt. Gegen das gleiche Wahlrecht stimmte ferner der rechte Flügel der Nationalliberalen und die offen konservative Gruppe des Zentrums. Mit ungefähr derselben Mehrheit wurde dann das ungleiche Wahlrecht im Sinne des Kommissionsberichts angenommen.

Der Landtag stand damals unter dem Eindruck der deutschen Siege über die Engländer im März und April. Die Grundbesitzer und Industriellen waren fest davon überzeugt, daß die Oberste Heeresleitung den deutschen Siegfrieden erkämpfen würde. Dann würden die in Deutschland herrschenden Schichten auch weiter die Macht in der Hand behalten, und sie brauchten keine Zugeständnisse zu machen. Diese Kalkulation war auf jeden Fall ebenso engherzig wie verkehrt. Das alte preußische Staatssystem war durch den Weltkrieg überwunden. Bei einem für Deutschland günstigen Kriegsende wäre die Entwicklung nach links erst recht gekommen. Die Millionen von Kriegsteilnehmern aus der werktätigen Bevölkerung hätten sich die Verfassungsverhältnisse erkämpft, die sie für notwendig hielten. Das Übergewicht der Obersten Heeresleitung hätte mit dem Friedensschluß aufgehört, und die zerstörte kaiserliche Autorität wäre nicht wieder zu erwecken gewesen. Die bürgerliche Demokratie, so gut wie die sozialistische Bewegung Deutschlands, hätten viel weniger Hemmungen gefunden, wenn sie nicht mit dem Versailler Vertrag und den Reparationen belastet gewesen wären. Im Frühjahr 1918 wollte aber die Mehrheit des preußischen Landtages noch nicht daran glauben, daß ihre Zeit abgelaufen war.

Im Juni hat dann der Landtag die Wahlrechtsvorlage noch einmal geändert. Man fügte zu der Grundstimme eines jeden Wählers nur je eine Zusatzstimme hinzu. Sie sollte zunächst allen Männern über fünfzig Jahren zufallen und ferner den Wählern, die als selbständige Unternehmer, als Beamte oder als Arbeiter und Angestellte in gehobener Stellung tätig waren. In dieser Form wurde das Gesetz am 4. Juli im Abgeordnetenhaus endgültig angenommen. Bei oberflächlicher Betrachtung erscheint dies als eine weitgehende Konzession in Richtung auf das gleiche Wahlrecht. In Wirklichkeit hätte sich ein nach diesem System zusammengesetztes preußisches Abgeordnetenhaus kaum von dem alten Drei-Klassen-Parlament unterschieden. Denn bei dem Drei-Klassen-System lag die Entscheidung nicht bei den Großgrundbesitzern und Großkapitalisten, die nur einen Teil der 1. Klasse beherrschten, sondern ausschlaggebend war der ländliche und städtische Mittelstand in der 2. Klasse. Wenn die 1. und 2. Klasse zusammengingen, waren die Arbeiter der 3. Klasse ohnmächtig.

Nach dem Gesetz vom Juli 1918 wäre die Pluralstimme für das Alter ziemlich gleichmäßig den Arbeitern und den bürgerlichen Schichten zugefallen. Sie hätte also an den Ergebnissen nichts geändert. Außerdem hätten aber die Bauern, Handwerker, Kaufleute, höheren Angestellten und Werkmeister im Alter unter fünfzig Jahren ebenfalls eine Zusatzstimme gehabt. Den entsprechenden proletarischen Jahrgängen war diese Zusatzstimme unerreichbar. Bei der großen Kopfzahl der oben aufgezählten Mittelstandskategorien wären in mindestens $^{9}/_{10}$ aller Wahlkreise, dank der Zusatzstimmen, die Arbeiterkandidaten glatt majorisiert worden. Wenn die Konservativen wie in der Vorkriegszeit die evangelischen Bauernstimmen behielten und wenn die Wahlkreiseinteilung weiter den agrarischen Interessen günstig blieb, dann hatten die Vertreter des alten Preußen von Wahlen nach der neuen Ordnung nichts zu fürchten.

Ein Antrag, allen Kriegsteilnehmern ebenfalls die Zusatzstimme zu geben, verfiel mit 251 gegen 147 Stimmen der Ablehnung. Denn die Annahme dieses Vorschlages hätte praktisch das gleiche Wahlrecht gebracht, und sentimental war die Landtagsmehrheit nicht. Aber es ist doch bezeichnend, daß eine solche Behandlung der besitzlosen Frontkämpfer im vierten Kriegsjahr während der großen Westoffensive möglich war. Als das Abgeordnetenhaus die Zusatzstimme für die Kriegsteilnehmer ablehnte, hatte Ludendorff gerade die Franzosen bis an die Marne zurückgedrängt, und man erwartete neue Siege. Nach der preußischen Verfassung mußte das Wahlgesetz, nachdem es das Abgeordnetenhaus passiert hatte, dem Herrenhaus zugehen.

Als die »Herren« nach Ablauf ihrer Sommerferien sich im September mit der Wahlreform beschäftigten, war der militärische Zusammenbruch Deutschlands offenkundig. Jetzt war auch Ludendorff plötzlich für das gleiche Wahlrecht. Ein Appell der Obersten Heeresleitung, der durch Vermittlung einiger Minister dem Herrenhaus zugeleitet wurde, hatte zur Folge, daß das Herrenhaus im Oktober das gleiche Wahlrecht annahm. Am 15. Oktober erklärten sich auch die Landtagsfraktionen der Konservativen, Nationalliberalen und des Zentrums einstimmig für das gleiche Wahlrecht. Sie hatten aber keine Gelegenheit mehr, ihren Reformeifer der 12. Stunde zu betätigen. Ehe das preußische Abgeordnetenhaus seinen Beschluß vom Juli revidieren konnte, wurde es von der Revolution am 9. November weggefegt.

Der etwas operettenhafte Schluß des Wahlrechtskampfes in Preußen lehrt zweierlei: Erstens, daß die wirkliche Entscheidung bei General Ludendorff gelegen hat. Ein Appell der Obersten Heeresleitung an die Konservativen und Nationalliberalen, daß das gleiche Wahlrecht in Preußen aus militärischen und nationalen Gründen notwendig sei, hätte schon 1917 denselben Erfolg gehabt wie nachher noch im Oktober 1918. Zweitens offenbart sich, daß die Mehrheit des Abgeordnetenhauses weniger die verschiedenen Wahlrechtsarten sachlich bewertete, als sich vielmehr rein opportunistisch nach der Kriegslage richtete. Solange Ludendorffs Offensive im Westen Erfolg hatte, war man für das Pluralwahlrecht. Als die Offensive gescheitert war, da waren plötzlich dieselben Männer einstimmig für das gleiche Wahlrecht. Der organische Zusammenhang zwischen der Tendenz des Siegfriedens, der Autorität Ludendorffs und der Verteidigung der Privilegien der herrschenden Schichten des alten Preußen ist hier besonders deutlich.

Bismarck hatte stets davor gewarnt, politische Einrichtungen nur nach ihrem Funktionieren in guten Zeiten zu beurteilen. Was war das für eine staatsmännische Kunst, die ein Wahlrecht schuf, das nur bei großen Siegen an der Front haltbar war! So hat das Abgeordnetenhaus im Juli 1918 gehandelt. Man wird dem entgegenhalten, daß auch Bismarck selbst das Drei-Klassen-Wahlrecht zwar öfter scharf kritisiert, aber niemals geändert hat. In den achtziger Jahren hat Bismarck sogar das preußische Drei-Klassen-Parlament gern gegen den oppositionellen Reichstag ausgespielt. Aber um in Preußen innerpolitische Zugeständnisse zu vermeiden, hat Bismarck nach 1871 keinen Krieg mehr geführt. Der Kampf, den der größte Teil des preußischen Adels und der preußischen Industrie noch im vierten Jahr des Weltkrieges gegen das preußische Wahlrecht unternahm, ist für die Nachwelt fast unbegreiflich.

Er wird eher verständlich, wenn man sich in die damalige Stimmung jener Schichten hineinversetzt, die auch wußten, daß sie am Rande des Abgrundes standen, die aber meinten, sie könnten mit unbeugsamer Festigkeit dem Abgrund entgehen.

Ludendorff hat auf der Höhe seiner Macht den einzigen deutschen Staatsmann entfernt, der ihm noch hätte gefährlich werden können, den Staatssekretär von Kühlmann[10]. Die Vorgeschichte von Kühlmanns Sturz ist überaus seltsam: Der Vertreter der Obersten Heeresleitung beim Auswärtigen Amt war damals Oberst von Haeften, der das volle Vertrauen Ludendorffs genoß. Haeften unterbreitete Anfang Juni dem General Ludendorff eine Denkschrift für eine deutsche »politische Offensive«, die ergänzend und unterstützend neben der militärischen Offensive auf den Feind einwirken sollte. Haeftens Absicht war, durch eine geeignete deutsche Aktion die Friedenspartei in England, die Richtung Lansdownes, zu stärken. Denn daß selbst bei einem glänzenden Erfolg der Offensive zu Lande der Krieg mit der Seemacht England nur durch ein Kompromiß zu beenden war, das mußte auch der leidenschaftlichste Anhänger der Obersten Heeresleitung und des Siegfriedens einsehen. Auch Ludendorff hat diese Tatsache nie bestritten. Nur hoffte er das Kompromiß so zu gestalten, daß dabei eine deutsche Vorherrschaft über Belgien herauskam.

Haeften wollte, daß sich eine Anzahl angesehener, unabhängiger Persönlichkeiten in Deutschland zur Friedensfrage äußern sollte. Sie sollten betonen, daß auch Deutschland nur maßvolle Friedensziele habe und für allgemeine Menschheitsinteressen, wie Arbeiterschutz und Freiheit der Meere, eintrete. Den Frieden von Brest-Litowsk wollte Haeften den Engländern so mundgerecht machen, daß Deutschland im Osten die Interessen Europas gegenüber dem Bolschewismus zu verteidigen habe. Das war immerhin der Versuch eines deutschen politischen Gedankens. Denn wer die ungeheueren Ostpläne der Obersten Heeresleitung in irgendein System bringen wollte, mußte mindestens die Zustimmung Englands zur deutschen Ostpolitik erstreben. Die gegebene Formel für ein solches deutsch-englisches Kompromiß war die ideologische Einheitsfront gegen den Bolschewismus. Dagegen ist einzuwenden, daß die englische Regierung seit dem Eintritt Amerikas in den Krieg mit der vollständigen Niederlage Deutschlands rechnete und für ein Kompromiß nicht zu haben war. Ferner wäre es die unglücklichste Rolle für die deutsche Politik gewesen, im Auftrag Englands den Büttel der Ostvölker zu spielen.

Haeften legte das größte Gewicht darauf, daß die von ihm empfohlene Aktion scheinbar von der Regierung ganz unabhängig sei. Er wollte kein neues Friedensangebot der deutschen Regierung, sondern anscheinend spontane Reden deutscher angesehener Privatleute. Haeften wollte den Eindruck erwecken, daß eine patriotische, realpolitische deutsche Friedenspartei auf die deutsche Regierung dränge, als deutsches Seitenstück zur Richtung Lansdownes. Der Plan Haeftens enthielt nichts, was der Auffassung Ludendorffs widersprach. So hat General Ludendorff die Anregung gern aufgenommen und dem Reichskanzler brieflich empfohlen, eine politische Offensive im Sinne Haeftens einzuleiten. Als Kühlmann davon hörte, kam er zu einer irrtümlichen Auffassung der Situation. Ihm schien es, daß Ludendorff seine Grundanschauung geändert habe, daß er nicht mehr an den vollen Sieg im Westen glaube, sondern daß die Oberste Heeresleitung jetzt mit politischen Mitteln einen Verständigungsfrieden suche. So entschloß sich Kühlmann, den Stier bei den Hörnern zu packen und ganz einfach und offen in einer Reichstagsrede die veränderte Beurteilung der Gesamtlage mitzuteilen.

Die viel erörterte Rede Kühlmanns im Reichstag am 24. Juni war das gerade Gegenteil von dem, was in der Denkschrift Haeftens stand. Denn Haeften hatte die Regierung von seiner Friedensaktion ausdrücklich fernhalten wollen. Was Kühlmann damals im Reichstag sagte, waren eigentlich Selbstverständlichkeiten. Er betonte, daß, um zum Frieden zu gelangen, ein Gedankenaustausch zwischen Deutschland und den Staatsmännern der Entente erforderlich sei. Ein absolutes Ende des Krieges durch rein militärische Entscheidung allein, ohne alle diplomatischen Verhandlungen, könne kaum erwartet werden. Wenn man Kühlmanns Rede von der damaligen Situation loslöst, enthält sie Wahrheiten wie $2 \times 2 = 4$. Aber der Staatssekretär sprach nach dem deutschen Sieg an der Marne, als alle Welt einen neuen, noch größeren deutschen Vorstoß erwartete. Da mußte Kühlmanns Rede in der Öffentlichkeit den Eindruck erwecken, daß die deutsche Regierung und demgemäß die Oberste Heeresleitung an einen Sieg im Westen nicht mehr glaube und deshalb irgendeinen Weg zur diplomatischen Beendigung des Krieges suchen müsse.

So beurteilte Kühlmann die Lage, und wie die Entwicklung der nächsten Monate bewies, hatte er recht. Aber weder der Reichskanzler noch die Oberste Heeresleitung hatten ihn jemals beauftragt, so zu reden. Kühlmanns Rede war im Gegenteil ein indirekter Appell an die Reichstagsmehrheit, wieder zu der Politik der Friedensresolution zurückzukehren und die ihr entglittenen Zügel aufzunehmen. Die Rede des Staatssekretärs wirkte wie eine politische Bombe. Graf Westarp protestierte im Namen der konservativen Reichstagsfraktion gegen das Auftreten Kühlmanns. Die Reichstagsmehrheit war noch so eingeschüchtert, daß sie nicht wagte, offen für Kühlmann einzutreten. Der

Staatssekretär hatte zwar die Kriegslage richtig beurteilt, aber innerpolitisch bei den Anhängern des Siegfriedens eine Verwirrung angenommen, die in Wirklichkeit nicht bestand. Ludendorff sah in der Rede Kühlmanns eine Herausforderung. Die Oberste Heeresleitung erklärte, daß sie mit Kühlmann nicht mehr zusammenarbeiten könne. Am 1. Juli kam es in Spa zu einer Aussprache zwischen dem Reichskanzler, Hindenburg und Ludendorff über den Fall Kühlmann. Glücklicherweise hat sich ein kurzes Protokoll dieser Sitzung erhalten. Es ist ein haarsträubendes Dokument.

Hertling mußte den Staatssekretär in einer Weise vor den Generalen entschuldigen, wie ein »Lehrer den schlechten Aufsatz seines Schülers vor dem Schulrat verteidigt«. (Bredt.) Hertling sagte unter anderem: »Bei der Rede des Staatssekretärs haben unglückliche Umstände mitgewirkt. Ermüdung und fehlende Zeit zur Vorbereitung wegen vorausgegangener Sitzung des Hauptausschusses. Keine Zeit zum Frühstück, daher matter Tonfall und Eindruck, als verliere Kühlmann im zweiten Teil der Rede den Faden, während gegen den ersten Teil der Rede nichts einzuwenden gewesen war.« Hindenburg antwortete unter anderem: »Der Staatssekretär muß Zeit finden, sich auf so wichtige Reden vorzubereiten. Hinter ihm stehen die ›Frankfurter Zeitung‹ und das ›Berliner Tageblatt‹. Man hat den Eindruck eines Konflikts Kühlmann-Reichstagsmehrheit gegen Reichskanzler.« Auch eine angebliche Übereinstimmung zwischen Kühlmann und Georg Bernhards Artikeln in der ›Vossischen Zeitung‹ trug zur Belastung des Staatssekretärs bei.

Nach der immer noch bestehenden Reichsverfassung war der Staatssekretär des Auswärtigen für seine Tätigkeit dem Reichskanzler und durch Vermittlung des Reichskanzlers dem Kaiser verantwortlich. Aber kein preußischer General hatte ihm irgendwie in seiner Amtsführung hineinzureden. In Wirklichkeit stand damals die Oberste Heeresleitung zu dem Staatssekretär wie ein ungnädiger absoluter Monarch zu seinem Minister. Die Oberste Heeresleitung erblickte in Kühlmanns Rede den Versuch eines innerpolitischen Machtkampfes, wobei der Staatssekretär, zusammen mit der linksliberalen Presse, die Reichstagsmehrheit gegen die Oberste Heeresleitung und den mit ihr befreundeten Reichskanzler mobilisieren wollte. Auch hier sieht man, wie die Formulierung deutscher Kriegsziele geradezu ein Barometer für die innerpolitische Machtverteilung war. Am 8. Juli mußte Wilhelm II. den Staatssekretär von Kühlmann entlassen, obwohl der Kaiser gerade mit diesem Ratgeber politisch völlig einverstanden war.

An Stelle Kühlmanns trat der Gesandte von Hintze, der als entschlossener Anhänger des Siegfriedens galt. Die Reichstagsmehrheit hat all diese Vorgänge geschehen lassen, ohne auch nur den Versuch eines selbständigen Auftretens zu machen. Auch der Vizekanzler von Payer, der Vertrauensmann der Fortschrittler und Sozialdemokraten im Kabinett, wußte nichts Besseres zu tun, als sich in das Unvermeidliche zu fügen. Er und Hertling haben dazu beigetragen, daß die Ersetzung Kühlmanns durch Hintze keine Aufregung im Reichstag hervorrief.

Der Sturz Kühlmanns fällt zeitlich genau mit der endgültigen Ablehnung des gleichen Wahlrechts im preußischen Abgeordnetenhaus zusammen. General Ludendorff hatte das Programm in Fetzen gerissen, das die Reichstagsmehrheit bei der Bildung der Regierung Hertling aufgestellt hatte. Die Oberste Heeresleitung kommandierte damals gleichmäßig über den Kaiser und die Bundesfürsten, über Reichstag, Heer und Volk. Aber Ludendorff hatte nichts dagegen, daß die deutschen Dynastien neue Kronen erhielten [11]. Wilhelm II. sollte Herzog von Kurland werden, also die Traditionen des deutschen Ritterordens wieder aufnehmen. Dafür wollte der Kaiser die litauische Krone dem König von Sachsen verschaffen. Andere Einflüsse, darunter leider auch Erzberger, wollten auf dem litauischen Thron einen württembergischen Prinzen sehen. Der König von Bayern sollte als Kompensation ein Stück des Elsaß bekommen und der Großherzog von Baden einen anderen Teil des Elsaß. Auch in Finnland wurde eine Königskrone für einen deutschen Prinzen vorbereitet. Man denkt dabei an die Königsmacherei Napoleons I. Aber während das Königreich Westfalen wenigstens ein paar Jahre gelebt hat, ist das Königreich Litauen aus dem Bereich der Akten nicht herausgekommen. Das war das Satyrspiel nach der Tragödie von Brest-Litowsk.

VII. Kapitel

Der Zusammenbruch

Zu Beginn der deutschen Westoffensive standen 300 000 Amerikaner in Frankreich. Bis Juli war ihre Stärke auf 1 200 000 angewachsen[1]. Im März war das deutsche Westheer ungefähr ebenso stark gewesen wie die Entente. Im Juli hatte die Entente dank den Amerikanern wieder die klare Übermacht. Denn die Ersatzverhältnisse wurden im deutschen Heere von Monat zu Monat schlechter. Millionen von felddienstfähigen Männern waren in den vier Kriegsjahren durch den Tod, durch schwere Verwundung und Erkrankung ausgeschieden. Es gab in Deutschland nicht mehr genug jüngere, gesunde Männer, um die Feldarmee in der Stärke von 4½ Millionen Mann (3½ Millionen im Westen, 1 Million im Osten) aufrechtzuerhalten, die sie im Frühjahr 1918 hatte. Auch die allmähliche Verschiebung von deutschen Truppen aus dem Osten nach dem Westen konnte die Lücken nicht ausfüllen.

Auf seiten der Entente war die Ersatzlage bei den Franzosen schlecht, da das französische Volk ebenfalls riesenhafte Blutopfer gebracht hatte. Dagegen war die Volkskraft des Britischen Reichs lange nicht so erschöpft wie die deutsche und französische. Im März 1918 waren an Ersatzmannschaften für das englische Heer 600 000 Mann vorhanden. Ferner wurden vom März bis zum November 900 000 Mann neu in die britischen Ersatztruppenteile eingestellt. Im März und April hatte das englische Heer unter der deutschen Offensive schwer gelitten. Dann kamen aber für die Engländer die drei ruhigen Monate Mai—Juli, in denen die deutschen Vorstöße die Franzosen trafen. In dieser Zeit konnte sich das englische Heer wieder völlig erholen. Alle Lücken in den Bataillonen wurden aufgefüllt und alle verlorenen Kanonen wieder ersetzt. So wurde das wesentliche Resultat der deutschen Westoffensive in aller Stille wieder zunichte gemacht. Denn der deutsche Erfolg im Frühjahr hatte nicht in gleichgültigem Raumgewinn, sondern in der Schwächung und Erschütterung der feindlichen Armee gelegen. Unter diesen Umständen waren im Juli die Engländer und Franzosen zusammen wieder mindestens ebenso stark wie das deutsche Westheer, und die 1¼ Millionen Amerikaner bedeuteten ein glattes Übergewicht der

Entente. Es war unnatürlich, daß die überlegene Ententearmee der deutschen die Initiative zum Angriff überließ. Es kam der Moment heran, in dem Marschall Foch sein überlegenes Heer zum Gegenstoß einsetzen konnte.

Die kommende Gegenoffensive der Entente konnte nicht nur eine starke Überlegenheit an Zahl verwerten, die von Monat zu Monat durch neue amerikanische Divisionen vermehrt wurde. Foch hatte auch ein technisches Angriffsmittel zur Verfügung, dem die Deutschen nichts Gleichwertiges entgegensetzen konnten, den Tank. Der Weltkrieg ist weder durch das Giftgas noch durch das Flugwesen entscheidend beeinflußt worden. Denn die Gase wurden durch die Gasmaske unschädlich gemacht und die Flieger der einen Seite durch die Flieger der anderen. Viel wichtiger wurden solche Angriffsmittel, die durch entsprechende Verteidigungseinrichtungen nicht auszugleichen waren. Im ersten Kriegsabschnitt war es die deutsche schwerste Artillerie, 42-cm-Kanonen usw., die alle feindlichen Festungswerke in wenigen Tagen zerschoß. Nur so ist die große deutsche Anfangsoffensive durch Belgien und Nordfrankreich möglich geworden. Die Überlegenheit der deutschen 42-cm-Geschütze zerstörte alle Verteidigungspläne der Entente, die sich auf Festungen stützten. So wurde der Schützengraben die typische Verteidigungsstellung des Weltkrieges. Selbstverständlich schützte keine noch so schön ausgebaute Grabenstellung die schwächere Armee, wenn der Gegner die nötige Überlegenheit an Kräften und an Energie aufbrachte. Das zeigte die deutsche Offensive gegen die Russen 1915, gegen Italien 1917 und gegen die Engländer im März 1918, ebenso zum Beispiel die Offensive Brussilows gegen die Österreicher 1916.

Aber ein erfolgreicher Angriff gegen eine befestigte feindliche Stellung, bei dem nicht nur ein paar Gräben genommen werden sollten, sondern das feindliche Heer zu schlagen war, brauchte umständliche und schwierige Vorbereitungen. Vor allem die Zusammenziehung der nötigen Angriffsartillerie kostete viel Zeit. Wenn man dann wirklich gesiegt hatte, und der Gegner bezog eine Anzahl Kilometer rückwärts eine neue Stellung, die sich nicht umfassen ließ, so mußte die ganze mühsame Angriffsvorbereitung wiederholt werden. Nun gelang aber der englischen Kriegstechnik eine Erfindung, die dieses Angriffsverfahren außerordentlich beschleunigte und erleichterte. Es war der sogenannte Tank[2], der gepanzerte Kraftwagen, der alle Hindernisse im Gelände glatt überwand. Wenn die Tanks in großer Zahl, zu Hunderten, überraschend eingesetzt wurden, zerbrachen sie in der Regel jede Front.

Die ersten englischen Tanks tauchten im September 1916 in der Sommeschlacht auf. Der erste Masseneinsatz von Tanks erfolgte am 20. November 1917 bei Cambrai. Ohne Artillerievorbereitung eingesetzt, überrannten einige hundert Tanks die deutsche Front in Breite von zehn Kilometern. Die Engländer hatten mit einem solchen Erfolg selbst nicht gerechnet und hatten keine Reserven zur Stelle. So konnte ein deutscher Gegenangriff die Engländer wieder herausdrängen und die alte Frontlinie zurückgewinnen. Unterdessen hatten auch die Franzosen Tanks gebaut. Die deutsche Oberste Heeresleitung forderte schon im Oktober 1916 das Kriegsministerium auf, einen deutschen Tank konstruieren zu lassen und in Massen herzustellen. Aus Gründen, die sich einwandfrei nicht aufklären lassen, war die deutsche Industrie zusammen mit den technischen Heeresstellen nicht imstande, diesem Auftrag nachzukommen. Das ist um so seltsamer, als sonst die deutsche Kriegführung wahrlich nicht unter technischer Rückständigkeit litt. Im Jahre 1918 waren nur wenige und nicht sehr leistungsfähige deutsche Tanks vorhanden. Bei der großen deutschen Westoffensive spielte der Tank keine Rolle. Hätte Ludendorff im Frühjahr 1918 über einige Tausende leistungsfähige Tanks verfügt, so wären die langen Pausen und schwierigen Angriffsvorbereitungen, von einem Offensivstoß zum andern, zu sparen gewesen. Vielleicht wäre dann eine Entscheidung zu erzwingen gewesen, ehe die Amerikaner kamen. Foch hat seit Juli seine Gegenangriffe wesentlich auf die Tanks gestützt, und mit durchschlagendem Erfolg.

In Fortsetzung seiner Offensive griff Ludendorff am 15. Juli die Franzosen beiderseits von Reims an. Der Zweck war, weitere französische Reserven zu verbrauchen, um danach einen neuen entscheidenden Schlag gegen die Engländer zu führen. Die deutschen Angriffsvorbereitungen waren aber nicht so geheim gehalten worden, wie es nötig war. So erzählten in den Wochen vor der neuen Offensive in Süddeutschland vielfach die Urlauber, daß der nächste Schlag gegen die Franzosen bei Reims Mitte Juli erfolgen werde[3]. Infolgedessen erfuhr auch die feindliche Heeresleitung von dem deutschen Angriffsplan. Das zum Gelingen entscheidende Moment der Überraschung fiel weg. Die Franzosen wichen an der Angriffsfront planmäßig dem deutschen Stoße aus. So war die Fortsetzung des deutschen Angriffs bei Reims zwecklos. Ludendorff brach die Offensive gegen die Franzosen ab, die doch nur einen Nebenzweck verfolgte, und beschleunigte die Vorbereitungen für den nächsten großen Stoß gegen die Engländer.

Am 18. Juli begann nun aber der Gegenangriff der Entente. Französische und amerikanische Truppenmassen mit 600 Tanks brachen in die westliche Flanke der zur Marne vorgeschobenen deutschen Truppen ein. In mehrtägigen Kämpfen gelang es zwar der deutschen Heeresleitung, den feindlichen Angriff zum Stehen zu bringen. Aber die deutschen Truppen mußten von der Marne in eine mehr nördliche Linie zurückgenommen werden, und es waren so viele deutsche Reserven verbraucht, daß Ludendorff den geplanten großen Angriff gegen die Engländer aufgeben mußte. Der deutsche Raumverlust an der Marne war gleichgültig. Um so wichtiger war es, daß Foch die Fortsetzung der deutschen Offensive verhindert hatte. Das war die entscheidende Wendung, und damit war der Krieg verloren.

Die Masse der deutschen Frontsoldaten empfand dies sofort. Das deutsche Heer war in die große Westoffensive mit einer mächtigen Stoßkraft und mit stärkstem Siegeswillen hineingegangen. Die Soldaten sagten sich, daß die deutsche Offensive, wenn sie glückte, den Frieden zumindest zu Lande bringen werde. So hatte die Truppe, ungeachtet der vier Kriegsjahre, Ungeheueres geleistet, noch zuletzt am 15. Juli beim Übergang über die Marne. Wenn aber die Amerikaner kamen, ehe man gesiegt hatte, war alles verloren. In der zweiten Julihälfte erkannte das Frontheer, daß die deutschen Armeen zurückgehen mußten und daß die Entente angriff. Ferner standen in der feindlichen Front jetzt überall die Amerikaner. An der Schlacht am 18. Juli und den folgenden Tagen beteiligten sich bereits neun starke amerikanische Divisionen. So erfüllte eine tiefe Entmutigung das deutsche Heer. Die letzte verzweifelte Kampfstimmung, mit der man sich zur Offensive aufgerafft hatte, war vorüber. Die schwere seelische Erschütterung der deutschen Truppen hatte nichts mit irgendwelcher Propaganda zu tun, sondern sie ergab sich automatisch aus der veränderten Kriegslage.

Auch in den höheren deutschen Offizierskreisen setzte sich seit dem 18. Juli die Überzeugung durch, daß der Krieg verloren war. Typisch dafür ist eine Denkschrift, die der an der Westfront tätige Generalstabsmajor Niemann am 20. Juli an die Oberste Heeresleitung richtete[4]. Niemann schlägt da, wenn auch in vorsichtiger Form vor, Deutschland solle sich dadurch zu retten suchen, daß es England den Verzicht auf seine Flotte anbiete. England werde dann zu Konzessionen etwa auf der Linie Berlin-Bagdad bereit sein. Der im Großen Hauptquartier sehr einflußreiche Oberst Bauer machte am 28. Juli zu der Denkschrift Niemanns Anmerkungen, die im wesentlichen zustimmten. Nur wollte Bauer die künftige deutsche Ausdehnung nicht über Österreich in die Türkei hinein, sondern im Osten, in der Ukraine, dem Kaukasus usw. suchen. Auch Bauer war bereit, die deutsche Flotte den Engländern preiszugeben, und er äußerte sich über die deutsche Hochseeflotte mit einer ungerechten Herabsetzung. Diese Generalstabsoffiziere waren also »englisch orientiert«, ebenso wie auch der Oberst von Haeften. Es war eine arge politische Kurzsichtigkeit, sich einzureden, daß England nach den vier Kriegsjahren ein derartiges Kompromißgeschäft mit dem besiegten Deutschland machen werde.

Anfang August sah Ludendorff die Lage wieder etwas hoffnungsvoller an. Er glaubte, daß der Gegenangriff der Entente zunächst erledigt sei, und er wollte wieder eigene, wenn auch nur kleinere Angriffe vorbereiten. Am 8. August setzte aber Foch seine Offensive fort. Diesmal griffen die Engländer bei Amiens an. 400 Tanks durchbrachen die deutschen Stellungen, die deutsche 2. Armee wurde unter schweren Verlusten zurückgedrängt. Seitdem hat Foch die Offensive eigentlich ununterbrochen bis zum Waffenstillstand fortgesetzt. In schweren Kämpfen von drei Monaten wich das deutsche Heer allmählich zurück. Im November, als die Feindseligkeiten aufhörten, standen die deutschen Truppen in der sogenannten Antwerpen-Maas-Stellung. Die Fortsetzung der Linie lief über Lothringen zu den Vogesen.

Das Zahlenverhältnis wurde für das deutsche Heer immer ungünstiger. Am 1. Oktober umfaßte das deutsche Westheer nur noch $2^1/_2$ Millionen Mann. Zur selben Zeit standen im Westen allein 2 Millionen Amerikaner. Wenn man dazu die Engländer und Franzosen rechnet, kommt man für den letzten Kriegsmonat mindestens auf eine doppelte Übermacht der Entente. Dazu kam die entsprechende Überlegenheit an Material. Ferner verfügte Foch über die vielen Hunderte von Tanks, die ihm die Möglichkeit gaben, ohne größere Pause seine Angriffe fortzusetzen. Die deutschen Truppen, die zu keiner Ruhe kamen, waren beispiellos überanstrengt und zermürbt. Dazu kam auf deutscher Seite die Überzeugung von der Hoffnungslosigkeit des Krieges. Ein Teil der deutschen Soldaten hielt trotz allem zähe bis zuletzt aus. Andere, deren Widerstandskraft erledigt war und die alles Kämpfen für zwecklos hielten, verließen die Truppenteile und füllten die Etappengebiete. Diese sogenannten »Drückeberger« hinter der Front wurden die typische Erscheinung des letzten Kriegsabschnitts.

Zur Erklärung dieser Zustände reichen die objektiven Verhältnisse beim deutschen Heer völlig aus. Eine aktive Revolutionspropaganda hat bis zum Ende beim Westheer keine wesentliche Rolle gespielt. Ein Teil der Soldaten wollte sich im fünften Kriegsjahr, nach all dem Hungern und Leiden, nicht mehr für eine Sache opfern, die sowieso völlig und rettungslos verloren schien. Aber darum wurde die Masse der Frontsoldaten noch lange nicht zu bewußten Revolutionären. Auflehnungen gegen die Offiziere kamen nur vereinzelt vor, und nach der Revolution haben sich die Fronttruppen aufs schärfste gegen das gewandt, was man damals als »Spartakismus« bezeichnete. Wäre eine erfolgreiche Revolutionspropaganda im Westheer betrieben worden, dann hätte sich die Frontarmee nach dem 9. November ganz anders verhalten[5].

Unter allen diesen Umständen ist es erstaunlich, daß Foch mit seiner erdrückenden Übermacht bis zum Kriegsende keinen entscheidenden Sieg erfechten konnte. Die Entente gewann in den drei Monaten vom 8. August bis zum 11. November langsam Raum. Aber das deutsche Heer stand zur Zeit des Waffenstillstandes immer noch kampffähig im Feindesland. Die militärische Schlußkatastrophe ist ja nicht von der Westfront gekommen, sondern durch den Abfall Bulgariens und Österreichs, der den Ententeheeren den Weg in den Rücken der deutschen Armee und nach Deutschland hinein öffnete.

Seit dem 8. August wußte die deutsche Oberste Heeresleitung, daß der Krieg verloren war. Unklar war freilich, wie lange der Schlußakt noch dauern würde. Die schwere Einbuße an Autorität, die Ludendorff durch die militärischen Mißerfolge erlitt, hob wieder ein wenig die Stellung des Kaisers. Nach dem 8. August hatte Wilhelm II. eine Rücksprache mit Ludendorff in Avesnes. Er wagte eine leichte Kritik an den Maßnahmen der Obersten Heeresleitung und betonte, daß man der Truppe »zu viel zugemutet« habe. Wilhelm II. stellte fest, daß Deutschland an den Grenzen seiner Leistungsfähigkeit sei, der Krieg müsse beendet werden. Er lud Hindenburg und Ludendorff zu einem Kronrat nach Spa, um dort die nötigen Entschlüsse zu fassen. Hätte der Kaiser ernstlich gewollt, so hätte er jetzt wieder die Zügel in die Hand nehmen können. Denn die Reichstagsmehrheit war immer noch ohne ernste Initiative. Aber um in einer solchen Situation die Führung des deutschen Volkes zu übernehmen, dazu reichten die geistigen und Willenskräfte Wilhelms II. nicht aus.

Der Kronrat in Spa[6] fand am 14. August statt. Schon am 13. hatte Ludendorff dort eine Unterredung mit dem Staatssekretär des Auswärtigen von Hintze. Ludendorff erklärte ihm: »Mitte Juli habe ich Ihnen gesagt, ich wäre sicher, mit der gegenwärtigen Offensive den Kriegswillen des Feindes zu brechen und ihn zum Frieden zu nötigen. Diese Sicherheit habe ich nicht mehr.« Immerhin hatte Ludendorff noch die sehr problematische Hoffnung, daß es gelingen könne, durch eine strategische Defensive den Krieg im Westen noch eine Anzahl Monate hinzuschleppen und inzwischen die Gelegenheit für ein nicht gar zu schlechtes Kompromiß mit England zu finden. Auf dieser Grundlage bewegten sich die Beratungen im Kronrat am 14. August. An der Sitzung nahmen der Kaiser, der Kronprinz, Hindenburg, Ludendorff, Hertling und Hintze teil. Man beschloß, im nächsten geeigneten Moment mit Hilfe des Königs von Spanien oder der Königin der Niederlande an die Entente heranzutreten. Es erschien nicht zweckmäßig, einen solchen Friedensschritt sofort zu tun, während die Ententetruppen im Westen siegreich vordrangen. Statt dessen wollte man eine Kampfpause abwarten, in der sich die deutsche Front wieder etwas festigte.

Nach allen bisherigen Erfahrungen des Weltkrieges war anzunehmen, daß ein solcher Stillstand der Operationen bald eintreten werde. An eine Kapitulation Deutschlands dachte damals an den maßgebenden Stellen noch niemand.

Der Vorwurf gegen die Oberste Heeresleitung, sie habe in jenen Tagen vor der Reichsregierung den vollen Ernst der militärischen Lage verheimlicht, ist unberechtigt. Die Lage war auch noch nicht so, daß der Kronrat einfach die Kapitulation Deutschlands, die Bitte um Waffenstillstand und Frieden um jeden Preis, hätte beschließen müssen. Aber seltsam ist, daß man aus der militärischen Wendung keine innerpolitischen Folgerungen gezogen hat. Nach dem Scheitern der großen deutschen Offensive hatte die politische Diktatur Ludendorffs keine Basis mehr. Entweder der Kaiser oder der Reichskanzler hätten am 14. August erklären können, daß nunmehr die Reichsregierung selbst die politischen Wege zur Beendigung des Krieges suchen müsse, ohne Rücksicht auf die Oberste Heeresleitung. Die Ausschaltung der Obersten Heeresleitung von der Kriegszielerörterung wäre zugleich das Ende der Diktatur Ludendorffs gewesen. General Ludendorff hätte sich ernstlich in diesem Augenblick gegen die politische Absetzung gar nicht wehren können. Aber es war damals noch kein Erbe Ludendorffs zur Stelle.

Die Reichstagsmehrheit war durch ihre Mißerfolge seit Januar 1918 so eingeschüchtert und gelähmt, daß sie die politische Bedeutung der Umwälzung an der Westfront gar nicht übersah. Es ist für die Lage bezeichnend, daß man es nicht für nötig hielt, den Vertrauensmann der Mehrheitsparteien, den Vizekanzler von Payer, zu dem Kronrat am 14. August auch nur zuzuziehen. Eine Wiederherstellung der kaiserlichen Macht im Stil der Vorkriegszeit war unmöglich. Der Reichskanzler von Hertling war zwar für die »demokratische Monarchie«, aber gegen das parlamentarische System. Er wollte in diesem Moment keinen innerpolitischen Umsturz. So blieb alles beim alten, und der Schatten des Generals Ludendorff regierte in Deutschland bis Ende September weiter! Weil sich politisch in Deutschland nichts änderte, weil alle alten Autoritäten auf ihrem Posten blieben und, wenn auch in gedämpftem Ton, die alte Sprache weiterredeten, war den Massen die Veränderung der politischen Kräfteverhältnisse nicht klar.

Dabei hätte nur eine große innerpolitische Umwälzung in Deutschland einen Weg zur Rettung zeigen können. Die Reichstagsmehrheit hätte sofort im August Ludendorff stürzen und die parlamentarische Regierung bilden müssen. Der bürgerlich-demokratische Umsturz, der dann im Oktober kam, hätte schon im August erfolgen können: Die neue deutsche Regierung hätte sofort die Ostabenteuer der Obersten Heeresleitung liquidieren, aus freien Stücken auf den Frieden von Brest-

Litowsk verzichten und alle deutschen Truppen aus den besetzten Ostgebieten abberufen müssen. So wären eine Verständigung und ein politisches Zusammengehen mit Sowjetrußland möglich geworden. Im August und September hätte Deutschland die Umwandlung Österreich-Ungarns in einen vernünftigen Bundesstaat einleiten, eine Verständigung mit den Polen durchführen und aus Elsaß-Lothringen einen autonomen Staat machen können. Ein Zusammengehen Deutschlands mit Rußland hätte auch auf dem Balkan, in Rumänien und Bulgarien, die Verhältnisse verändert. Ein fester politischer Block Deutschland-Rußland-Österreich hätte viel eher von der Entente einen billigen Frieden erhalten als nachher das isolierte und wehrlose Deutschland in Versailles.

Die Voraussetzung für all dies war, daß keine unmittelbare militärische Katastrophe eintrat. Seit den Ereignissen in Bulgarien und Österreich Ende September und im Oktober war auch dieser Ausweg versperrt. Um aber einen solchen großzügigen Rettungsversuch für Deutschland im August und September zu unternehmen, hätte die Reichstagsmehrheit eine staatsmännische Initiative aufbringen müssen, die ihr fehlte. Als Herr von Payer[7] den Bericht vom Kronrat in Spa erhielt, dachte er an keinen Umsturz und an keine Machtübernahme, sondern er beschloß, ganz im Stil vom Juli 1917, die Oberste Heeresleitung zu einem Bekenntnis für den Verständigungsfrieden zu veranlassen. Nach der traditionellen Überzeugung der Reichstagsmehrheit bestand der deutsche Wille zum »Verständigungsfrieden« in erster Linie darin, daß Deutschland sich für die bedingungslose Wiederherstellung Belgiens erklärte.

Am 25. August fuhr Payer ins Große Hauptquartier, um von der Obersten Heeresleitung die Zustimmung zu einer solchen Formel über Belgien zu erlangen. Payer glaubte allen Ernstes, daß eine derartige deutsche Erklärung über Belgien die Voraussetzung zu Friedensverhandlungen sei. Die Verhandlungen zwischen Ludendorff und Payer in Avesnes vom 25. bis 27. August sind ein groteskes historisches Schauspiel. Ludendorff, der besiegte Feldherr, spielt immer noch den Diktator und möchte den letzten Fetzen des Siegfriedens retten, und der Vetreter der Reichstagsmehrheit redet der Obersten Heeresleitung gut zu, sie möge doch auf Belgien verzichten. Dabei war schon damals die Meinung der deutschen Machthaber über Belgien die gleichgültigste Sache auf der Welt. Die Frage war damals nicht mehr, was aus Belgien, sondern was aus Elsaß-Lothringen und aus Posen werden sollte. Es war nicht mehr aktuell, was die Oberste Heeresleitung zu den Kriegszielen meinte, sondern wie lange der Deutsche Kaiser noch seine Krone tragen würde.

Da die politischen Stellen immer noch dem General Ludendorff die Entscheidung zuschoben, machte er seine Vorbehalte: Die belgische Formel, auf die man sich am 27. August einigte, war denn auch der letzte Sieg der Obersten Heeresleitung über Reichstag und Reichsregierung. Denn es hieß zwar in der Einleitung: »Mit Abschluß des Friedens wollen wir Belgien ohne Belastung und ohne Vorbehalt seine völlige Selbständigkeit zurückgeben.« Aber am Schluß wird bemerkt: »Wir zweifeln nicht, daß die zwischen uns und Belgien erforderliche Verständigung über Einzelheiten, auch über die Flamenfrage, den beiderseitigen Interessen gerecht werden und zur Förderung des Friedens beitragen wird.« Deutschland beanspruchte danach das Recht, gewisse nationale Garantien für Flandern in den Friedensvertrag aufzunehmen und über ihre Durchführung zu wachen. Diese Klausel über die Flamen, deren Einfügung Ludendorff durchsetzte, hätte Deutschland die Kontrolle über die Innenpolitik Belgiens gesichert. Payer war auch damit zufrieden. Er fuhr mit der belgischen Formel nach Hause und teilte sie dann im September in Stuttgart in einer Rede der Öffentlichkeit mit. Im Auslande fand diese Erklärung der deutschen Regierung angesichts der militärischen und politischen Gesamtlage keine Beachtung mehr. Die Auseinandersetzung zwischen Ludendorff und Payer über Belgien erinnert an zwei Männer, die auf einem untergehenden Schiff eine Partie Schach spielen. Sie beachten es nicht, wie die Wellen über sie zusammenschlagen, sondern rufen sich immer weiter ihr »Schach dem König« zu. Das war das letzte Duell zwischen den Anhängern des Siegfriedens und des Verständigungsfriedens.

Am 27. September teilte Staatssekretär von Hintze im Hauptausschuß des Reichstags den Abfall Bulgariens mit. In wenigen Wochen war damit zu rechnen, daß die Balkanarmee der Entente Rumänien wieder besetzen würde. Der Verlust des rumänischen Petroleums machte für Deutschland eine Fortsetzung des Krieges unmöglich[8]. Die Oberste Heeresleitung beschäftigte sich Anfang Oktober mit der Frage, ob der Ausfall Rumäniens sofort zur Einstellung der kriegerischen Handlungen nötige. Man kam zu dem Resultat, daß das Flugwesen dann seinen Vollbetrieb noch zwei Monate fortsetzen könnte. Danach wäre völliger Stillstand. Der Vollbetrieb der Kraftwagen könnte ebenfalls noch zwei Monate dauern. Danach wäre ein Halbbetrieb möglich. Schmieröl sei für sechs Monate vorhanden, die Leuchtölwirtschaft müsse in ein bis zwei Monaten zusammenbrechen. Entscheidend war dabei die völlige Ausschaltung der deutschen Fliegerwaffe, ohne die ein moderner Krieg nicht zu führen ist.

Darüber hinaus mußte sich jeder Einsichtige sagen, daß auf den Abfall Bulgariens in kürzester Frist ein entsprechender Schritt Österreich-

Ungarns folgen würde. Der Wiener Hof war im letzten Jahre nur durch die deutschen militärischen Erfolge beim Bündnis festgehalten worden. Seit der Wendung des Kriegsglücks im August war auf die Habsburger Hilfe nicht mehr zu rechnen. Der gesonderte Friedensschritt Österreichs Mitte September zeigte bereits, was man zu erwarten hatte. Sobald Österreich aus dem Kriege ausschied, konnten die Italiener über Tirol in Deutschland einfallen. Die Balkantruppen der Entente konnten, unter Benutzung der österreichisch-ungarischen Eisenbahnen, an die Grenze von Bayern und Sachsen gebracht werden. Während die deutsche Westarmee im schwersten Kampf der doppelten feindlichen Übermacht gegenüberstand, würden in ihrem Rücken weitere große feindliche Truppenmassen in Deutschland einbrechen. Wer sollte sie abwehren? Aus den Resten der deutschen Ostarmee war kein neues kampffähiges Heer zu bilden.

Es konnten bestenfalls noch ein paar Monate vergehen, ehe die Entente in Bayern und Sachsen einmarschierte. Aber die deutsche Regierung und die deutsche Heeresleitung konnten es darauf nicht ankommen lassen. Der Krieg mußte nunmehr um jeden Preis beendet werden. Zu diesem, in der damaligen Lage unvermeidlichen Entschluß kam Ludendorff am 27. September, als er die Entwicklung in Bulgarien klar überblickte[9]. Dazu quälte ihn ständig die Sorge, ob nicht der Entente im Westen doch noch ein großer Durchbruch und damit die Zertrümmerung des deutschen Heeres gelingen würde. Es war ja tatsächlich ein Wunder, daß die Entente einen solchen Sieg bis zum Waffenstillstand nicht erfechten konnte. Eine Garantie, daß ein deutscher Zusammenbruch im Westen nicht erfolgen würde, vermochte Ludendorff am 27. September nicht zu übernehmen. So hat die Lage im Südosten und im Westen die deutsche Heeresleitung dazu gebracht, den sofortigen Waffenstillstand und Frieden für erforderlich zu erklären.

Die Beurteilung der militärischen Lage durch Ludendorff war wiederum vollkommen richtig. Ludendorff erkannte ferner, daß ein solcher deutscher Friedensschritt eine sofortige Veränderung des deutschen Regierungssystems bedinge. Denn mit den alten Machthabern Deutschlands werde die Entente nicht verhandeln wollen. Sodann mußte das offizielle Eingeständnis der deutschen Niederlage im Innern den Männern jede Autorität rauben, die bis dahin Deutschland militärisch und politisch geführt hatten. Auch innerpolitisch war also, um das Chaos zu vermeiden, eine neue Regierung nötig. Ludendorff entschloß sich, nun endgültig seine diktatorische Gewalt aufzugeben und die Macht seinem Konkurrenten zu übertragen, der einzigen Autorität, die dafür in Frage kam, der Reichstagsmehrheit der Friedensresolution.

In der Woche, die auf den 27. September folgte, hat Ludendorff alle seine Energie dafür eingesetzt, daß die Reichstagsmehrheit in Deutschland zur Macht kam. Der Hauptausschuß des Reichstags war Ende September, gerade in den Tagen der bulgarischen Katastrophe, wieder zusammengetreten. Die Sozialdemokraten und ebenso die anderen Mehrheitsparteien erkannten, daß die Lage Deutschlands hoffnungslos geworden war. Die Reichstagsmehrheit mußte sich darauf vorbereiten, eine größere Verantwortung zu übernehmen. Die Gedanken einer stärkeren Parlamentarisierung Deutschlands und einer Lockerung des Belagerungszustandes tauchten auf. Da der Reichskanzler Hertling solche Zugeständnisse nicht machen wollte, bereitete sich eine neue Kanzlerkrise vor. Aber von einem entschiedenen Vorgehen der Reichstagsmehrheit, daß sie vor der Öffentlichkeit des ganzen deutschen Volkes ihr Programm entwickelt und den sofortigen Rücktritt der alten Machthaber verlangt hätte, war nichts zu merken. Die Parlamentarisierung Deutschlands ist nicht vom Reichstag erkämpft, sondern von Ludendorff angeordnet worden.

Diese Art von Revolution ist in der ganzen Weltgeschichte ohne Beispiel. Es ist schon oft vorgekommen, daß militärische Gewaltherrscher und Diktatoren freiwillig auf ihre Macht verzichten. Aber es ist ohne Analogie, daß der alte Diktator sich so leidenschaftlich bemüht hat, seinen Gegnern die Macht zu verschaffen, wie Ludendorff es an der Wende des Septembers und Oktobers 1918 getan hat. Begreiflich sind diese Vorgänge nur aus der allgemeinen politischen Rückständigkeit des damaligen Deutschlands. Wie oben festgestellt wurde, hat Ludendorff vor dem August 1916 niemals die Macht in Deutschland angestrebt. Er hatte nicht den Plan, Alleinherrscher zu werden, wie Caesar und Napoleon. Sondern er ist der Diktator Deutschlands geworden, weil niemand anders da war, der sich zutraute, zu befehlen, und weil er imstande war, sich überall durchzusetzen. Er war der vaterländischen Sache, so wie er sie auffaßte, unbedingt ergeben, und er zeigte eine bei den großen Diktatoren seltene persönliche Uneigennützigkeit.

Seinen persönlichen Interessen hätte es viel mehr entsprochen, das Waffenstillstandsangebot nicht herauszugeben, sondern als »unbeugsamer Held« bis zum Ende auszuharren. Wenn dann die Katastrophe eintrat, wäre ein Sündenbock leicht zu finden und so die heroische Legende weiterzuspinnen gewesen. Napoleon I. kämpfte in einer ähnlichen Lage 1814 bis zum letzten Blutstropfen seiner Soldaten. Aber Ludendorff hatte bei all seinem Selbstbewußtsein nicht das persönliche egoistische Herrschergefühl. Nur die grauenhafte Verwirrung der deutschen Innenpolitik hatte ihn zwei Jahre genötigt, Diktator zu spielen. So dachte er im September 1918 nicht an seine persönliche Zukunft, an seine Machtstellung und seinen historischen Ruf, sondern ganz loyal an die ihm unterstellten Truppen, so wie ein ehrenhafter Oberst an der Front an sein Regiment. Es konnte in einigen Wochen das Schicksal des deutschen Heeres an Tagen, ja an Stunden hängen. Deshalb wünschte Ludendorff so schnell wie möglich, das Verlangen nach Waffenstillstand herauszubringen. Im besten Fall mußten die Verhandlungen mehrere Wochen dauern, ehe die Feindseligkeiten zu Ende waren, und was inzwischen an der Front geschehen würde, wußte niemand.

Auf jede beliebige Bedingung des Feindes wollte Ludendorff dennoch nicht eingehen. Er dachte sich, daß man den Beschluß zu einem verzweifelten letzten Kampf immer noch fassen könne. Aber zunächst müsse schleunigst der Versuch gemacht werden, ob man das deutsche Heer zu einigermaßen erträglichen Bedingungen aus dem Kampf herausbringen könne. Die Voraussetzung für Waffenstillstand und Frieden war die schnelle Bildung einer neuen deutschen Regierung. Darum konzentrierte Ludendorff seine Energie zunächst auf diesen Punkt. Am 28. September ließ Ludendorff dem Reichskanzler Hertling mitteilen, daß eine »Umbildung der Regierung oder ein Ausbau derselben auf breiterer Basis« notwendig geworden sei. Hertling war aufs äußerste überrascht, daß die Oberste Heeresleitung so plötzlich zum parlamentarischen System überging. Hertling selbst war entschlossen, diese Schwenkung nicht mitzumachen und lieber sein Amt niederzulegen.

Am 29. September kam es zu den entscheidenden Konferenzen in Spa zwischen Hindenburg, Ludendorff, Hertling, Hintze und dem Kaiser. Die Oberste Heeresleitung stellte fest, daß die Kriegslage die sofortige Einleitung von Waffenstillstandsverhandlungen erfordere. Der Kaiser und die Minister wagten nicht, die Notwendigkeit eines solchen Schrittes anzuzweifeln. Man entschloß sich, einen Appell zur Herbeiführung von Waffenruhe und Frieden an den Präsidenten Wilson zu richten und dabei die Annahme der bekannten Grundsätze Wilsons durch Deutschland auszudrücken.

Die innerpolitische Umwälzung, die »Revolution von oben«, wie Hintze es nannte, erforderte zunächst einen neuen Reichskanzler; denn Hertling, der die Parlamentarisierung nicht mitmachen wollte, trat zurück. Ebenso nahm Hintze seinen Abschied, weil er in der Öffentlichkeit als Kandidat der Alldeutschen und der Siegfriedenspartei galt. Noch am Abend des 29. September fuhr der Staatssekretär des Reichsschatzamtes Graf Roedern in einem Extrazug nach Berlin, um dort schleunigst zusammen mit dem Vizekanzler von Payer und den Parteien die neue Regierung zu schaffen. Ludendorff schickte einen seiner Offiziere aus der Obersten Heeresleitung, den Major von dem Bussche, nach Berlin mit. Er sollte den Parlamentariern den Ernst der militärischen Lage klarmachen und dafür eintreten, daß die neue Regierung sofort gebildet werde. Ludendorff selbst fuhr nicht nach Berlin, weil er in diesen kritischen Tagen die militärische Führung nicht aus der Hand geben wollte. Ludendorff hat aber in den nächsten Tagen ununterbrochen in Berlin, telefonisch und telegrafisch, um Beschleunigung gedrängt; denn ehe die neue Regierung nicht da war, konnte das Waffenstillstandsangebot nicht erfolgen.

Am 2. Oktober hielt Major von dem Bussche den denkwürdigen Vortrag über die militärische Lage vor den Parteiführern. Anwesend waren die Abgeordneten Graf Westarp (konservativ), Gamp (Reichspartei), Stresemann (nationalliberal), Gröber (Zentrum), Fischbeck (Fortschrittspartei), Ebert (SPD), Haase (USPD) und Seyda (Pole). Der Major führte nur das aus, was jeder Einsichtige sich nach den letzten Ereignissen im Westen und in Bulgarien selbst sagen mußte. Die Kernstelle seiner Darlegungen war: »Noch ist das deutsche Heer stark genug, um den Gegner monatelang aufzuhalten, örtliche Erfolge zu erringen und die Entente vor neue Opfer zu stellen. Aber jeder Tag weiter bringt den Gegner seinen Zielen näher und wird ihn weniger geneigt machen, mit uns einen für uns erträglichen Frieden zu schließen. Deshalb darf keine Zeit verlorengehen.« Ungefähr die gleiche Auffassung der Lage hatte schon der »Vorwärts« am 28. September in einem viel beachteten Artikel vertreten, ohne eine Information über die Gedanken Ludendorffs zu besitzen. Trotzdem wirkte der Vortrag des Majors von dem Bussche auf die zuhörenden Abgeordneten tief erschütternd: Denn General Ludendorff, seit vier Jahren die Verkörperung des deutschen Siegeswillens, teilte durch Vermittlung des Majors dem Reichstag offiziell mit, daß er den Krieg verloren habe und daß nun der Reichstag sofort die Macht übernehmen müsse.

So war die Reichstagsmehrheit ohne jede eigene Anstrengung und ohne jeden Kampf in den Besitz der vollen politischen Gewalt gelangt. Es ist wiederum bezeichnend für die innere Schwäche und Unsicherheit der Mehrheitsparteien, daß sie keinen Mann aufzuweisen hatten, der an die Spitze der Regierung trat. Die Periode der bürgerlichen Demokratie beginnt in Deutschland mit der Reichskanzlerschaft eines liberalen süddeutschen Prinzen. Der Kanzler der neuen »Volksregierung« wurde Prinz Max von Baden. Die badische Dynastie hatte sich als erste in Deutschland mit dem Bürgertum verständigt. So hat Ludendorff die Parlamentarisierung Deutschlands befohlen, und der badische Prinz hat sie durchgeführt.

Prinz Max hat freilich die allerstärksten Bedenken gegen eine deutsche Bitte um Waffenstillstand ausgedrückt[10]. Er war der Ansicht, daß ein solcher deutscher Schritt das offene Eingeständnis der deutschen Niederlage sei und jede Aussicht auf einen erträglichen Frieden zerstören müsse. Auch würde, wie er der Obersten Heeresleitung erklärte, die ganze »friedensfördernde Wirkung der neuen Regierungsbildung unter der Sensation des Waffenstillstandsangebotes verlorengehen.« Damit hatte Prinz Max an sich recht. Aber für den langsameren Weg zum Frieden, den er beschreiten wollte, war es schon zu spät. Die »neue Regierungsbildung«, das heißt der Sieg zumindest der bürgerlichen Demokratie, hätte in Deutschland in einer Zeit erfolgen müssen, als die militärische Lage noch gut war. Prinz Max wollte das Angebot an die Entente nur dann richten, wenn die Oberste Heeresleitung es ausdrücklich schriftlich verlangte. Daraufhin schrieb Hindenburg an den Reichskanzler den historischen Brief vom 3. Oktober, in dem es heißt:

»Die Oberste Heeresleitung bleibt auf ihrer am Sonntag, den 29. September d. J. gestellten Forderung der sofortigen Herausgabe des Friedensangebots an unsere Feinde bestehen. Infolge des Zusammenbruchs der Mazedonischen Front, der dadurch notwendig gewordenen Schwächung unserer Westreserven und infolge der Unmöglichkeit, die in den Schlachten der letzten Tage eingetretenen sehr erheblichen Verluste zu ergänzen, besteht nach menschlichem Ermessen keine Aussicht mehr, dem Feinde den Frieden aufzuzwingen. Der Gegner seinerseits führt ständig neue frische Reserven in die Schlacht. Noch steht das deutsche Heer festgefügt und wehrt siegreich alle Angriffe ab. Die Lage verschärft sich aber täglich und kann die Oberste Heeresleitung zu schwerwiegenden Entschlüssen zwingen. Unter diesen Umständen ist es geboten, den Kampf abzubrechen, um dem deutschen Volke und seinen Verbündeten nutzlose Opfer zu ersparen. Jeder versäumte Tag kostet Tausenden von tapferen Soldaten das Leben.«

Diese Erklärung Hindenburgs erfolgte in vollem Einverständnis mit Ludendorff. Die Männer der Obersten Heeresleitung haben damals aus hochachtbaren Motiven und aus einer unanfechtbar richtigen Beurteilung der Kriegslage heraus gehandelt. Aber sie haben damit für Form und Art der Kriegsbeendigung die volle geschichtliche Verantwortung übernommen. Die Versuche, der deutschen Republik die Verantwortung für das traurige Kriegsende zuzuschieben, haben in den Tatsachen keinen Rückhalt. Prinz Max machte die Oberste Heeresleitung darauf aufmerksam, daß eine derartige Friedensaktion zum Verlust Elsaß-Lothringens und rein polnischer Kreise der östlichen Provinzen Preußens führen könne. Die Oberste Heeresleitung erwiderte, sie ziehe die Abtretung geringer französisch sprechender Teile von Elsaß-Lothringen in Betracht. Dagegen käme für sie eine Abtretung deutschen Gebietes im Osten nicht in Frage. Hindenburg betonte in einer Aussprache am 3. Oktober, falls die Feinde zu harte Bedingungen stellten, dann »kämpfen wir eben bis zum letzten Mann!« Hindenburg und Ludendorff wollten, wenn die Entente unerträgliche Zumutungen an Deutschland stellte, weiterkämpfen. Aber wie schon Graf Roedern dem Feldmarschall erwiderte, kann man einem Volke von 65 Millionen einen solchen Endkampf »bis zum letzten Mann« nicht zumuten[11].

Logisch war der Standpunkt der Obersten Heeresleitung zu begreifen, daß man einen schnellen Versuch machen solle, zu einem erträglichen Frieden zu kommen, und wenn der Versuch scheitere, müsse man eben weiterkämpfen. Psychologisch beurteilte die Oberste Heeresleitung auch diesmal das deutsche Volk ganz falsch. Wenn man einmal nach vier Jahren voll solcher Opfer und Entbehrungen dem deutschen Volke amtlich mitteilte, daß der Krieg unbedingt verloren sei, dann war ein Weiterkämpfen nur um die Ehre von den Massen in Heer und Heimat nicht zu verlangen. Unter den damaligen Verhältnissen war das Waffenstillstands- und Friedensangebot der Obersten Heeresleitung das Ende des Krieges.

Es ist von französischer Seite behauptet worden, daß das deutsche Volk im November 1918 noch hätte weiterkämpfen und vielleicht manches ändern können, wenn es einen Gambetta gehabt hätte[12]. Darauf sei die Gegenfrage gestattet, warum denn das französische Volk 1815 nicht nach Waterloo weitergekämpft, sondern widerstandslos die Verbündeten in Paris hereingelassen hat. Rein militärisch gesehen, war die Situation Frankreichs nach Waterloo erheblich besser als die Lage Deutschlands im November 1918. Aus volkspsychologischen Gründen war das Weiterkämpfen in beiden Fällen gleich unmöglich.

Nur der Ordnung halber sei hier noch hervorgehoben, daß bei den eingehenden Besprechungen aller maßgebenden deutschen Stellen vom 29. September bis 3. Oktober zwar alle möglichen Auswege und Eigenarten der Situation besprochen wurden. Aber niemand hatte die phantastische Idee, daß Deutschland noch den Krieg durch eine siegreiche Seeschlacht gegen die Entente gewinnen könne. Es wäre eine Herabsetzung des militärischen Urteils der Obersten Heeresleitung, wenn man ihr auch nur im entferntesten einen solchen Einfall zuschreiben wollte. Erst die sogenannte Dolchstoß-Diskussion nach dem Kriege hat diese Möglichkeit herangezogen.

Als Prinz Max die gewünschte schriftliche Erklärung Hindenburgs in der Hand hatte, ging in der Nacht vom 3. zum 4. Oktober die deutsche Friedensnote an Wilson ab. Die Verzögerung, die sich aus den verschiedenen Noten Wilsons und den deutschen Antworten im Oktober ergab, hat den Beginn der Waffenstillstandsverhandlungen erst im November zugelassen. Unterdessen erfolgten der Abfall und die Auflösung des Habsburger-Reichs. In den letzten Tagen des Krieges sind deutsche Truppen noch in Tirol, Salzburg und Nordböhmen eingerückt, um den dort zu erwartenden Feinden Widerstand zu leisten. Zu Kämpfen kam es auf diesen Schauplätzen nicht mehr. Immerhin haben das deutsche Heer und die deutsche Flotte sämtliche Landesgrenzen bis zum letzten Tage des Krieges gesichert.

Die Regierung des Prinzen Max von Baden stützte sich auf die drei Parteien der Reichstagsmehrheit[13]. Die Sozialdemokratie war durch den Staatssekretär des Arbeitsamtes Bauer und den Staatssekretär ohne Portefeuille Scheidemann vertreten. Das Zentrum delegierte in die Regierung den Staatssekretär des Inneren Trimborn und die Staatssekretäre ohne Portefeuille Gröber und Erzberger. Die Fortschrittspartei war vertreten durch den Vizekanzler von Payer und den Staatssekretär ohne Portefeuille Haußmann. Verbindungsmann für die linken Nationalliberalen blieb der Vizepräsident des preußischen Staatsministeriums Friedberg. Mit der Schaffung der Regierung Max von Baden war Deutschland zur bürgerlichen parlamentarischen Demokratie übergegangen, und zwar zunächst ohne Änderung der Reichsverfassung. Es genügte die Tatsache, daß die neue Regierung nur durch das Vertrauen des Reichstags im Amt bleiben konnte.

Seit der politischen Abdankung der Obersten Heeresleitung war eine autokratische oder feudale Regierungsweise in Deutschland nicht mehr denkbar. Man hat aber noch im Oktober die neue Ordnung der Dinge durch die nötigen Änderungen der Reichsverfassung stabilisiert. Die Bismarcksche Verfassung wurde in den entscheidenden Punkten aufgehoben und ein politisches System geschaffen, das im wesentlichen in der Weimarer Verfassung von 1919 weiterlebt. Staatsrechtlich wurde die Parlamentarisierung des Deutschen Reiches durch die Existenz des Bundesrats erschwert. Bismarck hatte ja kein eigentliches Reichsministerium geschaffen, sondern der Bundesrat, die Summe der Delegierten der Einzelstaaten, sollte kollegial die Reichsregierung sein. Der Reichskanzler war rechtlich weiter nichts als der geschäftsführende Vorsitzende des Bundesrats. Seine reale Macht beruhte darauf, daß er zugleich der Ministerpräsident von Preußen war und so die preußische Delegation im Bundesrat führte und instruierte. Reichsminister kannte die alte Verfassung nicht. Sondern die Staatssekretäre der einzelnen Ressorts waren technische Gehilfen des Reichskanzlers. Es war freilich üblich, daß Preußen diesen Staatssekretären zugleich preußische Stimmen im Bundesrat übertrug. Sie bekamen aber damit keine eigene politische Verantwortung. Sie mußten im Bundesrat so stimmen, wie die preußische Regierung sie instruierte. Denn Bismarcks Bundesrat war ja keine Summe von Personen, sondern von Staaten. Es stimmten dort nicht die Personen X, Y, Z, sondern die Staaten Preußen, Bayern, Hamburg usw.

Nach der alten Reichsverfassung war es nicht zulässig, daß jemand zugleich dem Reichstag und dem Bundesrat angehörte. Diese Bestimmung im Artikel 9 der Verfassung von 1871 ist vielfach als das eigentliche Hindernis einer parlamentarischen Regierung in Deutschland angesehen worden, aber durchaus irrtümlich. Das Verbot des Artikels 9 hätte in der Verfassung gar nicht zu stehen brauchen, und es hätte sich im wesentlichen doch nichts geändert. Man setze den Fall, daß vor 1914 der Reichskanzler und einzelne Staatssekretäre zugleich konservative Reichstagsmandate gehabt hätten. Das wäre doch kein parlamentarisches System gewesen, solange die Reichskanzler nicht durch das Vertrauen des Reichstags, sondern durch den Willen des Kaisers ins Amt kamen, und solange die Staatssekretäre die gehorsamen Untergebenen des Kanzlers blieben. Die verfassungsmäßige Umwälzung mußte von einer ganz anderen Seite ausgehen.

Der Bundesrat mußte die Funktionen der Reichsregierung abgeben und sich in ein Oberhaus des Deutschen Reiches verwandeln, welche Rolle er unter dem Titel »Reichsrat« in der Weimarer Verfassung spielt. Die Staatssekretäre mußten von der Bevormundung durch den Kanzler befreit und in politisch verantwortliche Reichsminister umgewandelt werden. Die entscheidenden Abstimmungen im Reichstag erfolgten am 26. Oktober. Ein Antrag Ebert (SPD), Fischbeck (Fortschrittspartei), Herold (Zentrum) und Junck (nationalliberal) fügte dem alten Artikel 15 der Reichsverfassung folgende Bestimmungen zu: »Der Reichskanzler bedarf zu seiner Amtsführung des Vertrauens des Reichstags. Der Reichskanzler trägt die Verantwortung für alle Handlungen von politischer Bedeutung, die der Kaiser in Ausübung der ihm nach der Reichsverfassung zustehenden Befugnisse vornimmt. Der Reichskanzler und seine Stellvertreter sind für ihre Amtsführung dem Bundesrat und dem Reichstag verantwortlich.«

Wie man sieht, wurde diese Aktion der Mehrheitsparteien von den Nationalliberalen unterstützt. Im Zusammenhang mit der Änderung des Artikels 15 wurden die Kriegserklärung und der Friedensschluß an die Zustimmung des Reichstags gebunden. Endlich fiel auch die Allgewalt des Kaisers über die Armee: Die Ernennung und Verabschiedung der Offiziere der Marine wurde von der Gegenzeichnung des Reichskanzlers abhängig. Die Ernennung und Verabschiedung der Offiziere des Landheeres bedurfte von jetzt ab der Gegenzeichnung des Kriegsministers der einzelnen staatlichen Kontingente, also des preußischen, bayerischen Kriegsministers usw. Man unterstellte die einzelstaatlichen Kriegsminister direkt dem Reichstag durch die neue Verfassungsbestimmung: »Die Kriegsminister sind dem Bundesrat und dem Reichstag für die Verwaltung ihres Kontingents verantwortlich.«

Am 26. Oktober erledigte der Reichstag gegen die Opposition der

Konservativen die Verfassungsänderung. Das war der volle Sieg der bürgerlichen Revolution. Die Zustimmung des Kaisers und des Bundesrats erfolgte sofort. Am 28. Oktober traten die neuen Verfassungsbestimmungen gesetzlich in Kraft. Das Bismarcksche Deutschland war damit beseitigt. Das Deutsche Reich war jetzt eine parlamentarische Monarchie in der Art Englands. Der Kaiser hatte sich in einen erblichen Reichspräsidenten mit wesentlich formaler Würde verwandelt. Die Macht lag jetzt beim Reichsparlament, beim Reichstag. Der Bundesrat war das Oberhaus des Deutschen Reiches geworden. Er war eine Vertretung der Einzelstaaten, die als Zweite Kammer neben dem Reichstag stand. Die entsprechende Parlamentarisierung der Einzelstaaten mußte sich daraus von selbst ergeben. In Preußen waren damals die letzten Hindernisse für die Einführung des Reichstagswahlrechts gefallen. Es war die Bildung einer preußischen parlamentarischen Regierung zu erwarten, die in ihrer Zusammensetzung der Reichsregierung entsprach. Die politische Gewalt über die Armee hatte jetzt das Parlament und nicht mehr der Kaiser. So hat der Weltkrieg die preußische militärische Aristokratie entthront und der bürgerlichen Demokratie den Weg gebahnt.

Die bisher in Preußen regierenden Schichten, die Grundbesitzer, die Berufsoffiziere und die hohen Beamten verfolgten den Gang der Revolution mit tiefer Empfindung dessen, was sie materiell und ideell verloren. Aber sie hatten keine Möglichkeit, daran etwas zu ändern. Denn das Milizheer stand ihnen nicht zur Verfügung, und die ungeheuere Mehrheit des Volkes war gegen sie. Dagegen hat die große Industrie schon im Oktober 1918 angefangen, sich durch die Idee der »Arbeitsgemeinschaft« mit den Gewerkschaften auf die neuen Verhältnisse umzustellen. Denn die bürgerliche Demokratie bot den industriellen Kreisen mindestens ebenso gute Möglichkeiten sich durchzusetzen wie früher das militärische Kaisertum.

Ein letztes Rückzugsgefecht lieferten die Anhänger der alten Ordnung der Reichstagsmehrheit in der Frage, ob Deutschland die Bedingungen Wilsons widerstandslos annehmen oder noch einmal einen Verzweiflungskampf versuchen solle. In den Noten, die der Präsident der Vereinigten Staaten im Oktober an die deutsche Regierung richtete, verlangte er zunächst, als Voraussetzung des Waffenstillstandes, die Einstellung des verschärften U-Boot-Krieges. Ferner machte er es deutlich, daß die Entente nur auf solche Bedingungen des Waffenstillstands eingehen würde, die dem deutschen Heer ein Weiterkämpfen unmöglich machten. Die Oberste Heeresleitung war gegen die Annahme der Wilsonschen Bedingungen. Sie war zwar bereit, das deutsche Heer im Westen bis an die Reichsgrenze zurückzuführen. Deutschland sollte aber, nach Ansicht Ludendorffs, in der Lage bleiben, bei Scheitern der Friedensverhandlungen den Kampf wieder aufzunehmen.

Es war klar, daß bei einem Waffenstillstand im Sinne Wilsons die Friedensbedingungen völlig der Willkür der Entente unterliegen würden. Konnte aber Deutschland im Oktober und November 1918 das noch abwehren? Obwohl Ludendorff für das Weiterkämpfen eintrat, machte er sich keine militärischen Illusionen. In einer Niederschrift vom 31. Oktober 1918, also unter dem unmittelbaren Eindruck der Ereignisse, erklärt Ludendorff[14]: »Gewiß konnte sich unsere Lage nicht bessern. Das Verhängnis im Südosten schritt seinen Gang weiter, darüber bestand kein Zweifel. Die äußerste Kraftanstrengung des deutschen Volkes hätte aber ernüchternd auf Völker und Heere Frankreichs, Englands und wohl auch Amerikas gewirkt. Einige Monate konnten wir den Krieg noch halten. Eine Festung, die sich ergibt, bevor das Letzte hergegeben ist, steht unter dem Fluch der Unehre. Ein Volk, das Demütigungen hinnimmt und sich Bedingungen aufzwingen läßt, die seine Existenz vernichten, ohne das Letzte eingesetzt zu haben, ist dem Untergang verfallen. Muß es sich das gleiche nach der äußersten letzten Kraftanstrengung gefallen lassen, dann wird es leben.«

Ein letzter Kampf des deutschen Volkes konnte also damals noch einige Monate dauern, aber sachlich nichts ändern. Für das Weiterkämpfen sprach nur ein formaler militärischer Ehrbegriff. Die Ansicht Ludendorffs, daß das deutsche Volk nur dann »weiterleben« würde, wenn es eine letzte, wenn auch erfolglose Kraftanstrengung mache, war schon damals unhaltbar und ist durch die Geschichte der letzten zehn Jahre restlos widerlegt. Das deutsche Volk hat von 1914 bis 1918 eine Widerstandskraft bewiesen, die alle Erwartungen übertraf, und es konnte ebensowenig durch einen schlechten Frieden »vernichtet« werden wie das französische Volk 1814, 1815 oder 1871 »vernichtet« worden ist. Daß die Oberste Heeresleitung und das Offizierskorps sich gegen die Kapitulation vor dem Feinde auflehnten, ist durchaus zu begreifen. Ebenso, daß die preußischen Konservativen im Oktober 1918 noch einmal an die Seite Ludendorffs traten. Denn in diesen Kreisen war die militärische Denkweise vorherrschend, und der Zusammenbruch der Staatsform, an die sie seit Jahrhunderten gewöhnt waren, steigerte den Willen zu einem ehrenvollen Untergang.

Aber die politische Leitung Deutschlands konnte es nicht darauf ankommen lassen, daß das völlig erschöpfte Volk weitere Hunderttausende von Menschenleben hingab und daß nicht nur das Rheinland, sondern auch Bayern und Sachsen zwecklos zu Kriegsschauplätzen wurden. Deutschland hatte keine Wahl mehr: Nachdem unter dem alten System und unter der Diktatur Ludendorffs alle Möglichkeiten, zu einem erträglichen Kriegsende zu kommen, versäumt worden waren, mußte die Regierung des Prinzen Max sich dem Feinde fügen. Die Vorschläge der Obersten Heeresleitung, Wilsons Bedingungen abzuweisen und weiterzukämpfen, wurden abgelehnt. Am 25. Oktober hatten Hindenburg und Ludendorff dem Kaiser in Berlin ihre Auffassung vorgetragen. Wilhelm II. verwies sie, durchaus verfassungsmäßig, an den Reichskanzler, und da dieser damals krank war, an den Vizekanzler von Payer.

Ludendorff schreibt in dem Dokument vom 31. Oktober über seine Unterredung mit Payer: »Am Abend hatten wir noch eine Besprechung mit Exzellenz von Payer. Es war eine niederdrückende Unterredung. Es bestand für mich kein Zweifel, die Regierung wollte nicht mehr kämpfen, und sie sei bereit, alles preiszugeben und jede, auch die härteste Bedingung anzunehmen. Herren, die mich nach der Unterredung erwarteten, konnte ich nur sagen, daß ich alles für verloren hielte und an den Einzug des Bolschewismus bei uns glaube.« Interessant ist der letzte Satz. Ludendorff dachte, daß der entschlossene nationale Widerstand wenigstens innerpolitisch einen gewissen Halt geben und einen »bolschewistischen«, also radikalsozialistischen, Umsturz in Deutschland verhindern werde. Mit dieser Auffassung stand Ludendorff damals durchaus nicht allein. So gehen bis in die letzten Tage des Krieges die Fragen der Kriegsführung und der innerpolitischen Machtverteilung parallel.

Da Ludendorff in diesen offenkundigen Gegensatz zur neuen parlamentarischen Regierung geraten war, mußte er seinen Posten räumen. Er erbat am 26. Oktober vom Kaiser den Abschied und erhielt ihn. Nach der innerpolitischen Umwälzung in Deutschland von Anfang Oktober war die Entlassung Ludendorffs die einfachste Sache der Welt. Daß Ludendorff selbst in entscheidender Weise zur Bildung der ersten parlamentarischen Regierung Deutschlands beigetragen hatte, spielte dabei keine Rolle; denn eine besondere politische Dankbarkeit der Reichstagsmehrheit für Ludendorff konnte man nicht erwarten. Seit der Machtübernahme durch die Regierung Max von Baden war Ludendorff nicht mehr der Diktator Deutschlands, sondern nur noch ein dem Parlament unterstehender General. Die glatte und reibungslose Entlassung Ludendorffs war die erste größere Kraftprobe des neuen Systems. Feldmarschall von Hindenburg blieb auf seinem Posten und zeigte damit seine Bereitschaft, mit der bürgerlichen Demokratie zusammenzuarbeiten. Erster Generalquartiermeister an Stelle Ludendorffs wurde General Groener.

In jenem Augenblick war die Entlassung Ludendorffs das Zeichen, daß die Reichsregierung sich in die harte Notwendigkeit fügte und keinen Widerstand gegen die Entente mehr für möglich hielt. Also wären die Waffenstillstandsbedingungen genauso unterzeichnet worden, auch wenn die Revolution vom 9. November nicht die Regierung Max von Baden gestürzt hätte.

Prinz Max persönlich klammerte sich zwar immer noch an die Hoffnung, es werde an einem gegebenen Moment ein Aufruf zum nationalen Widerstand möglich sein. Der Reichskanzler befand sich darin aber im Widerspruch zu der Mehrzahl gerade der maßgebenden Mitglieder seiner Regierung. Prinz Max wollte die Verhandlungen mit Wilson so lange fortsetzen, bis die Entente die demütigenden Waffenstillstandsbedingungen im einzelnen unterbreite. Dann würde eine nationale Aufwallung in Deutschland einsetzen, und man würde noch einige Zeit weiterkämpfen und die Entente wenigstens von den schlimmsten Bedingungen abbringen können. Diese psychologische Überlegung des Prinzen Max ist sehr anfechtbar. Denn die große Masse des deutschen Volkes dachte überhaupt nicht mehr über einzelne Bedingungen nach, sondern wollte Schluß des Kampfes um jeden Preis. Wer aber über politische Einzelheiten in Deutschland noch nachdachte, der konnte alles Nötige über die Absichten Wilsons und der Entente aus der dritten Note des amerikanischen Präsidenten vom 23. Oktober entnehmen. Wenn man überhaupt noch mit Wilson abbrechen wollte, mußte es nach dieser Note geschehen, so wie Ludendorff es vorschlug. Wenn die deutsche Regierung aber auch die Note vom 23. Oktober ruhig hinnahm, sagte sie damit dem deutschen Volke und der internationalen Öffentlichkeit, daß sie Deutschlands Schicksal unbedingt in Wilsons Hand lege. Die Vorbehalte, die Prinz Max sich selbst dabei machte oder im engsten Kreise aussprach, änderten an der politischen Tatsache nichts.

Überdies hatte Prinz Max bei der Absicht eines späteren nationalen Widerstandes den entscheidenden Teil seines Kabinetts gegen sich. Die sozialdemokratischen Minister hatten nie einen Zweifel daran gelassen, daß sie ein Weiterkämpfen für nicht möglich hielten. Und in der Kabinettssitzung vom 24. Oktober teilte Erzberger mit, daß die Zentrumsfraktion des Reichstags sich »einstimmig gegen die nationale Verteidigung erklärt habe«. Die politische Kraft der Regierung lag aber nicht in der Person des Reichskanzlers, sondern in der Mitarbeit der beiden Massenparteien des Zentrums und der SPD. Entschieden auf seiten des Prinzen Max stand eigentlich von den parlamentarischen Staatssekretären nur Haußmann. Das wirkliche Kräfteverhältnis in der Regierung zeigte sich bei der Vorbereitung der deutschen Antwort auf die dritte Wilson-Note. Ein Entwurf des Prinzen Max für die Antwortnote enthielt, bei allem Entgegenkommen gegen Wilson, den Satz: »Die deutsche

Regierung erwartet demgemäß Vorschläge für einen Waffenstillstand, nicht für eine Waffenstreckung.« Schon diese Formulierung erregte im Kabinett starke Bedenken, wurde aber doch angenommen. Da erhielt die Regierung Kenntnis von dem Brief Kaiser Karls an Wilhelm II. vom 27. Oktober, in dem es heißt: »Deshalb kündige Ich Dir an, daß Ich den unabänderlichen Entschluß gefaßt habe, innerhalb 24 Stunden um einen Separatfrieden und um einen sofortigen Waffenstillstand anzusuchen.« Unter dem Eindruck des vollzogenen Abfalls von Österreich hielt die Mehrzahl der Minister eine derartige Ablehnung einer »Waffenstreckung« nicht mehr für möglich. Prinz Max fügte sich, wenn auch widerstrebend, dem Druck der Verhältnisse. So ging die deutsche Antwort am 27. Oktober ohne die Wendung von der »Waffenstreckung« hinaus. Das war zwei Tage vor dem Beginn der Unruhen auf der Flotte. Schon damals hielt also die Regierung Max von Baden, angesichts der hoffnungslosen militärischen und wirtschaftlichen Lage Deutschlands, die Ablehnung einer »Waffenstreckung« nicht mehr für möglich.

Die Reichstagsmehrheit hat im Oktober im wesentlichen all das erfüllt, was die großen Massen des deutschen Volkes verlangten. Sie hatte sich unbedingt für Waffenstillstand und Frieden erklärt. Ende Oktober war das Aufhören der Kampfhandlungen in wenigen Tagen zu erwarten. Innerpolitisch war die alte Militärgewalt beseitigt, wie der Sturz Ludendorffs bewies. Die Offiziere waren jetzt nicht mehr die »Herren«, sondern sie unterstanden dem vom Volke gewählten Reichstag. Der alte, halb absolutistische Hohenzollernstaat bestand nicht mehr. In Preußen war das allgemeine Wahlrecht gesichert. Viele politische Gefangene waren amnestiert, Karl Liebknecht war aus dem Zuchthaus entlassen. In Opposition gegen die neuen Machthaber standen nur Minderheiten des Volkes: auf der rechten Seite die altkonservativen Kreise und links die Anhänger der USPD und des Spartakusbundes, die mit der bürgerlichen Regierung nicht zufrieden waren und einen sozialistischen Staat anstrebten.

Nach der politischen Logik hätte eine neue Revolution nach dem 28. Oktober nur von einer dieser Tendenzen kommen können: Anhänger des gestürzten alten Systems konnten eine Gegenrevolution versuchen, oder radikale Sozialisten konnten einen Vorstoß in der Art der russischen Bolschewiki machen. Eine jede dieser Aktionen von rechts wie von links war zum Scheitern verurteilt. Denn sie mußte auf den Widerstand der großen Massen des Mittelstandes und der Arbeiter in Volk und Heer treffen. Das waren die Massen, die damals den Frieden und die bürgerliche Demokratie wollten, aber weitergehende Wünsche nicht hatten. Ihr politisches Sprachrohr war die Reichstagsmehrheit. Sie hatten die Macht und hatten erreicht, was sie wünschten. Wie sollte also eine neue deutsche Revolution möglich sein, der die Regierung Max von Baden, das heißt in Wirklichkeit die Regierung Erzberger-Scheidemann, unterlag? Trotzdem ist es zu der wunderlichsten aller Revolutionen im November 1918 gekommen. Die Massen, die hinter der Reichstagsmehrheit standen, rebellierten gegen die Regierung Max von Baden, das heißt eigentlich gegen sich selbst. Wie wurde diese Revolution möglich?

Seit dem Winter 1917/18 hatte die Reichstagsmehrheit die Fühlung mit ihren Anhängern im Lande verloren. Zwar teilten die Massen immer noch die politischen Gedanken und Ziele der Mehrheitssozialisten und des linken Zentrumsflügels. Aber sie glaubten nicht mehr daran, daß die Abgeordneten etwas gegen das herrschende Militärsystem durchsetzen würden. Die Oberste Heeresleitung schritt von Sieg zu Sieg: Niederwerfung des Januarstreiks, Frieden von Brest-Litowsk, immer weiteres Vordringen im Osten, die Erfolge der großen Offensive im Westen, der Sturz Kühlmanns. Die Massen fühlten sich wehrlos in der eisernen Hand der militärischen Gewalthaber. Minister wie Payer und Abgeordnete wie Scheidemann konnten daran nichts ändern. Da kam seit Juli der militärische Umschwung. Die deutsche Armee ging immer weiter zurück. Die Verbündeten fielen ab. Deutschland bat um Waffenstillstand, der Krieg war offenkundig verloren. Der Respekt vor der Obersten Heeresleitung und den Militärbehörden schwand. Die ungeheuere Erbitterung der Arbeiter, der Bauern und des Mittelstandes vereinte sich mit dem Wunsch, den ganz zwecklos gewordenen Krieg sofort zu beenden.

Nun las man Anfang Oktober in den Zeitungen von der Bildung der Regierung Max von Baden. Ende Oktober schrieben die Blätter von der staatsrechtlichen Veränderung. Die wirkliche Bedeutung dieser friedlichen Revolution ist den Massen gar nicht klargeworden. Es rächte sich jetzt, daß die Reichstagsmehrheit diese ganzen Errungenschaften nicht erkämpft, sondern von oben geschenkt erhalten hatte. Wäre in der Öffentlichkeit seit Monaten ein großer Kampf um das parlamentarische System geführt worden, dann hätten die Arbeiter und Mittelschichten daran Anteil genommen und den Sieg als ihren eigenen angesehen. In Deutschland folgte 1918 auf neun Monate politischer Kirchhofsruhe der plötzliche vollständige Sieg der bürgerlichen Demokratie. Um an das neue System zu glauben, hätten die Massen es funktionieren sehen müssen. Der einfache Arbeiter und Soldat sah aber eine solche Veränderung nicht.

An Stelle des Grafen Hertling war der badische Prinz getreten. Das sah äußerlich gerade nicht nach Demokratie aus. Denn neun Zehntel des deutschen Volkes wußten vom Prinzen Max gar nichts und hielten ihn für eine Fürstlichkeit wie andere auch. Der Vizekanzler von Payer blieb, wie unter Hertling. Die preußischen Minister blieben ebenfalls. Kriegsminister war ein General, wie bisher, und Staatssekretär des Äußeren ein Diplomat, alles wie in alten Zeiten. Neu waren einige parlamentarische Staatssekretäre. Aber warum sollten sich Erzberger und Scheidemann gegen die militärischen und dynastischen Machthaber besser durchsetzen als Payer? Noch immer regierten in den preußischen Provinzen und anderen Bundesstaaten die kommandierenden Generäle. In Berlin hat direkt bis zum 9. November der kommandierende General seine Verordnungen erlassen, politische Arbeiterversammlungen verboten, Verhaftungen vorgenommen, und die Zensur hinderte die Berliner Presse, etwas über die Kieler Vorgänge zu schreiben.

Das sah alles nicht sehr demokratisch aus, und vor allem war es gar nichts Neues. Das war anscheinend immer noch das System, nach dem Deutschland seit dem August 1914 regiert wurde. Die Volksmassen merkten dabei keinen Unterschied zwischen dem System Bethmann-Hollweg und dem System Max von Baden. Ebenso hatte sich im Heer und in der Flotte äußerlich nichts geändert. Die Autorität der Offiziere und das militärische Disziplinarrecht war dasselbe wie früher. Was aber für die Massen das Ernsteste gegen Ende Oktober war: Man hörte seit vier Wochen ununterbrochen von Waffenstillstand und Frieden. Aber der Krieg ging weiter. Wer bürgte dafür, daß die Offiziere den Krieg nicht noch länger über Winter und ins neue Jahr fortschleppen würden? Bei der Diskussion über die Wilson-Noten wurde in der Öffentlichkeit der Gedanke eines letzten nationalen Widerstandes erörtert, eines Aufgebots aller deutschen Männer, um den Verzweiflungskampf zu führen. Solche Pläne erregten jetzt bei den Massen dieselbe Erbitterung wie früher die Projekte des Siegfriedens und der Annexionen: Man habe genug geblutet und gehungert, und jetzt müßte Schluß gemacht werden.

Am 24. Oktober hatte Hindenburg einen Armeebefehl erlassen, in dem es unter anderem hieß: »Die Antwort Wilsons fordert die militärische Kapitulation. Sie ist deshalb für uns Soldaten unannehmbar. Sie ist der Beweis, daß der Vernichtungswille unserer Feinde, der 1914 den Krieg entfesselte, unvermindert fortbesteht. Wilsons Antwort kann daher für uns Soldaten nur die Aufforderung sein, den Widerstand mit äußersten Kräften fortzusetzen.« Wenn es also nach Hindenburg ging, dann wurde der Krieg, so meinten die Arbeiter und Soldaten, noch lange fortgeführt, und die Massen hatten nicht die Gewißheit, daß Staatssekretär Scheidemann dies verhindern könne. Wer heute die Ereignisse im Herbst 1918 kritisch betrachtet, muß sich wundern, daß die Absetzung Ludendorffs keinen größeren Eindruck machte und den Massen nicht bewies, wie sehr sich in Deutschland die Machtverhältnisse geändert hatten. Aber General Ludendorff hatte niemals auf den äußeren Schein der Macht Wert gelegt. Ihm genügte, daß er die Macht ausübte. Daß Ludendorff seit dem Sommer 1916 der Diktator Deutschlands gewesen war, das wußten die höheren Offiziere und Behörden, die Parlamentarier und die Presse, die es freilich unter der Zensur nicht hatte schreiben dürfen. Die breiten Massen fühlten zwar die Militärdiktatur der Obersten Heeresleitung, aber als System im ganzen, nicht als Gewalt des einzelnen Mannes Ludendorff. Als der äußere Repräsentant der preußisch-deutschen Militärordnung erschien den Massen viel mehr der Feldmarschall von Hindenburg als der Generalquartiermeister Ludendorff, der zwar die Heeresberichte unterschrieb, aber sonst für die breite Öffentlichkeit wenig hervortrat.

Der Nachfolger Ludendorffs, General Groener, war den Arbeitern durch sein scharfes Auftreten gegen die Streiks in der Rüstungsindustrie bekannt. Er galt als ein Mann des entschlossenen Durchhaltens. Man traute der Heeresleitung Hindenburg-Groener und ebenso der Flottenleitung Scheer-Hipper einen Kampf bis aufs Letzte zu. So sahen die Massen zwar Ende Oktober, daß der Krieg restlos verloren sei, aber die Entscheidung, ob der Frieden nun endlich kommen sollte, lag scheinbar immer noch bei den hohen Offizieren. Ihre eigenen Anhänger im Lande glaubten der Reichstagsmehrheit nicht, daß sich in Deutschland eine entscheidende Umwälzung vollzogen habe und daß der Reichstag jetzt die Macht besitze. Dieser Unglaube und diese mangelnde Fühlung zwischen Reichstagsmehrheit und Volk ist eine Hauptursache der Novemberrevolution geworden.

Die Mehrheitsparteien hatten in jenen Oktoberwochen gegenüber ihren Anhängern ein durchaus reines Gewissen. So heißt es in einem Aufruf des Vorstands der Sozialdemokratie vom 4. November, der vor »Unbesonnenheiten« warnte: »Seit dem Eintritt unserer Genossen in die Regierung hat diese an die Gegner ein Angebot gerichtet, das in kürzester Zeit zu Waffenstillstand und Frieden führen muß; das gleiche Wahlrecht in Preußen durchgesetzt, dem Reichstag die Stellung der eigentlichen Zentralgewalt im Reiche verschafft und das persönliche Regiment beseitigt, die Unterstellung der Militärgewalt unter die Zivilgewalt durchgeführt und damit den Militarismus des stärksten Rückhalts beraubt, die Preß- und Versammlungsfreiheit erweitert, Liebknecht und viele andere aus dem Gefängnis befreit.« All dies beruhte auf Wahrheit. Aber diese und ähnliche Aufzählungen genügten noch nicht, um den Massen die Tatsache der deutschen Umwälzung zu beweisen. An diesem Unvermögen war nicht nur die geringe politische

Schulung der Volksmassen schuld, sondern es kamen schwere Unterlassungen der Reichstagsmehrheit dazu.

Es war schon ein Fehler gewesen, daß man nicht Erzberger, Scheidemann oder einen anderen bekannten Abgeordneten der Mehrheit zum Reichskanzler gemacht, sondern einen Prinzen an die Spitze der »Volksregierung« gestellt hatte. Geradezu unbegreiflich sind die Ferien, die der Reichstag im Oktober und November 1918 dauernd machte. Am 5. Oktober nahm der Reichstag die Rede des Prinzen Max entgegen, in der er die neue Regierung vorstellte. Dann vertagte sich das Parlament und kam erst am 22. Oktober wieder zusammen. Es wurde die Verfassungsänderung bis zum 26. Oktober erledigt. Danach verschwand das Parlament wieder und ist bis zum 9. November nicht mehr aufgetaucht. In den ersten Wochen der Neuordnung in Deutschland, bei den ungeheueren außen- und innerpolitischen Problemen der Stunde, hätte die Reichstagsmehrheit permanent zusammenbleiben müssen. Die Regierung hätte gegenüber den Kieler Ereignissen eine ganz andere Autorität gehabt, wenn sie sich auf den tagenden Reichstag hätte stützen können.

Ein ebenso schwerer Fehler war es, daß die Volksregierung nicht sofort den Belagerungszustand aufhob und die stellvertretenden Generalkommandos nach Hause schickte. Es war für die Massen untragbar, daß zum Beispiel in Berlin bis zum 9. November General von Linsingen die legitime Obrigkeit darstellte. Endlich hätte man durch geeignete Maßregeln, auch ohne Erschütterung der militärischen Disziplin, den Truppen beweisen können, daß das alte System nicht mehr bestand. Hätte man zum Beispiel die gleiche Verpflegung für Offiziere und Mannschaften eingeführt, so hätte das weder die Disziplin geschädigt noch irgendeinen verständigen Offizier gekränkt. Aber es hätte, in der damaligen Stimmung, auf die Soldaten und Matrosen wie eine Erlösung gewirkt. All dies unterblieb. Die Reichstagsmehrheit hatte zwar die Macht. Aber sie war an ihre neue Autorität noch so wenig gewöhnt und fühlte sich so unsicher, daß sie nicht demonstrativ ihre Überlegenheit über die Männer und Einrichtungen des alten Systems zeigen konnte.

So entstand eine Gefahrperiode, die mit Unterzeichnung des Waffenstillstandes überstanden gewesen wäre. Hätte die Regierung Max von Baden den Massen die Einstellung der Feindseligkeiten zu Land und zu Wasser bringen können, so hätte sie damit ihre Autorität stabilisiert. Solange der Krieg noch weiterging, bestand die Gefahr eines Zwischenfalls, bei dem die Massen in ihrer Friedenssehnsucht sich selbst halfen.

Kam es zu größeren Unruhen, so konnte freilich dem Reichstag und den Mehrheitsparteien nicht viel geschehen. Denn die sachliche Übereinstimmung zwischen der Reichstagsmehrheit und den großen Massen des Volkes mußte sich trotz aller Verwirrung wieder herausstellen. Auch das besitzende Bürgertum hatte nichts zu befürchten. Denn die erdrükkende Mehrheit der deutschen Arbeiter konnte sich, trotz fünfzigjähriger Existenz der deutschen Sozialdemokratie, unter Sozialismus nichts Klares vorstellen, und sie hatte keine sozialistischen Gegenwartsforderungen. Ebensowenig konnte der traditionelle Beamten- und Verwaltungsapparat Deutschlands durch eine spontane Massenbewegung ausgeschaltet werden. Denn eine wirkliche Selbstverwaltung in angelsächsischer Art kannte das deutsche Volk nicht, und sie ließ sich über Nacht nicht improvisieren. Das schwächste Stück im deutschen Staatsbau, wie er seit Oktober 1918 bestand, war die Monarchie, das Kaisertum und die Throne der Bundesfürsten.

Der Haß breiter Volksschichten gegen die Offiziere traf auch die Dynastien, als die Häupter der militärischen Ordnung. Aber noch viel gefährlicher als der Haß waren die Gleichgültigkeit und Interesselosigkeit, mit denen das Volk seit vier Jahren das Kaisertum betrachtete. Seit 1914 hatte Wilhelm II. die politische Bühne geräumt. Er war nur noch ein dekoratives Symbol. Seit Oktober 1918 war dieser Zustand auch verfassungsmäßig festgelegt. Die alte Tradition der selbstherrlichen Hohenzollern war tot. Die neue parlamentarische Monarchie kannte und schätzte noch niemand. Die übrigen Bundesfürsten hatten höchstens in engen lokalen Kreisen Anhänger. Aktuell wurde eine »Kaiserfrage« durch die Noten Wilsons. Die öffentliche Meinung der Ententeländer sah, in der Sache völlig unberechtigt, in Wilhelm II. den bewußten Anstifter des Weltkrieges. Es schien, zumal nach einigen Äußerungen in Wilsons Noten, unwahrscheinlich, daß die Entente mit Wilhelm II. als Oberhaupt Deutschlands Frieden schließen würde.

So wurde im Oktober von vielen Seiten der Wunsch laut, Wilhelm II. möge, um Deutschland die Friedensverhandlungen zu erleichtern, abdanken. Da der Kronprinz ebenfalls als Herrscher kaum tragbar erschien, hätte sein ältester Sohn der Nachfolger Wilhelms II. werden müssen. Für den minderjährigen Prinzen wäre eine Regentschaft nötig geworden. Wilhelm II. wollte aber von einer Abdankung nichts wissen. Die reale Kaisermacht hatte er schon längst abgegeben. Aber es ist bei seinem Charakter verständlich, daß er sich um so fester an den Schein der Macht klammerte. Trotzdem ist die Ansicht ganz falsch, daß die Novemberrevolution nicht gekommen wäre, wenn Wilhelm II. rechtzeitig abgedankt hätte. Die Matrosenrevolution wäre ganz ebenso ausgebrochen, wenn die Flotte am 29. Oktober unter einer Regentschaft Eitel-Friedrich statt unter dem Kaisertum Wilhelms II. ausgefahren wäre. In den ersten entscheidenden Tagen der Marinebewegung spielte die Kaiserfrage gar keine Rolle.

Ebensowenig trifft es zu, daß die Krise der deutschen Monarchie durch die Entente gekommen ist. Wilson hat die Frage der deutschen Monarchie aktuell gemacht, aber nicht geschaffen. Die Entente war zwar unbedingt gegen Wilhelm II., aber nicht gegen die süddeutschen Fürsten. Einflußreiche Politiker in Paris hätten es gern gesehen, wenn zum Beispiel ein Königreich Bayern sich vom Deutschen Reich losgelöst hätte. Die selbstverständliche Leichtigkeit, mit der im November auch in München, Stuttgart, Darmstadt und Karlsruhe die Dynastien fielen, läßt sich durch den Willen Wilsons nicht erklären, sondern die erdrückende Mehrheit des deutschen Volkes hatte sich infolge des Kriegserlebnisses von der Monarchie losgesagt, so daß der kleinste Anstoß genügte, um die deutschen Dynastien zu stürzen.

In den Regierungskreisen war man sich schon 1917 über die Schwäche des Kaisertums vollkommen klar. Am 25. Mai 1917 fand in Berlin im Kriegsministerium eine Sitzung statt [15], die sich mit »feindlichen antimonarchistischen Bestrebungen und Erörterungen über die zu ergreifenden Maßnahmen« beschäftigte. Vorsitzender war Oberst von Wrisberg, anwesend waren unter anderen Ministerialdirektor Lewald und Oberst von Haeften. Die versammelten Herren führten die bedenkliche antimonarchistische Strömung in Deutschland auf »feindliche Propaganda« zurück, was sehr bequem, aber nicht ganz richtig war. Die Beschlüsse, die auf der Konferenz gefaßt wurden, sind überaus charakteristisch, aber auch reichlich naiv. Das Leitmotiv ist: »Seine Majestät der Kaiser sowie sein ganzes Haus muß dem Volke wieder persönlich nahegebracht werden.« Für besonders wirksam hält man die Aufklärungstätigkeit durch Kirche, Schule und in Lazaretten. »Von Lehrern oder geeigneten Leuten, zum Beispiel von verwundeten Offizieren, sind in ausgiebiger Weise monarchistische Vorträge zu halten, und zwar für die Jugend am besten nicht während der Schulzeit, sondern abends in etwas feierlichem Rahmen (bei Licht, Eltern zugegen).«

»Der Geistlichkeit und der Schule muß dazu eingehende und energische Anweisung gegeben werden, da die Größe der Gefahr nicht überall im Lande erkannt wird.« »Presse muß mehr Aufklärung im Wort, vor allen Dingen aber auch im Bild und Film, bringen über die in harter Pflichterfüllung geleistete Arbeitstätigkeit des Monarchen und der Mitglieder seines Hauses, über die Einfachheit ihrer Lebensweise, Leistungen vor dem Feind, Verluste pp.« Ferner muß den »Gerüchten über den Kronprinzen« ein Ende gemacht werden. Das Hofunterpersonal sei zur »Vermeidung jedes Klatsches« anzuhalten. Regierungsmaßnahmen auf dem Gebiet der sozialen Fürsorge und zur Erleichterung der Lebensmittelversorgung sollen in der Presse auf die Initiative des Kaisers zurückgeführt werden. Der Kaiser soll große Fabriken besuchen, es sollen mehr Orden verliehen werden, die Frauenvereine sollen für die Monarchie eintreten und so weiter. Ob im preußischen Kriegsministerium auch im Jahre 1759, nach der Schlacht bei Kunersdorf, solche Konferenzen zur Stützung des Thrones Friedrichs des Großen stattgefunden haben? Ein Königtum, das man mit solchen Mittelchen retten will, wie es die Sitzung am 25. Mai 1917 versuchte, ist in Wirklichkeit schon tot.

Der Oktobersieg der bürgerlichen Demokratie in Deutschland spornte auch die weiter links stehenden Gruppen zu stärkerer Tätigkeit an. Eine geheime Konferenz des Spartakusbundes in Berlin am 7. Oktober erließ einen Aufruf an die Arbeiter und Soldaten[16], sich mit der Parlamentarisierung nicht zufriedenzugeben, sondern die sozialistische Revolution in Deutschland durchzuführen. Als Ziel dieser Revolution wurden unter anderem genannt: Die Annullierung sämtlicher Kriegsanleihen, die Enteignung des Bankkapitals, der Bergwerke und Hütten und des Großgrundbesitzes, ferner die Abschaffung der Einzelstaaten und Dynastien. Als Organe der Revolution sollten die Arbeiter- und Soldatenräte die Gewalt übernehmen. Der Parteivorstand der USPD, geführt von Haase und Dittmann, war nach wie vor über die Aussichten einer sozialistischen Revolution in Deutschland skeptisch. Dagegen näherte sich im Herbst 1918 die Berliner Gruppe der revolutionären Obleute den Anschauungen des Spartakusbundes über die Lage[17]. Ein aktiver Teil der Berliner Arbeiter in den Großbetrieben war durch die Ereignisse des Jahres 1918 zu der Überzeugung gekommen, daß auch in Deutschland eine sozialistische Revolution nach russischer Art möglich sei. Infolgedessen beschäftigte sich auch der Kreis der Obleute mit den Aussichten einer gewaltsamen Revolution. Neben Richard Müller war unter den revolutionären Obleuten im Jahre 1918 noch Emil Barth in den Vordergrund getreten. Politische Mitarbeiter der Obleute waren der Abgeordnete Ledebour und der angesehene sozialistische Schriftsteller Däumig. Zu den Sitzungen der revolutionären Obleute im Oktober erschienen auch Vertreter des Spartakusbundes, vor allem seit seiner Haftentlassung Karl Liebknecht, ferner wurde der Parteivorstand der USPD zugezogen. Karl Liebknecht war für schnelles Handeln, der Vorstand der USPD für Abwarten. Die Obleute selbst wollten zwar losschlagen, aber erst nach reiflicher Vorbereitung.

Emil Barth besorgte sich von der russischen Botschaft Geld und kaufte damit einige Waffen[18], eine völlig überflüssige Bemühung. Denn wenn die Truppen der Regierung treu blieben, war der Aufstand aussichtslos. Fielen die Truppen aber ab, so waren die Revolver Barths entbehrlich. Die Sowjetregierung sah damals keine Veranlassung, die Regierung Max von Baden zu stützen. Die neue deutsche Regierung hatte zwar prinzipiell sich zu einer Revision des Friedens von Brest-Litowsk bereit erklärt. Aber sie hatte praktisch nichts unternommen, um die alte deutsche Ostpolitik zu ändern. Die Sowjetregierung mußte befürchten, daß auch Max von Baden und seine Mitarbeiter versuchen würden, eine Einheitsfront mit der Entente gegen den »Bolschewismus« herzustellen. Eine neue deutsche Revolution, die eine rußlandfreundliche Arbeiterregierung ans Ruder bringen konnte, lag also offenbar im Interesse Sowjetrußlands.

Wichtiger als die Waffenbesorgung waren die Versuche der Obleute, im Oktober und Anfang November mit den in Berlin befindlichen Soldaten in Verbindung zu kommen. Ein klares Bild von der Stimmung der Berliner Truppen war indessen bis zum 8. November nicht zu gewinnen. Die Führer der revolutionären Obleute, wie Richard Müller, wußten, daß sie sich eine ungeheuer schwere Aufgabe gestellt hatten. Der Sieg der sozialistischen Revolution in Deutschland, wie die Obleute und Spartakus ihn auffaßten, war nicht durch ein Kompromiß mit den Mehrheitssozialisten möglich, sondern nur durch ihre Niederkämpfung. Der Aufstand mußte nicht nur die Dynastien und Offiziere über den Haufen rennen, sondern auch die Sozialdemokraten, die sich auf die bürgerliche Demokratie festgelegt hatten, und überhaupt die Reichstagsmehrheit und das ganze Bürgertum. Es war nicht einmal sicher, ob eine solche Revolution in Berlin siegen konnte. Über die Stimmung im Reich und an der Front wußten die revolutionären Obleute so gut wie nichts. Daher ist ihr Zögern nur zu begreiflich.

Noch auf einer Sitzung am 2. November hielten die Obleute ein sofortiges Losschlagen nicht für möglich. Über die Vorgänge, die sich seit einigen Tagen auf der Flotte abgespielt hatten, wußten sie noch nichts. Als Termin des Aufstandes in Berlin wurde der 11. November festgesetzt. Aber unterdessen wurde ganz Deutschland von einer anderen revolutionären Bewegung überflutet, mit der weder die revolutionären Obleute noch der Spartakusbund etwas zu tun hatten. Es war eine »wilde« spontane, führerlose Auflehnung der Anhänger der Reichstagsmehrheit gegen die militärischen Vorgesetzten. Diese Bewegung, vor allem der mehrheitssozialistischen Massen über den Kopf ihres Parteivorstandes hinweg, traf am 9. November in Berlin mit dem organisierten, vorbereiteten Versuch einer sozialistischen Revolution zusammen.

Die Massenverhaftungen und Kriegsgerichtsurteile hatten 1917 auf der Hochseeflotte die geheime Matrosenorganisation zerstört. Was an Verbindungen mit der USPD und vielleicht mit linksradikalen Gruppen existiert hatte, war seitdem zerrissen. Aber der Haß der Mannschaften gegen die Offiziere und gegen das System, das sie verkörperten, wurde immer größer. Als Anfang Oktober auf der Flotte bekannt wurde, daß Deutschland Waffenstillstand verlange und daß die Volksregierung mit Erzberger und Scheidemann als Ministern gebildet sei, war die Befriedigung unter den Matrosen allgemein. Unter den Offizieren, die alle ihre Hoffnungen zerstört sahen, war die Stimmung ernst. Der Kommandant des Schiffes »Thüringen« sagte seinen Mannschaften, daß der Krieg für Deutschland verloren sei und daß der Kaiser in Deutschland nur noch eine Puppe darstelle[10]. Einer der Matrosen, die später wegen der Meuterei zur Verhinderung des Flottenvorstoßes auf »Thüringen« verhaftet wurden, sagte folgendes aus: Jemand von der Mannschaft sei beim Ersten Offizier gewesen und habe ihm erklärt, daß der geplante Flottenvorstoß wohl nicht im Sinne der jetzigen Regierung sei. Darauf soll der Erste Offizier geantwortet haben: »Ja, das ist Ihre Regierung!« Es kommt gar nicht darauf an, ob diese Erklärung wahr ist. Aber sie zeigt, wie die Matrosen ihr Verhältnis und das der Offiziere zu der neuen Regierung beurteilten.

Als dann im Laufe des Oktobers in der Presse die Nachrichten erschienen, daß Deutschland vielleicht einen letzten nationalen Widerstand versuchen werde, erregte das bei den Matrosen schwerste Sorgen. Es wurden Äußerungen von Offizieren kolportiert wie: »Lieber noch zehn Jahre Krieg als solch einen Frieden«, oder: »Lieber ehrenvoller Untergang als schmachvoller Frieden!« Es ist durchaus möglich, daß Marineoffiziere sich so ausgesprochen haben, und das ist gar keine Schande für sie. Wiederum lag hinter der verschiedenen Auffassung vom Kriege und seiner Beendigung der Klassenkonflikt. Der Gegensatz, der 1917 gelautet hatte: Verständigungsfriede oder Siegfriede, hieß jetzt: sofortiges Kriegsende oder letzter Verzweiflungskampf. Wenn die Offiziere und überhaupt die altpreußisch-konservativen Kreise für das Weiterkämpfen eintraten, war das nicht nur das Aufbäumen des nationalen Ehrgefühls, sondern zugleich der Wunsch, sich aus dem politischen Elend der deutschen Gegenwart in den Todeskampf zu flüchten, ganz gleich, was dabei herauskam. Umgekehrt sahen die Matrosen in einer Weiterführung des Krieges weiter nichts als ein raffiniertes alldeutsches Manöver: Die Herrenklasse wolle mit allen Mitteln ihre Macht behaupten, die Friedensaussichten zerstören, wenn es ging, durch einen militärischen Staatsstreich die Volksregierung stürzen, und wenn es nicht gelang, in ihren eigenen Untergang die gesamte Flottenmannschaft mit hineinreißen. In dieser politischen Atmosphäre erhielt die Hochseeflotte den Befehl, am 30. Oktober zu einem großen Unternehmen, offenbar gegen England, auszufahren.

Die deutsche Flottenleitung hatte die Absicht, durch einen Vorstoß der schwerbedrängten Westfront Entlastung zu bringen, zumal seitdem der U-Boot-Krieg fortgefallen war. Solange der U-Boot-Krieg dauerte, hatte die Flotte mit diesem Mittel die Verbindungen zwischen England und Frankreich gestört, freilich waren die Gegenmaßregeln der seebeherrschenden Entente immer wirksamer geworden. Im Oktober hatte die deutsche Regierung den U-Boot-Krieg eingestellt, weil Wilson dies als Vorbedingung eines Waffenstillstandes bezeichnet hatte. Nunmehr bereitete die deutsche Flottenleitung einen Kreuzervorstoß in den Kanal vor, um plötzlich die Verbindungen zwischen England und dem Festland zu zerschneiden. Zur Deckung der Kreuzer sollten die Panzerschiffe nachfolgen. Die Basis der englischen Hochseeflotte lag weit im Norden in Scapa Flow, auf den Orkneyinseln nördlich von Schottland. Der Weg von Scapa Flow nach dem Kanal ist doppelt so lang wie die Strecke von Wilhelmshaven nach dem Kanal. Es bestand also alle Aussicht, daß die deutschen Kreuzer ohne größere Verluste zurückkamen, ehe sie von der englischen Hochseeflotte angegriffen wurden.

Zur Deckung des deutschen Vorstoßes konnten sämtliche U-Boote verwendet werden, die ja für den Handelskrieg nicht mehr gebraucht wurden. Ferner hatten die Engländer in den letzten Jahren die ganze Nordsee mit Minenfeldern gefüllt, um so die Ausfahrt der deutschen U-Boote zu erschweren. Jetzt mußten diese selben Minen das Vordringen der englischen Panzerflotte durch die Nordsee außerordentlich behindern. Rein militärisch gesehen, war also der deutsche Flottenvorstoß weder ein Abenteuer noch eine Todesfahrt, sondern ein sorgfältig vorbereitetes Unternehmen, das bei geringen eigenen Verlusten dem Feinde erheblichen Schaden tun konnte. Aber es ist keine Rede davon, daß der deutsche Flottenvorstoß eine Wendung des Krieges zur See oder gar im ganzen hätte bringen können. Die Phantasien, die über das deutsche Flottenunternehmen in der sogenannten Dolchstoßliteratur zu finden sind, haben für die Geschichtswissenschaft kein Interesse. Bestenfalls vernichteten die deutschen Kreuzer eine Anzahl feindlicher Transportschiffe, schlimmstenfalls wurde daraus eine Seeschlacht mit den Kräfteverhältnissen des Skagerrakkampfes. Eine Wendung des Krieges hätte nur kommen können, wenn die deutsche Flotte mit einem Schlage die englisch-amerikanische Seeherrschaft gebrochen hätte. Aber das war vollkommen unmöglich, und solche abenteuerlichen Ziele hatte der deutsche Flottenvorstoß nicht.

Man hat den deutschen Admiralen schwere Vorwürfe gemacht, weil sie von ihrem Plan die Reichsregierung nicht orientiert haben. Es wäre politisch zweckmäßig gewesen, wenn die Seekriegsleitung den Prinzen Max von ihren Absichten in Kenntnis gesetzt hätte. Aber eine Verpflichtung dazu bestand auch nach der Verfassungsänderung vom 28. Oktober nicht. Nach dem parlamentarischen System kann die Regierung jederzeit die leitenden Offiziere absetzen, und sie kann ihnen den Gang der Operationen im großen vorschreiben. Aber die Armee- und Flottenführer sind nicht verpflichtet, vor jedem einzelnen Unternehmen die Zivilregierung um Erlaubnis zu fragen. Hätte zum Beispiel die deutsche Oberste Heeresleitung für Anfang November eine lokale Offensive in Lothringen geplant, um damit die anderen Frontabschnitte zu entlasten, so brauchte sie dazu die Genehmigung des Reichskanzlers nicht. Ganz ebenso lagen die Verhältnisse bei der Flotte. Es wäre Meuterei gewesen, wenn etwa die Admirale den U-Boot-Krieg gegen den Willen der Regierung fortgesetzt hätten. Aber solange noch Krieg war, durfte die Hochseeflotte auch Kampfhandlungen vornehmen. Die Waffenstillstands- und Friedensverhandlungen konnten durch einen deutschen Flottenvorstoß nicht gestört werden. Die Entente setzte ja auch ihre Landoffensive ohne Rücksicht auf den kommenden Frieden täglich fort. Freilich hatten die Staatsmänner der Entente den Willen, ihre Waffenstillstandsbedingungen so zu gestalten, daß jeder deutsche Flottenvorstoß und überhaupt jedes deutsche Weiterkämpfen künftig unmöglich wurden.

Die deutschen Admirale waren also Ende Oktober weder Meuterer noch Abenteurer, und sie können sich vom militärischen Standpunkt aus vollkommen rechtfertigen. Aber zugleich haben sie einen ungeheuren politischen und psychologischen Fehler begangen, als sie der Flottenmannschaft diesen Vorstoß zumuteten. Wiederum zeigte es sich, daß die höheren Offiziere von dem Seelenleben der Matrosen gar nichts wußten. Die Matrosen hätten bei einem englischen Angriff gegen die deutsche Küste ohne Zweifel gekämpft. Aber sie wollten, da doch der Krieg verloren war, bei einem von deutscher Seite aus freiem Entschluß eingeleiteten Unternehmen nicht ihr Leben lassen. Unter den Mannschaften verbreitete sich die Überzeugung, daß die Reichsregierung von der Flottenoffensive nichts wisse: Die Offiziere wollten die englische Küste beschießen und damit die Friedensverhandlungen zum Scheitern bringen. Das Ganze sei ein Staatsstreich der alldeutschen Offiziere.

Am 29. und 30. Oktober verweigerten die Mannschaften auf »Thüringen« und »Helgoland« den Gehorsam. Die Flottenleitung mußte den geplanten Vorstoß abbrechen. Sie beging einen weiteren schweren Fehler, indem sie 400 Mann von »Thüringen« und 200 Matrosen von »Helgoland« verhaften und an Land ins Gefängnis bringen ließ. Die verhafteten Matrosen waren davon überzeugt, daß sie für ihre Treue gegen die neue Regierung bestraft werden sollten. In diesem Sinne verteidigten sie sich vor den Kriegsgerichtsräten bei den Vernehmungen vom 1. bis 3. November. In der Tat hatte die Flottenbewegung nicht die geringste Zuspitzung gegen die Reichsregierung und gegen die

Reichstagsmehrheit. Zwei kleine Episoden seien hier angeführt. Einer der verhafteten Matrosen sagte aus, daß auf »Thüringen« ein Bild des Admirals Scheer zertrümmert war und dafür ein aus der Zeitung ausgeschnittenes Bild von Scheidemann aufgeklebt war. Auch sei auf dem Schiffe »Hoch Scheidemann« gerufen worden. Ein Offizier der »Thüringen« schreibt in seinen Erinnerungen, er habe am 30. Oktober abends an Bord eine Schar von erregten Matrosen gefragt, was sie eigentlich wollten. Da habe ein Matrose gerufen: »Wir wollen Erzberger«, worauf lauter Beifall der anderen einsetzte.

Die Mannschaften der übrigen Schiffe fühlten sich mit den 600 Verhafteten solidarisch. Sie hatten die Überzeugung, daß die Regierung zu schwach sei, um sich gegen die Offiziere durchzusetzen. Die Matrosen fürchteten neue Todesurteile, und so beschlossen sie, sich selbst zu helfen. Am 4. November bemächtigten sich aufständische Matrosen der Stadt Kiel. Sie wählten Soldatenräte, und die Werftarbeiter, die in den Streik traten, wählten Arbeiterräte. Der Arbeiter- und Soldatenrat hatte die Gewalt in der Hand. Bis zum 7. November hatte sich die ganze Flotte, bis auf dreißig U-Boote und einige Torpedoboote, der Bewegung angeschlossen.

Die Forderungen der aufständischen Matrosen waren durchaus unpolitisch. Unter den 13 Punkten, die der Soldatenrat des ersten Geschwaders aufstellte, geht am weitesten die Forderung, die verhafteten Mannschaften von »Thüringen« und »Helgoland« sowie die im Jahre 1917 verurteilten Matrosen freizulassen. Auch für die Teilnehmer an der jetzigen Bewegung wird Straflosigkeit gefordert: Es soll ihnen »keine ungünstige Eintragung in das Führungsbuch gemacht werden«! Die Revolutionäre wollen also nicht, daß man ihnen die Revolution ins Führungsbuch schreibt. Der erste Punkt des Programms ist die einheitliche Menage für Mannschaften und Offiziere. Neue Menagekommissionen sollen gebildet werden, ferner Beschwerdekommissionen der Mannschaften, die bei Bestrafungen der Leute zugegen sein müssen und Einspruch erheben dürfen. Die Grußpflicht gegenüber den Offizieren außer Dienst soll abgeschafft werden. Der Arbeitsdienst und der Urlaub soll neu geregelt werden. Unvergleichlich ist Punkt 9: »Die Anrede ›Herr Kapitän usw.‹ hat nur am Anfang eines Satzes zu dienen. Im weiteren Verlauf des Gesprächs fällt sie weg, und ich rede den Vorgesetzten mit Sie an!«

Man male sich die Situation aus: 100000 Matrosen haben gemeutert. Sie haben alle Kanonen. Das Leben der Offiziere hängt von ihrer Gnade ab. Das deutsche Kaisertum zerbricht vor ihrer Erhebung, und dieselben Revolutionäre machen sich darüber Sorgen, daß sie künftig nicht mehr: »wollen Herr Leutnant« sagen möchten, sondern einfach: »Sie«.

Die politische Naivität und Unerfahrenheit deutscher Volksmassen findet hier einen geradezu rührenden Ausdruck. Die Matrosen dachten Anfang November 1918 weder an die Republik noch an den Sturz der Regierung, noch gar an die Einführung des Sozialismus. Was sie wollten, war Sicherung des Friedens gegen »alldeutsche« Störungsversuche und eine solche Milderung der preußischen Disziplin, die ihnen ihre menschliche Selbstachtung wiedergab. Hätten die USPD oder gar der Spartakusbund auf die Bewegung irgendeinen Einfluß geübt, so wären die Forderungen etwas anders geworden. Die Regierung schickte den mehrheitssozialistischen Abgeordneten Noske nach Kiel, der dort ohne jede Mühe die Führung in die Hand nahm. Auch dies zeigt wieder, daß die Matrosenbewegung weder gegen die SPD noch gegen die Reichsregierung gerichtet war. Ein Versuch Haases, in Kiel ebenfalls Einfluß zu gewinnen, scheiterte.

Der Zusammenbruch der militärischen Disziplin konnte indessen nicht auf die Marine beschränkt bleiben. Im November 1918 war der Gehorsam der deutschen Soldaten gegen die Offiziere, nach allem was vorgefallen war, nur noch eine mechanische Gewohnheit. Da die Disziplin keine freiwillige, seelische Grundlage mehr hatte, stürzte die militärische Ordnung wie ein Kartenhaus ein, sobald die Marine das Beispiel gegeben hatte. Schon im Bereich der Marinebewegung hatten die Ersatztruppenteile des Landheeres sich ohne weiteres der Revolution angeschlossen. Über Hamburg breitete sich der Militäraufstand mit ungeheuerer Geschwindigkeit ins innere Deutschland aus. Am 7. November war die Revolution bereits in München. Die Erbitterung der bayerischen Bauernsoldaten über das herrschende System warf über Nacht die bayerische Regierung über den Haufen. Hier ergab sich ein politisch bedeutsames Resultat durch die Proklamation der Bayerischen Republik. Die Bewegung ging jetzt über die Oktoberverfassung hinaus, sofern diese monarchischen Charakter trug.

Die Münchner Revolution ist volkspsychologisch überaus merkwürdig. Den äußeren Anstoß gab der Führer der bayerischen USPD, Kurt Eisner. Er hatte damals eine eigenartige Mittelstellung zwischen dem rechten und dem linken Flügel der Partei. Der linke Flügel der USPD, die »revolutionären Obleute« und ihre Freunde, hielten die sozialistische Revolution in Deutschland für möglich. Der rechte Flügel um den Parteivorstand versprach sich von einem gewaltsamen Vorgehen nichts. Eisner hielt ebenfalls die revolutionäre Einführung des Sozialismus im Deutschland von 1918 für undenkbar. Aber er sah die Aufgabe der deutschen Arbeiter und Sozialisten darin, eine radikale bürgerliche Revolution durchzuführen. Die Revolution sollte die Militärgewalt und die Dynastien stürzen, den sofortigen Frieden sichern und in

Bayern eine tätige Demokratie unter Führung der Arbeiter und Bauern sichern. Dabei wollte Eisner das Rätesystem als eine berufsständische, demokratische Selbstverwaltung ausbauen. Wie die Wahlen in Bayern nach der Revolution zeigten, hatte die USPD nur eine geringe Minderheit des Volkes, auch innerhalb der Arbeiterschaft, hinter sich. Die Münchner Revolution am 7. November wurde dadurch möglich, daß die Soldaten, die vorwiegend vom Lande stammten, die Parolen Eisners und seiner Gruppe annahmen. Das Problem der bayerischen Revolution ist so zu formulieren: Erstens, warum haben die Münchner Bauernsoldaten unter Führung Eisners ihre Offiziere abgesetzt, die Dynastie Wittelsbach gestürzt und die bayerische Republik proklamiert? Zweitens, warum hat das ganze übrige Bayern sich am 8. November ohne Widerstand dem Münchner Vorbild angeschlossen?

In den ersten Novembertagen waren die politischen Kreise Bayerns mit den Vorbereitungen zur Parlamentarisierung der Regierung beschäftigt, ohne daß man sich besonders beeilte oder einen Umsturz unmittelbar erwartete. Weder die Minister noch die bayerischen Abgeordneten der Reichstagsmehrheit (Zentrum, Mehrheitssozialisten, Liberale) wußten, was wirklich in den Volksmassen vorging. Eisners Vorsprung bestand darin, daß er die Stimmung des bayerischen Volkes besser beurteilte. Seit dem Zusammenbruch Österreichs, also seit den letzten Oktobertagen, war Bayern ein vom Feinde unmittelbar bedrohtes Grenzgebiet geworden. Das erzeugte bei den Arbeitern, Bauern und anderen Mittelschichten eine ungeheuere Panik: man wollte jetzt um jeden Preis aus dem hoffnungslosen Krieg herauskommen. Vom 4. bis 7. November lebte München in ständiger Angst vor feindlichen Fliegerangriffen. Die besondere Erbitterung der bayerischen Bauern über die wirtschaftlichen Zwangsmaßregeln und gegen die Berliner Zentralstellen ist schon oben geschildert worden. Diese ganzen Stimmungen der bayerischen Volksmassen hätten sich unter anderen Umständen in eine dynastisch- partikularistische Aktion umsetzen können. Dazu kam es nicht, weil die Massen die völlige Ohnmacht des bayerischen Königtums gegenüber »Berlin« durchschauten. Die zentralistischen Notwendigkeiten der Kriegsführung Deutschlands hatten die staatlichen Sonderrechte Bayerns in Wirklichkeit außer Kraft gesetzt: alle militärischen und wirtschaftlichen Fragen, Außenpolitik und Kriegsziele, entschied »Berlin«. In allen Lebensfragen des deutschen und damit auch des bayerischen Volkes von 1914 bis 1918 bedeutete der König von Bayern gar nichts. Die Massen sahen in dem Hause Wittelsbach und den bayerischen Ministern nur die ohnmächtigen Werkzeuge des gehaßten »Berliner« Systems. Anfang November sagten sich in Bayern die Bauern und die Arbeiter und ebenso die Soldaten, daß man sofort zum Frieden kommen müsse, daß aber offenbar die Berliner Regierung, der Kaiser und die Oberste Heeresleitung so bald keinen Frieden schließen würden. Zugleich hatten die bayerischen Massen jedes Vertrauen darauf verloren, daß die Wittelsbacher ihnen in ihrer Not helfen könnten. In dieser Situation veranstaltete die Münchner Mehrheitssozialdemokratie die Demonstration auf der Theresienwiese am 7. November. Die Kundgebung, der sich auch die USPD anschloß, sollte Frieden, Demokratie und Abdankung des Kaisers fordern. Eine gewaltsame Revolution wollten die mehrheitssozialdemokratischen Führer in München sowenig wie im übrigen Deutschland.

Auch für Bayern trifft es nicht zu, daß eine frühere Abdankung des Kaisers die Novemberrevolution vermieden hätte. Zwar war in Bayern der Wunsch sehr stark, daß Wilhelm II., als Hindernis für den Frieden, dem Thron entsage, aber die psychologische Voraussetzung für die Revolution in Bayern lag in der Fortdauer der Feindseligkeiten. Die Revolution konnte so lange siegen, wie noch an den Fronten gekämpft wurde; ganz gleich, ob formell an der Spitze des Heeres Wilhelm II. stand oder irgendein Hohenzollernprinz als Regent und Reichsverweser. Im Anschluß an die Münchner Demonstration zogen die Anhänger Eisners zu den Kasernen, wo die Truppen sich ihnen ohne weiteres anschlossen. Die Soldaten sagten sich, daß die Taktik Eisners zumindest das sofortige Ende des Krieges für Bayern bringe. Über Nacht brach die Herrschaft des Hauses Wittelsbach ebenso wie die Gewalt der Minister und Offiziere zusammen. Am nächsten Morgen war Bayern eine Republik. In der Regierung, die Eisner bildete, hatten aber sofort die Mehrheitssozialisten führenden Einfluß. Denn sobald den Massen die Beendigung des Krieges gesichert erschien, setzte hier, wie überall in Deutschland und an der Front, die rückläufige Bewegung ein. Die Münchner Ereignisse am 7. und 8. November boten das direkte Vorbild für die republikanische Entwicklung im übrigen Deutschland, vor allem in Berlin.

Die Militärrevolution, die erst wie ein Keil quer durch Deutschland von Hamburg nach München gegangen war, breitete sich nun nach Osten und nach Westen aus: nach Osten gegen Berlin, nach Westen über das Rheinland zur Frontarmee. Ehe die Revolution die Front erreichte, war aber bereits die Waffenruhe eingetreten, und so war dort der Bewegung die Spitze abgebrochen. Denn der Hauptsinn der Militärrevolution war, durch Ausschaltung der Offiziersgewalt den Frieden zu sichern. An die Soldatenräte lehnten sich überall, so wie zuerst in Kiel, die Arbeiterräte an. Die Arbeiter- und Soldatenräte übernahmen die Exekutivgewalt. Sie traten gewissermaßen an Stelle der Generalkommandos, der Träger des kaiserlichen Belagerungszustandes. Dagegen blieben die kommunalen und die zivilen Verwaltungsbehörden im allgemeinen unangefochten. Ein ernster Wille, sozialistische Maßregeln durchzuführen, zeigte sich im Reich bei den revolutionären Massen eigentlich nirgends. Solche Absichten wären schon durch die Haltung der Soldaten vereitelt worden, deren Mehrheit nicht sozialistisch war, entsprechend der politischen Zusammensetzung des deutschen Volkes. Wenn die Soldatenräte in der Regel mit den Mehrheitssozialisten zusammengingen, so lag darin ein Trennungsstrich gegen links, aber keine Absage an bürgerliche Auffassungen.

Die lokale politische Führung der Bewegung übernahmen fast überall die SPD und die USPD. Ein solches Zusammengehen war möglich, weil auch der Parteivorstand der USPD und ihre meisten Funktionäre im Reich damals über die bürgerlich-demokratische Republik nicht hinausgehen wollten. Nur in Berlin bestand damals ein klar ausgebildeter linker Flügel der USPD, der unter Führung der revolutionären Obleute die sozialistische Republik erstrebte. Die SPD im Reich hielt auch in den Revolutionstagen die Fühlung mit den Liberalen und dem Zentrum und in Bayern mit dem Bauernbund aufrecht. An einzelnen Orten, wo der Spartakusbund in den ersten Revolutionstagen in die leitenden Körperschaften hineingekommen war, schied er bald wieder aus. Die Konservativen waren überall politisch ausgeschaltet.

Die Bewegung im Reich brachte den Parteivorstand der SPD und die sozialdemokratischen Minister in der ersten Novemberwoche in eine peinliche Lage. Die SPD machte in Wirklichkeit Revolution gegen sich selbst: Sozialdemokratische und von Sozialdemokraten geführte Massen zerrissen eine gesetzliche Ordnung, an deren Spitze eine von der SPD beherrschte Regierung stand. Um aus dem Zwiespalt herauszukommen, richtete die SPD an den Reichskanzler und an die bürgerlichen Regierungsparteien ein Ultimatum, worin sie den Rücktritt des Kaisers und den Verzicht des Kronprinzen auf die Thronfolge verlangte[20]. Geschehe dies nicht, so werde die SPD aus der Regierung austreten. Die SPD hoffte so, durch Opferung der beiden besonders kompromittierten Hohenzollern die Oktoberverfassung mit ihrer parlamentarischen Monarchie zu retten. Ein prinzipieller Unterschied zwischen der bürgerlich-parlamentarischen Republik und der parlamentarischen Monarchie besteht nicht. Der Versuch der SPD-Führung, die Oktoberverfassung zu verteidigen, hatte bei dem völligen Bankrott der dynastischen Gesinnung in Deutschland nicht viel Aussichten. Aber er war kein »Verrat« an der bürgerlichen Revolution, die ja doch im wesentlichen nicht über die Oktobergesetze hinauskommen konnte.

Prinz Max ließ sich von den Argumenten der SPD überzeugen. Er konnte aber bis zum 9. November die Abdankung Wilhelms II., der sich im Großen Hauptquartier aufhielt, nicht erreichen. Die revolutionären Obleute wollten in Berlin erst am 11. November losschlagen. Aber schon zwei Tage zuvor kam es zu einem spontanen Generalstreik der Berliner Großbetriebe. Sofort wählte die Berliner Garnison Soldatenräte. Die Berliner Truppen traten indessen zu den Mehrheitssozialisten über und nicht zu der Gruppe der sozialistischen Revolution (Obleute-Spartakus). Das entschied auch in Berlin das Schicksal der Bewegung.

Als am 9. November die Revolution in Berlin ausbrach, ließ Prinz Max von Baden auf eigene Verantwortung die Abdankung des Kaisers bekanntgeben. Er wollte durch diesen verzweifelten Schritt die Monarchie retten. Eine Abordnung der SPD erschien gegen Mittag beim Prinzen Max und stellte fest, daß die sozialdemokratischen Staatssekretäre sich nicht mehr als Mitglieder der Regierung betrachteten. Damit hatte die Partei die Freiheit des Handelns wiedererlangt, und die Regierung Max von Baden war erledigt. Die SPD verlangte nunmehr die Übertragung der Reichskanzlerwürde an ein Mitglied ihrer Partei. Prinz Max übertrug das Reichskanzleramt dem Abgeordneten Ebert.

Der Schritt ist nur bei der Fiktion verständlich, daß der Prinz als Regent oder als Reichsverweser auftrat. Denn ein regierender Kaiser war nach der angeblichen Abdankung Wilhelms II. nicht vorhanden. Die alte Reichsverfassung kannte keine Stellvertretung des Kaisers, sondern begnügte sich mit der Feststellung, daß das »Präsidium« des Deutschen Reiches beim König von Preußen liege. War der König von Preußen selbst nicht regierungsfähig, so trat für ihn nach der preußischen Verfassung ein Regent ein. Solange auch kein Regent verfassungsmäßig eingesetzt war, übte das Staatsministerium die Funktion des Regenten aus. Überträgt man diese Gedanken sinngemäß auf die Lage des Deutschen Reiches am 9. November, so ergibt sich folgendes: Wenn weder ein regierender Kaiser noch ein Regent vorhanden ist, muß vorläufig der Reichskanzler an Stelle des Regenten treten und die oberste Gewalt ausüben. So konnte man ein Recht des Prinzen Max unterstellen, einen anderen zum Reichskanzler zu machen. Denn sonst kann ja der Reichskanzler sein Amt nicht weitergeben.

Nachdem Ebert zum Reichskanzler ernannt war, forderte er den Prinzen Max auf, selbst als Reichsverweser weiter im Amt zu bleiben. Ein solches Nebeneinander des Reichsverwesers (des Regenten) und des Kanzlers war an sich denkbar. Prinz Max lehnte aber ab. So war Ebert am 9. November, auf Grund der bestehenden Verfassung und der ergänzenden Fiktionen, Reichskanzler und Regent zugleich. Er führte freilich am 9. und 10. November nur den Titel Reichskanzler. Diese

Regierung Eberts am 9. und 10. November war noch ein monarchisches Ministerium, freilich nicht im Sinne der Verfassung Bismarcks, sondern gemäß der Verfassung vom Oktober 1918.

Die weitere Entwicklung in Berlin bewies jedoch, daß der Volkswille die Monarchie nicht mehr ertrug. Die SPD-Führung entschied sich nun ebenfalls, unter dem Druck der Umstände, für die bürgerliche Republik. Die neue Regierung konnte nun ihre Autorität weder von Wilhelm II. noch vom Prinzen Max empfangen, sondern nur vom revolutionären Volk. Wiederum war eine Rechtsfiktion notwendig. Man betrachtete die Berliner Arbeiter- und Soldatenräte als Vertretung des gesamten an der Revolution beteiligten Volkes. Die Vollversammlung der Berliner Arbeiter- und Soldatenräte wählte am 10. November im Zirkus Busch die neue republikanische Regierung. Da die Soldatenräte die Kraft der bewaffneten Macht für die SPD einsetzten, war der ursprüngliche Plan der Obleute und des Spartakusbundes, eine sozialistische Regierung ohne die SPD zu schaffen, aussichtslos. Die Anhänger der sozialistischen Republik erkannten ihre Niederlage. Infolgedessen weigerten sich Liebknecht, als Führer des Spartakusbundes, und Richard Müller, als Führer der revolutionären Obleute, in die neue Regierung zu gehen. Als persönliche Konzession an die radikalen Arbeiter hat man Emil Barth, aus dem Kreise der revolutionären Obleute, in die Regierung aufgenommen. Aber Barth saß in der Regierung nur als Mitglied der USPD, aber nicht als Delegierter der beiden oppositionellen Gruppen des Spartakusbundes und der revolutionären Obleute.

Deutschland hatte seit dem 10. November ein oberstes Regierungskollegium, den Rat der Volksbeauftragten, gebildet durch ein Kompromiß der SPD, vertreten durch Ebert, Scheidemann und Landsberg – und des Vorstandes der USPD, vertreten durch Haase, Dittmann und Barth. Die Reichstagsmehrheit blieb dadurch an der Macht, daß, neben der SPD, das Zentrum und die Liberalen mehrere wichtige Staatssekretariate besetzten. So führte Erzberger als Staatssekretär die Waffenstillstandsverhandlungen, und der Fortschrittler Preuß erhielt das Reichsamt des Innern. Man bezeichnete die bürgerlichen Minister im November als »Fachleute«. Das war wieder eine Fiktion. Hätte wohl Lenin als Haupt der bolschewistischen Friedensdelegation nach Brest-Litowsk den Kadettenführer Miljukow geschickt? In Wirklichkeit war die Regierung des 10. November eine etwas sozialistisch verschleierte Herrschaft der alten Reichstagsmehrheit, ergänzt durch den rechten Flügel der USPD. Das war die Regierung, wie sie dem Verlauf der Bewegung und dem damaligen politischen Kräfteverhältnis in Deutschland entsprach.

In eigenartiger Weise läuft auch nach dem 10. November neben dem neuen revolutionären Staatsrecht die alte Verfassung einher[21]. Die Volksbeauftragten erkannten ausdrücklich das Weiterbestehen des Bundesrats an, und sie erklärten von Anfang an, daß sie eine Nationalversammlung wählen lassen würden. Die Einberufung einer deutschen Nationalversammlung hatte schon Prinz Max am 9. November angekündigt. Das war der Reichstag in etwas anderer Form. So waren die beiden gesetzgebenden Organe des alten Reichs, Bundesrat und Reichstag, auch nach dem 10. November erhalten geblieben. Von einer Diktatur des Proletariats war keine Rede. Denn der entscheidende Teil der Räte, die Soldatenräte, war in seiner Mehrheit weder proletarisch noch sozialistisch, noch wollte er eine Diktatur ausüben. Der Reichskongreß der Arbeiter- und Soldatenräte[22] hat sich dann selbst mit erdrückender Mehrheit gegen die Räteverfassung und für die Wahl der Nationalversammlung ausgesprochen. Es ist bezeichnend, daß weder Karl Liebknecht noch Rosa Luxemburg zum deutschen Rätekongreß ein Mandat erhalten haben.

Auf der anderen Seite hatte sich die Oberste Heeresleitung Hindenburg-Groener sofort für die neue Ordnung erklärt. Wilhelm II. mußte das Große Hauptquartier verlassen und ging nach Holland. Der letzte in Preußen regierende Hohenzoller teilte das Schicksal Jakobs II. und Karls X. Der preußische Militäradel und die Monarchie waren gestürzt. Die Anhänger der sozialistischen Revolution hatten sich nicht durchsetzen können. Die bürgerliche Republik hatte in Deutschland gesiegt.

ANMERKUNGEN

Die folgenden Belege und Hinweise machen auf Vollständigkeit keinen Anspruch. Sie sollen, vor allem bei strittigen Problemen, den Leser dahin verweisen, wo er in erster Linie zuverlässiges Material findet. Dabei steht das Werk des Untersuchungsausschusses an führender Stelle. Die Vierte Reihe des Werkes hat den Untertitel: »Die Ursachen des deutschen Zusammenbruchs im Jahre 1918«, herausgegeben unter Mitwirkung der Sekretäre Dr. Fischer und Dr. Bloch, vom Abgeordneten Dr. Philipp. Band I—III (1925) behandeln den militärischen Zusammenbruch, Band IV—VI (1928) die allgemeinen Ursachen des inneren Zusammenbruchs. Band VII und VIII (1926—28) beschäftigen sich mit dem Deutschen Reichstag im Weltkrieg. Band IX und X sollen das Thema »Marine und Zusammenbruch« erörtern, Band XI die »Sozialen Heeresmißstände« und Band XII die »Annexionsfrage«.

Daß ich die Ergebnisse des Münchener Dolchstoßprozesses und des Magdeburger Prozesses wegen Beleidigung Eberts als wissenschaftliches historisches Material nicht ansehe, braucht wohl nicht näher begründet zu werden.

Arthur Rosenberg

ANMERKUNGEN ZU KAPITEL I

1 Bismarcks soziologische Grundauffassung ist am klarsten ausgedrückt: Gedanken und Erinnerungen II (1898) S. 59: »Die größere Besonnenheit der intelligenteren Klassen mag immerhin den materiellen Untergrund der Erhaltung des Besitzes haben: ... aber für die Sicherheit und Fortbildung des Staates ist das Übergewicht derer, die den Besitz vertreten, das Nützlichere ... Jedes große staatliche Gemeinwesen, in welchem der vorsichtige und hemmende Einfluß der Besitzenden materiellen oder intelligenten Ursprungs verlorengeht, wird immer in eine der Entwicklung der ersten Französischen Revolution ähnliche, den Staatswagen zerbrechende Geschwindigkeit geraten.« In München sagte Bismarck am 25. Juni 1892: »Wenn ich die Anerkennung der Jugend und die Anerkennung der gebildeten Bürgerschaft unter meinen Landsleuten besitze, dann bin ich dessen sicher, was ich allein in meinem Privatleben noch anstrebe.« Vgl. dazu Bismarcks Rede vom 8. April 1895 in Friedrichsruh: »Die Erfolge der nationalen Entwicklung eines jeden Landes beruhen hauptsächlich auf der Minorität der Gebildeten, die das Land enthält ... Eine Verstimmung der abhängigen Massen kann eine akute Krankheit hervorrufen, für die wir Heilungsmittel haben; eine Verstimmung der gebildeten Minorität ruft eine chronische Krankheit hervor, deren Diagnose schwer ist und deren Heilung langwierig. Und deshalb lege ich das Hauptgewicht auf die Erziehung und die Gesinnung der gebildeten Klassen in jedem Lande.« Bismarck über das notwendige Zusammenwirken von Landwirtschaft, Industrie und Handel: Rede vom 9. Juli 1893 in Friedrichsruh, vgl. auch die Rede vom 9. Juni 1895 ebendort. Der parteipolitische Ausdruck für die Zusammenfassung dieser das Reich tragenden Kräfte ist nach Bismarck das konservativ-liberale Kartell, vgl. die Rede in Kissingen am 24. Juli 1892, ferner die Rede vom 14. April 1891 in Friedrichsruh.

2 Die politischen Strömungen Preußens in der Konfliktszeit ergeben sich aus einer überaus interessanten Statistik der Landtagswahl vom 20. Oktober 1863, abgedruckt in der »Zeitschrift des kgl. preußischen statistischen Bureaus« 1867 S. 240. Im ganzen Lande wurden Stimmen abgegeben (in Tausenden): Für die Liberalen 536, für die Konservativen 336, für die Polen 132, für die katholische Partei 23, unbestimmt 72, im ganzen 1099. Die Statistik der Parteien war bei dem komplizierten Dreiklassenwahlrecht außerordentlich schwierig. So erklärt sich die große Zahl der Stimmen, die in der Statistik als »unbestimmt« erscheinen. Klar ist, daß damals die Liberalen die absolute Mehrheit in Preußen hatten. Die Wahlstatistik trennt die Resultate nach städtischen und ländlichen Bezirken. In den Städten haben überall die Liberalen starke Mehrheiten aufzuweisen; außer in der Provinz Posen, wo die polnische Partei überwiegt. Besonders interessant sind die Wahlresultate auf dem Lande: Es erhielten in Ost- und Westpreußen auf dem Lande, in Prozenten der abgegebenen Stimmenzahl: Die Konservativen 30 Prozent, die Liberalen 37, die Polen 23, unbestimmt 10. In Brandenburg erhielten die Konservativen 54 Prozent, die Liberalen 43, unbestimmt 3. In Pommern hatten die Konservativen 61 Prozent, die Liberalen 33, unbestimmt 6. Liberale Mehrheiten auf dem Lande ergaben sich ferner in den Provinzen Sachsen und Westfalen; eine konservative Mehr-

heit in Schlesien, eine polnische Mehrheit in Posen. Die drei Abteilungen zeigten damals ungefähr das gleiche politische Bild. Die beträchtlichen Erfolge der Liberalen auf dem Lande, zum Beispiel in Ostpreußen, beweisen, daß damals tatsächlich ein großer Teil der Bauern oppositionell war. Erstaunlich ist das Wahlergebnis der Landkreise der Rheinprovinz: Liberale 60 Prozent, katholische Partei 8 (!), Konservative 20, unbestimmt 12. Die katholische Bauernschaft des Rheinlandes stand also der preußischen Regierung unbedingt oppositionell gegenüber. Ein kirchenpolitischer Streit bestand damals nicht. Also wählte der katholische Bauer den Kandidaten, von dem er die schärfere Opposition gegen das preußische System erwartete. Das war damals der Liberale und nicht der Klerikale. Nach 1871 ändert sich das Bild. Die Liberalen waren inzwischen preußenfreundlich und kirchenfeindlich geworden. Jetzt wählte der katholische rheinische Bauer nur noch Zentrum.

3 Gedanken und Erinnerungen III 16: »Die Opposition im Parlament würde eine ganz andere Kraft gewinnen, wenn die bisherige Geschlossenheit des Bundesrats aufhörte und Bayern und Sachsen mit Richter und Windthorst gemeinsame Sache machten.«

4 Zum Klassenkampf in Oberschlesien vgl. Bismarks Rede im Preußischen Landtag vom 9. Februar 1872.

5 Gedanken und Erinnerungen II 169: »Wenn nach dem Frankfurter Frieden eine katholisierende Partei, sei es royalistischer, sei es republikanischer Form, in Frankreich am Ruder geblieben wäre, so würde es schwerlich gelungen sein, die Erneuerung des Krieges solange wie geschehen hinauszuschieben. Es war alsdann zu befürchten, daß die beiden von uns bekämpften Nachbarmächte Österreich und Frankreich, auf dem Boden der gemeinsamen Katholizität, sich einander nähern und uns entgegentreten würden, und die Tatsache, daß es in Deutschland sowenig wie in Italien an Elementen fehlte, deren konfessionelles Gefühl stärker war, als das nationale, hätte zur Verstärkung und Ermutigung einer solchen katholischen Allianz gedient.«

6 Bismarck im Preußischen Abgeordnetenhaus am 31. Januar 1872: »Wir brauchen für die ganze Richtung, in der wir die Staatsregierung führen, eine Majorität, solange konstitutionell regiert werden soll. Ich habe gestern schon erwähnt, die finden wir nicht, wenn wir die Wege gehen wollten, die diese Herren vor mir uns empfehlen« (gemeint sind die Zentrumsabgeordneten). Vgl. auch die Rede im Preußischen Landtag vom 9. Februar 1872.

7 Bismarck gegen die Konservativen, gegen Stöcker und die »Kreuzzeitung«: Gedanken und Erinnerungen II 153. 156; III (1919) 19 und 22.

8 Bismarcks Bruch mit den Liberalen: Grundlegende Auseinandersetzung, Gedanken und Erinnerungen II 180f.

9 Als Beispiel für den Niedergang des Liberalismus auf dem Lande seien einige ostpreußische Wahlkreise angeführt. In der Konfliktszeit hatten die Liberalen in Ostpreußen auf dem Lande die Mehrheit. Bei den Reichstagswahlen war zum Beispiel der Kreis Ragnit-Pillkallen von 1871—78 liberal vertreten. Bei den Reichstagswahlen 1903 erhielten dort die Konservativen 11000 Stimmen, die Liberalen 1200. Der Kreis Stallupönen wählte von 1874—1877 liberal. 1903 erhielten dort die Konservativen 12000 Stimmen, die Liberalen 1300. Der Kreis Lötzen-Angerburg war von 1874—1877

liberal. 1903 erhielten dort die Konservativen 9000 Stimmen, die Liberalen 700. Der Kreis Sensburg-Ortelsburg wählte liberal 1871—1875, 1877 bis 1878, 1881—1884. Im Jahre 1903 erhielten dort die Konservativen 11600 Stimmen, die Liberalen 1100.

10 Im Preußischen Landtag saßen 1913: 202 Konservative. 73 Nationalliberale, 40 Freisinnige. Das Zentrum hatte 103, die Sozialdemokraten 10, Polen, Dänen und Litauer zusammen 15 Abgeordnete.

11 Bei den Reichstagswahlen im Jahre 1903 wurden Konservative bzw. ihnen nahestehende Gruppen in folgenden süddeutschen Wahlkreisen gewählt: Im Pfälzer Wahlkreis Homburg-Kusel ein Vertreter des Bundes der Landwirte, in Ansbach ein Konservativer, in Dinkelsbühl (Franken) ein Konservativer. In Rothenburg o. d. Tauber ein evangelischer Bauernbündler. In Heilbronn ein Konservativer. In den beiden württembergischen Kreisen Backnang und Gerabronn je ein Vertreter des Bundes der Landwirte. Im elsässischen Wahlkreis Zabern siegte die Deutsche Reichspartei. — Von den neupreußischen Provinzen wählte 1903 Hessen-Nassau 5 rechtsstehende Abgeordnete. In Hannover und Schleswig-Holstein erhielten die Konservativen 1903 nur je ein Mandat. Aber sie hatten in den meisten anderen Kreisen dieser beiden Provinzen erhebliche Minderheiten. Bei den preußischen Landtagswahlen, die dem besitzenden Bauerntum den Vorsprung gaben, hatten dort die Konservativen viel stärkere Erfolge: Bei den Landtagswahlen 1913 wählte Hannover von 36 Abgeordneten 18 Konservative und Schleswig-Holstein von 19 Abgeordneten 11 Konservative.

12 Vgl. die Rede Bismarcks im Reichstag vom 3. Dezember 1884.

13 Rede Bismarcks in Jena am 31. Juli 1892: »Das Zentrum halte ich für einen Gegner des Reichs, in seiner Tendenz, wenn auch nicht in allen seinen Mitgliedern. Es gibt auch unter ihnen eine Menge gute Deutsche, aber die leitende Tendenz ist eine solche, daß ich sie für eine Gefahr für das Reich halte. Wenn die Regierung ihre maßgebenden Ratgeber der Zentrumsrichtung entnimmt und ihre Tendenz darauf zuspitzt, dem Zentrum zu gefallen, eine Tendenz, die keinen dauernden Bestand haben kann, so ist dies ein Unglück für das Vaterland.« Bismarck gegen einen Block der Konservativen mit dem Zentrum: Rede im Reichstag vom 3. Dezember 1884.

14 Das »Deutsche Ministerium Gladstone«: Gedanken und Erinnerungen II S. 134, 188, 197.

15 Gedanken und Erinnerungen III S. 51: »Es widerstrebte meiner Überzeugung und Erfahrung, in die Unabhängigkeit des Arbeiters, in sein Erwerbsleben und in seine Rechte als Familienoberhaupt so tief einzugreifen, wie durch ein gesetzliches Verbot, seine und der Seinigen Arbeitskräfte nach eigenem Ermessen zu verwerten. Ich glaube nicht, daß der Arbeiter an sich dankbar dafür ist, daß man ihm verbietet, Geld zu verdienen an Tagen und in Stunden, wo er dazu geneigt ist... Mit dem Verbote der Sonntagsarbeit habe ich bei persönlicher Erkundigung die Arbeiter stets nur dann einverstanden gefunden, wenn ihnen zugesichert werden konnte, daß der Wochenlohn für sechs Arbeitstage ebenso hoch sein werde, wie früher für sieben. Mit dem Verbote oder der Beschränkung der Arbeit Nichterwachsener waren die Eltern der von der Arbeit Auszuschließenden nicht einverstanden, und unter den Nichterwachsenen nur Individuen von bedenklicher Lebensrichtung.« (!)

16 Über den Kreislauf der Verfassungen vgl. Bismarck, Gedanken und Erinnerungen II S. 60.

17 Bei den Reichstagswahlen 1887 wurden im ganzen gültige Stimmen abgegeben 7 541 000. Das Zentrum erhielt 1 516 000, die Sozialdemokraten 763 000. 1890 wurden abgegeben 7 229 000, das Zentrum erhielt 1 342 000, die Sozialdemokraten 1 427 000.

18 Bismarck gibt im 3. Band der Gedanken und Erinnerungen im einzelnen nicht an, welche Kampfmaßregeln gegen die Sozialdemokraten er plante. S. 57 spricht er von der Notwendigkeit einer Verschärfung des Sozialistengesetzes. Wahrscheinlich wollte er auf Bestimmungen zurückgreifen, die er schon 1878 ins Auge gefaßt hatte, aber damals nicht durchsetzen konnte. Vgl. den Brief Bismarcks an Tiedemann vom 15. August 1878, abgedruckt Gedanken und Erinnerungen II S. 190: »Ich halte ferner, wenn das Gesetz wirken soll, für die Dauer nicht möglich, den gesetzlich als Sozialisten erweislichen Staatsbürgern das Wahlrecht und die Wählbarkeit und den Genuß der Privilegien der Reichstagsmitglieder zu lassen.« Parallel damit plante Bismarck eine Änderung des Reichstagswahlrechts, indem an Stelle der geheimen Wahl die öffentliche treten sollte. Vgl. Gedanken und Erinnerungen II S. 59 und Bergsträßer, Geschichte der politischen Parteien in Deutschland, 4. Aufl. 1926, S. 85. Hätte Bismarck alle diese Projekte durchgeführt, so hätte jeder Wähler, der bei der Reichstagswahl öffentlich sozialdemokratisch stimmte, damit sein Wahlrecht eingebüßt; abgesehen von der Ungültigkeit solcher Stimmen!

19 Vgl. »Die Große Politik der Europäischen Kabinette 1871—1914. Sammlung der diplomatischen Akten des Auswärtigen Amts« VI 177. Bismarck an den Botschafter von Schweinitz am 25. Februar 1887: »Frankreichs Fortbestehen als Großmacht ist für uns ebenso Bedürfnis wie das jeder anderen der Großmächte. Allein schon aus dem Grunde, weil wir für gewisse Fälle eines maritimen Gegengewichts zur See gegen England bedürfen... So wird sich im nächsten Kriege, wenn wir siegen, eine schonende Behandlung Frankreichs empfehlen, gerade wie Österreich gegenüber 1866. Wenn ich im Reichstag anders gesprochen habe, so geschah es, um vom Kriege abzuschrecken. Gelingt letzteres nicht, so würden wir nach der ersten gewonnenen Schlacht Frankreich unter günstigen Bedingungen den Frieden bieten.«

20 »Die Große Politik« usw. Bd. III S. 397. Fürst Hohenlohe, damals stellvertretender Leiter des Auswärtigen Amts, schickt am 6. Mai 1880 an den Grafen Solms, den deutschen Gesandten in Madrid, die folgende Instruktion zu der in Madrid stattfindenden internationalen Marokko-Konferenz: »Der Herr Reichskanzler ist der Meinung, daß es sich für uns empfehle, sich bei den Beratungen über jene Frage nicht in den Vordergrund zu stellen, sondern vielmehr aus allgemeinen politischen Gründen auf der Konferenz Hand in Hand mit Frankreich zu gehen, das seiner benachbarten algerischen Besitzungen wegen in Marokko berechtigte Interessen zu vertreten hat.«

21 »Die Große Politik« Bd. VI, S. 62. Aufzeichnung des Grafen Rantzau nach Diktat Bismarcks vom 20. Dezember 1887: »Unser System geheimer Verträge setzt eine Prämie auf friedliches Verhalten insofern aus, als wir Österreich beistehen, wenn Rußland den Frieden bricht, und nach dem russischen Vertrage neutral bleiben, wenn Österreich den Frieden bricht. Wir können

und dürfen also den Österreichern nichts versprechen, keine Aufstellung, keine Mobilmachung, wenn sie die Angreifenden sind.«

22 »Die Große Politik« VI S. 57. Bismarck an den Chef des Militärkabinetts von Albedyll am 19. Dezember 1887: »Das Bestreben Österreichs oder doch derjenigen österreichischen Staatsmänner und Militärs, welche die Gelegenheit wahrnehmen wollen, um die deutsche Armee für spezifisch österreichische Zwecke einzusetzen, auch für solche, an denen Deutschland kein Interesse hat, ist auf Erweiterung und Verschiebung unseres Bündnisses gerichtet. Dazu die Hand zu bieten ist für uns nicht möglich.« Am 27. Dezember 1887 schreibt Bismarck an den Botschafter Prinzen Reuß (»Die Große Politik« VI S. 66): »Unser Eintreten in den eventuellen Krieg wird durch den russischen Angriff auf Österreich prinzipiell bedingt. Eine gleichzeitige Kriegserklärung oder Mobilmachung, welche in dem militärischen Fragebogen Erwähnung finden, kann daher nicht vorkommen, weil Österreich, wenn casus foederis für uns eintritt, bereits von Rußland angegriffen und mit ihm im Kriege sein wird.« Besonders interessant im Hinblick auf 1914 ist die Situation des Jahres 1885, als Österreich während des Serbisch-Bulgarischen Krieges in Serbien einrücken wollte. Wären damals die österreichischen Truppen in Serbien einmarschiert, so hätte sich daraus ein schwerer Konflikt mit Rußland entwickelt. In einem Schreiben an den deutschen Botschafter in Wien, den Prinzen Reuß, vom 6. Dezember 1885 weist Bismarck darauf hin, daß auf Grund des Vertrages vom 18. Juni 1881 Österreich nur mit Zustimmung Rußlands in Serbien einrücken dürfe. Bismarck fährt fort (»Die Große Politik« V S. 26): »Wenn aber der Bruch mit Rußland dadurch herbeigeführt werden sollte, daß Österreich ohne vorgängige vertragsmäßige Verständigung in Serbien einrückte, so würden wir einen solchen Fall vor Deutschland als Anlaß zu einem Deutsch-Russischen Kriege nicht wohl vertreten können.« Man muß objektiverweise die Unterschiede in der Lage von 1885 und 1914 berücksichtigen; sowie den Umstand, daß der Vertrag von 1881 im Jahre 1914 nicht mehr galt. Trotzdem gibt dieser Brief Bismarcks einen Anhalt, wie er sich in einer Situation in der Art des Juli 1914 verhalten hätte.

ANMERKUNGEN ZU KAPITEL II

1 Über den Gegensatz zwischen Bismarck und den Generälen siehe Gedanken und Erinnerungen II 94 über den köstlichen Boykott Bismarcks durch den Generalstab im Jahre 1870, sowie Gedanken und Erinnerungen III, S. 111.

2 Über die Grundfragen, die zum Sturze Bismarcks führten, orientiert der III. Band der Gedanken und Erinnerungen. Hier findet man nicht nur die Motive Bismarcks, sondern auch die Ansichten Wilhelms II. in den Originalbriefen des Prinzen Wilhelm vom 21. Dezember 1887 (S. 7 f. über Stöcker) und vom 14. Januar 1888 (S. 23 ebenfalls über Stöcker), ferner vom 10. Mai 1888 (S. 136 über das Verhältnis zu Rußland). Auf die viel umstrittenen Einzelfragen einzugehen ist hier nicht der Ort.

3 Bismarck wurde am 30. April 1891 vom 19. Hannoverschen Wahlkreis in den Reichstag gewählt. Vgl. seine interessante Rede an eine Abordnung aus dem Wahlkreis am 2. Mai. Fürst Herbert Bismarck wurde 1893 im Wahlkreise Jerichow (Regbz. Magdeburg) gewählt.

4 Bei den Reichstagswahlen 1903 wählte zum Beispiel Groß-Berlin 7 Sozialdemokraten und einen Freisinnigen. Hamburg 3 Sozialdemokraten, München 2 Sozialdemokraten, Frankfurt a. M. einen Sozialdemokraten, Groß-Leipzig 2 Sozialdemokraten, Breslau 2 Sozialdemokraten. Im ganzen erhielten damals die Sozialdemokraten 81 Mandate. Die Fortschrittler, die in vier Gruppen gespalten waren, erhielten 37 Mandate. Davon kamen aus Niederschlesien 8 Abgeordnete, aus Württemberg 5, aus Oldenburg 2. Die übrigen »freisinnigen« Wahlkreise waren über das ganze Reich verstreut. Die Nationalliberalen erhielten damals 51 Sitze, das Zentrum 100, die verschiedenen konservativen Gruppen 94, die kleinen Parteien: Polen, Welfen, Elsässer usw. zusammen 34. (Der Reichstag des alten Reichs hatte 397 Abgeordnete.)

5 Über das Zentrum der wilhelminischen Zeit vgl. im Werk des Untersuchungsausschusses des Reichstags: »Die Ursachen des deutschen Zusammenbruches im Jahre 1918« VII, 2. Hälfte, S. 227ff. die Ausführungen des deutschnationalen Abgeordneten Dr. Martin Spahn, des Sohnes des alten Zentrumsführers Peter Spahn. Äußerst charakteristisch ist eine Äußerung des Vaters Spahn zu seinem Sohn S. 229: »Auch ihr Jüngeren müßt Rücksicht auf die Lage des Deutschen Reiches nehmen, wie sie nun einmal ist. Das ist alles so gläsern und so zerbrechlich. Das kann nur mit der höchsten Vorsicht von Fall zu Fall und von Person zu Person geregelt werden.«

6 Reichstagsabgeordneter Bell im Werk des Untersuchungsausschusses VII, 1. Hälfte, S. 218: »Ich weiß nicht, ob es allenthalben bekannt ist, daß die historischen Vorgänge und die diplomatischen Verhandlungen, die sich seit dem Morde von Sarajewo bis zum Kriegsausbruch vom 1. August 1914 abspielten, vor dem 4. August 1914 überhaupt nicht zur Kenntnis des Reichstags gebracht worden sind. Der Reichstag tagte während dieser ganzen Zeit nicht. Die Reichsregierung hat es nicht für angezeigt erachtet, auf seine Einberufung hinzuwirken oder wenigstens einen Ausschuß oder die Parteiführer vertraulich zu unterrichten. Am 4. August 1914 standen wir also vor vollendeten Tatsachen.«

7 Bei den Reichstagswahlen 1903 wurden 9 496 000 gültige Stimmen abgegeben. Davon erhielten die Sozialdemokraten 3 010 000, das Zentrum 1 875 000. Bei den Wahlen 1907 stieg die Zahl der abgegebenen Stimmen auf 11 263 000. Die Sozialdemokraten erhielten 3 259 000, das Zentrum 2 180 000. Bei den Wahlen 1912 wurden abgegeben 12 208 000 Stimmen, die Sozialdemokraten stiegen auf 4 250 000, das Zentrum erhielt 1 997 000. Wenn man zu den Stimmen des Zentrums und der Sozialdemokraten immer noch einige Hunderttausend Stimmen für die Polen, Welfen, Elsässer und Dänen rechnet, ergibt sich im letzten Jahrzehnt vor dem Weltkrieg eine klare Mehrheit des Volkes gegen das Staatssystem Bismarcks.

8 Über die preußische Wahlrechtsfrage vgl. die Äußerungen des Zentrumsabgeordneten Joos (christlicher Gewerkschaftsführer) im Werk des Untersuchungsausschusses VII, 1. Hälfte, S. 100 und 323.

9 Vgl. besonders die politischen Briefe von Engels, herausgegeben unter dem Titel: »Friedrich Engels Politisches Vermächtnis«, im Jahre 1920 im Verlag der Jugendinternationale. So schreibt Engels in einem Brief vom 24. Oktober 1891 (S. 24f.): »Wenn aber dennoch die französische Bourgeoisie einen solchen (Krieg) anfange und sich zu diesem Zweck in den Dienst des russischen Zaren stelle, der der Feind auch der Bourgeois ganz Westeuropas

ist, so ist das die Verleugnung der revolutionären Mission Frankreichs. Dagegen haben wir deutschen Sozialisten, die wir bei bewahrtem Frieden in zehn Jahren zur Herrschaft kommen, die Pflicht, diese von uns eroberte Position in der Avantgarde der Arbeiterbewegung zu behaupten, nicht nur gegen den inneren, auch gegen den äußeren Feind. Siegt Rußland, so werden wir erdrückt. Also drauf, wenn Rußland Krieg anfängt, drauf auf die Russen und ihre Bundesgenossen, wer sie auch seien!... Wir haben das glorreiche Beispiel der Franzosen von 1793 noch nicht vergessen, und wenn man uns dazu zwingt, kann es kommen, daß wir das hundertjährige Jubiläum von 1793 feiern, indem wir zeigen, daß die deutschen Arbeiter von 1893 der Sanskulotten von damals nicht unwürdig sind.« Derselbe Gedanke in dem Brief vom 29. September 1892 (S. 28 f.). In einem Brief, schon vom 11. Dezember 1884 (S. 18), erörtert Engels die Frage, ob in Deutschland auf das Kaisertum direkt die sozialistische Arbeiterregierung folgen wird oder ob eine Zwischenstufe der bürgerlichen Demokratie notwendig ist: »Nun kann die Sache in Deutschland allerdings anders verlaufen (als in Frankreich 1848), und zwar aus militärischen Gründen: Anstoß von außen kann, wie die Sachen jetzt liegen, kaum anders als von Rußland kommen. Kommt er nicht, geht der Anstoß von Deutschland aus, so kann die Revolution nur von der Armee ausgehen. Ein unbewaffnetes Volk gegen eine heutige Armee ist militärisch eine rein verschwindende Größe. In diesem Fall, wo unsere Reserve von zwanzig bis fünfundzwanzig Jahren, die nicht stimmt aber exerziert, in Aktion träte, könnte die ›reine Demokratie‹ übersprungen werden.« Vgl. ferner die berühmte Vorrede von Friedrich Engels zu der Schrift von Marx: »Der Bürgerkrieg in Frankreich«. Hier mußte sich freilich Engels aus Rücksicht auf den deutschen Staatsanwalt auf Andeutungen und Gleichnisse beschränken.

10 Das beste Bild von den inneren Kämpfen der deutschen Sozialdemokratie vor dem Krieg gibt jetzt der III. Band der Gesammelten Werke von Rosa Luxemburg, herausgegeben von Clara Zetkin und Adolf Warski 1925. Rosa Luxemburg gegen Bernstein ebenda S. 92 f., gegen die süddeutsche Taktik S. 408 ff.

11 Zum badischen Großblock vgl. Bergsträßer, Geschichte der politischen Parteien S. 106.

12 Bismarck und Baden: Gedanken und Erinnerungen III, S. 28 f.

13 Vgl. die bedeutsame Äußerung Bismarcks Gedanken und Erinnerungen III, S. 131: »Jedenfalls wird die volle Befriedigung der Bundesgenossen, welche die preußische Monarchie und das evangelische Kaisertum bei dem Zentrum und dem Jesuitenorden finden könnte, sich als ebenso unerreichbar erweisen wie die der Sozialisten, und es wird sich im Falle der Gefahr und Not um analoge Ergebnisse handeln, wie bei dem Verfall des Deutschen Ordens in Preußen den Söldnern gegenüber stattfanden, welche der Orden nicht bezahlen konnte.« Der Vergleich des Zentrums mit den »unbezahlten Söldnern« ist von echt bismarckischer Gehässigkeit. Der politische Sinn des Ausspruches ist aber klar. Wenn das deutsche Kaisertum einmal eine solche militärische Niederlage erleide wie der Deutsche Orden bei Tannenberg, dann werden Zentrum und Sozialdemokraten eine neue politische Ordnung in Deutschland anstreben, genauso wie damals die Söldner und Untertanen des Ordens in Preußen.

14 Sämtliche Akten zur Daily-Telegraph-Affäre sind jetzt veröffentlicht: »Die Große Politik« Bd. XXIV, S. 165 f. Vgl. auch Bd. XV, S. 551 f.

15 Am 6. November 1908 erschien eine Erklärung des konservativen Parteivorstands gegen die Politik des Kaisers. Dazu schrieb jedoch die »Kreuzzeitung«: »Daß der Parteivorstand nicht die parlamentarische Aktion abgewartet hat, erklärt sich aus der Stellung der Partei dem Parlamentarismus gegenüber. Zu einer Machtfrage zwischen Krone und Parlament darf uns diese Sache nicht werden. Nicht Parlamentarier sind es, die hier den Wünschen des Volkes vor dem Throne Ausdruck geben, sondern die erwählten Führer einer monarchisch gesinnten Volkspartei.« (Siehe Schultheß, Europäischer Geschichtskalender 1908 zum 6. November.)

16 Stresemann im Werk des Untersuchungsausschusses VII, 2. Hälfte, S. 301: »Der Sturz des Fürsten Bülow, zu dem die Konservativen die Hand boten, indem sie einen fanatischen Kampf der Landwirtschaft gegen eine verhältnismäßig geringe Besteuerung der direkten Erbschaften entfesselten, mußte dem Kaiser als eine Genugtuung gegenüber der Haltung des Fürsten Bülow erscheinen. Das Volk selbst nahm in seinen Kundgebungen bei Besuchen und Ansprachen des Kaisers überhaupt keine Notiz von der Kritik des Reichstags, sondern jubelte ihm überall zu, wo er erschien, so daß die Umgebung des Kaisers mit Recht den Eindruck erwecken konnte, als sei die Stimmung des Reichstags eine gemachte, die im Volk selbst keinen Widerhall fände.«

17 Bei der Präsidentenwahl am 9. Februar 1912 erhielt Spahn 196 Stimmen, Bebel 175. Bei der Wahl zum ersten Vizepräsidenten erhielt Scheidemann 188 Stimmen und der Konservative Dietrich 174. Am 10. Februar legte Spahn sein Amt nieder. Am 8. März erfolgte die endgültige Präsidentenwahl: Zum Präsidenten wurde der Fortschrittler Kaempf mit 192 Stimmen gewählt. Spahn erhielt 187. Erster Vizepräsident wurde der Nationalliberale Paasche mit 197 Stimmen. Scheidemann erhielt diesmal nur 155. Dazu vgl. die Ausführungen des Abgeordneten von Richthofen im Werk des Untersuchungsausschusses VII, 2. Teil, S. 248. Richthofen gehörte damals der nationalliberalen Reichstagsfraktion an und hat selbst für Bebel gestimmt.

18 Die Berichte des Fürsten Lichnowsky aus London findet man jetzt am besten: »Die Große Politik« XXXIX, S. 119 f.

19 Die entscheidende Instruktion des Fürsten Bülow an den deutschen Botschafter in Petersburg Graf Pourtalès vom 21. März 1909 findet man jetzt: »Die Große Politik« XXVI, 2. Hälfte, S. 693. Fürst Bülow verlangt, daß die russische Regierung vorbehaltlos ihre Zustimmung zur Aufhebung des Artikels 25 des Berliner Vertrages erkläre, der die Oberhoheit der Türkei über Bosnien aufrechterhielt. Bülow schreibt u. a.: »Eure pp. wollen dabei Herrn Iswolsky (der bekannte russische Diplomat, damals Außenminister, später Botschafter in Paris) in bestimmter Form sagen, daß wir eine präzise Antwort, ja oder nein, erwarten. Jede ausweichende, verklausulierte oder unklare Antwort würden wir als eine Ablehnung betrachten müssen. Wir würden uns dann zurückziehen und den Dingen ihren Lauf lassen.«

20 Abgeordneter von Richthofen im Werk des Untersuchungsausschusses Band VII, 2. Teil, S. 215: »Hierbei ist von Bedeutung, daß der Staatssekretär von Jagow von vornherein ein außerordentlich großer Pessimist war, wie

ich mich auch erinnere, daß er mir, ich glaube bereits einen oder zwei Tage nach dem Eintritt Englands in den Weltkrieg, im Auswärtigen Amt bei einer Besprechung dargelegt hat, daß es das Ziel der deutschen auswärtigen Politik sein müsse, so schnell wie irgend möglich aus diesem unglückseligsten aller Kriege wieder herauszukommen.«

21 Vgl. dazu den Brief des Kronprinzen vom 18. Juli 1917 an den damaligen Reichskanzler Dr. Michaelis, abgedruckt im Werk des Untersuchungsausschusses Band VII, 2. Teil, S. 388 f. Der Kronprinz nennt hier u. a. Herrn von Valentini den »bösen Geist« des Kaisers. Herr von Lyncker sei ohne jede Fühlungnahme mit der Armee, ebenso müsse von Müller entlassen werden, der »in der ganzen Marine allgemein verhaßt ist und dort den Namen ›der deutsche Rasputin‹ erhalten hat«. Der Kronprinz fährt fort: »Die drei Herren sind ausgemachte Pessimisten und Flaumacher; sie drücken in der nachteiligsten Weise auf die Stimmung Seiner Majestät.«

22 Im Jahre 1887 stand ein Besuch des Zaren Alexander III. in Berlin bei Kaiser Wilhelm I. bevor. In der üblichen Weise entwarf Bismarck für den Kaiser einen Leitfaden für seine politischen Besprechungen mit dem Zaren. Da die beiden Monarchen miteinander französisch sprachen, verfaßte Bismarck das Schriftstück in Französisch. Vgl. »Die Große Politik« V, S. 320 f. Bismarck vertritt hier u. a. seinen oft geäußerten Gedanken, daß die drei Kaisermächte schon darum den Frieden erhalten müßten, weil sie im Falle einer Niederlage die Revolution zu befürchten haben. Bismarck sieht diese Gefahr nicht nur für Rußland, sondern ebenso für Deutschland: Au temps, où nous vivons, plus qu'a aucune autre époque de l'histoire, il est de l'intérêt des grandes monarchies d'éviter la guerre ... même en Allemagne — si contre toute attente nous venions à être vaincus — les chances de la république démocratique ou sociale gagneraient considérablement par notre défaite.

ANMERKUNGEN ZU KAPITEL III

1 Über die Stellung von Marx und Engels zum Kriege vgl. Franz Mehring: »Karl Marx«, 2. Aufl. 1919, S. 443: »Über die Stellung, die Marx und Engels zum Kriege eingenommen haben, ist sehr viel geschrieben worden, obgleich im Grunde sehr wenig darüber zu sagen ist. Sie sahen im Kriege ein Element, nicht wie Moltke, von Gottes Ordnung, wohl aber von Teufels Ordnung, eine unzertrennliche Begleiterscheinung der Klassen- und ganz besonders der kapitalistischen Gesellschaft. Als historische Köpfe standen sie natürlich nicht auf dem völlig unhistorischen Standpunkt: Krieg ist Krieg, und jeder Krieg ist an derselben Schablone zu messen. Für sie hatte jeder Krieg seine bestimmten Voraussetzungen und Folgerungen, von denen es abhing, wie sich die Arbeiterklasse zu ihm zu stellen habe. So war auch die Auffassung Lassalles, mit dem sie im Jahre 1859 über die tatsächlichen Bedingungen des damaligen Krieges gestritten hatten, alle drei aber unter dem entscheidenden Gesichtspunkte, wie dieser Krieg am gründlichsten für den proletarischen Emanzipationskampf auszunutzen wäre.« Marx und Engels zum Kriege 1870: Mehring S. 444 ff., zum Kriege 1859: Mehring S. 273 ff. Engels zur Weltkriegssituation 1892: »Politisches Vermächtnis« S. 28.

2 Über die militärischen Ereignisse im August/September 1914 s. das grundlegende Werk des Reichsarchivs: »Der Weltkrieg 1914—1918«, Band I—IV, 1925/26. Zur Tragödie des Generals von Moltke s. Bd. IV, S. 526: »Die Seele des deutschen Feldherrn war durch das lange Warten weit hinten in Luxemburg und die quälenden Zweifel über den Ausgang der Schlacht mehr und mehr zermürbt worden.« S. 531: »In den Mittagsstunden des 9. September war der deutsche Generalstabschef in Luxemburg unter der Wucht vermeintlicher und wirklicher Unglücksbotschaften seelisch zusammengebrochen. Er hatte aus den spärlichen Meldungen meist nur das Ungünstige herausgelesen ... Beim Mittagsvortrag vor dem Obersten Kriegsherrn, etwa zur gleichen Stunde, als das kämpfende Heer einen großen Sieg errungen hatte, schlug er die Zurücknahme der gesamten deutschen Heeresfront im Westen vor.« S. 533: »Wie war ein solches Versagen des deutschen Generalstabschefs möglich gewesen? Zweifellos ist Generaloberst von Moltke bei der Leitung der Operationen durch sein körperliches Befinden gehemmt worden. Im Jahre 1910 hatte ihn eine schwere Krankheit befallen, seitdem ließen seine körperliche Frische und Spannkraft langsam nach. Der Generaloberst empfand das schließlich selbst und äußerte seiner vertrauten Umgebung gegenüber in der letzten Zeit vor Kriegsausbruch des öfteren ernste Rücktrittsabsichten.«

3 Typisch sind die Berichte, die der damalige preußische Minister des Innern von Loebell in den ersten Kriegsmonaten an den Reichskanzler richtete, s. Werk des Untersuchungsausschusses V, S. 110 ff. So heißt es in einem Bericht von Ende September 1914 (S. 111): »Schon jetzt wird von sozialdemokratischer und auch von polnischer Seite unmißverständlich angedeutet, daß die nationale Pflichterfüllung Anspruch auf besondere Rechte geschaffen habe. Mit Bestimmtheit sind in absehbarer Zeit Forderungen zu erwarten, die die Regierung gar nicht erfüllen kann, ohne andere und zahlreichere Teile der Nation, die in schweigender Selbstverständlichkeit ihre Pflicht erfüllt haben, zu schädigen. Es darf nicht verhehlt werden, daß ernste Besorgnisse dieser Richtung in nationalen Kreisen vorhanden sind und geäußert werden. Industrie und Landwirtschaft finden sich in ihrer Unruhe gegenüber den wirtschaftlichen Ansprüchen, die heute bereits die sozialdemokratische Presse erhebt.«

4 Über die Wahlrechtsfrage im Kriege s. Bergsträßer, Werk des Untersuchungsausschusses VII, 1. Hälfte, S. 229 ff.

5 Über das psychologische Kriegserlebnis s. die feinen Beobachtungen des christlichen Gewerkschaftsführers, Abg. Joos, Werk des Untersuchungsausschusses V, S. 207 ff.

6 Ein typisches Dokument: Richard Stumpf: »Warum die Flotte zerbrach«, Kriegstagebuch eines christlichen Arbeiters 1927. (Diese Sonderausgabe enthält das Tagebuch mit einigen nicht wesentlichen Kürzungen. Eine vollständige Ausgabe erscheint im X. Band des Werkes des Untersuchungsausschusses.)

7 Vgl. Joos, Werk des Untersuchungsausschusses V, S. 213, über die Haltung des Kardinalerzbischofs von Hartmann in Köln zur Wahlrechtsfrage. — Über die politische Linie des Münchener Kardinalerzbischofs von Bettinger s. Victor Naumann, »Dokumente und Argumente« 1928, S. 118.

8 Zur Kriegspsychologie des Bauern, besonders in Bayern, s. Bergsträßer, Werk des Untersuchungsausschusses IV, S. 126 ff., mit viel Einzelmaterial.

9 Sehr charakteristische Sammlung von Feldpostbriefen, veröffentlicht von Bergsträßer, Werk des Untersuchungsausschusses V, S. 257 ff.

10 Zu Bethmanns Sieg über Tirpitz s. Bredt, Werk des Untersuchungsausschusses VIII, S. 64.

11 Scheidemann über sein Verhältnis zu Bethmann-Hollweg: Werk des Untersuchungsausschusses VII, 1. Hälfte, S. 277 ff.

12 Engels, Politisches Vermächtnis, S. 29: »Jedenfalls müssen wir (d. h. die deutschen Sozialdemokraten) erklären, daß wir seit 1871 stets bereit waren zu friedlicher Verständigung mit Frankreich, daß, sobald unsere Partei zur Herrschaft kommt, sie diese Herrschaft nicht ausüben kann, ohne daß Elsaß-Lothringen frei über seine Zukunft entscheidet.« ... »Ist die französische Offensive unschädlich gemacht, kann's an die Eroberung Polens bis an Drina und Dnjepr gehen ... Geht das gut, so wird in Frankreich wohl ein Umschlag erfolgen. Wir müssen gleichzeitig darauf dringen, daß den Franzosen mindestens Metz und Lothringen als Friedensgabe offeriert wird.«

13 Engels ebenda: »Diese (die Eroberung Polens) muß mit revolutionären Mitteln und wenn nötig unter Aufgabe eines Stückes Preußisch-Polens und ganz Galiziens an das herzustellende Polen durchgeführt werden.«

14 Scheidemann über eine Unterredung mit Bethmann im März 1915 (auf Grund von Aufzeichnungen Scheidemanns aus derselben Zeit): Werk des Untersuchungsausschusses VII, 1. Hälfte, S. 278: »Bethmann-Hollweg sprach dann noch über die Bereitwilligkeit, mit Rußland oder Frankreich einen Separatfrieden zu schließen, sobald es geht.« — Bethmann hat aber diese seine Bereitwilligkeit so wenig in die Öffentlichkeit dringen lassen, daß bestinformierte Männer der Ansicht sein konnten, der Reichskanzler suche den Frieden nur über England. Vgl. das entsprechende Urteil Victor Naumanns, der doch im Berliner Auswärtigen Amt aus- und einging: Dokumente S. 74.

15 Über die unzulängliche Orientierung der Abgeordneten s. Bell, Werk des Untersuchungsausschusses VII, 1. Hälfte, S. 304 f.

16 Vgl. eine Denkschrift Moltkes vom Januar 1880, zitiert im Werk des Reichsarchivs über den »Weltkrieg« I, S. 50.

17 Über die amtliche Schönfärbung des deutschen Gesundheitszustandes im Kriege s. Dr. Moses im Werk des Untersuchungsausschusses IV, S. 200 ff.

18 Über die deutschen Annexionspläne im Kriege erscheinen im XII. Band des Werkes des Untersuchungsausschusses ausführliche Gutachten von Hobohm und Volkmann.

19 Vgl. den Brief des führenden Alldeutschen von Gebsattel an Bethmann vom 5. Mai 1915 im Werk des Untersuchungsausschusses VII, 2. Hälfte, S. 350, sowie den Brief Hindenburgs an den Kaiser vom 7. Januar 1918, Werk des Untersuchungsausschusses II, S. 123.

20 Zur U-Boot-Agitation s. Bredt, Werk des Untersuchungsausschusses VIII, S. 67 und 71. Stresemann ebenda VII, 2. Hälfte, S. 307.

21 Über die Rede z. B. des Herrenhaus-Präsidenten von Wedel-Piesdorf am 15. März 1915 und ihre Auswirkung auf die Arbeiter s. Dittmann, Werk des Untersuchungsausschusses VII, 2. Teil, S. 335.

22 Vgl. die Rede Scheidemanns im Reichstag am 6. April 1916, als die offizielle sozialdemokratische Antwort auf Bethmanns grundlegende Kriegs-

zielerklärung vom 5. April: »Wenn es gelingt, die vom Zarismus geknechteten Polen freizumachen, die ganze Kulturmenschheit würde sich darüber freuen.« In diesem Zusammenhang ist Scheidemann auch gegen den Status quo, der von den »Diplomaten der Heiligen Allianz« stamme und deshalb keinen Respekt verdiene.

23 Vgl. die Eingabe, die Friedrich Naumann, zusammen mit Professor Jäckh, Dr. R. Bosch und anderen, am 11. Februar 1918 an Ludendorff richtete, im Werk des Untersuchungsausschusses II, S. 136. Darin heißt es u. a.: »Unser bisheriger Kriegsgewinn ist die Schaffung und Zusammenschweißung von Mitteleuropa. Sie bedeutet unsere ebenbürtige wirtschaftliche, militärische und politische Einreihung unter die politischen Weltkörper, ein Kriegsziel, das wir ganz unabhängig von irgendwelchen Veränderungen unserer Grenzverhältnisse im Osten und Westen heimbringen können. Auf die Zerstörung dieses Kriegsgewinnes haben es die Amerikaner und Engländer für den weiteren Krieg abgesehen. Sie verlängern seinetwegen den Krieg.«

24 Über die wirklichen Kriegsziele Bethmann-Hollwegs siehe das vertrauliche Schreiben, das er nach seinem Rücktritt am 26. Januar 1918 an den damaligen Reichskanzler Graf Hertling richtete: Werk des Untersuchungsausschusses II, S. 142: »Niemals während des ganzen Krieges habe ich der Obersten Heeresleitung, weder der jetzigen, noch der früheren, ein allgemeines Kriegszielprogramm vorgelegt, bis zu dessen Erreichung der Krieg fortgeführt werden müsse. Ich habe im Gegenteil stets die Notwendigkeit betont, jede sich bietende Möglichkeit zur Einleitung von Friedensverhandlungen zu ergreifen, um dann im Verlaufe solcher Verhandlungen das nach der militärisch-politischen Lage Mögliche und für Deutschland als nützlich Erkannte zu erreichen. Details sind meinerseits hierbei niemals festgestellt worden, sondern als Umrisse nur angegeben: Wiedererwerb unserer Kolonien; im Westen: Verhütung, daß Belgien ein feindliches Einfallstor werde, wenn möglich Erwerb von Longwy-Briey, eventuell im Wege gegenseitiger Grenzberichtigung; im Osten: Königreich Polen und Verbesserung der strategischen Grenzen Preußens unter möglichst geringen Annexionen, eventuell Bildung von Randstaaten aus Kurland und Litauen. Einer Annexion irgend nennenswerter polnischer Landesteile habe ich mich stets widersetzt.«

25 Scheidemann über seine »Auslegungen« der Reden Bethmanns: Werk des Untersuchungsausschusses VII, 1. Hälfte, S. 277.

ANMERKUNGEN ZU KAPITEL IV

1 Über die Strömungen innerhalb der Nationalliberalen Partei im Kriege siehe Stresemann im Werk des Untersuchungsausschusses VII, 2. Hälfte, S. 300, und von Richthofen ebenda S. 214 f.

2 Über das Zahlenverhältnis der aktiven zu den Reserveoffizieren im Kriege und die Verluste der aktiven Offiziere vgl. die Schrift des General von Altrock »Vom Sterben des deutschen Offizierskorps« (1921).

3 Über die »Kriegsgebundenheit« der Mehrheitssozialisten siehe David, im Werk des Untersuchungsausschusses VII, 1. Hälfte, S. 145.

4 Vergleiche »Die Krise der Sozialdemokratie (Junius-Broschüre)« von Rosa Luxemburg, Ausgabe von 1919, S. 81: »Ja, die Sozialdemokraten sind ver-

pflichtet, ihr Land in einer großen historischen Krise zu verteidigen. Und darin liegt eine schwere Schuld der sozialdemokratischen Reichstagsfraktion, daß sie in ihrer Erklärung vom 4. August 1914 feierlich verkündete: »Wir lassen das Vaterland in der Stunde der Gefahr nicht im Stich«, ihre Worte aber im gleichen Augenblick verleugnete. Sie hat das Vaterland in der Stunde der größten Gefahr im Stiche gelassen. Denn die erste Pflicht gegenüber dem Vaterland in jener Stunde war, ihm den wahren Hintergrund dieses imperialistischen Krieges zu zeigen, das Gewebe von patriotischen und diplomatischen Lügen zu zerreißen, womit dieser Anschlag auf das Vaterland umwoben war, laut und vernehmlich auszusprechen, daß für das deutsche Volk in diesem Kriege Sieg wie Niederlage gleich verhängnisvoll sind, sich der Knebelung des Vaterlandes durch den Belagerungszustand bis zum äußersten zu widersetzen, die Notwendigkeit der sofortigen Volksbewaffnung und der Entscheidung des Volkes über Krieg und Frieden zu proklamieren, die permanente Tagung der Volksvertretung für die Dauer des Krieges mit allem Nachdruck zu fordern, um die wachsame Kontrolle der Regierung durch die Volksvertretung und der Volksvertretung durch das Volk zu sichern, die sofortige Abschaffung aller politischen Entrechtung zu verlangen, da nur ein freies Volk sein Land wirksam verteidigen kann, endlich dem imperalistischen, auf die Erhaltung Österreichs und der Türkei, das heißt der Reaktion in Europa und in Deutschland gerichteten Programm des Krieges das alte wahrhaft nationale Programm der Patrioten und Demokraten von 1848, das Programm von Marx, Engels und Lassalle, die Losung der einigen großen deutschen Republik entgegenzustellen. Das war die Fahne, die dem Lande vorangetragen werden mußte, die wahrhaft national, wahrhaft freiheitlich gewesen wäre und in Übereinstimmung mit den besten Traditionen Deutschlands wie mit der internationalen Klassenpolitik des Proletariats.« Dieses Programm, wie »ein freies Volk sein Land wirksam verteidigen kann«, steht, wie Rosa Luxemburg mit Recht hervorhebt, völlig im Einklang mit Friedrich Engels. Es wurde aber in der Tagesagitation des Spartakusbundes von einem utopischen Radikalismus zurückgedrängt. Rosa Luxemburg hat die Junius-Broschüre im April 1915 im Berliner Gefängnis geschrieben. Die Rezension der Junius-Broschüre durch Lenin (1916) findet man: Lenin-Sinowjew »Gegen den Strom«, 1921, S. 415. Die illegalen Spartakusbriefe aus der Kriegszeit sind von der Kommunistischen Partei Deutschlands neu herausgegeben (2 Bände 1920 und 1921).

5 Über die wirkliche Stärke des Spartakusbundes vgl. Rosenberg im Werk des Untersuchungsausschusses V, S. 220.

6 Über die USPD im Kriege vgl. zwei grundlegende Artikel von Dittmann in der »Leipziger Volkszeitung« vom 15. und 16. Juni 1917, abgedruckt im Werk des Untersuchungsausschusses VII, 2. Teil, S. 325 ff.

7 Vgl. besonders die Aufsätze von Max Cohen und Quessel in den Jahrgängen 1916 und 1917 der »Sozialistischen Monatshefte«.

8 Über die staatsrechtliche Stellung Ludendorffs s. Bredt im Werk des Untersuchungsausschusses VIII, S. 31 ff.

9 Über Ludendorff und Hoffmann im Januar 1918 vgl. den Brief Hindenburgs an den Kaiser vom 7. Januar 1918 im Werk des Untersuchungsausschusses II, S. 124.

10 Die Aufzeichnung Bethmanns ist abgedruckt: Werk des Untersuchungsausschusses II, S. 155: »Aus Valentinis Äußerungen entnahm ich folgendes: Nachdem der Kaiser Bernstorff refüsiert hatte, beauftragte er Valentini, Hindenburg zu fragen, wen er als Kanzler wolle. Valentini, der nicht persönlich mit Hindenburg verhandeln wollte, fuhr unter Zustimmung des Kaisers zu Lyncker, um diesen die Mission ausrichten zu lassen. General von Plessen, der bei Lyncker war, scheint den Namen Michaelis aufgebracht zu haben. Darauf haben Valentini, Lyncker und Plessen mit Hindenburg und Ludendorff konferiert, wobei Ludendorff gesagt hat, er könne Michaelis nur auf das wärmste empfehlen. Derselbe sei vor einiger Zeit im Großen Hauptquartier gewesen und habe den Eindruck gemacht, daß er der rechte Mann sei. Der Kaiser hat auf Vortrag Valentinis Michaelis sofort akzeptiert, obwohl er ihn nicht kenne, und Michaelis hat nach ganz kurzem Überlegen angenommen.«

11 Zur Entlassung Valentinis s. Schwertfeger im Werk des Untersuchungsausschusses II, S. 174, dazu Prinz Max von Baden »Erinnerungen und Dokumente« (1927), S. 379.

12 Die Randbemerkungen Wilhelms II. gegen Ludendorff im Werk des Untersuchungsausschusses II, S. 169ff.

13 Die Urkunden über Ludendorffs Verhältnis zur Arbeiterbewegung: Werk des Untersuchungsausschusses II, S. 125, 149, 151.

14 Ludendorffs Kriegsziele: Grundlegende Denkschrift vom 14. September 1917 im Werk des Untersuchungsausschusses II, S. 102.

15 Die Darstellung im Text geht auf die eidliche Aussage zurück, die Stinnes vor dem 2. Unterausschuß des Untersuchungsausschusses des Reichstags gemacht hat. Der 2. Unterausschuß beschäftigt sich mit den Friedensmöglichkeiten im Weltkrieg, hat aber seine Verhandlungen noch nicht veröffentlicht. Der sozialdemokratische Reichstagsabgeordnete Dr. Quessel hat jedoch diese Tatsachen in den Verhandlungen des 4. Unterausschusses zur Sprache gebracht und damit der Öffentlichkeit zugänglich gemacht. Vgl. Werk des Untersuchungsausschusses VII, 2. Hälfte, S. 244. Der Abgeordnete von Richthofen bestätigt, daß ihm persönlich durch Beziehungen zum Auswärtigen Amt diese Vorgänge bekannt waren (ebenda S. 245). Dagegen war 1916 weder die sozialdemokratische noch die nationalliberale Reichstagsfraktion von diesen Friedensmöglichkeiten orientiert (vgl. Quessel und von Richthofen a.a.O.). Dasselbe gilt offenbar dann auch von den anderen Fraktionen. Die russischen Emigranten in der Schweiz waren Anfang November 1916 ebenfalls von den Friedensaussichten orientiert. So schrieb Lenin am 6. November einen Artikel »Über Separatfrieden« (abgedruckt: »Gegen den Strom«, S. 355), der mit den Worten beginnt: »Zwischen Rußland und Deutschland werden schon über den Abschluß eines Separatfriedens Verhandlungen geführt. Diese Verhandlungen sind offiziell, und in der Hauptsache sind beide Mächte schon einig.« Lenin weist eingehend nach, welche Gründe für einen solchen Sonderfrieden sprechen und warum das offizielle Dementi der deutsch-russischen Verhandlungen durch die russische Gesandtschaft in Bern keinen Glauben verdient. Als Gegenaktion kolportierte die Entente im Oktober die Meldung, daß Rußland bereit sei, selbst Polen aufzugeben. Dann würde die Entente sich mit den Polen verbünden und ihnen Posen, Galizien usw. zusagen (vgl. Naumann, Dokumente und Argumente, S. 145). Damit wollte man Bethmann-Hollweg erschrecken und

zu übereilten polenfreundlichen Maßregeln drängen, um so die Friedensmöglichkeit Deutschland-Rußland zu zerstören. Das Entente-Manöver hatte vollen Erfolg; s. Bredt, Werk des Untersuchungsausschusses VIII, S. 318.

16 Urkunden zur Vorgeschichte der Polen-Proklamation: Werk des Untersuchungsausschusses VII, 1. Hälfte, S. 363 ff.

17 Stresemann (Werk des Untersuchungsausschusses VII, 2. Hälfte, S. 307) berichtet über eine Sitzung des Hauptausschusses des Reichstags, in der die U-Boot-Frage erörtert wurde: »Der Staatssekretär des Reichsmarineamts, Herr von Capelle, ... äußerte sich dahin, er schätze die Gefahr, daß Amerika irgendwelche Truppen nach Europa werfen könnte, mit Null ein. Da Herr von Capelle die Gewohnheit hatte, die Endworte seiner Sätze zu wiederholen, so sagte er auch hier, wie mir deutlich in Erinnerung steht, diese Worte dreimal: »mit Null, mit Null, mit Null ...« Seine Ausführungen über die Verhinderung der Truppentransporte, die er noch durch den Satz ergänzte: ›Wenn die Amerikaner wirklich kommen sollten, freuen sich meine U-Boote schon im voraus auf die Beute, die sie machen werden‹, waren für die Haltung der Fraktion mit entscheidend.« Über den 6-Monate-Termin vgl. die Rede von Capelles im Hauptausschuß des Reichstags vom 7. Juli 1917, abgedruckt im Werk des Untersuchungsausschusses VIII, S. 112. Dazu vgl. Bredt, ebenda VIII, S. 71.

18 Zentrum und Oberste Heeresleitung: Bredt, Werk des Untersuchungsausschusses VIII, S. 68.

ANMERKUNGEN ZU KAPITEL V

1 Über Deutschlands innere Entwicklung in den wichtigen ersten drei Monaten 1917 s. Bergsträßer, Werk des Untersuchungsausschusses VII, 1. Hälfte, S. 234 ff., Bredt, VIII, S. 159 ff.

2 Über den Verfassungsausschuß des Reichstags s. Bredt, VIII, S. 162 ff., Scheidemann, VII, 1. Hälfte, S. 280. Vgl. auch VII, 1. Hälfte, S. 12, VII, 2. Hälfte, S. 160 ff.

3 Zur Vorgeschichte der Osterbotschaft s. Bergsträßer, VII, 1. Hälfte, S. 237 ff.

4 Die Entstehungsgeschichte der Friedensresolution hat der Untersuchungsausschuß mit besonderer Sorgfalt geprüft und wohl alle damit zusammenhängenden Fragen geklärt. Das gesamte Material findet man im VII. und VIII. Band seines Werkes. Im einzelnen vgl. besonders Bredt, VIII, S. 69 ff., Scheidemann, VII, 1. Hälfte, S. 282 ff., Bell, ebenda, S. 307 ff., Müller-Fulda (1917 Reichstagsabgeordneter des Zentrums) ebenda, S. 384: »Ich traf (am 2. Juli) im Reichstag den Abgeordneten Erzberger und besprach mit ihm die ungünstige Stimmung, welche vielfach infolge der Lebensmittelnot herrschte. Er erklärte mir, daß Deutschland den Frieden haben könne, wenn es ernstlich wolle. Er erwähnte die beabsichtigte Friedensvermittlung des Papstes und sagte, es käme jetzt darauf an, diese durch eine Kundgebung des Reichstags für einen annexionslosen Frieden zu unterstützen.« Philipp, VII, 2. Hälfte, S. 169. Von Richthofen, ebenda, S. 217, über die Reise, die er zusammen mit Erzberger 1917 nach »Oberost« machte. Von Richthofens Kritik an Erzbergers Aktion: ebenda, S. 218. Haltung der

Nationalliberalen, ebenda, S. 219. Die Schwenkung des Zentrums nach links: Spahn, ebenda, S. 239.

5 Über die Tendenz der Parma-Partei s. den Bericht Victor Naumanns an Hertling vom 21. Februar 1918 über seine Wiener Eindrücke, im Werk des Untersuchungsausschusses II, S. 145 ff.: »In meinen Konversationen mit mir befreundeten Mitgliedern der Hocharistokratie fand ich gleichermaßen eine Art Erbitterung gegen Deutschland vor, die ich vergeblich zu zerstreuen suchte, und eine Friedenssehnsucht sondersgleichen. Man kann annehmen, daß gewisse höfische Kreise, ich will sie unter dem Namen Parma-Gruppe zusammenfassen, mächtig an der Arbeit sind, um auf eine Verständigung mit der Entente hinzuarbeiten.« Weiteres, sehr wichtiges Material über das Habsburger-Reich im Kriege findet man jetzt in Naumanns Buch »Dokumente und Argumente« (1928). Mit vollem Recht hebt Naumann hervor, daß Czernin mit den Intrigen der Parma-Gruppe nichts zu tun hatte, sondern vielmehr der schärfste Gegner dieser Tendenz war. Ob Naumann den Kaiser Karl als Person richtig beurteilt, ist sehr zweifelhaft. Aber geschichtlich kommt es nur auf die politische Linie der Wiener Hofpartei 1917/18 an, und diese ist völlig klar.

6 Zur päpstlichen Friedensaktion vgl. Bredt im Werk des Untersuchungsausschusses VIII, S. 132 ff.

7 Erzberger und Scheidemann im Hauptausschuß: Bredt, VIII, S. 73 ff.; vgl. S. 108 ff.

8 Bethmanns Sturz: Bredt, VIII, S. 77 ff., Prinz Max von Baden: Erinnerungen S. 110 ff.

9 Zur Auffassung der Friedensresolution: David, Werk des Untersuchungsausschusses VII, 1. Hälfte, S. 170 ff. Prinz Max von Baden: Erinnerungen, S. 114. Über die außenpolitische Vieldeutigkeit der Resolution war sich Erzberger selbst im klaren. Prinz Max erzählt von einer Unterredung, die er mit Erzberger über die Resolution hatte, wobei Erzberger erklärte: »Was wollen Sie, Hoheit — damit kriege ich auf dem Verhandlungsweg Briey und Longwy.«

10 Brief von Michaelis an den Kronprinzen über die Reichstagssitzung am 19. Juli: Werk des Untersuchungsausschusses VII, 2. Hälfte, S. 390. Eindruck des »Wie ich sie auffasse« auf die Mehrheitsparteien des Reichstags: Scheidemann, Landsberg und Bell, VII, 1. Hälfte, S. 294 f.

11 Die Verhandlungen Deutschlands mit dem Papst im August und September 1917 hat der Untersuchungsausschuß eingehend nachgeprüft; vgl. besonders die Protokolle der Vernehmungen von Michaelis und Kühlmann durch den Ausschuß in Bd. VII, 2. Hälfte. Die strittigen Fragen sind zum Teil sehr kompliziert. In den Grundzügen ist die Auffassung, die Bredt in seinem Gutachten (VIII, S. 132 ff.) vortrug, nicht erschüttert worden (vgl. auch den Aufsatz von Bredt in den »Preußischen Jahrbüchern«, 1927). Irrtümlich ist freilich die Meinung Bredts, daß damals der Kaiser in der belgischen Frage den Standpunkt der Reichstagsmehrheit geteilt habe (VIII, S. 152). Das Protokoll des Kronrats vom 11. September sagt das Gegenteil. Die Auslegungen späterer Memoirenwerke kommen demgegenüber nicht in Frage. Demgemäß hat auch Kühlmann vor dem Untersuchungsausschuß ausgesagt, daß ihn der Kronrat zu einer Erklärung über bedingungslose Wiederherstellung Belgiens nicht ermächtigt hat: Erstens sollte die deutsche Regierung

nur dann eine öffentliche Erklärung über Belgien abgeben, wenn sie die Sicherheit hatte, damit unmittelbar Friedensverhandlungen herbeizuführen (Kühlmann, VII, 2. Hälfte, S. 122). Eine solche Sicherheit habe damals nicht bestanden. »Die zweite Umgrenzung oder Erschwerung war das Residuum annexionistischer Bestrebungen, das in einem Hinweis auf handelspolitische Bindungen usw. lag. Einen direkten Versuch zu machen, dies zu beseitigen, etwa durch einen zweiten Kronrat, hätte zum Scheitern geführt, das ist gar keine Frage« (Kühlmann, ebenda). Vgl. auch Kühlmann, S. 140: »Die Formel des Kronrats war die, die ich mehrfach angeführt habe. Der Kurie ausdrücklich mitzuteilen: im Kronrat sind gewisse Strömungen auf wirtschaftliche Beherrschungen, zeitweise Okkupationen, hielt ich nicht für nützlich.« Verheimlichung des Briefwechsels Michaelis-Hindenburg (über Lüttich usw.) vor Kühlmann: VII, 2. Hälfte, S. 68, 131.

12 Gewisse äußere Momente haben den Untersuchungsausschuß veranlaßt, den Marineunruhen 1917 einen sehr großen Teil seiner Arbeit zu widmen. Es wären hier Einschränkungen und Abkürzungen durchaus möglich gewesen. Die ganze Masse der Sitzungs- und Vernehmungsprotokolle, der Gutachten und der schriftlichen Äußerungen beteiligter Personen werden in den Bänden IX und X des Werkes des Ausschusses veröffentlicht. Dafür sind die Streitfragen über die Marinebewegung 1917 jetzt endgültig geklärt. Knappe Zusammenfassung der Resultate durch Bredt: »Die Marineunruhen 1917«, in den »Preußischen Jahrbüchern« 1927. Die beiden Hauptreferate aus den Verhandlungen des Untersuchungsausschusses sind bereits gesondert veröffentlicht worden: Dittmann »Die Marinejustizmorde von 1917 und die Admiralsrebellion von 1918« (1926), und Brüninghaus »Die politische Zersetzung und die Tragödie der deutschen Flotte« (1926). Vor allem das Referat Dittmanns enthält reiches Aktenmaterial. Die Behauptung, daß die USPD damals einen Aufstand der Flotte erregen wollte, ist durch die Untersuchung des Reichstagsausschusses völlig widerlegt worden. Diese Meinung konnte auch nur von Leuten vertreten werden, denen die Strömungen und Tendenzen der deutschen Arbeiterbewegung völlig fremd sind. Einige nachträgliche kommunistische Veröffentlichungen (mehrere Artikel des früheren Matrosen Sachse und die Broschüre: Anti-Nauticus »Deutschlands revolutionäre Matrosen«, 1925) geben der Matrosenbewegung von 1917 eine politisch revolutionäre Reife, die in Wirklichkeit nicht vorhanden war. Bei der Vernehmung vor dem Untersuchungsausschuß hat auch Sachse seine früheren Behauptungen stark eingeschränkt. Die allerwichtigste Quelle zum Verständnis der Matrosenbewegung ist das Tagebuch des christlichen Gewerkschaftlers Stumpf, das er von 1914 bis 1918 als Matrose auf »Helgoland« geführt hat: Richard Stumpf »Warum die Flotte zerbrach«, 1927. Es ist nicht notwendig, jedes einzelne Wort von Stumpf auf die Goldwaage zu legen. Einzeltatsachen, die Stumpf ausführt, können widerlegt werden. Erschütternd wirkt die Verbitterung, mit der dieser christliche, monarchisch und patriotisch gesinnte Mann schon seit 1914 den Offizieren und dem herrschenden preußischen System gegenübersteht. — Die Stockholm-Liste: Dittmann, S. 23, der Brief an den »Vorwärts«, ebenda, S. 25, die Todesurteile, ebenda, S. 62 ff. — Stumpf, S. 148: »Oft wenn ich meine Kameraden über die Zustände schimpfen höre, trete ich unter sie und frage: ›Nun, was würdest du tun, wenn du Zeus wärest? Womit würdest du beginnen, unsere traurige Lage zu verbessern?‹ Da gibt es schöne Sachen zu hören: ›Sofort Frieden schließen‹, das ist die häufigste Antwort. ›Heer und Marine auf-

lösen und entlassen!‹ ›Scheidemann zum Kanzler und Liebknecht als Kriegsminister‹, und was dergleichen Sprüche mehr sind.« — S. 151 schildert Stumpf die Skagerrak-Gedächtnisfeier auf seinem Schiff 1917. Der Kommandant sagte in seiner Ansprache unter anderem, daß die Feinde nur das eine Ziel fest im Auge hätten, das Band zwischen dem obersten Kriegsherrn und der Armee und Marine zu zerreißen. »Wenn dann die Hohenzollern verjagt sind, dann soll uns ein parlamentarisches Regime, ähnlich dem von England und Frankreich, aufoktroyiert werden. Dann werden, wie dort, die Koofmichs, die Advokaten und Zeitungsschreiber regieren.« Dazu schreibt Stumpf in seinem Tagebuch (S. 152): »Wäre ich Offizier, würde meine Zustimmung (zu der Rede des Kommandanten) und Bewunderung keine Grenzen finden. Aber mein jetziger Standpunkt, die Überzeugung des besitzlosen Proleten, ist es nie und nimmer. Wie könnte ich einer Ausdehnung der Herrschergewalt, einer Vermehrung des Heeres, einer Vergrößerung der Marine das Wort reden! Wer nicht mitzubezahlen braucht, hat leicht reden. Lieber den Engländern Sklave als den Deutschen Soldat! Mein Ideal ist, daß wir uns den englisch-amerikanischen Regierungsformen nähern. Vor dem Worte parlamentarisches Regiment habe ich keine Angst.« — Veränderte Auffassung der Disziplin durch die Matrosen 1917. Stumpf S. 159. Eindruck der Todesurteile auf die Mannschaften: Stumpf, S. 167: »Ich hätte jeden für einen Narren erklärt, der behauptet hätte, daß in meinem Vaterlande ein Mensch zu Zuchthaus und zum Tode verurteilt werden kann, ohne daß er etwas Unrechtes getan hat. Allmählich geht mir eine ganze Bogenlampe auf, warum manche Menschen das Militär und sein System mit solcher Leidenschaft bekämpfen. Armer Karl Liebknecht! Wie tust du mir heute leid!«

ANMERKUNGEN ZU KAPITEL VI

1 Über seinen Plan einer Gegenrevolution in Rußland spricht General Hoffmann in seinem Buch: »Der Krieg der versäumten Gelegenheiten« (1923), S. 224.

2 Zum Sturz von Michaelis siehe Bredt, VIII, S. 97ff., von Richthofen, VII, 2. Hälfte, S. 221ff.

3 Hertlings politische Grundgedanken kommen am besten in einer Denkschrift des Unterstaatssekretärs in der Reichskanzlei, von Radowitz, vom 17. Januar 1918 zum Ausdruck. Die Denkschrift ist im Auftrage Hertlings verfaßt und von ihm mit »sehr einverstanden« unterzeichnet (s. Werk des Untersuchungsausschusses, II, S. 337). Hertling und das Zentrum: Bell, VII, 1. Hälfte, S. 316.

4 Hertlings Kampf um die Wahlreform: Bredt, VIII, S. 184ff.

5 Zu den Verhandlungen in Brest-Litowsk siehe Hoffmann »Der Krieg der versäumten Gelegenheiten«, S. 197ff., Bredt, VIII, S. 218ff., Trotzky »Von der Oktober-Revolution bis zum Brester Friedensvertrag« (1918), deutsche Ausgabe, S. 102: »Der General Hoffmann trug in die Verhandlungen eine erfrischende Note hinein. Ohne eine große Sympathie für die diplomatischen Instruktionen Kühlmanns zu zeigen, legte der General mehrmals seinen Soldatenstiefel auf den Tisch, um den sich komplizierte juristische

Debatten drehten. Wir unsererseits, wir zweifelten keinen Augenblick, daß gerade dieser Stiefel des Generals Hoffmann als die einzige ernsthafte Realität bei diesen ganzen Verhandlungen zu betrachten sei.«

6 Leider hat sich der Untersuchungsausschuß mit dem Januarstreik 1918 nicht näher beschäftigt. Die grundlegende Darstellung dieser Vorgänge ist das Buch von Richard Müller »Vom Kaiserreich zur Republik«, I, 1924. Besonders wertvoll sind die von Müller veröffentlichten Urkunden und Dokumente. Vgl. ferner den Bericht des »Büros für Sozialpolitik«, erstattet unmittelbar nach Ende des Streiks, im Werk des Untersuchungsausschusses V, S. 103, mit klarer, sachkundiger Analyse der Vorgänge.

7 Stärke des deutschen Ostheeres 1918: von Kuhl, Werk des Untersuchungsausschusses III, S. 6, 8, 10ff. Über Rumänien ebenda, S. 10, die Ukraine S. 16ff. General Hoffmann: »Der Krieg der versäumten Gelegenheiten«, S. 221: »Die Organisation (des deutsch-ukrainischen Handels) war auf dem Papier glänzend, nur schaffte sie verhältnismäßig wenig Ergebnisse ... Ich glaube, ohne eine große Zentralorganisation, wenn wir einfach eine größere Anzahl jüdischer Händler engagiert hätten mit dem Auftrag, uns das Getreide im freien Handel herauszuholen, wären wir weiter gekommen.«

8 Vorzügliche militärische Darstellung der Offensive 1918: von Kuhl im Werk des Untersuchungsausschusses III. Dazu die wichtige Denkschrift des General Wetzell, des Chefs der Operationsabteilung der Obersten Heeresleitung 1918, im Werk des Untersuchungsausschusses I, S. 305ff. Das Urteil Haigs über die deutschen Siegesaussichten: Kuhl, ebenda, III, S. 138. Die deutschen Kavallerie-Divisionen in der Ukraine: Kuhl, S. 22f.

9 Über die Wahlrechtsverhandlungen 1918 s. die Übersicht bei Bredt, VIII, S. 187ff. Alle Einzelheiten in den Stenographischen Sitzungsberichten des Preußischen Abgeordnetenhauses vom April bis Juli 1918. Der am 4. Juli angenommene, sehr komplizierte Kompromißantrag ist im Text nur in seinem politischen Extrakt wiedergegeben.

10 Über die »Friedensoffensive« Haeftens und die Entlassung Kühlmanns siehe die eingehende Darstellung von Schwertfeger, mit allen Urkunden, im Werk des Untersuchungsausschusses II, S. 193ff., ferner Bredt, VIII, S. 273ff.

11 Vgl. im Werk des Untersuchungsausschusses II, S. 347, die Aufzeichnung über einen Vortrag Hertlings bei Wilhelm II. am 13. Juli 1918: »Litauen betreffend, hat S. M. selbst dem König von Sachsen die Aussicht auf Personalunion mit Litauen eröffnet und hält an diesem Gedanken fest. S. M. wird dem geäußerten Wunsche entsprechend die militärischen Stellen mit der nötigen Instruktion versehen.« Erzberger und die Thronkandidatur des Herzogs von Urach s. Bredt, VIII, S. 344. Viel neues Material zu diesen dynastischen Projekten bei Naumann »Dokumente und Argumente.«

ANMERKUNGEN ZU KAPITEL VII

1 Stärke der Amerikaner in Frankreich: Kuhl im Werk des Untersuchungsausschusses III, S. 55. Englische Ersatzverhältnisse: Kuhl, III, S. 9.

2 Zur Geschichte des Tank: Kuhl, III, S. 78ff.

3 Vgl. das Tagebuch von Richard Stumpf (S. 199, Gespräche des Verfassers mit Soldaten auf seiner Urlaubsreise nach Bayern): »Nach dem Ziele des

nächsten Stoßes befragt, gaben alle mit verblüffender Sicherheit den Raum östlich und südlich von Reims an und als Datum gar den 16. Juli.«

4 Denkschrift des Majors Niemann, nebst den Bemerkungen von Oberst Bauer: Werk des Untersuchungsausschusses II, S. 215 ff. Niemann schreibt u. a. »England ist dahin zu verständigen, daß wir unsere Zukunft, d. h. unsere militärpolitische Orientierung, nicht auf dem Wasser, sondern auf dem Lande suchen ... England wird auf den billigen Köder unseres maritimen Verzichts sicherlich anbeißen.« Dazu Bauer: »Mit Beurteilung der Flottenfrage sehr einverstanden. Unsere Flottenpolitik vor dem Kriege war grundfalsch und der Hauptanlaß der englischen Feindschaft ... Im Kriege selbst hat uns die Hochseeflotte nur Menschen und Geld gekostet. Einen militärischen Nutzen sehe ich nicht.«

5 Volkmann, Werk des Untersuchungsausschusses VI, S. 288: »Das Feldheer wurde von den revolutionären Vorgängen der Heimat zunächst nur wenig berührt. Nur in seltenen Fällen wurde der Versuch gemacht, die Autorität der Offiziere und ihre Kommandogewalt anzutasten. Wo es geschah, scheiterte er schon nach kurzer Zeit.« S. 289: »Unter den alten schwarzweißroten Farben und unter dem Gesang vaterländischer Lieder überschritten die Truppen in fester militärischer Haltung die Grenzen der Heimat.«

6 Zum Kronrat in Spa siehe Schwertfeger, Werk des Untersuchungsausschusses II, S. 223 ff., ebenda das gesamte Aktenmaterial. Die Aufzeichnungen des Staatssekretärs von Hintze sind eine wertvolle Quelle, aber in ihren Angriffen gegen Ludendorff nicht überzeugend.

7 Über die Aktion Payers siehe Schwertfeger II, S. 237ff. und die Aufzeichnung Payers selbst, ebenda II, S. 384.

8 Das rumänische Petroleum und die deutsche Kriegführung: Kuhl, Werk des Untersuchungsausschusses III, S. 12.

9 Über den 29. September und die folgenden Tage siehe die ausgezeichnete Darstellung nebst den Akten bei Schwertfeger II, S. 260 ff. Vgl. Prinz Max von Baden »Erinnerungen«, S. 335 ff.

10 Hindenburgs Brief vom 3. Oktober: Schwertfeger, S. 302.

11 Hindenburg und Graf Roedern: Schwertfeger, S. 303.

12 Unterredung des Marschall Foch mit einem Vertreter der Wiener »Neuen Freien Presse«, abgedruckt und besprochen in den Berliner Zeitungen Anfang August 1928 (»Berliner Tageblatt«, 3. August).

13 Über die Regierung des Prinzen Max siehe Bredt, Werk des Untersuchungsausschusses VIII, S. 204 ff. und die eingehende, wertvolle Darstellung in den »Erinnerungen« des Prinzen selbst.

14 Die Aufzeichnung Ludendorffs vom 31. Oktober 1918: Werk des Untersuchungsausschusses II, S. 361ff., zum Rücktritt Ludendorffs siehe »Erinnerungen« des Prinzen Max, S. 500 ff. Das Zentrum gegen »nationale Verteidigung«, ebenda, S. 499. Die Vorbereitung der deutschen Antwortnote an Wilson vom 27. Oktober: ebenda, S. 505 ff.

15 Sitzung vom 25. Mai 1917: Werk des Untersuchungsausschusses V, S. 130.

16 Spartakus-Tätigkeit im Oktober 1918: Paul Frölich »10 Jahre Krieg und Bürgerkrieg«, I, 1924, S. 212, 239.

17 Die revolutionären Obleute im Oktober/November 1918: Richard Müller »Vom Kaiserreich zur Republik«, I, S. 127 ff. (Grundlegende Darstellung.

Zu der Schrift Emil Barths über den gleichen Gegenstand siehe Müller im Vorwort, S. 8: »Barths Buch ist nichts anderes als eine eitle phantastische Renommisterei«.)

18 Richard Müller, I, S. 128: »Die revolutionären Obleute haben von keiner Stelle, weder vom Ausland noch von Leuten in Deutschland, irgendwelche Geldmittel erhalten oder angeboten bekommen. Emil Barth hat zum Waffenkauf Gelder erhalten von einer Stelle, die der deutschen Arbeiterschaft nahestand. Barth betrachtete das als eine Angelegenheit, über die er keine Rechenschaft abzulegen brauchte.«

19 Über den geplanten Flottenvorstoß und die Marinerevolution wird der IX. und X. Band des Werkes des Untersuchungsausschusses eingehendes Material bringen. Über den Plan des Vorstoßes siehe Beckmann »Der Dolchstoßprozeß in München« (1925), S. 41. Aussage des Admirals von Trotha: »So konnten die von uns gegen die schon in Feindeshand befindliche Flandrische Küste und gegen die Themse-Mündung angesetzten schnellen Kreuzer, gestützt auf das für sie bereitstehende deutsche Gros den Vorstoß ohne jedes Risiko durchführen und dem Feind unermeßlichen Schaden tun ... Mit geringstem Risiko konnte das Größte erreicht werden.« Flottenvorstoß und Regierung: Prinz Max »Erinnerungen« S. 572 ff. Die Protokolle der Matrosenvernehmungen vom 1.—3. November (eine grundlegende Quelle) bei Dittmann: »Die Marine-Justizmorde usw.«, S. 94 ff. Vgl. die Äußerung des Kapitänleutnants Fikentscher, zitiert im Werk des Untersuchungsausschusses VI, S. 193. Die Marineakten zum Kieler Aufstand stehen in der »Denkschrift zur Frage des Dolchstoßes«, die im IX. Band des Werkes des Untersuchungsausschusses zur Veröffentlichung gelangt. Ebenda die 13 Forderungen des Soldatenrates des I. Geschwaders. Sehr wichtig ist ferner das dort abgedruckte Protokoll der Verhandlungen des Staatssekretärs des Reichsmarineamts von Mann mit Vertrauensleuten des III. Geschwaders am 7. November. Noch an diesem Tage betonten die Sprecher der Matrosen die Loyalität zur Regierung und stellten ganz unpolitische Forderungen! — Im allgemeinen vergleiche noch zur Marinerevolution: Herz, Werk des Untersuchungsausschusses VI, S. 190 ff., Stumpf: »Warum die Flotte zerbrach«, S. 206 ff., Richard Müller: »Vom Kaiserreich zur Republik« I, S. 135. — Zur Revolution in München siehe die sehr anschauliche Schilderung von Victor Naumann: »Dokumente und Argumente«, der die Revolutionstage in München verlebte. Die Dokumente der Regierung Eisner bei Richard Müller: »Vom Kaiserreich zur Republik« II, S. 240 ff.

20 Prinz Max und die SPD: »Erinnerungen« des Prinzen Max, S. 589 ff. Der 9. November, ebenda, S. 630 ff. Am 9. November erschien ein Aufruf, gezeichnet »der Reichskanzler: Ebert«, der mit den Worten beginnt: »Mitbürger! Der bisherige Reichskanzler Prinz Max von Baden hat mir unter Zustimmung der sämtlichen Staatssekretäre die Wahrnehmung der Geschäfte des Reichskanzlers übertragen« (vgl. Bredt: Werk des Untersuchungsausschusses VIII, S. 350). Dazu Prinz Max: »Erinnerungen«, S. 643: »Zwischen 5 und 6 Uhr (am 9. November) ging ich zu Ebert, um Abschied von ihm zu nehmen. Ebert sagte zu mir: ›Ich bitte Sie dringend zu bleiben‹. Ich fragte: ›Zu welchem Zweck?‹ Ebert: ›Ich möchte, daß Sie als Reichsverweser bleiben‹. Diese Bitte war in den letzten Stunden von meinen früheren Mitarbeitern wiederholt an mich gerichtet worden. Ich erwiderte Herrn Ebert: ›Ich weiß, daß Sie im Begriff sind, mit den Unabhängigen ein Ab-

kommen zu treffen, und mit den Unabhängigen kann ich nicht zusammenarbeiten‹.« Über die »Stellvertretung« des Königs von Preußen vgl. die Artikel 56—58 der alten preußischen Verfassung. (Artikel 57: »Bis zum Antritt der Regentschaft von seiten desselben (des Regenten) führt das Staatsministerium die Regierung.«)

21 Über die staatsrechtliche Neuordnung siehe die vortrefflichen Darlegungen von Bredt, VIII, S. 348 ff. Fortleben des Bundesrats auf Grund der Verordnung des Rats der Volksbeauftragten vom 14. November, ebenda S. 352. Über den 10. November im Zirkus Busch vgl. Richard Müller: »Vom Kaiserreich zur Republik«, II, S. 32 ff.

22 Zum Reichsrätekongreß, der am 16. Dezember 1918 zusammentrat, vgl. Richard Müller, II, S. 203 ff., Bredt, VIII, S. 356 ff.

Isaiah Berlin
Russische Denker

Aus dem Englischen von Harry Maor
Hrsg. von Henry Hardy und Aileen Kelly.
Mit einer Einführung von Aileen Kelly.

Reihe Europäische Bibliothek
406 S. gebunden, mit Schutzumschlag
DM 48,–
ISBN 3-434-00706-7

Mit „Russische Denker" wird der erste Band der ideengeschichtlichen Porträts von Isaiah Berlin vorgelegt. Herzen, Belinskij, Bakunin, Turgenev und Tolstoi sind die Gestalten, an deren Beispiel Berlin die Geschichte des liberalen und radikalen Denkens im Rußland der zweiten Hälfte des neunzehnten Jahrhunderts erzählt.

Isaiah Berlin
Wider das Geläufige

Aus dem Englischen von Johannes Fritsche
Hrsg. von Henry Hardy.
Mit einer Einführung von Roger Hausheer.

Reihe Europäische Bibliothek
515 S. gebunden, mit Schutzumschlag
DM 58,–
ISBN 3-434-00712-1

Mit ideengeschichtlichen Porträts u.a. von Herder, Macchiavelli, Hume, Disraeli und Marx stellt Berlin Persönlichkeiten in den Mittelpunkt, die sich der rationalistischen Hauptströmung des europäischen Denkens in Einsicht und Temperament widersetzten.

Europäische Verlagsanstalt

eva

Europäische Verlagsanstalt
Parkallee 2
2000 Hamburg 13
Telefon 040/44 72 83
Fax 040/44 86 18

Rosa Luxemburg
Politische Schriften
Hrsg. und eingeleitet von
Ossip K. Flechtheim
EVA-TB 95, 592 S.
DM 29,80,–
ISBN 3-434-46095-0

Die Schriften Rosa Luxemburgs heute wieder zu lesen, kann nicht den Sinn haben, bei ihr Anweisungen zum Handeln zu finden, sondern Anweisungen zur Analyse politischer Situationen, ohne die alles Handeln blind oder dezisionistisch bleibt.

Rosa Luxemburg
Briefe an Freunde
Herausgegeben von
Benedikt Kautsky
EVA-TB 77, 184 S.
DM 14,80,–
ISBN 3-434-46077-0

„Die Thematik reicht außerordentlich weit – von der Literatur und Kunst über die Blumen und Rosas Katze bis zur Politik. Aus allem spricht die ungewöhnlich reiche, aber auch widerspruchsvolle Persönlichkeit der bedeutenden Denkerin und Kämpferin."
Ossip K. Flechtheim

Arthur Rosenberg
Geschichte des Bolschewismus
Mit einer Einleitung von
Ossip. K. Flechtheim
EVA-TB 100, 270 S.
DM 19,80,–
ISBN 3-434-47000-0

„Die bolschewistische Lehre und Methode war für das Rußland des Zaren ungeheuer fortschrittlich. Aber sie war reaktionär für die westlichen Industrieländer, wo die bürgerliche Revolution im wesentlichen vollendet ist, wo die Bauern nicht mehr der maßgebende Teil der Volksmasse sind."

Europäische Verlagsanstalt

eva

Europäische Verlagsanstalt
Parkallee 2
2000 Hamburg 13
Telefon 040/44 72 83
Fax 040/44 86 18

Ernesto Grassi
Die Macht der Phantasie
Zur Geschichte des abendländischen Denkens
EVA-TB 28, 268 S.
DM 16,80,–
ISBN 3-434-46028-4

Grassis engagiertes Plädoyer für eine erneute Beschäftigung mit den wichtigsten Zeugnissen humanistischer Überlieferung ist gleichzeitig ein Plädoyer für metaphorisches und bildnerisches Denken, für Phantasie und Ingenium.

John Stuart Mill,
Harriet Taylor Mill,
Helen Taylor
Die Hörigkeit der Frau
Texte zur Frauenemanzipation
Hrsg. von
Hannelore Schröder
278 S., DM 14,80,–
ISBN 3-8108-009-0

Bestürzend aktuell bleiben die Analysen der alltäglichen Lebensbedingungen vonFrauen, wenn sie die vermeintlichen natürlichen Verhaltenspotentiale der Geschlechter betreffen.

Voltaire
Recht und Politik
Hrsg. und mit einem Nachwort von
Günther Mensching
EVA-TB 75, 352 S.
DM 19,80,–
ISBN 3-434-46075-6

Diese Ausgabe zeigt, wie die aufklärerische Idee eines weltbürgerlichen Zustandes Gestalt gewinnt in der Polemik gegen die Mächte, die ihn verhindern.

Voltaire
Republikanische Ideen
Hrsg. und mit einem Nachwort von
Günther Mensching
EVA-TB 76, 344 S.
DM 19,80,–
ISBN 3-434-46076-4

Europäische Verlagsanstalt

eva

Europäische Verlagsanstalt
Parkallee 2
2000 Hamburg 13
Telefon 040/44 72 83
Fax 040/44 86 18

Das Standardwerk Kierkegaards in fünf Bänden

Die als Bände 21-25 in der eva Taschenbuch-Reihe vorgelegten Schriften Sören Kierkegaards sind ein Nachdruck der zu Beginn der sechziger Jahre in der Reihe „Rowohlts Klassiker der Literatur und Wissenschaft" in 5 Einzelbänden erschienenen Auswahl, die übersetzt und jeweils mit einem Glossar, Bibliographie sowie einem Essay „Zum Verständnis des Werkes" von *Liselotte Richter herausgegeben wurde. Damit sind die wichtigsten Werke des dänischen Philosophen werkgetreu in der bisher als Beste gerühmten Übersetzung wieder zugänglich.*

Sören Kierkegaard
Der Begriff Angst
208 Seiten
ISBN 3-434-46021-7

Sören Kierkegaard
Die Wiederholung. Die Krise.
160 Seiten
ISBN 3-434-46022-5

Sören Kierkegaard
Furcht und Zittern
152 Seiten
ISBN 3-434-46023-3

Sören Kierkegaard
Die Krankheit zum Tode
160 Seiten
ISBN 3-434-46024-1

Sören Kierkegaard
Philosophische Brocken
160 Seiten
ISBN 3-434-46025-2

Europäische Verlagsanstalt

eva

Europäische Verlagsanstalt
Parkallee 2
2000 Hamburg 13
Telefon 040/44 72 83
Fax 040/44 86 18